ZHONGGUO XIANYU JINGJI
FAZHAN BAOGAO

# 中国县域经济发展报告

陈 剑 主编
田惠敏 副主编

国家行政学院出版社
NATIONAL ACADEMY OF GOVERNANCE PRESS
·北京·

图书在版编目（CIP）数据

中国县域经济发展报告/陈剑主编．－－北京：国家行政学院出版社，2024.6（2025.4重印）
ISBN 978-7-5150-2879-8

Ⅰ．①中…　Ⅱ．①陈…　Ⅲ．①县级经济－区域经济发展－研究报告－中国　Ⅳ．①F127

中国国家版本馆CIP数据核字（2024）第101063号

| 书　　　名 | 中国县域经济发展报告<br>ZHONGGUO XIANYU JINGJI FAZHAN BAOGAO |
|---|---|
| 主　　　编 | 陈　剑 |
| 统筹策划 | 王　莹 |
| 责任编辑 | 孔令慧 |
| 责任校对 | 许海利 |
| 责任印刷 | 吴　霞 |
| 出版发行 | 国家行政学院出版社<br>（北京市海淀区长春桥路6号　100089） |
| 综 合 办 | （010）68928887 |
| 发 行 部 | （010）68928866 |
| 经　　　销 | 新华书店 |
| 印　　　刷 | 北京九州迅驰传媒文化有限公司 |
| 版　　　次 | 2024年6月第1版 |
| 印　　　次 | 2025年4月第3次印刷 |
| 开　　　本 | 185毫米×260毫米　16开 |
| 印　　　张 | 24.5 |
| 字　　　数 | 408千字 |
| 定　　　价 | 86.00元 |

本书如有印装质量问题，可随时调换，联系电话：（010）68929022

# 编委会

**顾 问**

胡德平　郑新立　张世平　常修泽

**主 任**

田雪原

**副主任**

陈善铭　谢侃侃　黄淦波

**成 员（按拼音为序）**

| | | | | | | | |
|---|---|---|---|---|---|---|---|
| 曹汝华 | 常修泽 | 陈 剑 | 陈 平 | 陈善铭 | 迟福林 | 丁茂战 | 杜志雄 |
| 范恒山 | 冯兴元 | 何 莽 | 侯永志 | 胡德平 | 胡晓生 | 黄方毅 | 黄剑辉 |
| 黄文夫 | 焦新望 | 李晓超 | 李佐军 | 李作勤 | 刘 森 | 刘红路 | 刘奇洪 |
| 刘纬华 | 马国川 | 乔文晖 | 任泽平 | 宋亚平 | 田惠敏 | 田雪原 | 汪玉凯 |
| 王春桥 | 王明远 | 王伍庆 | 王志乐 | 魏加宁 | 肖金成 | 谢侃侃 | 徐珍玉 |
| 杨博钦 | 姚 伟 | 曾 渝 | 张 平 | 张宝东 | 张正河 | 郑新立 | 周茂清 |
| 周为民 | | | | | | | |

# PREFACE 序言

县域经济是社会关注的热点问题之一。

什么是县域经济？本书作者以为，县域经济就是以县（县级市、建制县、旗、自治旗）管辖为界的区域经济，包括农（农林牧副渔）、工、商、交通、运输、金融、贸易、科技、服务等行业，涵盖全民、集体、个体、股份、股份合作、中外合资等多种所有制形式。如此，县域经济带有明显的行政区划、地理特质和分散性色彩，与城市经济形成鲜明对照。如果将县域经济比作汪洋大海，城市经济就是一个个岛屿，形成我国经济分散与集中相结合的结构。

对于推动汪洋大海式的县域经济发展，很难提出一个统一的发展模式，但是未来我国国民经济发展的大方向已定，县域经济无疑被囊括其中。党的二十大报告指出："从现在起，中国共产党的中心任务就是团结带领全国各族人民全面建成社会主义现代化强国、实现第二个百年奋斗目标，以中国式现代化全面推进中华民族伟大复兴。"建成社会主义现代化强国、以中国式现代化全面推进中华民族伟大复兴，是统领包括县域经济在内各项事业发展的总目标和总任务，是贯穿发展始终的一条红线，也是县域经济发展必需的遵循。因此，要立足以中国式现代化全面推进县域经济发展，首先找准并解决好影响县域经济发展全局的关键节点和问题。

## 一、大力推进种植业现代化，确保国家粮食安全

中国是传统农业大国，"民以食为天"道出粮食生产的极端重要性。新中国成立后，计划经济时期提出并推行农业"以粮为纲"方针，粮食生产被视为国民经济的重中之重。"手头有粮、心中不慌"成为各级干部和群众耳熟能详的共识、安定民心的"压舱石"。改革开放后市场经济发展起来，这一共识和名言受到一定挑战。在片面追求经济效益目标诱导下，"种粮不赚钱""丰产不丰

收""谷贱伤农"和"民工潮"现象涌现，一些农村变成"三八（妇女）六一（儿童）九九（老人）部队"留守之地，粮食"压舱石"基础受到挑战。粮食种植等耕地面积逐步被蚕食，以守住18亿亩耕地和粮食种植面积为"红线"的"保卫战"打响，需要寻求治本的突围之策。要认识这一"保卫战"的极端重要性。一是相对14亿人口、18亿亩耕地"红线"来说，人均1.29亩耕地水平很低，是必须严防死守的"底线"，不能有失。二是面对加速推进的人口城市化、农民工进城势头不减，农村土地抛荒或变相抛荒严重，必须妥善处之，加大改革力度，推行有效的土地流转改革。三是要因地制宜，在东北、华北等平原粮食主产区地带，加快农业机械化、现代化步伐，推行以家庭农场为主的农业现代化体制改革。

## 二、深入开展技术革新和技术革命，走高质量发展道路

我国已进入高质量发展阶段。实现高质量发展，科技是关键、基础在教育、驱动力在人力资本。

第二次世界大战结束以来，以微电子技术为前导的新技术革命现已推进到以生命科学为先导，包括生物工程、基因技术、纳米技术、克隆技术、自动化技术在内的全新的现代化技术，从而进入智能工具时代。智能工具渗透到各个领域，改变着生产的要素构成、运行方式，产品的效用和效能，极大地提高了生产的效率，改变着一切生产部门和非生产部门，创造出更加强大和先进的社会生产力。作为总体县域经济支柱产业的农业经济，也必须走高质量发展道路。广义农业包括农、林、牧、副、渔业，高质量发展道路宽广。20世纪五六十年代，我国曾形成水、肥、土、种、密、保、工、管"农业八字宪法"。不管"宪法"本身如何变化发展，有一点是十分明确的：技术革新和技术革命是不竭的推动力。

水的利用，需要改变不计成本、浪费水资源的落后用水方式，向喷灌、滴灌、根灌节约用水、多用途综合用水转变。需要认识到，这是水资源利用带有革命性质的转变。如以国土面积不大且多为沙漠半沙漠的以色列为例，实行科学综合节约用水改革后，硬是在不毛之地上发展为中东蔬菜种植和出口大国，成为中东多个国家的蔬菜供应基地。

提升种子质量的改革同样重要。袁隆平先生研发并推广水稻杂交技术，使杂交水稻单产增加10%左右，为中国粮食自给作出彪炳史册的贡献。

福建省等地"农－牧－菌"循环农业体系将养猪场的废弃物进行资源化循环利用，将"农牧废弃物－食用菌"循环农业综合开发体系及调控技术运用其中，从而实现了有益微生物菌剂筛选、主要接口技术优化、高效栽培基质研发、温室气体有效减排、复合体系碳中和等集成创新。形成"农－牧－菌"一体化的产业链，最终促进了农业的绿色高质量发展，实现人与自然和谐共生。

当今太空育种，无人机播种、施肥、喷洒药物等现代科技的广泛运用，科技创新为县域经济高质量注入新的生机和活力，展现出县域经济美好的前景曙光。

### 三、扶持壮大民营经济，走富民强国之路

民营经济的重要性，可从2018年习近平总书记在民营企业座谈会上的讲话中提出的"五六七八九"形象说法窥其全貌：

"五"：民营经济贡献了中国经济50%以上的税收；

"六"：民营经济贡献了中国经济60%以上的GDP（国内生产总值）；

"七"：民营经济贡献了中国经济70%以上的技术创新成果；

"八"：民营经济贡献了中国经济80%以上的城镇劳动就业；

"九"：民营经济贡献了90%以上的企业数量。

如今，民营经济的作用更加凸显。这是改革开放以来中国经济发展发生的最重要的变化，是中国经济持续增长的动力和引擎。近年来，社会上仍然不同程度地存在着一些怀疑、否定民营经济的不和谐声音，部分地方政府对鼓励、支持、引导民营经济发展的大政方针认识也不到位，这些问题不仅影响民营经济的持续健康发展，也导致民营企业家缺乏安全感和继续奋斗的信心。所幸在党的多次决议和文献中，对民营经济给予充分的肯定，明确要依法保护民营企业产权和企业家权益，鼓励支持民营经济和民营企业发展壮大。特别是2022年中央经济工作会议提出，要切实落实"两个毫不动摇"，针对社会上对我们是否坚持"两个毫不动摇"的不正确议论，必须亮明态度，毫不含糊。

要进一步深化改革，出台有利于民营经济发展的政策。2023年7月《中共

中央 国务院关于促进民营经济发展壮大的意见》发布，明确民营经济是高质量发展的重要基础，是推进中国式现代化、实现第二个百年奋斗目标、全面建成社会主义现代化强国的重要力量。

从当前实际出发，尤其要提振信心，要拿出政策促进发展的典型事例和经验。要具体落实各项扶助政策，特别是扩大贷款政策。要推进企业资产重组和转型升级，推进技术革新和技术革命，提高民营企业抗风险能力。

### 四、发挥比较优势，支持特色产业发展

在汪洋大海般的县域经济中，许多产业和企业优势明显，特色产业蜚声海内外。然而随着现代化的迅猛发展，县域经济也承受着某种冲击。有的传统名、优、特产品所使用的某些原材料和传统生产工艺，用现代化技术可以轻松地制造出来。大大降低了生产成本，使传统的优秀产品失去价格优势。同时也有形形色色的假冒伪劣产品流入市场，以假乱真、真假难辨，损坏了传统名、优、特产品和厂商的声誉，危害甚大。这就需要完善专利制度，强化知识产权保护。把好专利的申请和授予关口，防止那些达不到要求的假冒产品蒙混过关，更需要按照标准要求严格程序、公开透明评审、严厉惩治弄虚作假行为。

与此同时，要加大改革力度，实行资金、人才、技术、市场适度向名、优、特产品厂商倾斜的政策。要制定并落实专利技术作为生产要素参与分配的政策，激励发明创造、增强技术创新的积极性和主动性，弘扬崇尚发明创造、尊重知识、尊重人才和尊重劳动的精神，助力县域经济高质量发展。要贯彻落实科教兴国、科教兴县战略，将其落实到全面提高人口素质、增强人力资本积聚上来。加快发展职业教育，优化职业教育结构，加大职业教育投入，为县域经济高质量发展培养高素质产业生力军，使职业教育更好地为县域经济发展服务。

### 五、发展绿色产业，走可持续发展之路

一般县域经济处于技术构成中低端，相当数量的企业还没有摆脱高消耗、高污染、低产出困境。但是我国已进入高质量发展阶段，县域经济也必须毫无例外地走这条道路，完成向低消耗、低污染、高产出的发展方式转变。因此，要将绿色发展理念融入县域经济发展各方面和全过程之中。调整县域经济结构、

提升发展水平、优化生态承载力和资源供给强度。要以绿色产业作为县域经济发展的方向，构建可持续的绿色发展蓝图，将县域经济资源优势转化为发展优势。为此，要特别注意和处理好县域经济发展三个方面的关系。

一是数量扩张与质量效益之间的关系。在国民经济步入高质量发展阶段以后，县域经济也必须跳出数量扩张型模式，驶入质量效益型发展模式。要加大引进创新人才、培育创新主体、打造创新型平台。在产业发展上要跟随5G、互联网、大数据等新一代信息技术发展趋势，推动县域经济智能化发展，提升县域产业质量效益。营造浓厚的县域科教环境，厚植人力资源势能。推进科学教育体制机制改革，营造县域科学、教育发展的良好环境，不断提升人口素质，增强人力资本积聚。为高质量发展和中国式现代化行稳致远提供智力保障。

二是当前与长远发展之间的关系。国际社会最早给出的可持续发展的定义是"既满足当代人需求，又不对后代人满足其需求的能力构成危害的发展"。[①] 这一定义从代际关系上诠释可持续发展，囊括了绿色可持续发展的基本内涵。后来有的阐释发生偏重"后代人"倾向，是不全面的。不过强调的重点放在纠正不顾后代人需求上，也是有针对性和正确性的。因此，县域经济绿色可持续发展，应在满足当代人需求基础上，将满足子孙后代的需求作为重点。认识、摆正并处理好发展的代际关系是可持续发展战略的应有之义。

三是产出资本与人力资本之间的关系。发展县域经济，人们很重视资金投入，尤其是物化资本——产出资本或生产资本的投入。这是可以理解的。但是不要忘记，当今时代发展的动力主要来自人力资本、人力资本积聚的增长。在县域经济增长动力有所不足的情况下，应更多地转向以人力资本积聚为主导。

---

① 世界环境与发展委员会：《我们共同的未来》，王之佳、柯金良等译，吉林人民出版社1997年版，第27页。

# CONTENTS 目录

## 绪论 县制历史和县域发展

第一节　县制的起源 …………………………………………………… 002

第二节　县制的建构 …………………………………………………… 005

第三节　县制的优势 …………………………………………………… 010

第四节　县制的弊端 …………………………………………………… 013

## 第一章　县域经济的基本情况

第一节　县域经济的含义、基本特征及发展意义 …………………… 020

第二节　县域人口和县域面积 ………………………………………… 023

第三节　县域经济发展现状 …………………………………………… 035

第四节　镇域经济 ……………………………………………………… 043

## 第二章　县域经济的内容与问题

第一节　县域经济重点关注的内容 …………………………………… 052

第二节　影响县域经济发展的若干问题 ……………………………… 062

第三节　县域经济发展展望 …………………………………………… 070

## 第三章　县域城镇化

第一节　推进以县城为载体的城镇化建设 …………………………… 076

第二节　迈向共同富裕的县域城镇化 ………………………………… 084

第三节　新型基础设施与县域城镇化 ………………………………… 090

第四节　人口老龄化与县域城镇化 …………………………………… 098

## 第四章　乡村振兴

第一节　乡村振兴战略的提出 ………………………………………… 106

第二节　乡村振兴战略的历史背景 …………………………………… 111

第三节　乡村振兴的实施途径 ………………………………………… 117

## 第五章　县域制造业

第一节　制造业是立国之本也是立县之本 …………………………… 126

第二节　基本经验和典型路径 ………………………………………… 136

第三节　县域制造业培育的策略与方法 ……………………………… 141

第四节　县域制造业面临的挑战和机遇 ……………………………… 149

## 第六章　县域金融

第一节　县域金融需求 ………………………………………………… 162

第二节　县域金融供给 ………………………………………………… 167

第三节　解决县域金融供求失衡的对策思考 ………………………… 174

## 第七章　"三农"问题

第一节　县域经济视角下的"三农"问题 …………………………… 184

第二节　县域经济与"三农"问题相互影响 ………………………… 191

第三节　促进县域经济发展的思路 …………………………………… 198

## 第八章 人才发展

第一节 作用和成效 …………………………………………………… 208

第二节 存在的问题 …………………………………………………… 216

第三节 思路与对策 …………………………………………………… 220

## 第九章 城乡融合

第一节 城乡融合任务 ………………………………………………… 232

第二节 城乡融合的难点与挑战 ……………………………………… 237

第三节 县域经济在城乡融合中的功能 ……………………………… 241

第四节 县域经济与城乡产业融合模式分析 ………………………… 250

## 第十章 科技创新

第一节 第四次科技革命下的县域经济 ……………………………… 256

第二节 以科技创新驱动县域特色产业集群发展 …………………… 260

第三节 县域经济与科技创新的双向互动 …………………………… 262

第四节 双向互动发展的关键融合点和发展之路 …………………… 268

第五节 "双碳"战略下县域城镇化 ………………………………… 275

## 第十一章 数字经济

第一节 宏观政策 ……………………………………………………… 284

第二节 数字经济对县域发展的影响 ………………………………… 287

第三节 区域流量变现：县域发展新起点 …………………………… 294

第四节 建立县域发展志愿服务平台 ………………………………… 307

## 第十二章　县域财政

第一节　中国县级财政的基本情况 ······ 315
第二节　中国县域财政和债务情况 ······ 324
第三节　具有财政自主功能的县域经济发展模式 ······ 329
第四节　增强县域财政自主能力策略 ······ 338

## 第十三章　县域治理

第一节　推动县域综合治理 ······ 344
第二节　县域发展：政府与市场 ······ 348
第三节　县域土地制度综合改革 ······ 352
第四节　县域发展与财税金融体制改革 ······ 359
第五节　县域发展与农民市民化 ······ 369

后　记　/ 376

## 绪论
# 县制历史和县域发展

历史上任何一种社会制度的产生与成型，都有其相生相伴的生态环境与因果关系。县制出世于春秋，茁壮成长于战国，全面确立于秦朝。在古代中国政治体系的构建之中乘风破浪地前进了2000多年，县制至今仍然有形或无形地发挥着重大的影响力，决不能简单地将其视为一个特定历史时段或特定社会制度下的偶然产物，它也不会是一个临时性的应急措施和随意性的政策安排，而一定有其不以人们意志为转移的客观必然性与历史合理性。

## 第一节 县制的起源

司马迁在《史记·秦始皇本纪》中讲,秦灭六国之后,满朝群臣皆颂吾皇之功高:"昔者五帝地方千里,其外侯服、夷服,诸侯或朝或否,天子不能制。今陛下兴义兵,诛残贼,平定天下,海内为郡县,法令由一统,自上古以来未尝有,五帝所不及。"于是,后人只要谈及"废封建,置郡县"特别是"大一统",便总把"花环"戴在秦始皇头上。

这里需要着重提醒读者一点:郡县制是指地方政权侧的国家政权结构与制度体系。2000多年来,秦朝开创的由中央政府与地方政府组成的国家政权模式被沿袭下来,只是中间环节的行政区划与行政级别发生了一些调整,作为底层的县级行政区划与行政级别却始终没有大的变化。很多县域不仅行政区划与版图面积没有改动,甚至连县域名称和县衙治所都保留至今。可以说,郡县制最核心的内涵就在县制上。我们今天所谈的郡县制具体讲就是县制。

县制孕育于周朝后期,史称春秋战国时期。县制之所以能够在刀光剑影、血雨腥风的乱世中横空出世,从无到有、由点到面,一路左冲右突、风雨兼程,强力支撑君主专制主义中央集权制度,并于神州大地独领风骚2000多年,绝对不是哪一个英雄人物的智慧与力量所致,而是当时中国社会发展的时势使然。

从现有研究成果看,要求改革自夏、商以来传统分封制的套路,代之以县制为基础的新型政权模式,并非李斯最先提出的政策建议,更不是秦国独创的知识产权,而是早在春秋之初就有一些国家开始积极探索,战国时期各地便已大力推行的国家治理体系与治理能力的转型举措。

周平王东迁之后,中央势力日趋衰弱,历史进入了一个以武力兼并为中心的强权政治时代。这个时代最为崇拜的主义是帝王独裁,最为流行的学说是法家思想,最为实用的技艺是弱肉强食,最为有效的方法是集权统治。如何让烽烟四起,怎样火中取栗,成了各诸侯国政治精英纵横捭阖的看家本领。

当时,凡企图称霸神州大地者必须解决两个重大问题:一要彻底改变"天子"权力虚拟化、软弱化、空洞化的局面,让中央与地方形成"内外相权"和"轻重相维"的状态,这是政治稳定和社会和谐的根基;二是朝廷能够直接掌控地方一切资源,形成一种集中力量办大事的举国体制,以保障在激烈的争霸战中取得军事胜利。于是,县制的脱颖而出与中央集权的闪亮登场便是必然发生或者说是指日可待的事情。

客观地讲,县制的"晶核"与"妙处"即优势主要体现在以下四个方面。

## 一、化"封邦建国"为"海内一统",天下真正成了皇帝的"家业"

分封制下,中央与地方之间虽然明确为"主子"与"家臣"的关系,理论上也强调"溥天之下,莫非王土;率土之滨,莫非王臣"的概念,但诸侯对受封领地拥有治理权、收益权、处置权、继承权,几乎与所有权毫无区别。因此,封国就是名副其实的独立王国。县制则把全国土地与人口编制为一个个平面型的行政区域,由君主透过朝廷的科层化行政体系来直接实施管治。机构设置、职能安排、人员编制必须与朝廷的机构对口、功能对接、职务对称、级别对等。如中央有吏、户、礼、兵、刑、工"六部",郡(后嬗变为州、道、路、省、府等)县则照葫芦画瓢设置吏、户、礼、兵、刑、工"六房",实质上都只是中央政府的派出机构。地方政府不仅对重大社会事务的处置没有决策权,甚至连行政管理立法权和行政司法解释权都没有,不允许有任何独立性而必须严格遵循中央政府统一的路线方针与政策。

## 二、化"世袭罔替"为"朝廷任命",官员必须同中央保持高度一致

过去封国的继承人不必经过"天子"首肯,只按宗法程序由子孙世袭,故诸侯无须向任何人负责,随心所欲甚至胡作非为人们也无可奈何。现在郡守县令的产生均得由朝廷选拔和皇帝任命,既不世袭也非终身,升降去留基本上凭皇帝说了算。官员养家活口的经济来源也不依靠地方钱粮,而是从中央财政领取固定俸禄。这些具有专业化、职业化的朝廷命官在指定的辖区内依法依规行使被有限委托的行政管理权,如督促生产发展,收取皇粮国税,征发兵役徭役,调解民间纠纷,维护社会治安,等等。履职尽责如何,必须接受上级专门的监察与考核。按柳宗元的说法,"有罪得以黜,有能得以赏。朝拜而不道,夕斥之矣;夕受而不法,朝斥之矣"。意思是说:如果官员不堪任用或违法乱纪,朝夕之间即可罢免。由于"乌纱帽"甚至身家性命都握在皇帝手中,官员自然只对权力来源负责,时刻与朝廷的方针、路线保持高度一致,唯皇上的"马首"是瞻。

### 三、化"兵民合治"为"军政分职",恃武力对抗朝廷的威胁基本解除

过去的诸侯国不管版图大小,均拥有独立的主权和自己的武装力量。这种兵民合治制度最危险的后果,就是一旦军队形成了战斗力,便必然胆大妄为、弱肉强食,闹得天下鸡犬不宁。县制在国家治理体系上的一个重要转型是推行兵民分治和军政分职,即郡县只管地方政治、经济、社会事务,军队归中央政府的军事机构专门管理。如果没有皇帝的批准与朝廷的命令,无论哪个层级的地方政府都不得招募、供养和调动军队。即使屯驻在地方的中央武装,非经特殊许可,属地的行政首长也无权使用。一些朝代如魏晋、南北朝时期为了维持地方治安,曾经允许州一级地方政府拥有少量武装,广大县域则基本上不养兵。县衙虽然也设"县尉"一职,但就像我们今天人民武装部的部长,主要任务是协助中央政府征兵和组织训练民兵弹压盗匪。这种中央管兵、地方管民的军政分治体制,使地方依恃武力坐成尾大不掉的危险得以基本化解,从而为中央集权的巩固产生了正面效应。

### 四、化"自收自支"为"统收统支",资源整合实现全国"一盘棋"

从前的中央与地方很少发生直接的经济往来,也就没有税赋和财政体制的理念,包括"天子"在内的王朝中央,完全依靠各自领地上的农业剩余以维持基本运转,故亦可称"自收自支"。当时推行"同养公田"之法,即强迫庶民到天子、诸侯直接经营的耕地服劳役。分封制被废除,旧贵族势力很快消亡,过去主要依靠血缘关系来构建氏族体系的传统社会组织形态,现在通过郡县户籍管理制度和基层政权组织的强力改造逐步成为新型地缘组织关系。由于有严密而高效的县制,以"初税亩"为代表的从实物缴纳到税赋征收这一革命性创举得以在全国迅速贯彻落实,中央与地方从此开始建立以收支"两条线"即"统收统支"为主要内容的财税关系。税基主要为县域,税种主要为农业,税率一般为什一。各县税收不仅有核定基数,而且必须全部上缴中央政府。本地维持正常运转所需经费则由中央政府根据年度预算另行拨付。这种至今仍具积极意义的管理体制,为中央集权制统一国家的建立奠定了坚实的财政基础。

县制上述四大特点是使之在与分封制的竞争过程中成为乱世枭雄中原逐鹿、克

敌制胜的现实法宝。春秋战国时期的历史证明，凡推行郡县制度比较早、比较好的诸侯国，一般都能够在国家的组织形态、权力结构、治理体系、治理能力等领域赢得转型先机，特别是在有效地整合各种资源，集中全国人力、物力和财力从事大规模建设或进行大规模战争，从而推动霸权主义战略的顺利实施和促进社会经济的繁荣发展等方面，显露出了巨大的制度优势。

综上所述，摈弃传统的分封制老套路，代之以新型的郡县制，最直接的诱因与动力是诸侯国为保证在争霸战中夺取胜利，必须改变过去一盘散沙的社会管理模式，对人、财、物等要素资源的整合配置采用由国家高度集权的体制，按照今天的说法就叫"集中力量办大事"。同时，县制的"闪亮登场"并取代分封制，标志着中国历史上国家组织形态和权力结构关系的重大改革，也是行政管理体制与运行机制上的重大创新。县制的脱颖而出与最终确立，亦标志着国家治理体系与治理能力一次卓有成效的转型。

## 第二节　县制的建构

根据文献统计，秦代有县域1000个左右。此后历朝历代所设置的县数均在1500~2000个。西汉末年有1587个县，唐天宝九载的县域数为1806个，清嘉庆二十年有1549个县。民国时期将府、州、厅一律改成县，全国也只有1935个县，数量上几乎没有多大的增减。

至新中国成立之时，延续数百年至千年的县比比皆是，有2000多年历史的老县古县亦不在少数。而且，有些县从春秋战国创设以来就从未改过名字，甚至连县府所在地也没有迁移过。例如享有"中国第一县"美誉的河南省息县，就是历经2000多年未曾变化的县域。但是，20世纪八九十年代全国掀起的一股县改市、县改区及古县改新名的风潮，历史许多老县、名县几乎被消灭殆尽。

自秦始皇统一中国后，一直到清朝覆灭之际，绝大多数时间都是"皇权不下乡"的，即广大乡村实行自治管理，县域便成了最基层的行政区划，县府也就成了最小的管理衙门。在地方行政管理层次上，秦与西汉分郡、县两个行政层级，隋唐分道、州、县三个行政层级，宋代分路、府、县三个行政层级，明清时代分省、府、县三个行政层级等，都是属于在理论上可以特立独行的"块块"，政治地位平等、行政权力独立、司法主体完整，全权代表中央政府在本行政区域范围内实施行政司法管理。

但是对于许多重大的行政事务管理权，中央政府却在实际上没有完整地交给地方政府，往往是由朝廷的各个衙门通过统一对口设置在各级地方政府中的职能部门来直接操作，也有少数职能部门干脆由中央政府派驻到地方，代表朝廷对某些行政事务进行直接管理。这些被称为"条条"的职能部门虽然属于本级地方政府的组成部门，但必须同时接受上级政府和中央政府对口职能部门的管理，形成了十分复杂的"条条"与"块块"相互交织的行政格局。

因此，在中央政府"大一统"观念的指导下，不同行政层级的地方政府，无论衙门级别高低与规模大小，内部的组织机构、功能设置、职务安排都必须是高度统一和完全一致的，即机构要对口、功能要对接、职务要对称、级别要对等。从朝廷到县衙，非有特殊理由，皆不得有所不同。地方政府毫无权力在机构设置上予以增减或变通，只能照葫芦画瓢，亦步亦趋地紧跟着。

县级政府在古代称为"县廷"，也叫"县衙"，内部机构十分简单，秦汉时代为"署曹"，隋唐之后为"三班六房"。"三班"即皂、壮、快班。"六房"即吏房、户房、礼房、兵房、刑房、工房，都是按照与中央政府的"六部"职能机构对口的原则所设置，基本上是一房1人，大县要县则可以增加1人。具体工作是办理民政、财政、兵政、司法、治安、营造、交通等方面的行政管理事务。官员职务和编制的执行纪律也十分严格，一般都是由中央政府统一下达，地方各级政府遵照执行而均无权增减。

根据制度安排，秦汉的县令、县长及后来历朝的知县都是由皇帝任命的全权代表皇帝对本县域实施社会治理的"法定"领导人，拥有至高无上的政治地位。此外，还有极少数几个职务如"丞署文书、典知仓狱"的县丞和"治兵事、擒盗贼"的县尉等佐官也是由中央的人事部门任命。应劭的《汉官仪》中讲："大县丞、左右尉，所谓命卿三人。小县一尉、一丞，命卿二人。"为什么叫"命卿"呢？《汉书》卷86上解释说，命卿就是"命于天子者也"。

为严格限制县衙的规模，朝廷也不准配备政策研究人员和办公室服务人员的编制。如果县令觉得政务繁杂，精力、职能顾不过来，确实需要有人辅佐，则可以私下聘请能人来帮助。在清代，包括知县在内的各级地方领导以个人名义聘请师爷帮助从事政务策划、财经管理、法律咨询等工作在全国已是普遍现象。师爷的身份既不是官也不是吏，因为国家不承认这个法外的职务和编制，也就没有这部分的财政开支预算。他受聘来帮忙，所有报酬均由知县自个儿掏腰包。双方以朋友相待，合则肝胆相照，不合则愤然相离。

清军入关，传承明制，对那些国土面积比较大，人口比较多，在政治、经济地位上比较重要的大县增设县丞、主簿两个副县级职务。康乾时期全国共有1314个县域政区，但只有345个县设有县丞一职；主簿则更少，仅有55个县。其他县域不得攀比。这就是说，全国绝大多数县域只有"知县"一个领导职位。

县官虽然只有"七品"，芝麻大的官，却很不好当。他必须身兼数职，各方面职能工作都得由自己"一肩挑"。县官所面临的危机与压力在整个官僚队伍中无疑是最大的。也正因为这样，一个优秀的县官唯有努力学习、刻苦钻研，不断提升自己的综合素质和不断增强处置各种矛盾问题的行为能力，才可以在恶劣的环境中争取生存与发展的机会。

中国2000多年的古代社会是一条历史的长河，许多成就卓越、政绩彪炳的政治家和名臣能臣，如西门豹、韩愈、狄仁杰、欧阳修、王安石、范仲淹、包拯、海瑞、寇准、甘汝来、于成龙、郑板桥、李阳冰等人，都曾经担任过"七品芝麻官"，并从这个小小知县的岗位上一步一个脚印扎扎实实地干起来。今天全国妇孺皆知的"三国"人物的典故，如曹操年轻时，"除洛阳北部尉，迁顿丘令"；刘备当年"除安喜尉，又除下密丞，后为高唐尉，迁为令"；孙权"年十五，以为阳羡长"。有人专门查了一下，《三国志》中绝大多数英雄豪杰，都有过"县官"的工作经历。所以，历朝历代选人用人的时候都十分注意"将军起于卒伍，宰相始于郡县"的原则。

古代县政府实行的不是集体领导制度，而是由皇帝直接授权给县令（县长、知县）独自负责，加上县丞、县尉和"六房"的"一把手"等极少数官员属公务员待遇，其他人员一律没有国家规定的编制，更没有国家干部的身份和地位，均由县令自由辟除。所谓"辟除"，就是县令根据县域行政实际需要和县府财政的承受能力，自己物色吏员来组织政府。这些吏员属于"地方粮票"性质的干部，身份与编制需要提前上报朝廷审批，却不需要中央政府供养，只要县政府有钱支付俸禄就行，且大多是忙时则聘，事毕则退。

《后汉书·百官志》中对于县令（长）的条目注释是："皆掌治民，显善劝义，禁奸罚恶，理讼平贼，恤民时务，秋冬集课，上计于所属郡国。"《旧唐书·百官志》中对县令职掌的规定为："皆掌导扬风化，抚字黎氓，敦四人之业，掌五土之利,及养鳏寡,恤孤穷,审察冤屈,躬亲狱讼,务知百姓之疾苦。"《明史·职官志》中也明确县官的职能是:"掌一县之政。凡赋役,岁会实征,十年造黄册,以丁产为差。赋有金谷、布帛及诸货物之赋,役有力役、雇役、借倩不时之役……岁歉则请于府若省蠲减之。凡养老、祀神、贡士、读法、表善良……听狱讼,皆躬亲厥职而勤慎焉。"《清史稿·职官志》中讲:"知县掌一县治理,决讼断辟,劝农赈贫,讨猾除奸,兴养立教。凡贡士、读法、养老、祀神,靡所不综。"

所谓"靡所不综",按照现代的语境就是无所不包、无微不至,什么都必须管的意思。但这种情况就很容易让现在的人们产生一个巨大的疑问:作为一个县域行政区,再怎么小,一般也拥有上千甚至是数千平方公里的版图面积和多达数以万计的城乡人口,加之过去的交通基本靠脚走、通信基本靠口吼,手段十分原始落后,如此小规模的政府机构和如此少量的官员队伍,如何能够管理得了幅员广大的城镇乡村?又怎么有效履行政府的职责,去维持地方的政治、经济和社会生活秩序的呢?

实际上,中国历史上县政府履行职责,维持统治秩序,对县域社会进行有效治理,主要是依靠以下几个路径。

### 一、依靠以男耕女织为特征的自然经济模式来实现无为而治

古代社会是一个传统的农业社会,生产力水平低,很少有非农性质的经济活动,主要是以家庭为单位,日出而作,日落而息,男耕女织,自给自足。绝大多数农民在一种"鸡犬之声相闻,民老死不相往来"的封闭状态中生活。这种小农经济的制度安排,把广大农民禁锢在"几亩土地一头牛,老婆孩子热炕头"的农乡山村之中,使得基层社会内部很少产生也很难聚集一种异化于传统的力量。

### 二、依靠传统儒家道德观念的劝谕教化,引导民众从精神上进行自我约束

自春秋战国以来,"君为臣纲、父为子纲、夫为妻纲"和忠、仁、义、孝等为主要内容的道德观念,通过历代统治阶级的不断灌输,就像树根一样深深地植入了广大人民的思想意识之中,成为牢牢束缚住他们手脚的世界观、人生观和价值观。伦理教育在很大程度上对平民百姓起到了一种"正人心、不妄为"的风化作用,让老百姓自己约束自己、自己管理自己,从而有效地维护了社会生活秩序的稳定。

## 三、依靠传统的宗法制度来调解矛盾，实施惩罚，以强制农民循规蹈矩

古代社会是一个以血缘、亲缘和地缘为联系纽带，以宗族和家庭为基本单元营建起来的社会，家族中的成员如果超越了传统的道德轨道，包括违反了国家的法律，家族的长老或家庭的家长有权按照约定俗成的规矩进行处置，轻则体罚、放逐，重则可以公开杀头、活埋、沉水，官府对此往往认为合情合理合法而不加干预。宗法制度成为地方政府维护统治秩序的重要力量。

## 四、充分发挥本地"士绅"阶层在乡村社会自治中的积极作用

秦汉时期，皇权曾经延伸到了农村。但面对一盘散沙式的农民，管理成本极高而收效甚微。隋唐之后，皇权从广大农村退出，管理职能也逐步取消，代之以乡村自治制度。所谓"乡村自治"当然是现在的说法，但意义近似，即由地方推举"头面人物"来管理本地的社会事务。这些人物多是当地名门望族的长老和乡绅，在民众中具有很高威信。通过他们来协调民众内部矛盾，宣传朝廷的政策，维持地方社会秩序，比起政府直接管理的效率要高得多。所以，明代顾炎武在《日知录》中讲，老百姓如果出现民事纠纷，首先找的不是政府官员，而是乡绅里老，因为农民"但闻啬夫，不知郡县"。

在古代社会的行政管理体制演化过程中，县一级政府机构设置小，人数编制少，管理成本低，职能履行比较到位，还真有点像我们今天所要求的"小政府"模样，也确有一些"统一、精干、效能"的实际味道。一个在区划规定、机构设置、人员编制、职能安排和行政行为都比较合情合理的县级政府，对于有效地顺应当时的生产力发展水平，特别是与封闭式的小农经济制度和开放式的村社宗法自治制度紧密结合，形成彼此呼应、彼此照顾、彼此支持的和谐局面，肯定是非常重要的。这种超越时空的相对稳定，有力地支撑着古代社会运行秩序的稳定。

还有一条经验值得今天借鉴，即历代王朝对于县级政府的绩效考核一般比较简单，虽然也强调"为官一任，造福一方"，但很少有量化的考评，更不搞经常性跨地域的横向评比验收活动，作为知县的工作压力和精神压力都不是很大。同时，官场长期有一种以不扰民为好官的价值观念，使得县官们的思维模式和行为方式比较

保守，忌讳惹事，不求有功，但求无过。这种"干部"管理体制不利于调动县官的工作积极性和创造性，却也使得县级政府权力扩张的内在动力得到了明显的压抑，从而为"小政府、大社会"管理机制的形成提供了现实的可行性。

## 第三节　县制的优势

县制原本是为适应春秋战国时期以武力兼并为中心的强权政治形势需要的典型产物，最初的任务目标是"打得赢"和"稳得住"。但是，县制的逐步发展与不断完善，又反过来极大地促进了皇权专制主义中央集权政治制度的建设进程。因此，两者之间构成了一种相互依存、相互支撑、一荣俱荣、一损俱损的政治生态系统。

### 一、县制为君主专制主义中央集权制度的发育与成长提供了坚实的政治基础

郡县之兴，全国化零散为一统，全国一切资源均由朝廷任意调遣，地方郡守县令都是皇帝任命，所有重大权力包括臣民的生杀予夺，无不在"天子"的掌控之中。按司马迁的话讲"天下之事无小大皆决于上"，真正实现了韩非所说的"事在四方，要在中央，圣人执要，四方来效"的高度集权的体制机制。

因此，县制既适应了中国古代社会中央集权的建设需要，反过来又极大地促进了君主专制主义的建设进程。这是一个相互依存、相互支撑、一荣俱荣、一损俱损的政治生态系统。如果没有郡县这一体制机制巨大的溢出效应，君主的个人意志是绝对不可能顺利地贯彻落实到全国各个地方各个层面的。秦始皇统一全国后，也正是借助郡县制度的优势，才使得"车同轨、书同文、行同伦、统一货币、统一度量衡"等一系列强有力的政策措施产生实际效果。所以，历朝历代统治者很少有人敢于轻视县制，而大多是依仗这一基础平台把专制独裁统治弄成愈演愈烈的局面。

### 二、县制为实现国家"集中力量办大事"的战略目标提供了坚强的组织保证

国家要想做大做强，必须拥有强大的资源配置手段。大型建设与内外战争从来都是经济社会综合国力的较量，也是对国家管理体制与运行机制效率高低的检验。

当时霸权主义压倒一切的核心任务是确保对诸侯国兼并战争的胜利,如果没有雄厚的人力、物力、财力作支撑,结果不仅无法消灭敌人,反而会被敌人吞并。

推行县制,说穿了就是对人类社会组织方式和决策方式的一种改革,也可以看成是社会资源开发方式和配置方式的一种创新。县制使得皇上拥有说一不二的专制独裁权,战略意图和各项指令能够在广大城乡迅速得到执行,让国家的行政动员能力获得显著提升,人力、物力、财力被最大限度地集中起来,源源不断地去"保大局""办大事"。这样不仅可以切实保障战争时期的军事胜利,而且也能在和平时期兴办农业、水利、交通等领域的重大基础设施建设,包括一些统治阶级享受腐朽生活所需要的各种工程项目建设。

### 三、县制为贵族政治模式向官僚政治模式转型提供了重要的历史契机

所谓"官僚政治"模式,就是以职能专业化、职务资格化、机构科层化、办事规章化、权力等级化为特点的行政管理体制与运行机制。过去,国家治理的主体均为"世卿世禄"之贵族,即使选贤任能亦很难找到优秀人才,因为这些凭借血统上位的纨绔子弟无须讲究德能勤绩,大多是尸位素餐、碌碌无为之辈。县制之后,政治、经济、社会各领域行政事务的管理日益复杂化、专业化。皇帝要想把全国一切重大事务掌控在自己的手中,纵使有三头六臂也无法应付。必须创建一个系统而严密的官僚政治体制,才能有效地实现皇上"端拱于上,百官总于己下,军国内外之事,无不由之"的高度集权格局。

所以,春秋战国时期的郡县化过程,实际上也是国家的官僚政治化的过程。历史学家赵翼认为这就是"盖秦汉间为天地一大变局。……此已开后世布衣将相之例"。至秦统一全国,君主专制、中央集权制、科层式官制、乡亭制、户籍制、监察制、铨选制、回避制、考课制、俸禄制、文档制等各项法律规章,也随着县制的全面推行与不断完善而都有了长足的发展。

### 四、县制为新型土地关系和小农经济生产方式的稳定提供了可靠的制度保障

分封制时期,国王采取分封的办法把全国土地的使用权、收益权、处置权都交

给了诸侯、公卿、大夫等贵族与功臣。这些人留下部分土地作为"公田"以维持自己的需要,又将其余土地再分给氏族子孙或部落庶民成为"私田"。老百姓的代价是必须先为领主耕种公田,实际上就是强制劳动。因此,公田制(亦称井田制)成了严重阻碍生产力发展的"绊脚石"。县制建立后,国家大力推行按田亩征收赋税的办法,不管公田私田,一律按实际产量缴纳土地税。对于农民来说,只要缴纳了国家规定的税赋,这块土地就归己所有。《汉书·食货志上》中讲,秦国"用商鞅之法,改帝王之制,除井田,民得买卖"。

新型县制催生而来的新型土地占有关系,不仅开创了中国农民缴纳"皇粮国税"的历史,使政府大幅度地增加了财政收入,提升了综合国力,强化了战争能量,而且促进了土地的私有化和自由流动,使得一大批与分封制紧密相连的诸侯、公卿、大夫等领主阶级,连带长期以来一直依附在封地上的产权、治权、主权、政权一体化的局面,开始走向终结而逐步成了历史的遗迹。大量的庶民与奴婢从领主的束缚下挣脱出来,社会生产力得到空前的解放。

由此可以看出,在当时生产力的发展水平上,县制管理模式与小农生产方式是相适应的,它保障了高度分散的自然经济社会的繁荣稳定。然而,正是这个小农生产模式构筑起来的经济基础,恰恰又成为中国历史上君主专制主义中央集权体制之所以长期稳定而鲜有变动的重要原因。

楚国是周朝历史上第一个"吃螃蟹"的诸侯国。率先创造并推行县制之后,一扫过去"外重内轻"的软弱涣散状态,地方政治、经济、军事权力和各种资源不断集中到了王朝中央手中。国家战略意图的贯彻和行政指令的执行十分顺畅,从而使得这个昔日偏僻落后的江汉小国,迅速发展成为地阔五千里,带甲百万兵,战车千乘,铁骑万匹,粮食充足,财力雄厚的泱泱大国。只不过楚国推行的县制改革在后来遭遇国内强大的贵族利益集团的坚决反对而处处受到掣肘,不少地方半途而废,整体成效大打折扣,最终被秦国灭亡。

秦国的区位地理和资源禀赋很差,但从秦孝公重用商鞅之后,综合国力呈现一日千里的发展态势。商鞅变法主要是废井田、开阡陌,实行郡县制,奖励生产和战斗,登记户口制,实行连坐之法。法律还明确规定郡县官员的职责就是坚决执行国家命令、发展生产、维持治安、征收赋税、派遣徭役和兵役。如果玩忽职守、消极怠工,轻者革职,重者治罪。《史记·商君列传》说,商鞅变法"行之十年,秦民大悦，道不拾遗，山无盗贼，家给人足。民勇于公战，怯于私斗，乡邑大治"。易中天在《帝国的终结》中也总结说：秦始皇之所以能够横扫六合，笑到了最后，核心就在秦国有着当时最管用的制度——县制。

县制说到底就是一种封建专制主义的中央集权式的体制机制，国王的战略意图和中央政府的各项指令能够在全国所有地方迅速得到贯彻落实，从而形成巨大的行政动员能力，将全国的人力、物力、财力最大限度地集中起来，去支撑大规模的对外战争，兴办那些小国过去连想都不敢想的重大建设工程。秦国作为西北边陲地区的一个小国，由于推行县制，在统一中国之前就有由蜀郡太守李冰及其子率郡县民众修建的都江堰水利工程；统一之后更有万里长城与阿房宫等土木工程建设，让今天的世界都为之惊叹。

这种通过郡县之法形成高度集权的举国体制，与传统的一盘散沙式的分封体制形成了鲜明的对比，即使在生产力水平大致相同的条件下，通过社会组织形式与资源配置方式的变化而产生的综合国力与竞争能力却呈现几何级数增长的局面。县制带来的这种要风得风、要雨得雨的随心所欲，对于绝大多数专制独裁者来说无疑是梦寐以求的理想境界，加之它确实具有很多正能量，故历朝历代统治者在坚定不移地走县制道路的问题上从来就不曾犹豫过。近代著名史学家夏曾佑曾经总结说："自秦以来，垂二千年，虽百王代兴，时有改革，然观其大义，不甚悬殊。"

## 第四节　县制的弊端

任何事物都是既有利也有弊的对立统一，县制也不能例外。秦始皇当初希望凭借县制的力量使秦家王朝能够传至万世不绝，岂料想仅十多年便家破国亡。刘邦建立汉政权，对郡县制一直心有余悸，最后搞折衷主义行分封与县制"双轨制"之法。三国两晋南北朝时期，县制照旧运转，分封制也时隐时现。隋唐之际，关于县制的商榷更为热烈，引出柳宗元千古雄文——《封建论》。宋朝及至明末清初，县制的各种弊端已全面暴露，批评者奋起口诛笔伐，"论战"从未消停过。

现在看来，以县制为基础的权力体系本身及其制度衍生出来的重大弊端主要有以下五点。

## 一、根本目标是维护朝廷和皇上的绝对权威，结果必然酿就中央集权和君主专制主义的苦酒

中国历史反复证明，如果没有县制这个基础性的制度平台，皇帝纵使有再大的野心和能力，也很难建设高度集中的中央集权，更无法形成一手遮天般君主专制的政治局面。当年的秦始皇就是通过废诸侯，立郡县，置守令，专治权，从而实现"天下之事无小大皆决于上"这一独裁统治的。在君主专制主义与中央集权制度下，所有层级的地方政府都必须高度服从皇帝的意志，无条件地接受朝廷的政策、指令和监督。

分封制时代，天下可谓一盘散沙，任由地方诸侯作主。县制之后，天下从普通百姓到各级官员都得俯首听命于朝廷，严格按照皇帝的意志说话办事。所谓"进退兴废，乾纲独断；赏罚臧否，莫测天威；生杀予夺，一言九鼎，而且雷霆雨露，俱是君恩"即为最形象的描述。

## 二、核心精神是强化官本位主义，把政府凌驾于社会与人民之上，顺之者昌、逆之者亡

依靠县制的体制机制力量，紧密围绕以君主专制为核心内容，以中央集权为主体框架，以下级绝对服从上级、全国绝对服从朝廷为结构特征的政府组织体系得以建立与不断完善。官本位主义成了2000多年来让人们醍醐灌顶的思维主基调和时代最强音。

秦汉要求百姓"以吏为师"，魏晋称州县长为"牛羊之牧"，宋明将官员比作"民之父母"，都在进一步强化政府的权威性和官员的崇高性。几乎所有的社会组织与个人自立、自主、自我管理的功能作用均被基本排斥。所以，县制的过程，实质上就是官进民退和"大政府、小社会"的过程。

## 三、基本原则是只向上负责，不对下负责，迫使官员人格扭曲、唯上是从和行为短期化

中国历史上以县域为政治舞台，以县治为表现形态，以业绩为检验标准，确实涌现了一批优秀杰出的管理人才。但在君主专权独裁体制下，实行任期制与回避

制，叫"流官"，时间一长便流弊百出。

朝廷的命官很难像本地人那样担心和害怕父老乡亲骂娘挖祖坟而在决策中必须考虑做实事、求实效和长远发展的问题，而往往为追求"政绩工程"选择一些短、平、快项目，遇到困难与矛盾绕道走，容易搞形式主义"花架子"，透支发展潜力，酿成积重难返局面。

更重要的是，官员任免升迁甚至生杀予夺全掌握在皇帝和上级领导的手中，故说话办事只能揣摩皇帝和上级领导的意图，道德教化与实践行为严重分裂，暗地里尽是拉关系、走后门，因循阿谀奉承、行贿受贿之径，弄虚作假、欺上瞒下之法，察言观色、唯上是从成为官场第一要务。

## 四、价值导向是重政治稳定、轻经济发展，成为束缚地方发展活力的"紧箍咒"

县制的根本目标是建立和维护大一统的中央集权和君主专制，最大限度地攫取全国的人力、物力、财力等各种资源，而不是为了促进地方经济社会的发展。历代统治者为了不让地方政府形成内轻外重、尾大不掉之势，积蓄出威胁中央政府和分裂统一的能量，总是想方设法通过各种手段和限制措施来牵扯、分散、削弱地方政府的权力。

中国之大，千差万别，朝廷本该放手让县域根据自己的实际因地制宜地科学决策和精准施策，主动引领地方经济社会的繁荣发展。但实际上，县域政府不仅对于地方经济建设的发展以及重大社会事务的处置基本上没有决策权，甚至连行政管理和行政司法都缺乏必要的解释权，在政治、经济、军事方面几乎不允许有任何独立性而必须严格服从中央政府的统一指挥。这种防内胜于防外、防下胜于防上的结果，必然导致中央只重视社稷的稳定而轻视地方的发展，地方经济社会便自然没有生机活力可言。

所以，明代顾炎武批评说："封建之失，其专在下；郡县之失，其专在上。"所谓其专在上就是尽天下一切之权，而收之在上。由此可以看出，县制是一种以控制地方、掠夺地方追求中央集权与国家富强为核心目标的治理模式，而不是一种放权搞活地方经济，提高民生福祉，促进基层社会发展的制度安排。所以，推行县制必然扼杀地方发展活力，导致经济积贫积弱，使得人民越来越穷。

**五、运行特征是管民者少，管官者多，导致层级诚信危机和监察成本无限大**

县制促进了"大一统"国家形态的问世和科层化行政管理体系的成型，也导致了庞大官僚队伍的诞生。但随着中央集权与皇权专制的不断强化，行政管理越来越层级化，办事规则越来越程式化，纪律监督越来越严密化，地方拥有的权力也越来越弱小化，整体办事效率也越来越低级化。

皇帝也明白，"家天下"条件下官员出现敷衍塞责不作为和滥用权力乱作为的情况应该是常态。为保证官员能够忠诚于皇帝，做到有令必行，有禁必止，不折不扣地贯彻落实朝廷的方针、路线与政策，就必须推行与县制相配套的官员监察制度。但是，2000多年的历史证明，其成本无限大而成效却很小，原因就在于行为逻辑不合理。

从现代产权学角度看，官员没有产权归属感却又肩负管理责任，当然不可能为帝王的事业去牺牲自己的利益。所以，这是一种完全建立在双方缺乏诚信甚至相互猜忌基础上的监察制度，成效必然不如人意。

同时，在"君要臣死，臣不得不死"的专制独裁统治面前，各级官员均属于弱势群体，必须充分利用各种有效方式组成利益共同体，以追求经济利益和政治利益的最大化，这也是为什么历史上形式主义、官僚主义和官官相护现象不能根治，贪官污吏总难肃清的重要原因。

综上所述，县制虽然对国家的统一、民族的融合、经济的发展、社会的进步产生了一定的促进作用，但其体制机制存在的弊端很容易导致专制独裁且造成严重社会后果。由此可以认定两个重大结论：中央集权与县制是相互呼应、相互依存、相得益彰的"孪生兄弟"；要想推进以多元化、包容性为路径的国家治理模式的有效转型，首先必须彻底改造中央集权体系的基础——县制。

总之，到了清代，传统县制已经全面陈旧腐朽。随着民族危机的深重和阶级斗争的激烈，君主专制政体和中央高度集权模式日趋受到质疑。晚清时期，为挽救统治权，朝廷不得不推行一系列"新政"改革，在西方宪政文明影响下，中国开始向现代化艰难转型。

当时的县制改革有两条路径：一是对不断暴露的许多弊端进行修补以维护"官

治"体制的继续运转；二是被迫接受以民主、民权、民生为核心内涵的时代潮流，在县域范围内建立一种新型民治体系。

斗争的结果是：1908年，清政府颁布了《逐年筹备事宜清单》，计划用九年的过渡期，逐步撤销由中央政府直管府厅州县的旧制，一律推行地方自治新法。实现地方自治的基本原则是顺应以民主、民权、民生为核心内容的时代潮流，在各个层级的地方政府建立一种类似西方宪政国家现行的新型民治体系，即以"以本地人士、本地财力，办本地事务"为主要特征的地方自治制度。

这种新型地方自治的思维模式与行为方式，迅速瓦解了2000多年来一直被中国上层社会人士所钟情的传统"大一统"价值观念，导致君主专制主义与中央高度集权模式的统治基础最终分崩离析，并由此进入历史的尾声。

# 第一章 县域经济的基本情况

2000多年的县制历史和县域发展已成历史,迎来的是一个现代县域经济发展新阶段。新形势下,如何推动县域经济发展,需了解现代县域经济的基本特征、基本情况、发展现状及面临的挑战。在现代县域经济中,镇域经济是县域经济的基础和重要组成部分。

# 第一节　县域经济的含义、基本特征及发展意义

## 一、县域经济的含义

县域经济是指以县城为中心、以乡镇为纽带、以农村为腹地的一种行政区划型经济，区域界线明确。其形成以农业和农村经济为主体，以工业化、城镇化、现代化为发展主题和方向的经济发展模式，通过以县级政权为调控主体，以市场为导向，优化配置资源，实现县域内各个产业的协调和全面发展，从而形成具有地域特色和功能完备的县域经济。县域经济是"以工补农、以城带乡"的接口桥梁，是典型的区域经济、特色经济、个性经济。

既然县域经济是一种行政区划经济，区域界线明确，那么，从严格意义上说，地级市、副省级市、直辖市的城市区域经济不属于本书研究的范围。这包括京津沪渝四大直辖市所含有的区，青岛、宁波等15座副省级城市（广州、武汉、哈尔滨、沈阳、成都、南京、西安、长春、济南、杭州10座副省级省会城市，大连、青岛、深圳、厦门、宁波5座副省级计划单列市）所含有的区，333个地级单位（293个地级市、7个地区、30个自治州和3个盟）所含的区，以上都不属于县域经济的研究范围。

## 二、县域经济的基本特征

### （一）综合性

县域经济构成具有多样性和综合性特征，包括农业、工业和服务业的三个产业经济部门。县域经济的发展离不开各个产业部门经济的带动，也影响着生产、分配、流通、消费等环节的经济活动。从这个角度看，县域经济发展具有综合性特征。

### （二）相对独立

县域经济有一个县市级政府作为市场调控主体，同时有一个县级财政。因此，县域经济有相对独立性，并有一定的能动性。因而，对于县域经济的发展，县委、县政府作用十分关键。

### （三）地域特色

县域经济具有明显的地域特色。这种地域特色与其地理区位、历史人文、特定资源相关联。

县域经济活动涉及生产、分配、流通、消费各环节，一二三产业各部门，但县域经济不同于国民经济，县域经济要遵循自身宜农则农、宜工则工、宜商则商、宜（旅）游则（旅）游的原则，注重发挥比较优势，突出重点产业。

### （四）枢纽特点

枢纽特点即县域经济虽然是国民经济基本单元，但具有中间性，是国民经济的一个关键层次。具有承上启下、连接城乡的作用。县域有农村也有城市（镇），是农村和城市的集合体。在县域经济集聚过程中，不同的生产要素，例如资本、劳动力、生产资料、科技等不断地向具有区位优势的所在地移动，从而促成了不同层级的县域经济增长极或增长中心的形成。

县域经济的枢纽性表明其在连接城乡经济交流的同时，进行文化传播。

### （五）开放性

县域经济虽然是在县级行政区划上形成的，但它又不同于县级行政区划。县域经济以市场为导向，其发展需要突破县级行政区划的约束，在更大的区域内进行资源配置，使市场成为资源配置的决定性力量，进而获取竞争优势。因而县域经济具有明显的开放特征。

### （六）农业性

县域经济的农业性决定了县域经济在国民经济系统中的特殊地位，也是区别于市域经济的主要因素。县域经济的农业性是指县域经济不仅包括城镇经济，更重要的是包括农村经济，是以农业和农村为主体的经济。

农业是县域经济的主体产业，发展县域经济的根本任务是有效促进农业繁荣、农民富裕和农村进步。发展县域经济是解决"三农"问题的关键，是全面推进中国式农业现代化的重要任务。因而，工业化、城镇化、市场化和现代化是县域经济的发展主题和方向。乡村振兴和城乡融合发展，都需要大力发展县域经济。

### 三、发展县域经济的意义[①]

**1. 有利于提升乡村产业整体发展水平**

大力发展县域经济,通过促进农村一二三产业融合发展,推动农产品加工业优化升级,推动农村流通高质量发展,推进县域商业体系建设,强化农民增收举措,用现代科技破解我国乡村产业发展滞后的瓶颈制约,有利于提升乡村产业整体发展水平。

**2. 有利于保障粮食安全**

大力发展县域经济,通过提升县域经济水平,构建现代农业经营体系,以小农户为基础、新型农业经营主体为重点、社会化服务为支撑,打造适应现代农业发展的高素质生产经营队伍,有利于深化多渠道产销协作,构建多元化食物供给体系,有利于保障粮食安全。

**3. 有利于提升全社会土地利用效率**

大力发展县域经济,建立城乡统一的建设用地市场,通过土地制度改革,探索宅基地"三权分置"有效实现形式,探索建立兼顾国家、农村集体经济组织和农民利益的土地增值收益有效调节机制,保障进城落户农民合法土地权益,鼓励依法自愿有偿转让,由此形成乡村振兴的强大市场机制,提升整个社会对土地的利用效率。

**4. 有利于新经济业态为传统产业赋能**

大力发展县域经济,突破传统路径依赖,通过发展现代乡村产业,以新经济发展范式加快新旧动能转换,促进共享经济、平台经济、无人经济等新经济业态为传统产业赋能。

**5. 有利于促进乡村振兴**

大力发展县域经济,通过加强中心镇市政、服务设施建设,梯度配置县乡村公共资源,有利于促进乡村振兴,形成工农互促、城乡互补、协调发展、共同繁荣的新型工农城乡关系。

---

① 陈剑:《县域经济发展的"十个有利于"!》,常态发展公众号。

6. 有利于推动城乡融合和一体化发展

发展建制镇，开展就地城镇化是减轻和缓解"大城市"病的非常重要的分流渠道，是实施乡村振兴战略的有力支撑。有利于推动城乡融合和一体化发展。

7. 有利于提升中国城镇化质量

大力发展以建制镇为主要内容的县域经济和镇域经济，有利于提升中国城镇化质量。

8. 有利于缩小地域差距

我国不同区域的发展落差集中体现为县域发展落差。相对于东部地区，中西部的发展劣势通常源于县域发展相对迟缓，农村空心化程度更为严重。县域发展是缩小城乡、地区和群体差距的交汇点，推动县域经济发展可以显著增强发展成果的分享性，并由此形成对新时代共同富裕事业的积极效应。发展县域经济对于缩小区域发展差距、实现区域协调发展具有积极作用。

9. 有利于减少乃至最终消除二元经济结构的负面影响

中国存在因制度因素导致的城乡二元结构，农村居民在发展权利以及生活改善等方面仍落后于城市居民，考虑到农村居民户籍所在地集中于县域，因此县域发展对于农民而言意味着发展条件的改善。大力发展县域经济，特别是通过健全农业转移人口市民化机制，确保稳定就业生活方面外来人口与本地农业转移人口落户一视同仁，是减少"三留人口"、缩小乃至最终消灭具有歧视性的二元经济结构的重要环节。

此外，现阶段我国存在着不同群体之间的收入、资产和公共产品配置差距，这种差距往往与农村劳动力的人力资本含量相对劣势、城乡社会保障存在落差紧密相关，县域发展则为农民群体的市场竞争力提高以及公共产品获取提供了有利条件。

## 第二节　县域人口和县域面积

截至2022年7月28日，我国县和县级市数量分别为1472个和394个，二者共计1866个，占全国国土面积的90%左右，占中国大陆人口和GDP比重分别为52.5%和38.3%。[1]

---

[1] 毛振华、姜刚：《县城成为城镇化建设的重要载体》，新华社新媒体，https://baijiahao.baidu.com/s?id=1739395729196439387&wfr=spider&for=pc。

## 一、中国人口概况

2023年中国总人口140967万人，同比减少208万人。从城乡构成看，城镇常住人口93267万人，比上年末增加1196万人。9.32亿多城镇人口中，国家统计局没有区分城和镇人口各有多少。按照2020年第七次全国人口普查（以下简称七普）资料，2020年我国建制镇镇区常住人口为3.25亿，占全国城镇人口的36%。2023年，由于大中城市吸引力高于建制镇，建制镇镇区常住人口占全国城镇比重应低于36%。

2023年中国乡村常住人口4.77亿人，减少1404万人；城镇人口占全国人口的比重（城镇化率）为66.16%，比上年末提高0.94个百分点。一年有1000多万中国农村居民从乡村进入城市，说明中国仍处在城市化高歌猛进的时代，虽然已经接近尾声。

2023年全年农民工总量29753万人，比上年增加191万人，增长0.6%。其中，本地农民工12095万人，下降2.2%；外出农民工17658万人，增长2.7%。农民工月均收入水平4780元，比上年增长3.6%。

2021年常住人口城镇化率64.7%，总量为9.14亿，但户籍人口城镇化率仅为46.7%，低于常住人口18个百分点。2021年全国人口总量14.13亿，即大约有2.54亿城市常住人口没有城市户籍。

## 二、县域人口[①]

根据七普数据，县域常住人口约7.48亿人，县域平均人口达39.92万人。相比于2010年第六次全国人口普查（以下简称六普）资料，县域人口总数减少了约4000万人，占全国人口比重降低了6.1个百分点，县域平均人口规模减少2.1万人。这表明，中国县域人口总体上处于逐步减少状态。

在1866个县域中，常住人口超过100万人的县域92个，常住人口在50万~100万人之间的县域416个。常住人口20万人以下的县域有546个，其中常住人口10万人以下的县域246个。

---

① 陈剑：《县域经济基本数据——关于县域经济研究探讨（一）》，中国小康网，https://rmh.pdnews.cn/Pc/ArtInfoApi/article?id=34307250。

## （一）东部、中部和西部人口

东部地区的县域人口总量为2.41亿人，约占全国县域人口的32.2%，县域平均人口为57.84万人，在区域发展的四大板块中位居第一。

分省份来看，江苏县域平均人口达到94.6万人，在全国各省份中位居第一。数据显示，江苏共有12个县域人口超过百万，百万人口县的数量位居全国第一。同时，江苏所有县域人口均超过20万人。江苏以平原为主，水源充足，降水充沛，气候宜居，自然地理条件很好，一直以来都是中国经济发达地区，人口密度大。所以在面积差不多的县域范围内，人口数量就多。

山东也是一个平原比较多的经济大省，其县域平均人口达到70.95万人，仅次于江苏位居第二，同时山东所有县域人口也都超过了20万人。另外两个沿海经济大省浙江和广东的地形地貌中，山地、丘陵占据较高的比例，山区人口密度相对平原要低不少，浙江和广东的县域平均人口分别为63.7万人和62.2万人。

中部地区的县域总人口为2.37亿人，县域平均人口达到49.3万人，仅次于东部。中部地区的自然发展条件较好，平原面积较多，尤其是河南和安徽，平原占比较高，县域平均人口都超过60万人。湖北拥有江汉平原，湖南有洞庭湖平原，两省的县域平均人口都超过50万人。

西部地区的县域总人口为2.24亿人，县域平均人口为26.94万人。西部地区中，虽然也有四川盆地、关中平原、广西等位于胡焕庸线东南侧、人口密度高于全国平均水平的区域，但总体来看，西部地区中有相当大一部分位于胡焕庸线西北侧，这些地方以高原山地地形为主，远离海洋，降水少，气候干，生态环境脆弱，人口分布少，人口密度低。

东北三省的县域总人口为4657.3万人，县域平均人口为31.68万人，东北的县域经济不发达，民营企业发展不充分，县域人口流向东部沿海地区和东北的中心城市，加上人口出生率较低，因此县域平均人口数量也比较少。

## （二）县域人口按常住人口分类

县域人口的规模有大有小，若以80万人作为人口大县的标准的话，则我国有208个县域常住人口超过80万人，占比达11%。有13个县（县级市）常住人口超过150万人，分别是昆山、晋江、普宁、义乌、慈溪、江阴、常熟、沭阳、临泉、滕州、瑞安、南安和桂平。其中，江苏的昆山和福建的晋江两个县域的常住人口超过了200万人。

截至2020年，共有21个县域的省外流入人口超过20万人，全部来自东部沿海地区。其中义乌、昆山、慈溪和晋江四个县级市的省外流入人口超过了70万人，在全国处于第一梯队。位居第一的义乌，省外流入人口达到了88万人，大约每两人中就有1人来自省外。

7.4亿县域人口中，33.8%集中在县城或县级市城区。

### （三）县域人口按户籍人口分类

县域人口规模有大有小，最多能相差1300多倍。全国1866个县市，户籍人口不足5万的袖珍小县共有82个，人口规模在5万~10万人之间的共有108个，10万~50万人之间的有841个。也就是说，全国1866个县中，人口不足50万人的有1031个，占比超过一半。

人口规模在100万人以上的有186个。全国186个户籍人口大县主要位于中西部的人口大省、农业大省，以及东部沿海的一些欠发达地区。河南以28个的数量高居首位，江苏、安徽紧随其后，分别是20个和19个。广东、山东、湖南、四川均超过15个，湖北和广西超过10个。其中江苏和广东的人口大县，几乎都位于粤东、粤西、苏北等欠发达地区。其中人口规模突破200万的有3个，分别是广东普宁市、安徽临泉县和广西桂平市。一般而言，人口规模在50到70万之间就可以称为中等县，超过100万的就算是人口大县了。

82个户籍人口不足5万的袖珍县，几乎都位于地广人稀的西部。其中西藏共有46个，占了一半多。青海、四川和新疆分别有11个、8个和7个。陕西共有5个。位于东北地区的黑龙江也有2个，分别在大兴安岭地区和双鸭山市，均处于边境地带。

根据《中国县域统计年鉴2019》，中国人口最多的广东普宁市户籍人口高达约247万人，人口最少的新疆阿拉山口市只有0.19万人，两者相差1320倍，见表1-1。

表1-1 中国人口最多和最少的50个县

| 省份 | 县市 | 户籍人口（万人） | 省份 | 县市 | 户籍人口（万人） |
| --- | --- | --- | --- | --- | --- |
| 广东 | 普宁市 | 247.44 | 新疆 | 阿拉山口市 | 0.19 |
| 安徽 | 临泉县 | 229.53 | 西藏 | 札达县 | 0.78 |
| 广西 | 桂平市 | 203.42 | 西藏 | 日土县 | 0.91 |

续表

| 省份 | 县市 | 户籍人口（万人） | 省份 | 县市 | 户籍人口（万人） |
| --- | --- | --- | --- | --- | --- |
| 江苏 | 沭阳县 | 198.28 | 西藏 | 普兰县 | 0.99 |
| 江苏 | 邳州市 | 194.36 | 西藏 | 岗巴县 | 1.18 |
| 广东 | 陆丰市 | 190.51 | 西藏 | 墨脱县 | 1.28 |
| 广西 | 博白县 | 190.32 | 西藏 | 亚东县 | 1.35 |
| 河南 | 邓州市 | 185.56 | 西藏 | 双湖县 | 1.42 |
| 广东 | 廉江市 | 184.54 | 西藏 | 措美县 | 1.5 |
| 广东 | 雷州市 | 184.05 | 西藏 | 错那县 | 1.54 |
| 广东 | 高州市 | 183.27 | 西藏 | 桑日县 | 1.55 |
| 河南 | 固始县 | 179.31 | 西藏 | 朗县 | 1.56 |
| 安徽 | 颍上县 | 178.38 | 青海 | 玛多县 | 1.57 |
| 安徽 | 太和县 | 177.33 | 西藏 | 萨嘎县 | 1.62 |
| 广东 | 化州市 | 176.71 | 西藏 | 措勤县 | 1.64 |
| 山东 | 滕州市 | 175.2 | 西藏 | 曲松县 | 1.65 |
| 安徽 | 利辛县 | 173.3 | 西藏 | 革吉县 | 1.69 |
| 安徽 | 阜南县 | 172.85 | 西藏 | 吉隆县 | 1.7 |
| 福建 | 南安市 | 171.09 | 西藏 | 琼结县 | 1.83 |
| 山东 | 曹县 | 170.46 | 西藏 | 申扎县 | 2.03 |
| 安徽 | 涡阳县 | 170.35 | 西藏 | 洛扎县 | 2.03 |
| 云南 | 镇雄县 | 168.12 | 西藏 | 聂拉木县 | 2.07 |
| 湖北 | 仙桃市 | 154.3 | 青海 | 久治县 | 2.89 |
| 四川 | 仁寿县 | 154.04 | 四川 | 乡城县 | 2.94 |
| 广西 | 平南县 | 153.96 | 西藏 | 尼木县 | 3.1 |
| 广西 | 北流市 | 153.64 | 青海 | 班玛县 | 3.16 |
| 广东 | 五华县 | 152.41 | 四川 | 稻城县 | 3.19 |
| 湖南 | 新化县 | 151.85 | 陕西 | 佛坪县 | 3.26 |
| 江西 | 丰城市 | 150.74 | 西藏 | 波密县 | 3.26 |
| 湖南 | 浏阳市 | 149.38 | 西藏 | 仁布县 | 3.38 |
| 广东 | 信宜市 | 149.3 | 青海 | 曲麻莱县 | 3.41 |
| 河南 | 滑县 | 148.85 | 西藏 | 尼玛县 | 3.42 |
| 河南 | 唐河县 | 147.5 | 西藏 | 工布江达县 | 3.42 |
| 山东 | 兰陵县 | 144.88 | 内蒙古 | 二连浩特市 | 3.42 |
| 安徽 | 蒙城县 | 144.85 | 新疆 | 若羌县 | 3.43 |
| 江苏 | 睢宁县 | 144.1 | 青海 | 治多县 | 3.47 |

续表

| 省份 | 县市 | 户籍人口（万人） | 省份 | 县市 | 户籍人口（万人） |
|------|------|------------------|------|------|------------------|
| 湖南 | 宁乡市 | 143.09 | 青海 | 乌兰县 | 3.53 |
| 湖南 | 耒阳市 | 142.17 | 青海 | 海晏县 | 3.58 |
| 江苏 | 如皋市 | 141.97 | 西藏 | 隆子县 | 3.61 |

数据来源：《中国县域统计年鉴2019》。

### （四）中国户籍人口最多的五个县

1. 普宁县

普宁县地处潮汕地区，是中国户籍人口最多的县级行政区域，2020年户籍人口约247万人。它是全国著名侨乡，也是我国最大的衬衣生产基地和华南最大的中药材基地。尤以服装、中药材、茶叶、水果等十大专业市场蜚声海内外。有康美（普宁）中药材专业市场、普宁国际服装城、普宁国际商品城等一批大型商贸市场。入选"2018年全国农村一二三产业融合发展先导区创建名单"。2020年GDP总量613.58亿元，城镇化率仅为50%左右。

2. 临泉县

临泉县隶属阜阳市，是中国古代著名军事家姜子牙的故里，也是全国重要的粮食生产基地和畜牧养殖基地。2020年全县GDP总量394.6亿元，2020年户籍人口约230万人。近年来，随着工业化、城镇化加快推进，以及承接沪苏浙等发达地区产业转移力度不断加大，在本地160多万常住人口形成的市场需求和逐渐发展起来的产业用工需求双重刺激下，部分外出务工人员开始返乡发展。

3. 桂平市

桂平别名浔州，是广西贵港市代管的县级市。全市面积4074平方公里，2020年户籍人口约203万人，是广西第一人口大县，是广西最大的粮食生产基地、内河船舶生产基地、休闲服装生产基地、黄沙鳖养殖基地和腐竹出口基地。

4. 沭阳县

沭阳简称"沭"，江苏省宿迁市辖县，位于江苏省北部，是江苏三个省直管试点县之一。总面积2298平方公里。2020年，户籍总人口约198万人。沭阳是中国书法之乡、中国淮海戏之乡、中国楹联文化县、中国纺织服装名城。至2021年，沭阳县是全国建成区面积最大、集中居住人口最多的县城。

5. 邳州市

邳州简称"邳",江苏省徐州市代管县级市。邳州市区域面积2088平方公里。2020年,户籍人口约194万人。邳州市历史悠久,境内大墩子遗址距今6000年,是江苏文明最早的起源之一。邳州市是东陇海产业带重要的水陆交通枢纽、新兴工贸城市,京杭运河沿岸具有水乡特色和历史文化底蕴的生态宜居城市。

## 三、"三留人口"

留守儿童,留守妇女,留守老人,简称"三留人口"。"三留人口"问题,是中国现代化进程中产生的重大社会问题。人们对这个问题的严重程度认识并不清晰,也不到位。如何破解,重要的是提升农村居民公共产品与服务的水平;加大县级财政体制改革,推动财力与事权匹配等。此外,推进县域和镇域经济发展也十分重要。

七普数据显示,我国的城镇化率达到63.89%,流动人口为3.76亿人。深圳、东莞等城市的流动人口占总人口的比例已超过70%,深圳与上海的流动人口规模超过了1000万人。人口流动就是选择更好的生活。人口流动数量持续增长,说明中国发展呈现的巨大活力。但也带来了另一问题:改革开放40多年的发展,大量农村人口流动到城市,特别是其中男性青壮年是主力军,由此产生了庞大的"386199部队",即"三留人口"问题。

### (一)留守儿童

留守儿童主要是指父母双方或一方外出6个月以上,0~14岁留守在家的儿童。2013年,全国妇联根据中国2010年六普数据推算,中国共有6102.55万农村留守儿童。而单独居住的农村留守儿童高达205.7万人,这是要特别给予关照的留守孩子。[1] 根据2016年多部门联合开展的农村留守儿童摸底排查工作统计,全国不满16周岁、父母均外出务工的农村留守儿童数量为902万人。[2]

公益组织"上学路上"对全国17个省的部分三到八年级的学生进行问卷调查。

---

[1] 《全国妇联:单独居住的农村留守儿童高达205.7万》,中央政府门户网站,https://www.gov.cn/jrzg/2013-05/10/content_2400061.htm。

[2] 《中国902万留守儿童,11.4%的孩子父母"被去世"》,搜狐网,https://www.sohu.com//204658734_100051439。

调查显示：26.1%的农村孩子处于完全留守状态；超过10%的孩子一年中难见一次父母，有3.9%的父母一年也不与孩子联系一次。更让人难受的是，被调查的11.4%的孩子反映自己最近经历了父亲或母亲离世，7.9%的孩子选择父母去世"几乎没有影响"，而2016年中国人口死亡率仅为0.709%。很明显，很多父母"被去世"了，这些孩子在借此发泄自己对父母的不满。①

留守儿童的数量从6102万人到902万人，有留守儿童的年龄不一和统计范围上的差异。近年来留守儿童这一数字仍在下降，但我国不满14周岁的农村留守儿童数量仍然超过800万人。其中，近九成由（外）祖父母抚养，还有30多万农村留守儿童无人监护。

### （二）留守妇女

留守妇女主要是配偶外出工作6个月以上，年龄20~59岁留守在家的妇女。留守妇女可以按照年龄段分为三大类：一是年龄在20~30岁之间的妇女。这类妇女通常和丈夫一起外出打工，但是由于怀孕或照顾小孩才回到农村。二是年龄在30~50岁之间的妇女。这类妇女面临照顾老人和小孩的双重压力，还会有经济方面的担忧。三是年龄在50岁以上的妇女。这类妇女一般是家里的儿女已经成家，但不在身边，自己没有得到照顾。

对于全国有多少留守妇女，目前缺乏详尽数据。网上的数据是4700万人。这一数据是多年前的数据，近年来，由于各项措施的推进，农村的留守妇女数量在大幅减少，估计至少还有2000万人左右。

### （三）留守老人

留守老人主要是子女外出6个月以上，年龄在60岁以上留守家中的老人。从户籍类型来看，留守老人群体以留守在农村的老人为主。农村留守老人是指那些因子女（全部子女）长期（通常半年以上）离开农村户籍地进入城镇务工或经商或从事其他生产经营活动而在家留守的父母。

我国有多少留守老人呢？2020年，我国乡村60周岁及以上、65周岁及以上老年人口占乡村总人口的比重分别为23.81%、17.72%，比城镇60周岁及以上、65周岁及以上老年人口占城镇总人口的比重分别高出7.99个百分点、6.61个百分点。也

---

① 《中国902万留守儿童，11.4%的孩子父母"被去世"》，搜狐网，https://www.sohu.com/a/204658734_100051439。

就是说，乡村60周岁及以上、65周岁及以上老年人口占乡村总人口的比重，比全国平均水平分别高出了5.11个百分点、4.22个百分点。农村老年人口占比大幅高于全国平均水平、高于城镇水平，一个重要原因就是农村青年人口大量流入城市，老人留守家中。根据民政部2016年的摸底排查，全国共有农村留守老年人1600万人，约占农村老年人口总数的12%。考虑到近几年人口加快向中心城市、大城市、都市圈集聚，以及人口老龄化快速提升的趋势，预计农村留守老人占比超过2016年，总人数仍高达1600万人左右。

截至2023年底，全国的留守儿童、妇女、老人三部分之和，虽然近年来已经有大幅度下降，但估计至少还有4500万人左右。

### 四、县域人口流失分析

对第五次、第六次与第七次全国人口普查数据进行分析，20年来中国县域常住人口数量持续减少。2000—2010年县域常住人口减少约128万人，而2010—2020年间，县域常住人口数共减少3782万人，是前十年的近30倍。与此同时，我国县域常住人口数量少于户籍人口，2010年常住人口约比户籍人口少9181万人，到2020年该数字达到15518万人，县域人口流失速度明显加快。此外，出现人口净流出的县域个数在2010年共有1557个，到2020年则增长到1673个。

人口流失县域的分布范围逐渐扩大，主要集中在胡焕庸线以东地区，越来越多的县域面临人口流失的难题。2020年，净迁移率在0到-10%的县域有257个，介于-10%与-30%之间的有908个，小于-30%的有508个。参照已有研究，净迁移率小于-10%的地区为净流出活跃区，则2020年我国约有84.64%的县域为净流出活跃区，相比2010年的比例53.50%多了31.14%。

县域人口流失，主要是青壮年劳动力流失严重。相当数量的县域人口，尤其是青壮年劳动力，出于改善生活质量、获取就业机会、提升收入水平、为子女提供更好的教育、享受更健全的医疗服务等目的，逐渐向城市地区流动。以陕西省商洛市丹凤县为例，丹凤县中各个村内的劳动力流失约能达到90%，主要流向大城市，流动人口年龄段集中在15~50岁之间，这一年龄段人口为主要劳动力，是家庭经济的主要来源。

县域人口流失的主要原因有三方面：首先，在于其经济欠发达，居民收入难以提高；其次，基础设施与公共服务供给不足，无法满足居民日益增长的需求；再次，治理机制体系滞后，民生改善力度不足。①

## 五、县域人口密度

人口密度是指单位面积土地上居住的人口数。全国共有27个县域人口密度超过了1000人/平方公里的大关，其中有26个位于东部地区；居人口密度前十位的县域分别是石狮、晋江、龙港、昆山、江阴、玉环、义乌、温岭、三河和张家港。

人口密度高，说明吸引力强。从排名前十位的县域人口密度榜单来看，这些地区主要集中在闽南、苏南和浙中南以及毗邻北京的廊坊，都是中国经济最发达，民营经济十分活跃的县市。

以下是县域人口密度榜排名前十位的县市。

第一位：石狮市。福建省下辖县级市，由泉州市代管。陆域面积160平方公里，户籍人口36万，常住人口68.6万人，人口密度高达4287人/平方公里，在所有县域中遥遥领先。

发达的民营经济是石狮集聚大量人口的关键，服装产业是其主打产业。石狮市网站显示，全市民营企业1万多家，产值超亿元企业226家、超10亿元企业19家，民营经济创造的产值占全市经济总量的90%。

第二位：晋江市。福建省辖县级市，由泉州市代管。位于福建省东南沿海，东南濒临台湾海峡，南与金门岛隔海相望。总面积649平方公里。截至2022年，晋江市常住人口207.6万人，人口密度达到了3177人/平方公里。从1994年起，晋江连续28年领跑福建县域经济。

第三位：龙港市。浙江省温州市代管县级市。面积183.99平方公里，常住人口46.4695万人（七普数据）。以2526人/平方公里的人口密度位居第三。龙港市自1984年建镇以来，历经了从小渔村到农民城、从农民城到小城市培育、从小城市培育到撤镇设市三次改革的历史性跨越。

第四位：昆山市。江苏省辖县级市，由苏州市代管。总面积931平方公里，户籍人口为120.39万人，常住人口为212.52万人。人口密度为2283人/平方公里。

---

① 周春山：《县域人口流失现状分析与治理路径》，《国家治理》总第397期。

2022年，昆山市地区生产总值5006.7亿元，经济总量全国县市第一。

第五位：江阴市。位于无锡市北侧，由无锡市代管，下辖6个街道、10个镇，总面积987.5平方公里，常住人口为1779515人，人口密度为1802人/平方公里。

第六位：玉环市。位于浙江省东南沿海，由浙江台州市代管，陆域面积378平方公里，常住人口为644014人，人口密度为1704人/平方公里。

第七位：义乌市。位于浙江省中部，由浙江金华市代管，总面积1105.46平方公里，常住人口为1859390人，人口密度为1682人/平方公里。

第八位：温岭市。位于浙江省东南沿海，由浙江台州市代管，下辖5个街道、11个镇，陆域面积926平方公里，常住人口为1416199人，人口密度为1529人/平方公里。

第九位：三河市。位于燕山山前平原地区，由河北廊坊市代管，总面积643平方公里，常住人口为965075人，人口密度为1501人/平方公里。

第十位：张家港市。位于长江下游南岸，由江苏苏州市代管，总域面积999平方公里，常住人口为1432044人，人口密度为1433人/平方公里。

## 六、县域面积[①]

中国县域平均面积从东向西逐步增加，经济发展水平则由东向西逐步下降。东中部地区的县域，一般面积较小，人口密度和开发强度比较大。

行政区域面积超过1万平方公里的155个县域，除了黑龙江的6个县域之外，其余均位于西部，主要位于新疆、青海和西藏，四川和云南也有分布。这155个县域的总面积达435.5万平方公里，占全国国土面积的45.4%，总人口却只有1989万人，仅占全国总人口的1.4%，人口密度仅为每平方公里4.6人，真可谓地广人稀；GDP仅为1万亿元左右，不足全国经济总量的1%。

以下是中国县域面积前十位的县市。

第一位：若羌县。隶属新疆维吾尔自治区巴音郭楞蒙古自治州，行政面积20.23万平方公里。地处巴州东南部，塔克拉玛干沙漠东南缘，东经86°45′—93°45′，北纬36°—41°23′。西接且末县，北邻尉犁县及鄯善县和哈密市，东与

---

① 《陈剑：县域经济基本数据——关于县域经济研究探讨》，中国小康网，https://www.chinaxiaokang.com/xianyu/yaowen/2023/0306/1409467.html。

甘肃省、青海省交界，南与西藏自治区接壤。是新疆面积最大的县，也是中国面积最大的县，约相当于2个江苏省或浙江省，被称为中华第一县。若羌县自古以来就是内地通往中亚和新疆通往内地的第二条战略通道，也曾是古丝绸之路的必经要道。截至2020年末，若羌县户籍人口为80756人。

若羌县不仅是中国最大的县（没有之一），境内还有着中国最大的镇（罗布泊镇）和中国最大的乡（祁曼塔格乡）。

第二位：且末县。隶属新疆维吾尔自治区巴音郭楞蒙古自治州。位于昆仑山和阿尔金山的北麓，塔里木盆地东南缘。东距若羌县280公里，西距和田地区民丰县315公里，南屏阿尔金山，东与昆仑山与西藏自治区为界，北部深入塔克拉玛干大沙漠与尉犁县相望，西北部邻阿克苏地区沙雅县，东西最宽320公里，南北最长460公里。总面积为13.86万平方公里，面积仅次于若羌县，为中国面积第二大县。总人口约10万人，其中少数民族占73%，汉族占27%。

第三位：改则县。隶属西藏自治区阿里地区，是西藏面积最大的一个纯牧业县，约占阿里地区总面积的1/3。改则县西与革吉县、日土县接壤，北以昆仑山为界与新疆维吾尔自治区交界。东西长450公里，南北宽670公里，面积13.56万平方公里。截至2020年11月1日零时，改则县常住人口为25327人。

第四位：格尔木市。隶属青海省海西蒙古族藏族自治州。地处青海省中西部、青藏高原腹地，境内辖区地形复杂，大体可分为盆地高原和唐古拉山北麓两部分，属典型的高原大陆性气候，总面积11.92万平方公里。截至2022年底，全市常住人口22.31万人。

第五位：双湖县。隶属于西藏自治区那曲市。位于其西北部，东邻安多县，南与班戈县与申扎县接壤，西与尼玛县毗邻，北跨可可西里与新疆维吾尔自治区交界。平均海拔在5000米以上，面积11.67万平方公里，历史上因人迹罕至，曾被称为"无人区"。截至2020年11月1日零时，双湖县常住人口为10881人。2012年11月15日，经国务院批复成立正式建制县。

第六位：额济纳旗。隶属内蒙古自治区阿拉善盟。位于内蒙古自治区最西端，东南与阿拉善右旗相连，西和西南与甘肃省毗邻，北与蒙古国接壤，边境线长507公里。全旗总面积11.46万平方公里（与江苏省面积相当）。额济纳旗是内蒙古自治区面积最大、人口最少的旗。

第七位：治多县。隶属青海省玉树藏族自治州。位于青海省西南部，玉树藏族自治州中西部，西接新疆维吾尔自治区、西藏自治区。县府驻加吉博洛格（在多彩乡境内）。县城东部与玉树县接壤，西与海西州代管区相连，北与曲麻莱县、海西州毗邻，南与杂多县为界。县域平均海拔4500米以上。总面积8.06万平方公里。全县总人口4.32万人（2020年）。

第八位：阿拉善左旗。隶属内蒙古自治区阿拉善盟。位于内蒙古自治区西部、贺兰山西麓，阿拉善盟东部地区，北与蒙古国接壤，国境线长188.68公里，总面积8.04万平方公里。2021年，阿拉善左旗户籍人口14.8万人。

第九位：日土县。隶属西藏自治区阿里地区。位于西藏自治区西部，阿里地区西北部，是边境县之一，地处东经78°7′—82°4′，北纬32°7′—35°4′。喀喇昆仑山和冈底斯山支脉横穿全境，全县平均海拔4500米左右，最高海拔为6800米，被称为"世界屋脊的屋脊"。全县面积8.03万平方公里，截至2020年11月1日零时，全县常住人口为11167人。

第十位：阿拉善右旗。隶属于内蒙古自治区阿拉善盟。位于内蒙古自治区西部，龙首山与合黎山褶皱带北麓，地理坐标介于北纬38°38′—42°02′，东经99°44′—104°38′，东接阿拉善左旗、甘肃省民勤县，南邻甘肃省金昌市、张掖市，西连额济纳旗，北与蒙古国接壤。国境线长45.25公里。全旗东西长415公里，南北宽375公里，总面积7.34万平方公里。截至2020年11月1日零时，阿拉善右旗常住人口为22647人。

## 第三节 县域经济发展现状

### 一、县域经济现状

县域经济作为我国国民经济的基本单元，在国民经济体系中占据重要地位，为国民经济作出重要贡献。2022年，县域经济中，专精特新"小巨人"占全国1/3，制造业单项冠军占近四成。全国200家中小企业特色产业集群中有81家分布在县市。一批经济特色县闻名中外，成为区域经济的中坚力量。县域工业结构不断优化，正在迈向高端化、智能化、绿色化。

从县域经济产业结构上看，纵向比较，2010年至2021年，我国县域三产比例由2010年的17∶54∶29转变为2021年的14∶40∶46。我国县域经济中第二产业占比由54%下降到40%；第三产业占比则由29%上升至46%，逐渐成为主导产业。从某种程度上看，第三产业已成为县域经济活跃程度的指标之一。横向对比，2021年，全国县域经济三产比例为7∶39∶53，全国"千亿县"三产比例为4∶52∶44。我国"千亿县"第二产业占比超过50%，第二产业是"千亿县"经济的支柱产业。如果把"千亿县"作为我国县域经济发展的一个高层次且必经的阶段来看的话，虽然第三产业在县域经济中逐渐占据主导地位，但第二产业仍然是我国县域经济发展的强劲引擎。可以预判，未来相当长一段时间内，这样的产业结构仍将维持。因此，县域经济发展的重点仍将倚重于第二产业，必须加快第一产业向二三产业的转移力度。①

## 二、面临的挑战

当前，我国县域经济发展面临一些困难和挑战。

### （一）县域产业基础相对薄弱

与大中城市相比，县域产业整体发展层次较低，东部和中西部地区县域产业发展不平衡。东部地区的县域依托区位等优势，形成了现代产业集群。中西部地区的许多县域依然表现出"农业大县、工业小县、财政穷县"等特征。

### （二）要素组合面临较多制约因素

县域经济发展依赖于生产各要素在域内的充分流动、顺畅对接和高效利用，只有要素在优化组合中提高生产效率，并使要素回报与在其他领域的回报大致持平，才能促使县域发展具有造血功能和内生动力。

当前我国大多数县域、特别是中西部县域的要素组合面临着较多制约因素。这表现为：技术、管理、知识、数据等要素进入县域经济并整合已有要素的程度还不充分；县域范围内土地、资本、劳动力等要素整体上呈现出单向外流特征，特别是农村劳动力的大规模非农化流转是当前城乡要素流动的主要内容，这种流转又伴随着农村进城务工人员职业转化与身份转换的不匹配。这使得县域内的老龄化、空心

---

① 降蕴彰：《预见2024！县域产业抢抓风口谋转型》，《小康》2024年第2期。

化等成为值得关注的重要社会问题。

### （三）城乡互动存在短板

县域行政层级包含县城、乡镇和村。只有在城乡要素充分流动基础上才能构筑县域经济良性发展格局。而县域中心城市，即县城或城关镇更具有关键作用。但在现实生活中，中西部多数县城辐射带动作用不突出，城镇和农村之间的融合互动存在明显短板。主要表现为：县城人口落户意愿较低，民营企业等市场主体的数量偏少，企业营商环境不尽如人意，企业开展规模化经营、进行技术创新和产业升级的能力相对有限，企业对农村资源进行整合并进行资本化运作也缺乏系统支持，县城自身或借助中心镇这个中介对农村的辐射带动作用尚不充分。

此外，农村居民通过在县域外打工并获得收入，进而在县城或建制镇购房置业，其对县域经济依赖并不突出，收入来源和消费支出并未经常性地发生在县域。上述情形意味着：县域内城乡之间的关联效应还未充分发挥出来，在县城和农村之间亟待形成资源互通、循环畅通、双向促进、互动共赢的良性格局。

### （四）中西部县域城镇化水平相对较低

我国不同区域的发展差距集中体现为县域发展差距。相对于东部地区，中西部县域城镇化水平相对较低源于县域发展相对迟缓，农村空心化程度更为严重。中西部地区除少数地方外，大部分县域经济相对薄弱，产业不发达，县域公共服务设施、市政设施等基础设施建设不足，吸纳农业转移人口就业的能力有限，城镇化内生动力不足。

### （五）农业农村信息化水平依然较低

农业生产信息化水平低，信息基础设施建设滞后，面向农业生产的5G网络、遥感卫星、物联网等信息基础设施难以满足农业现代化发展的要求，农业信息化建设的配套制度与法律法规尚不健全，人才队伍建设还不完善。

### （六）公共产品配置存在短板

县域发展与生产性、生活性公共产品的配置状况紧密相关。公共产品配置不仅影响着县域资源配置效率，而且影响着城乡居民的福利水平。

相对于城市，现阶段我国县域公共产品的不平衡不充分特征尤为突出。虽然近年来，我国城乡基本公共产品均等化进程有了显著进展，但县域居民尤其是农村居民在分享社会保障资源方面仍显著低于城市居民。"农民"仍是一个兼有职业和身份两重性质的复合概念。除国家提供的普惠性公共产品外，县域内的地方政府也应积极提供本地化公共产品，包括域内的基础设施建设、居民保障性资源供给等，这依赖于本地的经济增长、财政动员能力以及县域领导对公共服务型政府的认识水平。①

当前县域特别是中西部多数县域经济发展活力不足，财政支出压力较大，财政依靠转移支付的特征较为显著，影响了县域本地化公共产品的供给水平和改造进程。在户籍制度逐步放松且微观主体选择权扩展的条件下，县域内部农民的流动性在提高，其往往选择在县城或中心镇集聚并购房置业，以此为家庭成员获取相对优质的教育医疗资源提供便利。

### 三、县域经济占比下降的因素分析

2002年，全国县域经济总量为5.4万亿元，占全国GDP的56%；到了2021年，虽然总量提升到43.22万亿元，但占比却下降到37.79%，下降了18.21%。与此同时，截至2021年底，中国内地共有县域1866个，占全国国土面积的90%左右，人口占比为52.5%。

县域经济占比下降，主要与以下三个因素有关：

（1）整体发展质量不高。虽然有一些县域经济发展质量较高，但就全国分析，与大中城市经济相比，县域经济在产业结构、资源要素、质量品牌、协同发展等方面还有不小差距。

（2）"虹吸效应"影响。中国的大中城市发展势头优于县域，由于产业发达，公共服务水平相对较高，因而吸引诸多生产要素的拥有者由县流向大中城市。

（3）行政区划调整。一些大中城市发展迅速，与之相伴随的是行政区划的调整。特别是一些大中城市疆域扩展，周边的一些县撤县变成市辖区，一些经济较发达的县市并入周边更大的城市。促进了中国大中城市发展，影响了县域经济整体发展。

此外，近年来，一些地方对传统产业和涉及民生就业的产业存在误解，不恰当地"关停并转""退二进三"，不符合经济发展规律和市场运行规律，部分民企外移也造成负面影响。

---

① 高帆：《县域发展的战略意义、基本特征及政策建议》，《国家治理》2022年第10期。

## 四、县域经济强县

### （一）GDP 排名前十位的县（市）

中国的百强县以占全国不到2%的土地面积、7%的常住人口，创造了全国10%的 GDP（见表1-2）。

表 1-2　2023 年中国百强县[①]

| 序号 | 百强县 | 所属省 | GDP（亿元） | 排名变化 | 序号 | 百强县 | 所属省 | GDP（亿元） | 排名变化 |
| --- | --- | --- | --- | --- | --- | --- | --- | --- | --- |
| 1 | 昆山市 | 江苏 | 5006.66 | - | 24 | 泰兴市 | 江苏 | 1366.67 | ↑3 |
| 2 | 江阴市 | 江苏 | 4700 | - | 25 | 中牟县 | 河南 | 1363.34 | ↓2 |
| 3 | 晋江市 | 福建 | 3207.43 | ↑1 | 26 | 启东市 | 江苏 | 1345.94 | ↓2 |
| 4 | 张家港市 | 江苏 | 3100 | ↓1 | 27 | 如东县 | 江苏 | 1314.6 | ↑1 |
| 5 | 常熟市 | 江苏 | 2780 | - | 28 | 沭阳县 | 江苏 | 1308.45 | ↑7 |
| 6 | 慈溪市 | 浙江 | 2521.58 | - | 29 | 温岭市 | 浙江 | 1306.8 | ↑1 |
| 7 | 长沙县 | 湖南 | 2114.42 | ↑1 | 30 | 准格尔旗 | 内蒙古 | 1300.07 | ↑12 |
| 8 | 宜兴市 | 江苏 | 2082.17 | ↓1 | 31 | 迁安市 | 河北 | 1281.1 | ↑5 |
| 9 | 神木市 | 陕西 | 1848.18 | - | 32 | 南昌县 | 江西 | 1280.35 | ↑1 |
| 10 | 义乌市 | 浙江 | 1835.5 | - | 33 | 溧阳市 | 江苏 | 1261.3 | ↓4 |
| 11 | 浏阳市 | 湖南 | 1722.5 | - | 34 | 海宁市 | 浙江 | 1247 | ↓2 |
| 12 | 仁怀市 | 贵州 | 1706.7 | ↑1 | 35 | 惠安县 | 福建 | 1222.51 | ↓19 |
| 13 | 诸暨市 | 浙江 | 1658.84 | ↑1 | 36 | 伊金霍洛旗 | 内蒙古 | 1219.19 | ↑10 |
| 14 | 太仓市 | 江苏 | 1653.57 | ↓2 | 37 | 桐乡市 | 浙江 | 1209.70 | ↑2 |
| 15 | 南安市 | 福建 | 1646.05 | - | 38 | 靖江市 | 江苏 | 1200 | - |
| 16 | 福清市 | 福建 | 1604.42 | ↑6 | 39 | 邳州市 | 江苏 | 1200 | ↑1 |
| 17 | 胶州市 | 山东 | 1541.09 | - | 40 | 瑞安市 | 浙江 | 1197.87 | ↓3 |
| 18 | 余姚市 | 浙江 | 1513.59 | ↑1 | 41 | 宁乡市 | 湖南 | 1167.02 | ↓7 |
| 19 | 乐清市 | 浙江 | 1501.95 | ↑1 | 42 | 石狮市 | 福建 | 1159.68 | ↓1 |
| 20 | 如皋市 | 江苏 | 1500 | ↑1 | 43 | 兴化市 | 江苏 | 1085.19 | ↑1 |
| 21 | 海安市 | 江苏 | 1400 | ↑4 | 44 | 肥西县 | 安徽 | 1068.4 | ↑1 |
| 22 | 丹阳市 | 江苏 | 1395 | ↑4 | 45 | 荣成市 | 山东 | 1057 | ↓2 |
| 23 | 龙口市 | 山东 | 1382.3 | ↑8 | 46 | 东台市 | 江苏 | 1050 | ↑1 |

---

① 《陈剑：县域经济基本数据——关于县域经济研究探讨》，中国小康网，https://www.chinaxiaokang.com/xianyu/yaowen/2023/0306/1409467.html。

续表

| 序号 | 百强县 | 所属省 | GDP（亿元） | 排名变化 | 序号 | 百强县 | 所属省 | GDP（亿元） | 排名变化 |
|---|---|---|---|---|---|---|---|---|---|
| 47 | 沛县 | 江苏 | 1020 | ↑5 | 74 | 长丰县 | 安徽 | 823.83 | ↑1 |
| 48 | 高邮市 | 江苏 | 1014.81 | ↑3 | 75 | 济源市 | 河南 | 806.22 | ↓1 |
| 49 | 仙桃市 | 湖北 | 1013.14 | ↑1 | 76 | 诸城市 | 山东 | 805.5 | ↓3 |
| 50 | 闽侯县 | 福建 | 1009.2 | ↑7 | 77 | 武安市 | 河北 | 801.6 | ↓1 |
| 51 | 邹城市 | 山东 | 1009.06 | ↓3 | 78 | 博罗县 | 广东 | 801.39 | ↑4 |
| 52 | 平湖市 | 浙江 | 959.6 | ↑2 | 79 | 宜都市 | 湖北 | 800.06 | ↓10 |
| 53 | 寿光市 | 山东 | 953.58 | ↓4 | 80 | 灵武市 | 宁夏 | 775.58 | 新入榜 |
| 54 | 宝应县 | 江苏 | 920 | ↑7 | 81 | 莱州市 | 山东 | 770.71 | ↑14 |
| 55 | 仪征市 | 江苏 | 910.71 | ↓2 | 82 | 东阳市 | 浙江 | 761.4 | ↑4 |
| 56 | 安溪县 | 福建 | 907.18 | ↑4 | 83 | 福安市 | 福建 | 761.11 | ↑15 |
| 57 | 禹州市 | 河南 | 903.83 | ↓2 | 84 | 句容市 | 江苏 | 760 | ↓1 |
| 58 | 巩义市 | 河南 | 901.88 | ↓2 | 85 | 石河子市 | 新疆 | 755.57 | ↓7 |
| 59 | 滕州市 | 山东 | 901.31 | ↓1 | 86 | 岱山县 | 浙江 | 753.6 | 新入榜 |
| 60 | 宁海县 | 浙江 | 900.72 | ↑2 | 87 | 汉川市 | 湖北 | 753.12 | ↓8 |
| 61 | 枝江市 | 湖北 | 900 | ↑27 | 88 | 大冶市 | 湖北 | 751.12 | ↓8 |
| 62 | 醴陵市 | 湖南 | 890 | ↑1 | 89 | 四会市 | 河南 | 743.54 | ↓2 |
| 63 | 潜江市 | 湖北 | 886.65 | ↓4 | 90 | 惠东县 | 广东 | 741.8 | ↑4 |
| 64 | 临海市 | 浙江 | 878.52 | ↑2 | 91 | 府谷县 | 陕西 | 735.88 | ↓7 |
| 65 | 嘉善县 | 浙江 | 863.48 | ↑5 | 92 | 广饶县 | 山东 | 732.5 | ↓7 |
| 66 | 肥东县 | 安徽 | 859.4 | ↑1 | 93 | 玉环市 | 浙江 | 731.6 | — |
| 67 | 长兴县 | 浙江 | 853.37 | ↑1 | 94 | 连江县 | 福建 | 731.46 | 新入榜 |
| 68 | 平度市 | 山东 | 845.61 | ↓3 | 95 | 天门市 | 湖北 | 730.05 | ↓4 |
| 69 | 招远市 | 山东 | 843.31 | ↑12 | 96 | 高州市 | 广东 | 725.68 | — |
| 70 | 肥城市 | 山东 | 840 | ↑2 | 97 | 永康市 | 浙江 | 725.3 | ↓8 |
| 71 | 枣阳市 | 湖北 | 830 | ↑6 | 98 | 邵东市 | 湖南 | 721.53 | ↓1 |
| 72 | 新沂市 | 江苏 | 826.34 | ↓1 | 99 | 象山县 | 浙江 | 720.04 | 新入榜 |
| 73 | 长葛市 | 河南 | 824.8 | ↓9 | 100 | 永城市 | 河南 | 720.01 | ↓10 |

2022年，中国GDP超过千亿元的县域50多个，GDP总量在约720亿元到5006亿元之间。江苏省、浙江省、山东省三省表现突出，分别占23席、16席和13席。百强县前十位中江苏省独占65席。百强县中进入"GDP千亿俱乐部"的县域达到54个，GDP8.6万亿元，占全国经济总量的7.1%。

其中排名前十的县依次为昆山市（5006.66亿元）、江阴市（4700.00亿元）、晋江市（3207.43亿元）、张家港市（3100.00亿元）、常熟市（2780.00亿元）、慈溪市（2521.58亿元）、长沙县（2114.42亿元）、宜兴市（2082.17亿元）、神木市（1848.18亿元）、义乌市（1835.50亿元）。

位居前十位的县市间经济差距大。经济总量从第十位的义乌市（1835.50亿元）到第一位的昆山市（5006.66亿元），前后跨越了2000亿、3000亿、4000亿、5000亿四个台阶。其中昆山市超过5000亿元，江阴市超过4700亿元，属于第一方阵；晋江市、张家港市属于第二方阵；常熟市、慈溪市、长沙县、宜兴市、神木市则属于第三方阵，义乌市则属于第四方阵。

有必要就位居前二位的县市作一些分析。

1. 超过5000亿元的昆山市

2022年昆山市的GDP达到5006.66亿元，成为全国第一个超过5000亿元的县市。昆山市分别于2014年、2019年跨越3000亿元、4000亿元新台阶，从3000亿元到4000亿元用时5年，而从4000亿元到5000亿元仅用了3年。昆山市是苏南县域经济的代表，借助于上海市的区域优势，昆山市在经济发展上有着极大的优势。目前有1个千亿级IT产业集群和12个百亿级产业集群。这些都是昆山市经济发展的基础。

2. 4700亿元的江阴市

2022年江阴市的GDP为4700亿元，为十强县中的第二位。作为苏南的工业强县，2022年江阴市完成规模以上工业产值6480亿元，表现极为出色。江阴市的主导产业集中在钢铁冶金、纺织服装、车船装备、化纤、机械等产业中，产业上偏向于传统。随着经济产业发展的转变，江阴市电子信息、新能源、新材料、生物医药等新兴产业正在崛起。江阴市想要追赶昆山市，就必须在高新产业上加快发展。

从目前的情形看，中国县域经济十强中，第一、第二方阵优势明显；第三方阵短期内难以超越，第四方阵群体众多，要想取得突破，还是有很大可能。

### （二）人均可支配收入排名前二十位的县（市）

2022年，人均可支配20强县市，分别是义乌市、玉环市、江阴市、昆山市、张家港市、常熟市、诸暨市、太仓市、瑞安市、乐清市、慈溪市、余姚市、石狮市、海宁市、平湖市、海盐县、嘉善县、温岭市、德清县、宁海县。

人均可支配收入20强，除福建石狮市外，几乎被江苏和浙江的县（市）包揽，而且人均收入全在6万元以上。一是人均可支配收入超7万元县（市）仅有4个：义乌市、玉环市、江阴市、昆山市。其中，义乌市人均收入多年来一直居全国之首，无可厚非。但2022年GDP仅有731.6亿元的玉环市，连千亿县都没入围，人均收入却居昆山市和江阴市之上。二是人均可支配收入处于6万元至7万元的县（市）高达16个。从体量上来看，大部分系千亿县，仅平湖市、宁海县、嘉善县、德清县、海盐县为非千亿县，而且全处于富庶的杭嘉湖地区。从地域分布数量看，浙江最多，有11个；江苏次之，有3个，不及浙江的1/3；福建仅有1个。也就是说，民富水平浙江居首，江苏次之。

浙江为何有如此多的县进入县域经济强县？一是浙江的商业意识特点强烈，商业文明程度高，直接促进了浙江经济持续发展。二是浙江在教育、科技等领域有深厚基础。浙江高度重视教育事业，加大了教育投入，提高了教育质量和水平，有利于浙江推动科技创新，建设了一批高水平的科研机构和科技园区，吸引了大量科技企业和高端人才的到来。这些举措为浙江县域经济的发展提供了强有力的支持和保障。三是浙江营商环境好。推行便民利企的政策措施，致力于打造良好的发展环境；积极推动产业转型升级，大力发展先进制造业、现代服务业和现代农业，逐步实现经济结构的优化和转型升级。

浙江能有5个县进入全国十强县榜单，离不开浙江强烈的商业意识和商业文明以及注重经济发展、重视教育科技等方面的原因。

## 案例　德清县：城乡融合与共富共享城镇化[①]

德清县位于长江三角城市群和长江经济带上，是中国县域经济最强和城乡差距最小的地区之一。中心城区和外围重点镇人口聚集度都非常突出，人口和产业呈现互促增长态势，形成了网络化空间格局。德清县的城镇化路径是以县城为核心、重点镇为支撑，全域统筹城乡产业、住房、设施、风貌等要素，并通过城乡全覆盖的政策保障，大力促进城乡共享共富，逐步形成良性循环的健康城镇化模式。

聚力做大"蛋糕"，努力在创新驱动转型上先行示范。一是集中力量建设创新

---

① 敖煜新：《奋力打造共同富裕示范区先行样板地》，《浙江日报》2023年10月23日。

平台。集全县之力建设"一城一圈一谷一平台"核心区。二是集中力量培育创新产业。借势借力提升人工智能等未来产业集聚度。三是集中力量优化创新生态。全面优化"创享德清"综合体验。

聚力主攻方向，努力在协同融合发展上先行示范。一是努力在缩小地区差距上创经验。打造山海协作工程升级版的新典范。二是努力在缩小城乡差距上创经验。统筹推进跨乡镇土地综合整治工程和共富基本单元建设。三是努力在缩小收入差距上创经验。加大对重点群体创业扶持力度。

聚力改革突破，努力在体制机制创新上先行示范。一是让守护绿水青山能够直接获益。拓宽绿水青山向金山银山转化通道。二是让要素市场化配置带来更多回报。帮助村民实现闲产变活产、资产变股权。三是让新老居民能够享受同城待遇。消除新老市民待遇差异，让新居民从"流入"到"融入"。

聚力真实可感，努力在品质生活优享上先行示范。一是推动公共服务优质均衡。打造"五社联动"居家养老服务共同体。二是打造精神富有县域样本。构建更富内涵的"德文化"品牌。三是持续优化社会治理体系。发挥"德清嫂"等群体资源优势。

## 第四节 镇域经济

镇域经济是县域经济的基础和重要组成部分。需要说明的是，由于行政体制原因，一些镇不属于行政区划的县和县级市，而属于地级市、副省级和直辖市辖区区域。例如，广东省的一些镇，直接隶属于地级市，不属于县域范畴。考虑到大部分镇域经济是县域经济的一部分，有必要对镇域经济作一分析。

### 一、建制镇与建制镇人口

改革开放之后，小城镇的发展成为我国城镇化进程的重要组成部分，小城镇的数量、规模和质量随着经济的发展稳步增长，呈现出较为明显的三个发展阶段（见图1-1）。即小城镇数量快速增长阶段（1978—2002年），小城镇规模快速扩张阶段（2003—2014年），小城镇质量稳步提升阶段（2015年以后）。

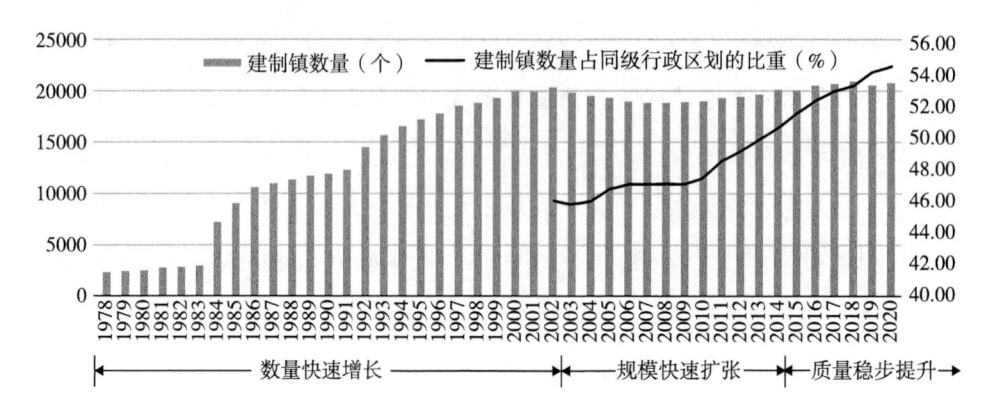

图 1-1 改革开放以来我国建制镇的发展过程

### (一) 建制镇数量增长

1978年我国建制镇数量为2176个, 2002年增长到20601个, 增长了8.47倍。改革开放后经济社会的快速发展是小城镇数量快速增长的根本原因。除此之外, 设镇标准的变化在小城镇数量增长的过程中起到了立竿见影的效果。

1984年, 中央出台文件, 适当放宽了建制镇的设置标准, 撤乡设镇步伐明显加快。建制镇的数量从1983年的2968个突增至1984年的7186个, 一年间增长了4218个, 增长了1.42倍, 从此小城镇数量增长进入了快车道。

从1992年开始, 随着各地撤区（公所）并乡建镇工作的逐步展开, 镇的发展又明显加快。建制镇的数量从1991年的12455个增至1992年的14539个, 一年间增长了2084个。

建制镇的数量急剧增加, 出现了建制镇质量不高、布局散乱等一系列问题。2002年8月, 国务院办公厅专门印发了《关于暂停撤乡设镇工作的通知》, 进入建制镇理性发展阶段。我国小城镇数量基本稳定, 小城镇的成长方式由数量增长转变为规模扩张。截至2020年, 中国拥有的乡镇级行政单元38741个, 其中建制镇的数量是21157个, 占比达到54.6%。①2020年全国建制镇镇域面积469.7万平方公里, 占到全国国土面积的48.9%, 规模以上工业企业数量达到19.42万个, 占到全国规上工业企业总数的48.62%。

---

① 程晖:《加速提升城关镇, 聚集和吸引农民进城能级》, 中国经济导报中国发展网, http://www.chinadevelopment.com.cn/xc/2022/0429/1776103.shtml。

### （二）建制镇人口

根据国家统计局《中国县域统计年鉴2021》，2020年我国建制镇镇域户籍人口8.19亿人，占全国总人口的58.1%，镇域户籍人口平均3.9万人，其中人口在5万人以下、5万~10万人、10万人以上的建制镇数量占比分别为74%、23%和3%，我国建制镇以镇域总人口在5万人以下的小城镇为主，仅有662个镇域户籍人口大于10万。

七普数据显示，2020年我国建制镇镇区常住人口为3.25亿人，占到全国人口的23%，占全国城镇人口的36%。建制镇镇域户籍人口8.19亿人，包含镇域范围内的农户，且大量户籍人口流动到大中城市，是建制镇镇域户籍人口远多于建制镇镇区常住人口的原因。

与六普数据相比，10年间建制镇镇区常住人口增加了0.59亿人；占全国总人口比重提高了3.15个百分点，但是占全国城镇人口比重下降3.75个百分点。这说明建制镇人口占全国总人口的比重保持了稳步增长，但城镇化人口主力并未聚集到建制镇，而是聚集到建制镇以上的大中小城市和特大超大城市。在中国未来城镇化发展中，应当提升建制镇在中国城镇化中的作用，推进以人为核心的新型城镇化水平。

建制镇在推进以人为核心的新型城镇化中承担着重要作用，是推进就地城镇化的核心载体。就地城镇化第一个门槛就是农村人口的进城，这个进城就是指以建制镇包括城关镇在内的农民进城的最合适的门槛，能够更好地满足人们多元化的、更高层次需求的良好路径。有利于农民从事一些离土不离乡的职业，比如在建制镇从事物流、交通、餐饮，但是居住仍然可以回到农村。

发展建制镇能够解决我国当下存在的庞大的留守群体问题。一些农民工到大城市去，留下的留守群体会面临诸多问题，而农民工选择在建制镇就业，则有利于他们关注留守儿童、留守老人和留守妇女。同时，通过发展建制镇来开展就地城镇化也是减轻缓解"大城市病"的非常重要的分流渠道，是实施乡村振兴战略的有力支撑，有利于推动城乡融合一体化发展。

> **史料**　　　　　　　　　　费孝通：离土不离乡①

费孝通（1910年11月2日—2005年4月24日），江苏吴江人。当代著名社会学家。费孝通的博士学位论文《江村经济》，被誉为"人类学实地调查和理论工作发展中的一个里程碑"。

20世纪80年代，费孝通先生在研究苏南乡镇企业时发现，离土不离乡、离乡不背井这两种方式应该作为解决我国人口问题的具体途径来进行研究。费孝通先生首先关注的农民流动形式是就地转移。

随着乡镇工业的发展，大量的农村剩余劳动力有了一条出路。这意味着在苏南地区，农村劳力总数的1/3以上已脱离了农业劳动。这一方面使农村的人口压力得到了一定程度的缓解，另一方面使这部分农民开始以新的劳动手段与工业生产的对象相结合。于是，在江苏农村形成了一支具有独特性质的劳动队伍。兼业就是这批劳动者具有的独特性质。这就要求剩余劳力转向工业的时候，应当保持他们在适当时间内能从事农业的弹性，以保证农业的稳定。因此，兼业是农村经济协调发展的需要。

费孝通先生观察到，大批的农村剩余劳动力到这些小城镇来工作，导致小城镇人口数量上的增加和结构上的变化。这些兼业者绝大多数仍住宿在农村，每天在镇村之间作钟摆式的流动。县城和集镇就是以这种形式控制农村剩余劳力向大中城市的盲目流动。从乡镇、县属镇到县城，各个层次的小城镇都在起着层层截流聚居人口的作用，从而减轻了大中城市的人口压力。

费孝通先生关于离土不离乡的思想有个拓展的过程。他指出，在小城镇研究中，曾经提出"离土不离乡"的概念，这是根据当时的经济发展情况提出来的。现在随着经济发展的变化，农民"乡"、"土"都可能离。前提有两个，一是农业规模经营，二是社会保险制度。他在苏南进行了关于规模农业的研究，一般认为，一个农村劳力如果有产前、产中和产后的社会化服务，又能利用机械耕种，经营10~20亩土地，收入就可以等于务工的劳力收入。土地对于农民长期起着社会保险的作用，在新的社会保险体系建立之前，农民轻易不肯放弃土地。进入新世纪以来，离土又离乡成为更重要的一种农民转移方式。既扩大了大中城市的劳动力资源，又扩

---

① 宋林飞：《费孝通先生的富民主张及其理论探索》，《江苏社会科学》2010年第6期。

大了农民就业与增收的空间，形成了城市中"新生代农民工"新的风景线。进入新世纪以来，中国已经进入以城带乡、以工补农的阶段，必须分层次梯度式推动城乡融合一体化发展。其中，建制镇起到了一个非常重要的对接和支点作用。特别是在城乡的这种要素流动上，包括城乡商贸、物流、集散的功能上，建制镇发挥了提升农村、带动农民和加强农业的很好的作用。

## 二、镇域经济

镇域经济是建制镇行政区域内的经济，是区域经济的一个单元，但同时也是一个开放的经济体。镇域经济内部由村域经济组成，外部是县域经济、城市经济。镇域经济是县域经济、城市经济的组成部分。发展壮大镇域经济是实施统筹城乡方略的重要节点，镇域经济与村域经济发展一脉相连，互为支撑。

镇域经济是国民经济的重要组成部分，是统筹城乡发展的重要桥梁，是吸纳农村劳动力的重要蓄水池。加快镇域经济发展对于实现我国宏观经济"稳中有进"目标具有举足轻重的意义。镇域经济在承接产业转移、优化经济结构、推进城镇化、吸纳农村剩余劳动力等方面发挥着重要作用。发展镇域经济是发展壮大县域经济的需要，是增强镇域造血功能的需要，是带动乡村振兴的需要。

对全国建制镇综合实力进行客观评价。2023年中国镇域经济综合实力前一百强如表1-3所示。

表1-3　中国镇域经济综合实力前100强[①]

| 位次 | 省 | 镇 | 位次 | 省 | 镇 |
| --- | --- | --- | --- | --- | --- |
| 1 | 江苏 | 昆山市玉山镇 | 8 | 福建 | 晋江市陈埭镇 |
| 2 | 广东 | 佛山市南海区狮山镇 | 9 | 广东 | 东莞市长安镇 |
| 3 | 江苏 | 张家港市杨舍镇 | 10 | 广东 | 佛山市南海区里水镇 |
| 4 | 广东 | 佛山市顺德区北滘镇 | 11 | 江苏 | 苏州市吴江区黎里镇 |
| 5 | 广东 | 东莞市虎门镇 | 12 | 江苏 | 昆山市花桥镇 |
| 6 | 江苏 | 苏州市吴江区盛泽镇 | 13 | 江苏 | 张家港市锦丰镇 |
| 7 | 江苏 | 苏州市虎丘区浒墅关镇 | 14 | 浙江 | 乐清市柳市镇 |

---

① 《"2023年中国镇域经济综合实力前100强""2023年中国镇域经济发展潜力前100强"名单公布》，新华网，http://www.xinhuanet.com/2023-10/19/c_1212291163.htm。

续表

| 位次 | 省 | 镇 | 位次 | 省 | 镇 |
|---|---|---|---|---|---|
| 15 | 广东 | 珠海市香洲区横琴镇 | 48 | 江苏 | 常州市新北区薛家镇 |
| 16 | 广东 | 佛山市南海区大沥镇 | 49 | 浙江 | 平湖市乍浦镇 |
| 17 | 浙江 | 东阳市横店镇 | 50 | 江苏 | 常州市新北区罗溪镇 |
| 18 | 广东 | 东莞市大朗镇 | 51 | 江苏 | 苏州市吴中区甪直镇 |
| 19 | 广东 | 东莞市塘厦镇 | 52 | 福建 | 漳州市龙海区角美镇 |
| 20 | 广东 | 东莞市清溪镇 | 53 | 安徽 | 合肥市蜀山区井岗镇 |
| 21 | 江苏 | 昆山市周市镇 | 54 | 山东 | 广饶县大王镇 |
| 22 | 江苏 | 昆山市张浦镇 | 55 | 安徽 | 合肥市蜀山区南岗镇 |
| 23 | 广东 | 东莞市常平镇 | 56 | 浙江 | 瑞安市塘下镇 |
| 24 | 江苏 | 苏州市吴中区木渎镇 | 57 | 浙江 | 慈溪市周巷镇 |
| 25 | 广东 | 东莞市凤岗镇 | 58 | 广东 | 中山市坦洲镇 |
| 26 | 江苏 | 昆山市千灯镇 | 59 | 河南 | 新郑市龙湖镇 |
| 27 | 广东 | 东莞市厚街镇 | 60 | 河北 | 三河市燕郊镇 |
| 28 | 广东 | 中山市小榄镇 | 61 | 江苏 | 苏州市相城区黄埭镇 |
| 29 | 广东 | 东莞市大岭山镇 | 62 | 广东 | 东莞市麻涌镇 |
| 30 | 浙江 | 诸暨市店口镇 | 63 | 浙江 | 杭州市萧山区瓜沥镇 |
| 31 | 江苏 | 扬州市江都区仙女镇 | 64 | 浙江 | 苍南县灵溪镇 |
| 32 | 广东 | 佛山市南海区西樵镇 | 65 | 广东 | 佛山市南海区九江镇 |
| 33 | 江苏 | 无锡市惠山区洛社镇 | 66 | 江苏 | 常熟市海虞镇 |
| 34 | 江苏 | 泰兴市滨江镇 | 67 | 浙江 | 湖州市吴兴区织里镇 |
| 35 | 湖北 | 鄂州市华容区葛店镇 | 68 | 江苏 | 海安市城东镇 |
| 36 | 广东 | 东莞市黄江镇 | 69 | 山东 | 青岛市黄岛区泊里镇 |
| 37 | 福建 | 晋江市池店镇 | 70 | 河北 | 迁安市木厂口镇 |
| 38 | 浙江 | 宁波市江北区慈城镇 | 71 | 广东 | 佛山市顺德区乐从镇 |
| 39 | 江苏 | 昆山市巴城镇 | 72 | 山东 | 济宁市兖州区新兖镇 |
| 40 | 江苏 | 兴化市戴南镇 | 73 | 浙江 | 慈溪市观海卫镇 |
| 41 | 广东 | 东莞市寮步镇 | 74 | 湖南 | 长沙县黄花镇 |
| 42 | 江苏 | 如皋市长江镇 | 75 | 浙江 | 乐清市北白象镇 |
| 43 | 江苏 | 常州市武进区湖塘镇 | 76 | 浙江 | 宁波市鄞州区姜山镇 |
| 44 | 广东 | 佛山市南海区丹灶镇 | 77 | 江苏 | 江阴市新桥镇 |
| 45 | 贵州 | 仁怀市茅台镇 | 78 | 江苏 | 丹阳市丹北镇 |
| 46 | 山东 | 淄博市临淄区金山镇 | 79 | 江苏 | 太仓市沙溪镇 |
| 47 | 江苏 | 江阴市周庄镇 | 80 | 浙江 | 平阳县鳌江镇 |

续表

| 位次 | 省 | 镇 | 位次 | 省 | 镇 |
|---|---|---|---|---|---|
| 81 | 江苏 | 太仓市城厢镇 | 91 | 浙江 | 湖州市吴兴区八里店镇 |
| 82 | 江苏 | 苏州市吴中区胥口镇 | 92 | 江苏 | 如东县洋口镇 |
| 83 | 江苏 | 常州市天宁区郑陆镇 | 93 | 安徽 | 合肥市蜀山区小庙镇 |
| 84 | 山东 | 寿光市羊口镇 | 94 | 江苏 | 昆山市淀山湖镇 |
| 85 | 江苏 | 昆山市陆家镇 | 95 | 江苏 | 张家港市南丰镇 |
| 86 | 江苏 | 苏州市吴江区平望镇 | 96 | 江苏 | 常熟市梅李镇 |
| 87 | 山东 | 费县探沂镇 | 97 | 江苏 | 常州市金坛区儒林镇 |
| 88 | 江苏 | 苏州市吴江区震泽镇 | 98 | 江苏 | 常熟市古里镇 |
| 89 | 江苏 | 连云港市赣榆区柘汪镇 | 99 | 江苏 | 无锡市锡山区东港镇 |
| 90 | 江苏 | 张家港市塘桥镇 | 100 | 河南 | 巩义市回郭镇 |

2023年中国镇域经济综合实力前100强常住人口平均值为26.71万人，其中广东佛山市南海区狮山镇常住人口最多，超过95万人，堪比一个百万人口大县；镇本级可用财力平均值为21.38亿元，其中昆山市玉山镇、花桥镇和珠海横琴镇都超过了50亿元，富可敌"县"；规上工业总产值平均值为602亿元，其中佛山市顺德区北滘镇等11个镇超过了1000亿元，工业实力雄厚；拥有规上工业企业数量平均值为276家，其中佛山市南海区狮山镇等3个镇更是超过了1000家，为全县（区）经济高质量发展提供了坚实支撑。

2023年中国镇域经济综合实力前100强分布在11个省份，但数量分布严重失衡，其中江苏最多，有43家；广东和浙江位居其后，分别为23家、15家。中西部地区加起来仅有8个镇入围。贵州、湖南、湖北各有一个镇入围，分别是仁怀市茅台镇、长沙县黄花镇和鄂州市华容区葛店镇，强镇兴村任重道远。[1]

**广东镇域经济强大原因分析**

广东省县域经济发展不足，但镇域经济强大，这与广东几级政府设置有关。

1. 一些城市行政升格，镇没有升格

广东省万亿元城市全国最多。以深圳、广州、佛山、东莞、惠州等一线城市为代表，拥有丰富的资源和强大的经济实力。特别是深圳、广州，其经济总量都已突

---

[1] 《"2023年中国镇域经济综合实力前100强""2023年中国镇域经济发展潜力前100强"名单公布》，新华网，http://www.xinhuanet.com/2023-10/19/c_1212291163.htm。

破4万亿元。

广东万亿元城市中，有些城市原先就是县级市。例如东莞，升格为地级市后，过去所管辖的镇没有升格。

2.行政区划调整

一些发达的市县被划入大城市的区，这也导致了县域经济发展不足。例如，增城位于广州东部，有1800多年的历史，曾于1993年撤县设市，是著名的荔枝之乡、牛仔服装名城和新兴汽车产业基地。后增城市撤销，成为广州所管辖的区。

3."县弱镇强"是广东显著标签之一

2022年全国百强镇中，广东就占了33个。共有29个来自东莞（16个）和佛山（13个）。在全国城市中，两个城市的百强镇数目也仅次于苏州（20个），分列第二位和第三位。考虑到两市市域面积与苏州相差悬殊，百强镇密度明显更胜一筹。

2022年，全国有四个经济总量突破千亿元的镇域经济体，其中广东佛山独占两个（狮山镇和北滘镇）。

2022年广东镇域经济综合发展力前十位为佛山市南海区狮山镇、佛山市顺德区北滘镇、东莞市长安镇、东莞市虎门镇、中山市小榄镇、东莞市大朗镇、东莞市常平镇、佛山市南海区大沥镇、东莞市凤岗镇、东莞市塘厦镇。经济总量都突破了500亿元。

广东的镇域经济发达，并非城市化高度发展的结果，而是在当地特殊行政管理体制下，市场和本地人自发形成的一种经济形态。在自下而上的推动下，镇发挥出了作为城市最小经济单元的最大自主性和能动性。不同产业在不同的镇中自成一派、自我生长，逐渐发展成为每个镇赖以脱颖而出的基础。到现在，"一镇一品"仍是广东佛山、东莞镇域经济的基本特点。

# 第二章 县域经济的内容与问题

县域经济是我国现代化经济体系建设的重要板块,也是经济高质量发展的重要载体。理论与实践表明,工业化与城镇化相互促进是县域经济发展的重要动力之源,县域经济高质量发展,需要市场发挥资源配置决定性作用,更好发挥政府作用,进而实现动态转型升级的结果。

## 第一节　县域经济重点关注的内容[①]

### 一、县域发展规划

县域经济发展，从全县的宏观层面分析，需要对全县经济、社会、文化、生态文明作出全面、科学的发展规划。对基本农田保护区、生态涵养区、居住区、工业区、商贸区、休闲区，以及城镇、村庄、学校、医院、各类公共服务网点的布点布局，水利、交通和通信设施等，要有一个前瞻性的规划蓝图。

县域的现状各有不同，需要按照自身现状，统筹建立发展战略和策划，根据自身财力、区位、交通、资源、产业基础等现状，打造产业体系，创建特色产业空间，找准县域产业内动力，培育龙头企业，完善产业环节，拉长产业链，实现区域功能与价值的进一步提升。县城和城市建设一样拥有同等的公共服务和便利生活条件，以及就业机会。在这一布局下，县乡村需要有不同的角色定位。

县域发展需要有清晰的区域竞争定位。县域作为省域内的重要组成部分，需要和其他市县形成错位竞争，需要由省级政府确定县域的竞争优势和功能定位，避免同质化竞争。

要充分考虑到人口变动趋势，考虑到人们自主选择居住地的意愿，做到顺势而为。2024年中央一号文件提出，要将人口变化趋势考虑进去，避免无效投入和浪费；要以县城为中心将县乡村统筹起来做好全局建设规划，对未来有发展潜力的村镇重点布局；要根据农民对公共基础服务的实际需求因地制宜转变工作机制，更好推进乡村建设。例如，随着城镇化的不断推进，农村人口的老龄化、村庄的空心化，村庄的减少是必然的趋势，这些年全国的自然村和行政村数量都在不断地减少。因而，一定要把握城镇化的趋势，根据未来城乡人口分布的状况来优化基础设施的布局，优化公共服务的布局，并对村庄的布局进行优化调整，政府要做好规划布局引导。此外，在村庄布局优化的过程中，一个核心点就是一定要把农房的现代化提高到一个重要的战略高度，现在我国农房的使用寿命比较短，质量比较差，缺

---

[①] 陈剑：《县域经济十方面关注内容——关于县域经济研究探讨（二）》，国智书院，https://baijiahao.baidu.com/s?id=1761040586006124089&wfr=spider&for=pc。

乏规划和特色，远不能适应农业农村现代化的需要。加快农房现代化是一个重大的战略问题。

县域规划的制定要增强政策的灵活性、适应性，要以满足人的自由发展、幸福生活的需求为核心。

图片来源：陈皮网

## 二、健全种粮农民收益保障机制

保障粮食和重要农产品稳定安全供给始终是14亿人口的中国的头等大事。只有把牢粮食安全主动权，才能把稳强国复兴主动权。

种粮比较收益低，有时农民种一亩地的年收入还不如外出打工几天挣的钱多。这是影响农民种粮积极性的主要因素。农民不愿意种粮，担心种出的粮食卖不上好价、收不回成本。粮食生产受自然灾害和市场波动双重风险的影响，有时农民忙活一年，一旦遭遇干旱、暴雨等极端天气，或者遭遇粮食价格震荡下跌，不仅赚不到钱，还有可能负债累累。

要调动和保护好农民种粮积极性，必须健全农民种粮收益保障机制，力争做到政策保本、经营增效。党的二十大报告提出要"健全种粮农民收益保障机制"。

长期以来，我国粮食生产成本的刚性增长压缩了种粮农民的利润空间，粮食生产净利润连续多年在盈亏线上下徘徊。稳定发展粮食生产，要让农民种粮有利可图、让主产区农民种粮有积极性。这既要发挥市场机制作用，也要加强政府的支持保护。

### （一）构建价格、补贴、保险收益保障政策体系[①]

积极稳妥改革粮食等重要农产品价格形成机制和收储制度，以确保口粮绝对安全、防止谷贱伤农为底线，稳步提高稻谷、小麦最低收购价，完善收购启动机制，稳定种粮农民的收益预期。

与此同时，完善农业补贴制度，提高补贴政策指向性和精准性。在确保目前补贴总量不减的前提下进一步增加补贴数量，根据通胀率或 GDP 增速逐年调整补贴水平，保护种粮农民利益并稳定政策调控预期。

要根据农业供给侧结构性改革目标优化补贴方式，既要扩大耕地地力补贴、玉米大豆生产者补贴，确保重要农产品持续稳定供给，也要探索形成农业补贴同粮食生产挂钩机制，让多生产粮食者多得补贴，把有限资金真正用在"刀刃"上。

发挥好农业保险的政策属性，逐步扩大农业保险覆盖范围，实现稻谷、小麦、玉米三大主粮完全成本保险和种植收入保险从覆盖产粮大县到县域全覆盖，给予种粮农民可持续性预期。

### （二）健全农业社会化服务体系

健全农业社会化服务体系。在农业劳动力机会成本急剧上升和耕地细碎化程度不断加深的背景下，要因地制宜地推广代耕代种、代管代收、全程托管等农业社会化服务方式，提高资源利用率和土地产出率，提升种粮农民经营收益。

发展多种形式农业适度规模经营。着眼种粮农民经济效益和国家粮食安全两个层面的平衡，突出抓好家庭农场和农民合作社两类农业经营主体发展，推动农业从传统劳动密集型产业向多种形式适度规模经营的现代农业转变。

持续推进供销合作社综合改革。发挥供销合作社在栽培、植保、土肥等田间管理各环节中的作用。针对化肥、种子等农资价格上涨幅度快于粮价上涨幅度等问题，引导供销合作社为广大种粮农民提供综合性、全方位的农资保障服务，既要发

---

[①] 孙生阳：《健全种粮农民收益保障机制》，光明网，https://theory.gmw.cn/2022-11/09/content_36148965.htm。

挥市场机制作用，也要加强政府支持保护，全链条保障种粮农民收益。

### （三）加大对农业生产基础设施的投入

加强高标准农田建设，把永久基本农田全部建成旱涝保收的高标准农田，增强种粮农民抵御自然灾害风险的能力。

提升农机装备研发应用水平，补齐农机装备短板。针对耕地细碎、机耕道不足、适用机械化设施装备有限等问题，开展农机装备工程化协同攻关，尽快突破丘陵山区适用小型机械、大型大马力高端智能农机装备瓶颈；加快农田宜机化改造，提高农业机械化程度，降低种粮农民生产成本。

加快农产品流通体系建设，推动粮食生产、储存、运输、加工、消费全产业链发展。依托大型流通企业构建全国粮食产品骨干网络和物流体系，完善订单农业和直供直销体系，打通粮食产品产销对接渠道。同时加快促进粮食产品品牌化、商品化、标准化建设，提升粮食产业质量效益和竞争力，增加粮食产业综合效益。

## 三、产业振兴：农业产业化[①]

农业是县域经济发展的基础和主体。农业的发展是县域经济稳定增长的保证。只有大力发展农业和农村经济、壮大县域经济，才能从根本上转变经济增长方式。而改造传统农业的方式就是实施农业产业化，最终实现农业现代化。

农业产业化是对农业经营形式的一次革命，是农业现代化的主要内容。农业产业化是围绕当地农业的优势产业和产品，实行区域化布局，专业化生产，一体化经营，社会化服务，企业化管理，把产供销、贸工农、经科教紧密结合起来，形成一条龙经营，即市场化、集约化、专业化和社会化的农业。

在农业产业化经营过程中，产生了一批"公司+农户"、"龙头企业+基地+农户"、"公司+中介组织+农户"等多种形式的农业产业化模式。在一些地区也出现了"一村一品，一乡一业"的专业化生产模式，表现了不同的区域特色。

要发展好农业产业化需要坚持以市场为导向，政府提供辅助；确定特色产业和主导产业，调整农业的产业结构；加快土地经营权的合理流转，建立土地资本化机制；大力发展订单农业，采取多种手段稳定龙头企业与农户的利益联系；遵循农业

---

① 《浅析我国县域经济的基本特征和发展战略》，白商财经，https://baijiahao.baidu.com/s?id=1735141154112155253。

产业化规律，建立科学的农业产业化利益分配机制。

农业产业化的主要任务是推进农业农村现代化。这需要构建现代乡村产业体系，加快现代乡村产业发展，以市场需求为导向，以科技为支撑，加快发展绿色优质、高产高效、特色多元的产业，促进现代乡村产业集群发展，建立稳定安全的产业链、供应链和产业集群。

农业产业化的主要内容包括发展农牧产业（构建现代乡村产业体系的重中之重）、发展现代农产品加工业（现代乡村产业的支柱产业）、发展生产性的农业服务产业和生活性的农村服务体系及产业、发展现代农产品流通产业、发展农村文旅康养产业（现代乡村产业的朝阳产业）。推动现代乡村产业全链条升级。促进农业由产品向产业转变、从农业产业向产业链转变、从单短产业链向全长产业链转变，打造优质高效安全稳定的生产链、供应链和价值链。建立健全农商产业联盟、农业产业化联合体等新型产业链主体，打造一批产销一体的全产业链企业集群。

### 四、产业振兴：新型工业化

县域经济能否迅速发展关键取决于农产品的加工转化和农村剩余劳动力能否得到有效利用，即能否全面推进县域新型工业化。只有走新型工业化道路，县域经济才能从根本上走出自组织、不均衡发展的无序状态，提高县域经济综合竞争力。

新型工业化是县域经济发展的根本动力。由于新型工业化能带来先进的理念、技术，发展新型工业化有利于推进县域农业产业化；而县域新型工业化的发展会聚集人口，促进商品经济和服务业的发展。

走新型工业化道路，就必须坚持开放，内引外联，以此弥补县域资源、技术、资金的不足；大力发展民营经济，积极扶持中小企业，培育专业化特色产业，形成企业集群，提升产业竞争力，推进技术创新，强化园区建设，因地制宜，确定带动县域工业经济发展的主导产业及主导部门，加快农村信息化基础设施建设。

对于绝大多数县和县级市来说，走新型工业化道路就是要把工业和制造业放在重要的位置。同时还要分类引导，充分释放县域经济的潜力，鼓励发展一批经济强县、专业化强县、农业强县、生态强县和转型发展强县。

走新型工业化道路，需要做好三个结合。

一是做好县域资源禀赋、现有基础与现代产业转型升级的统筹结合。每个县市的区位、资源、人文、旅游优势都不一样，现有发展基础更是千差万别。县域经济应该因地制宜、突出特色，走差异化发展之路，在非均衡发展中实现发展均衡。

二是做好一二三产业发展与乡村振兴的统筹结合。要实现一二三产业融合发展，建设富民产业集群，并与美丽乡村建设结合起来。发展县域经济可以为全面推进乡村振兴提供经济支撑，乡村振兴则可以在生态、文化、组织等方面为县域经济发展提供保障。

三是做好经济发展提质增效与居民就业增收的统筹结合。近年来，外出农民工就地就近流向县域的特征明显，在外人员回归本地意愿日趋强烈。目前，部分县市工业化程度低，就业岗位比较少，应在产业布局的同时，充分考虑就业吸纳能力，带动县域内农业转移人口增收，提升居民的幸福感、获得感，从而形成良性循环，聚集更大合力，推动县域经济更好发展。

> **案例　资兴市：大力发展现代乡村产业**[①]
>
> 资兴是湖南省的一个县级市，2023年获评中部县域经济百强县、全国旅游发展潜力百强县。2023年资兴市把招商引资作为"一号工程"不动摇，制定出台24条帮扶措施，从实体经济、扩大投资、稳定外贸、产业转型、提振消费等5个方面发力，不断优化发展环境。资兴市主要领导带队亲自参与项目推介、外出招商，招商小分队常态化赴长三角、大湾区广泛招商，把产业作为第一引擎，推进新能源、新材料、大数据、电子信息、文旅康养、绿色食品等六大产业发展。2023年，资兴市总计签约"三类500强"项目4个、2亿元以上重大产业项目19个，投资总额达145.41亿元。预计145个市级重点项目完成年度投资额123亿元，完成率为105%。

### 五、产业振兴：发展特色优势产业

目前，我国特色乡村产业竞相发展，形成了特色种植、特色养殖、特色食品、特色手工等各具特色的产品和产业，个性化、多样化产品更加丰富，产业链条也在延伸拓展。除了180个优势特色产业集群，中央财政累计支持建设了300个国家现

---

① 《资兴：招商引资增强县域经济发展动能》，《湖南日报》2023年12月28日。

代农业产业园和1509个农业产业强镇,政策集成、要素集聚、企业集中的态势加速形成。

所谓特色优势产业,就是指在一定时期一定的区域内,以某一资源禀赋为基础发展起来的,形成一定的规模,能够适应市场的需求,具有市场竞争优势的某一产品、某一产业,并以此为核心的相关产业等构成区域经济的支柱。特色优势产业是能够使本区域经济具有明显特征和获得可持续发展能力的一种动态优势经济。这里的资源可以是本地区自有的资源,也可以是从区外引入的资源。

与此同时,县域要突破传统路径依赖,以新经济发展范式加快新旧动能转换。大力发展数字经济,促进共享经济、平台经济、无人经济等新经济业态为传统产业赋能。

与此同时,着力挖掘"双碳"时代的新增长点,围绕产业生态化和生态产业化建设,在绿色环保产品生产制造及生产性服务、低碳甚至零碳技术和材料的研发应用等方面加大投入。

应注意的是,县域经济可以具有鲜明的特色,发展特色优势产业,但县域经济的本质不是特色经济,而是以城镇乡村为范围、以自身的资源禀赋为条件,以因地制宜、因时制宜为起点,以满足本地生产生活需要为导向,以促进人民群众安居乐业和不断富裕为目标的"民生经济"。

产业优先顺序:一是公共性强的基础设施建设,因为其功能是所有人共同享受。二是要优先考虑民生事宜,尤其是诸如医疗、住房等涉及多数老百姓切身利益的民生问题,要优先投入、优先解决。三是要优先考虑低成本高效率的项目,以避开很多县城面临的资金资源约束、财政紧张等问题。四是要优先考虑能够发挥特色优势的产业或者项目,吸引更多外来资金,加快培育和发展产业。

**案 例**　　　　　　　　　　集安市:特色产业助力[①]

集安市地处吉林省东南部。集安市持续做大做强特色产业,兴边富民、强基固边。

近年来,集安市紧抓振兴人参产业的有利契机,深入落实吉林东部绿色转型发

---

① 《集安市:特色产业助力县域经济高质量发展》,中国吉林网,https://zhengwu.cnjiwang.com/zwszbd_1130/202309/3770519.html。

展区建设的战略部署，以种植标准化、加工精深化、产品品牌化为重点，加快推进人参产业发展。

集安市人参产业重大技术协同推广项目面积已达6000亩，新建生产示范基地5个，国家级人参基地产中药材检验检测中心项目竣工，"益盛汉参2号"新品种完成审定验收，益盛汉参化妆品9个产品完成"长白山人参"品牌认证，益盛化妆品人参精深加工产业联合体、长青参业刺五加人参果软胶囊扩建等项目建设陆续实施竣工。

截至2023年，全市人参留存面积16.63万亩，各类人参加工企业达到126户，现已开发出人参医药、食品、保健品、化妆品4大领域600多种产品。2022年，人参产业实现产值74亿元。

## 六、推进城乡融合发展

推进城乡融合发展，是解决城乡发展不平衡、农村发展不充分的内在要求。

### （一）健全城乡融合发展体制机制

首要的是统筹乡村基础设施和公共服务布局，系统实施城乡一体协同联动改革。纵深推进城乡规划、建设、教育、医疗、养老、供水、客运、治理、人才一体化发展，促进城乡在规划布局、要素配置、产业发展、公共服务、生态保护等方面相互融合和共同发展，推动城乡制度、要素、产业、市场、空间流通融合，提升基础设施的完备性、公共服务的便利性、新基建的可及性，让农村具备现代化生产生活条件，以高水平城乡融合拓展"大共富"格局。

### （二）构建城乡融通的公共保障制度

在推进农村宅基地制度改革、推进城乡产业平台协同发展、全域推进乡村运营、乡村建设等重点难点方面持续发力，在全域公共服务一体化方面进行开创性探索。

农业转移人口市民化是健全城乡融合发展体制机制的重要突破口，是破解城乡二元结构、促进城乡融合发展的必然选择。必须将其摆在更加突出位置，加快补齐城市公共服务短板，进一步推动转移支付、要素配置等与农业转移人口市民化挂钩，在教育、卫生等领域，率先试点构建"钱随人走"政策体系，维护好进城落户农民在农村的土地承包权、宅基地使用权、集体收益分配权，在充分尊重农民意愿的基础上，让愿意进城落户的农民无后顾之忧，加快融入城市生活。

### （三）把县域作为城乡融合发展的重要切入点

推进城乡融合发展，是全面推进乡村振兴的根本原则和机制。推动城乡融合，不能就乡村论乡村，还要强化以工补农、以城带乡，加快形成工农互促、城乡互补、协调发展、共同繁荣的新型工农城乡关系。

要把县域作为城乡融合发展的重要切入点，推动空间布局、产业发展、基础设施等县域统筹，把城乡关系摆布好处理好，一体设计、一并推进。将城乡融合发展与农业农村优先发展并列为两大推进乡村振兴、促进高质量发展的原则要求。

县城上联城市，下接乡村，是城市与乡村的交汇点和要素交换的中转站，而发展县域经济能够加快各类要素向县域流动和集中，从而在连接城市、服务乡村，进而构建城乡经济共同体中发挥重要作用。

## 七、加大县级财政体制改革，推动财力与事权相匹配

党的十九届四中全会通过的《关于坚持和完善中国特色社会主义制度、推进国家治理体系和治理能力现代化若干重大问题的决定》提出，优化政府间事权和财权划分，建立权责清晰、财力协调、区域均衡的中央和地方财政关系，形成稳定的各级政府事权、支出责任和财力相适应的制度。健全政府事权、支出责任和财力相适应的制度框架体系，是整个财政体制协调运转的基础环节。在多级政府体系下，在明确政府间事权的基础上，界定各级政府支出责任，才能划分财政收入，再通过转移支付等手段调节上下级的财力余缺，补足地方政府履行事权存在的财力缺口，实现财力与事权相匹配，这是确保整个财政体制有效运转的基础和条件。

实践证明，区域性公共服务作为地方事权，由地方承担公共服务的职能是有效率的，中央和地方按照事权划分相应承担和分担支出责任。特别是加大县级财政改革，提升县级财政公共产品与服务的供给能力，使县级政府的财政能力与承担的责任相匹配，进而减弱县域人口流出的动力，提升县域的吸引力。《关于推进以县城为重要载体的城镇化建设的意见》（以下简称"意见"）提出，"建立健全省以下财政转移支付与农业转移人口市民化挂钩机制，重点支持吸纳农业转移人口落户多的县城。建立健全省以下城镇建设用地增加规模与吸纳农业转移人口落户数量挂钩机

制，专项安排与进城落户人口数量相适应的新增建设用地计划指标"。

只有理顺财力与事权相匹配机制，才能推动县域经济更好发展，进而提升县域吸引力，处理好农民和土地的关系。

## 八、加快科技应用进步与创新

科技创新是发展壮大实体经济，促进产业优化升级，构建新发展格局的"动力引擎"。需要围绕主导产业，加快升级，同时培育新兴产业，着力推动产业链、创新链、人才链、资金链四链合一，用现代科技破解我国乡村产业发展滞后的瓶颈制约。

把现代科技和人才作为现代乡村产业发展的第一动力，应用现代科技开发农业资源，提升传统农业产业，创新新型农业产业。特别应加快应用现代种养技术、育种技术、农机技术、加工技术、植保技术、信息技术、流通技术综合集成，加快建设现代化的农业全产业链。要促进数字技术与乡村产业深度融合。要加快发展绿色低碳乡村产业，创新绿色产业技术及其产品产业，促进绿色产品和产业发展。

**案例** 山东省博兴县：以科技创新引领县域经济高质量发展[①]

博兴县隶属山东省滨州市，位于山东省北部，地处省会城市群经济圈、环渤海经济圈接合部，产业基础坚实、民营经济活跃。

博兴县以科技创新作为高质量发展的关键引擎，不断推进科技进步和创新发展，为企业和经济发展注入了强劲动力。特别是聚焦关键技术攻关，博兴加速科创平台建设，加快创新主体培育，推动科技成果转移转化落地。2023年，全县高新技术企业总数达130家，省级以上专精特新企业总量达到84家，列全市第一位；232家企业通过国家科技型中小企业评价，总量再创新高；前三季度全县实现高新产值占比46.91%，列全市第一位。

新一轮科技革命和产业变革深入发展，战略性新兴产业的发展十分关键和迫切。2023年12月15日，京博控股集团子公司贝欧亿公司3万吨/年特种聚烯烃及配套项目实现一次性开车成功，产出具有独立知识产权的高性能POE产品，标志

---

① 《山东省人大代表孙战勇：以科技创新引领县域经济高质量发展》，人民网，http://sd.people.com.cn/n2/2024/0126/c364532-40728453.html。

着国内首套聚烯烃弹性体（POE）工业化装置正式成功投产。

聚焦关键技术攻关，加速科创平台建设，产业创新能力不断提升。2023年，博兴县有2项省重大科技项目获省科技厅立项，获批省财政支持资金967万元。京博研究院省级新型研发机构获省科技厅绩效优秀评价，省项目支持资金200万元。省重大科技创新工程项目4个均通过省厅验收，并获优秀评价。

据统计，2022年博兴县全社会研发投入19.62亿元，研发经费占比4.30%，有研发活动的规上企业占比70.55%。2023年，全县完成技术合同登记58项，合同成交额26.58亿元，列全市第一位，获评"全国综合实力百强县""全国科技创新百强县"。

## 第二节　影响县域经济发展的若干问题

县域经济发展，有一些难题和问题需要破解，不然县域经济发展很难有质的突破。

**史料**　　　　　《中国土地法大纲》公布施行[①]

1947年7月中共中央工作委员会召开全国土地会议，9月通过了《中国土地法大纲》，10月10日由中共中央正式公布施行。

其主要内容是：彻底废除封建性及半封建性剥削的土地制度，实行耕者有其田的土地制度。特别是第六条规定，乡村中一切地主的土地及公地，由乡村农会接收，连同乡村中其他一切土地，按乡村全部人口，不分男女老幼，统一平均分配。在土地数量上抽多补少，质量上抽肥补瘦，使全乡村人民均获得同等的土地，并归各人所有。乡村农民大会及其选出的委员会，乡村无地少地的农民所组织的贫农团大会及其选出的委员会，区、县、省等各级农民代表大会及其选出的委员会为改革土地制度的合法执行机关。

---

① 《晋冀鲁豫边区政府颁布实施〈中国土地法大纲补充条例（草案）〉》，澎湃网，https://m.thepaper.cn/baijiahao_13410496。

《中国土地法大纲》颁布后,各解放区人民政府根据本地区实际情况又颁布了补充条例。通过土地改革,废除了封建土地制度,挖掉了帝国主义和国民党政府的统治基础,巩固了根据地。农民分到了土地,为了保护自己的革命果实,组织人民武装,建立人民政权,并积极参加人民解放军。农民的革命热情被激发出来,促进了社会生产力的发展,为解放战争的胜利奠定了物质基础。

## 一、推进第三轮农村土地制度改革

中国之前的两次土地制度改革非常成功,造就了今天的中国。第一次农村包围城市,是因为土地制度改革才会成功。邓小平时期的第二次农村包围城市也是土地制度改革,即家庭联产承包责任制,成为中国改革开放最具活力的内容。失去县域经济发展,实现乡村振兴,没有"土地"作为生产要素的改革,很难取得突破。例如,要吸引城市中上层人士到乡村,那么至少宅基地需要自由交易;土地集中经营或者集约化经营就需要社会资本来组织。大量小农的存在很难实现集约化经营,而现在的土地制度恰恰保护了小农体系。

农村土地制度改革出台的一些政策例如"三权分置"已经试行很多年,但并没有真正推行。经验地看,耕地红线需要保障,但除此之外,农村的土地改革大有作为。这里的核心一是必须让出一部分土地来进行自由交易;二是土地确权,确权不仅能够保护农民的权力,也可以吸引社会资本下乡。过去的产权不明确或者过于复杂的产权(例如"小产权")都难以撬动社会资本。

农民是土地的主人。但土地不属于农民所有。如何确立既有利于农业可持续发展,又有利于调动农民生产积极性的土地制度,需要通过市场化运作,盘活存量,提高土地使用效率。

### (一)深化土地流转制度

农民工进城腾出大片耕地,需要深化土地流转制度改革。明确流转承受方的土地经营权和使用权、产品所有权和流转期限,加速规模经营和农业现代化步伐。

应当适应发展规模化现代化农业的要求,在自愿有偿的前提下推进耕地经营权流转,培育新型企业化农业经营主体。通过深化农村集体经营性建设用地入市试点,完善土地增值收益分配机制。应通过建立城乡统一的建设用地市场,逐步和部分转移土地出让金为农村集体的财产性收入，使之成为乡村振兴强有力的资金支持，由此形成乡村振兴的强大市场机制。

### （二）围绕"土地+"要素的基础性产业

85%以上的乡村在县域，土地作为乡村最大的生产资源和要素，随着乡村振兴建设的逐步推进，其价值日益提高。

县域经济的产业发展需要土地资源提供保障。这要求完善土地交易机制，激活土地资源价值，发挥土地在县域经济产业发展中的基础保障作用。

### （三）全域土地综合整治

困扰县域内产业融合发展的土地问题主要集中在土地利用效率不高、土地资源要素配置不合理、建设用地规模指标不足等方面。按照土地类型，全域土地综合整治包括农用地整理、村庄建设用地整理和生态修复等。

在国土空间总体规划指导下，强化市场化机制，充分释放"耕地占补平衡""建设用地规模指标""不再单独办理农用地转用手续"等政策红利，通过整治节余的补充耕地指标和建设用地节余指标，保障县域经济产业融合的用地需求与资金支持。

### （四）"土地整治+"业务

在土地整治基础上，形成如"农业+农产品精深加工+冷链物流运输+农村生活服务业"的特色现代农业的"打捆"运作，打造产业空间体系，形成完整产业链条，重点用于比如土地综合整治、基本农田保护、高标准农田建设等与县域、农业相关的生态修复等项目。

### （五）农地入市，直接由农民自己"招拍挂"

对农村集体经营性建设用地，过去由政府强制征用再通过"招拍挂"，形成可观的土地财政收入（根据财政部披露，2021年国有土地使用权出让收入达到8.7万亿元）。现在，国家已下发文件允许"农地入市"，无须再经政府征收转为国有，而直接由农民自己"招拍挂"。建议县域领导支持农民直接进入土地市场，以把土地增值收益这块"蛋糕"切实分到农民集体手中。

### （六）搞活宅基地

宅基地问题的历史经纬颇为复杂。现今闲置宅基地甚多。要解决此问题，可暂回避历史沿革，在推进宅基地"三权分置"上下功夫：所有权是集体的，农户集体组织成员资格权是农民家庭的,搞活的基点放在资格权的使用权流转上。宅基地流转后,用以搞民宿、做经营等,闲置浪费问题有所缓解。①

## 二、告别土地财政,县域发展面临挑战

中国经济取得成功的奥秘之一是地区之间的竞争。县域是地方行政管理的适度单元,地区竞争最终以县际之间的竞争作为重要表现形式,为我国经济长期增长提供了源源不断的动力。为什么说县际竞争是中国经济增长的奥秘,其核心是土地租税在多级政府间的分成。

对于一个资源贫乏、底子薄弱的国家,能否利用好土地,是决定发展结果的关键。而对规划内的土地决定其具体用途,主要行政单位是县。在以经济建设为中心的大方向下,县与县之间的竞争因此激烈。

县际之间的竞争为什么是中国经济成功的奥秘?财政分权带来的财税竞争导致了激烈的地区竞争,主要依靠经济增长率这一指标来考核和提拔地方官员导致了地区间的经济竞争。

改革开放初期,中国处于严重的资本短缺期,为了集中资金办大事,必须利用土地这个媒介,以空间换时间,土地财政应运而生。

土地财政指的是政府通过出让区域内土地使用权获得转让收入,随后再用这笔钱去投资或支付其他各类政府支出。随着房地产遇冷,土地财政尤其是中西部县一级的土地财政可能难以维持下去。例如,房子卖不出去,开发商没有动力参与土地拍卖,政府收不到土地出让金,财政变得紧张起来。

形成土地财政的一个重要原因是地方财权与事权不平衡,特别是县一级政府有很多事要办,但财力不够,就找土地想办法。如今,很多县市大量房屋供给已经过剩。告别土地财政模式,对县域发展而言,无疑是一个不小的挑战。

由于土地财政的管理以及一系列减税降费的措施,地方政府的新增债务规模扩大,影响了县域经济发展。

---

① 常修泽:《打造中国县域"要素聚宝盆"的十条建议》,人民论坛网,http://www.rmlt.com.cn/2023/0710/677495.shtml。

> **案例**　**河南省内乡县：迈上县域经济高地**①
>
> 内乡县隶属河南省南阳市，位于河南省西南部，南阳盆地西缘。自古有"守八百里伏牛之门户，扼秦楚交通之要津"之说。总面积2465平方公里，截至2020年11月1日零时，内乡县常住人口54.9万人。
>
> 作为一个山区农业县，在脱贫前后，始终把通过延长农业产业链、做好做优做强农产品品牌、提高农业的产业附加值作为县域经济的主导产业定位，长期把农牧产业的培育、壮大、创新作为经济发展的主旋律，走出了一条发挥比较优势的发展道路。
>
> 内乡县域发展遵循比较优势原则，比如通过持续建链、强链、延链、补链，发挥集群优势，抢占全国农牧产业链、要素链、价值链的制高点，导入了人才、技术、资本和数据等现代产业生产要素，依靠牧原，打通了一条现代农牧产业链条，打造了县域内全国农牧深加工与农牧装备制造的高地。
>
> 内乡县破解了"产出不经济"的难题，走出了一条持续强化竞争优势之路。内乡县正在持续做大做强农牧装备制造、农副产品加工等产业集群，充分发挥牧原的"链长"功能、头部作用，运用"产业生态"和"供应链"思维，坚持把战略性新兴产业和先进制造业作为招商引资的主攻方向。当下，联邦动保、千牧肝素钠等新兴产业落地内乡县，农牧产业价值链越发强大。

## 三、粮食安全与发展县域经济的矛盾

2023年中央一号文件《中共中央 国务院关于做好二〇二三年全面推进乡村振兴重点工作的意见》是新世纪以来指导"三农"工作的第20个中央一号文件。2023年中央一号文件，关键词是乡村振兴。

乡村振兴的基本内容包括：抓紧抓好粮食和重要农产品稳产保供、加强农业基础设施建设、强化农业科技和装备支撑、巩固拓展脱贫攻坚成果、推动乡村产业高质量发展、拓宽农民增收致富渠道、扎实推进宜居宜业和美乡村建设、健全党组织领导的乡村治理体系、强化政策保障和体制机制创新。

---

① 《张智广：一位县委书记的"县域不经济"破解之道》，百度百家号网，https://baijiahao.baidu.com/s?id=1777331977010618566&wfr=spider&for=pc。

坚决守牢确保粮食安全是做好乡村振兴的基础性工作。我国以占世界9%的耕地、6%的淡水资源，养活了世界近1/5的人口，从当年4亿人吃不饱到今天14亿多人吃得好，有力回答了"谁来养活中国"的问题。党的十八大以来，我国粮食生产实现连年丰收，粮食产量连续稳定在6500亿公斤以上，人均粮食占有量达480公斤以上，高于国际公认的400公斤粮食安全线，实现了由"吃不饱"到"吃得饱"进而"吃得好"的历史性跨越。为顺应收入增长、食物结构升级变化的新趋势，满足人民群众不断增长的对吃得好、吃得营养健康的新需求，在确保粮食供给的同时，保障肉类、蔬菜、水果、水产品等各类食物有效供给。这是新时代牢牢端稳中国饭碗、把住粮食安全主动权的根本遵循。

当前和今后一个时期，稳产保供形势复杂严峻，压力也越来越大。在2023年粮食再获丰收的情况下，我国粮食进口量依然较大。据海关总署统计，2023年我国进口粮食1.6亿吨，同比增长11.7%。当前和今后一个时期，我国发展进入战略机遇和风险挑战并存的时期，不确定因素增多，必须聚力夯实粮食安全根基，始终把粮食安全牢牢掌握在自己手中。

保障粮食安全和县域发展显然存在着矛盾。县级政府必须把很大精力用于保障粮食安全。如何在县域发展和保障粮食安全之间寻找平衡，是发展县域经济必须面对的问题。

## 四、要素汇聚，如何推动县域经济高质量发展

近年来，随着我国经济结构、产业结构、区域结构、城乡结构的调整，特别是公共基础设施的均等化、公共服务水平的均等化，我国县域工业综合实力持续提升，产业结构逐步优化，内生动力不断增强。

### （一）县域工业发展呈现特点

*1. 工业发展基础更加坚实*

2022年，县域经济总量达46.5万亿元。其中，工业经济发挥核心带动力量，是推进新型工业化的重要基石。

*2. 产业数实融合快速落地*

一些县（市）加速布局5G、人工智能、大数据、区块链、工业互联网等前沿领域和应用场景，深度赋能本地工业发展，产业数实融合更加深入，推动产业发展

壮大。

**3. 工业绿色化发展目标更加明确**

一些县（市）逐步摆脱高排放高污染的发展方式，加速向绿色低碳迈进。① 随着县域经济发展，近年来，诸多资源要素向县域经济汇聚，提升了县域经济在经济发展中的地位和作用。

## （二）诸多要素向县域汇聚

**1. 基础设施投资等公共服务资源汇聚**

城乡融合，重要的是促进县城基础设施和公共服务向县域经济延伸，进而提升县域公共服务供给水平。通过不断完善县城教育、医疗、养老等服务并向乡村延伸覆盖，逐步实现基本公共服务均等化，更高水平推动县域及县域经济高质量发展。

**2. 重大投资和重大项目向县域经济汇聚**

推进以县城和建制镇为载体的城镇化建设，对促进我国新型城镇化建设、构建新型工农城乡关系具有重要意义，需从补齐县城短板弱项、推进城乡融合发展、深化体制机制创新等方面展开。因而，聚焦县域城镇，特别是县域中心城镇，是推动县域经济的重要内容。

**3. 市场和消费向县域经济汇聚**

中国电子商务、网络店铺和直播带货发展很快，与之相关联的县域经济已经成为消费的主战场和市场的前端。中国乡村旅游资源占全国旅游资源的70%，旅游人数目前只占国内旅游总人数的30%，旅游消费还不到国内旅游消费总额的20%。我国乡村旅游还有很大的发展空间和增长潜力。

此外，产业链、供应链、创新链向县域经济汇聚。一些经济较为发达的县域已经成为产业供应链集群的承载地，如被称为制造业之都的长沙县集聚了三一重工、中联重科、山河智能和铁建重工等头部企业。②

诸多要素向县域汇聚，为县域经济发展提供了难得的机遇，同时也带来挑战。要素汇聚能否带来以县域为重要载体的经济高质量发展，能否成为县域经济新发展的新引擎，是必须应对和回答的问题。

---

① 《工信部朱珺：打通堵点，破解难点，推动县域工业经济发展壮大》，通信世界网，http://www.cww.net.cn/article?id=585497。

② 陈文玲：《县域经济将成为新时期共同发展的新引擎》，《北京日报》2024年1月22日。

> **史料**　　　　　　　　城乡五化目标和要求[①]
>
> 2015年4月30日，中共中央政治局就健全城乡发展一体化体制机制进行集体学习，提出城乡"五化"的目标和要求：一是努力实现城乡居民基本权益平等化，二是实现城乡公共服务均等化，三是实现城乡居民收入均衡化，四是实现城乡要素配置合理化，五是实现城乡产业发展融合化。这"五化"提出了乡村振兴的目标，同时指明了如何实现乡村振兴。"五化"是未来乡村振兴要达到的要求，只有通过"五化"才能实现乡村振兴。城乡居民在基本权益上的不平等突出表现在户籍权益和财产权益上。户籍权益表现在2.8亿农民工在城市打工，为城市发展作出了积极贡献，但因农村户籍所限，无法享受其所在城市的城市户籍人口应享受的城市公共服务，到老了还要回农村，很不公平。就财产权益讲，城市人口的财产性收入或者说城市居民的资产70%多都在房产上，城市居民已享受到工业化、城市化过程中带来的不动产增值的收益，特别是北上广深几个大城市房价较高，其居民已享受到财富效益。但农民的房子至今没有市场化、商品化，只能卖给本村人，而本村年轻人都出去了，村子空心化，房子卖给谁呢？所以城乡居民财产性差距是造成城乡居民收入差距拉大的重要原因，也是根本原因。通过实现城乡居民基本权益平等化可以为城乡居民收入均衡化提供条件。

## 五、"五化"融合，如何真正落实到位

### （一）城乡居民基本权益平等化

城乡居民基本权益有哪些不平等？最重要的是户籍权益的不平等。农民工在城里辛辛苦苦干了那么长时间，年轻的时候进入城市打工，到了四五十岁，还入不了籍，要回到老家去养老，这是很不公平的。重要的是实现城乡居民在户籍权、财产权上的平等化。这个平等以后，农民凭着占有的这些农村资源，享受到财富的效应，收益很快都可以增加，城乡收入差距可以迅速地缩小，实现城乡居民基本权益平等化。但自

---

[①] 《中国城镇化促进会常务副主席、中共中央政策研究室原副主任郑新立在第十届中国南方智库论坛发表主旨演讲：把集体经营性建设用地入市作为撬动乡村振兴的强大杠杆》，广东人文社科网，https://www.gdskl.com.cn/news_5659.shtml。

"五化"融合提出9年以来,至今并没有明显动作推进基本权益平等化。

### (二)城乡公共服务均等化

如何完善基本公共服务供给机制。在基本公共服务的供给方面,应当以政府为主导、多元主体参与合作。这需要完善基本公共服务需求表达机制,赋予人民群众更多表达基本公共服务需求偏好的权利。问题是如何建立这一表达机制。

### (三)城乡居民收入均衡化

农民是乡村产业的主要受益者。如何进一步增加对农业的补贴空间,适时调整农业补贴政策,逐步实现农业补贴政策的法治化与制度化,建立适应新发展阶段的农业支持法律法规,也是亟须解决的问题。

### (四)城乡要素配置合理化

为引导资本、人才、技术等优势要素向乡村流动、满足乡村发展的现实需求,只有找到推动城乡要素合理配置的有效路径,才能加快补齐农业农村发展短板,不断缩小城乡差距。重要的是要强化产权对城乡要素合理配置的激励作用。产权的基础作用在于激励,产权制度改革已经成为促进城乡要素顺畅流动,推动农业规模化经营、乡村产业发展等的内在动力。

### (五)城乡产业发展融合化

为推动农村产业高质量融合发展,当前亟须打破城乡分割和行政区划的限制,按照产业集聚和融合发展规律,打造一批有利于农村产业深度融合的新载体。通过利益联结机制形成利益共同体,使各主体都能够分享产业融合的增值收益,最终实现参与各方的利益共享。

## 第三节 县域经济发展展望

县域经济是推动中国经济高质量发展的重要力量。随着资源要素较为充分地流动,未来,县域经济将面临新的发展机遇,呈现出以下发展态势。

### 一、县域之间差异会进一步扩大

县域经济发展,类型很多、差异很大。中国发达县域与不发达县域的经济总量差距能达到上百倍,有些发达县经济总量甚至超过一些省会城市,如昆山市(江苏省县级市）2022年地方生产总值超过5000亿元，超过海口市、西宁市、兰州市等省会城市。

中国县域经济比较发达的地方主要是沿海地区，近70%的百强县都在东部发达地区，如江苏、浙江、山东的县域。所以，发展县域经济要区分类型和发展阶段。

未来，部分县域经济将继续保持快速增长的势头，突破千亿GDP级别的县域数量将增加，百强县总体实力将进一步突出。但中西部部分县域经济将面临增长乏力、结构失衡、质量低下、效益不高等问题，与发达县域之间的差距将进一步拉大。

## 二、县域发展特色进一步呈现

县域经济发展模式、路径、方向将更加多元化、个性化、特色化。着眼于高质量发展，不能要求所有县域都朝着做强做大的方向前进。相反，应当分类施策，鼓励区位条件、发展基础、功能定位各不相同的县域走出特色化的县域现代化之路。

要发挥各地区的比较优势和潜力，培育和发展具有区域特色和竞争力的产业，打造一批特色优势产业集群，形成一批特色品牌和特色产品，提升县域经济的核心竞争力。

发展县域特色，需要注意的是避免"一县一策"的负面效应。人们期盼的是，一些有着明显产业优势和地域优势的县域，通过利用好各地区的资源禀赋和文化资源，将在未来发展中脱颖而出。但现实情形是，不同县域之间，经济发展水平是十分不同的。地区经济发展不平衡，最终会限制地区特色经济的发展。有可能会出现，一县一品最终做成了孤品，只能吸引本地区的人关注，对本地区外的吸引力大打折扣。

此外，区域特色农业种植，在规模化种植和管理方面，会有一定的成本优势。但是，反过来却容易形成单一农业种植，如果长期不能进行农作物轮作耕种，对土地的损害是很大的。

"一县一策"，重要的是如何解决订单的问题？按订单进行农业生产，这对于农民来说，是最为重要的。培养本地农业企业发展壮大，给周边农户带来更多订单，种、产、销联合，既保障了一方经济，又促进了农业经济的发展，这才是要花大力气去做的事情。

**案例** 　　　　　　　**安徽省灵璧县："一场一策"整县推进**[①]

安徽省灵璧县地处皖北,是全国畜禽养殖大县、全国生猪调出大县。近年来,灵璧县以区域性粪污集中处理生产有机肥、农家肥为主要利用方向,全面推动畜禽粪污资源化利用整县推进项目,蹚出一条种养结合、农牧循环的新路子。

畜禽养殖废弃物资源化和无害化,事关农村居民居住环境的改善,关乎能不能不断改善土壤地力、治理好农业面源污染,是一件利国利民利长远的大好事。灵璧县作为国家畜牧养殖大县,迫切需要深度推进畜禽粪污资源化利用,缓解养殖粪污环境压力,是生态绿色农业的需要,也是减少化肥等投入品使用的需要。

进入2000年以后,灵璧县畜禽养殖业发展迅猛,高密度的饲养方式为社会提供了充足的肉蛋奶,同时养殖业所产生的大量畜禽粪便对自然环境的污染也日益加剧。大量的畜禽粪便没有得到有效处理利用,引起严重的环境污染和社会问题。

灵璧县坚持政府支持、企业主体、市场化运作的方针,以规模养殖场为重点,突出生猪、牛、羊、家禽四大畜种,建立养殖污染治理清单,落实畜禽粪污资源化利用"一场一策"。具体操作办法是,养殖场、散养户粪污集中运输至粪污处理中心,由处理中心统一规模化处理,粪污可进行好氧发酵,处理中心生产的有机肥可销售至周边或其他地区的种植大户,或深加工成专用肥销往全国各地。

目前,灵璧县畜禽粪污主要通过堆积发酵还田、有机肥生产、粪水还田等模式,实现种养结合、粪污就近消纳,达到畜禽粪污资源化有效利用。

## 三、县域经济总量在全国占比下降幅度趋缓,并最终稳住阵脚

随着县域经济发展,大量资源要素向县域聚集,县域经济发展的总量会持续提升,但在中国经济总量中占比会进一步下降,下降幅度趋缓。随着中国人口城镇化进程进入尾声,以人为核心的城镇化的发展,特别是建制镇的发展得到切实落实,中国县域经济总量将在中国经济版图中稳住阵脚,并在2035年后有所提升。当然,前提是不考虑中国行政版图变更影响。

县域经济总量在全国稳住阵脚,需要有以下一些条件作为支撑。

---

[①] 张林萍:《安徽灵璧:一场一策整县推进农牧循环》,《中国畜牧兽医报》2021年12月12日。

## （一）严控撤县建市设区

行政区划调整，撤县建市设区加速了县域数量快速减少，同时市辖区数量快速增长，一定程度上导致了县域经济总量占国家经济总量的降低。例如，2000—2020年，以县、自治县、县级市、旗为主体的县级行政区划单位总数由2074个（县级市370个，县1461个，自治县117个，旗49个，自治旗3个，特区2个，林区1个）减少到1871个（县级市388个，县1312个，自治县117个，旗49个，自治旗3个，林区1个，特区1个），总数减少203个。相反，市辖区数量由787个增至973个，总量增加186个。[①] 撤县建市设区的县域往往区位优势好、产业基础优，发展潜力较大。撤县建市设区对区域的发展带来长久影响，是造成县域经济总量占比下降的重要原因。

北京、上海、广州、深圳、武汉等城市进入"无县时代"，城市群、都市圈、大城市撤县建市设区工作已经基本完成，新型城镇化进入优化大中城市结构，更加注重提升城市品质，加快以县城为重要载体的城镇化建设的关键期。县域发展应避免撤县建市设区的路径依赖，县域作为相对独立和完整的行政单元，推进公共服务、环境卫生、市政公用、产业配套等设施提级扩能，工业化、信息化、城镇化、农业现代化"四化同步"，增强综合承载能力和治理能力。

## （二）高质量推进以县城为重要载体的城镇化建设

统筹以县城为重要载体的县域生产、生活、生态、安全高质量发展，补齐县域产业基数设施、公共服务设施，更好地增进县域人口民生福祉，补足县域各类发展短板。如果以县城和建制镇为重要载体的城镇建设没有取得突破性进展，县域留不住人才和人口，县域经济也谈不上高质量发展。

## （三）提高区域经济宏观调控的前瞻性针对性

深入实施区域协调发展战略，探索市辖区与县域建立良好的互补、合作发展关系。释放县域经济增长潜力和动力，确定县域经济总量平稳增长，总量占国家经济总量比重保持在合理区间。着力把县域经济打造成为国家经济高质量发展新的增长极。

---

[①] 杨文学：《警惕县域经济在国家经济总量中占比下降过快》，金融界网站，https://finance.jrj.com.cn/2023/03/22101837418639.shtml。

**案例　河北省玉田县：做强县城，推进人口聚集与农业现代化**[1]

河北省玉田县地处京津唐"金三角"中心地带，是东部地区国家级农产品主产区，也是发展动力相对较弱的传统农业县。城镇化水平偏低，人口外流并向县城集聚，整体呈现小城大县格局。玉田县的城镇化路径是保障农业主产功能，通过集中公共服务和基础设施资源投放，大力提升县城综合承载力，形成人口集聚中心；同时以农业现代化建设带动就业，促进人口的就地城镇化模式。

加快推进农业高质量发展。持续完善农村基础设施，成功创建全市唯一省级"四好农村路"示范县。现代农业提质增效，10.6万亩高标准农田建设规模全市第一，粮食产量领跑全市，连续16年获评"全国生猪调出大县"；新增省市级农业产业化龙头企业10家，建成供京蔬菜基地5万亩，"玉田供京蔬菜"荣获全省区域公用品牌最佳设计奖，市场溢价达20%。

大力提升县城综合承载力。着力打造活力产业新城，还迁房、站前广场等重点工程扎实推进，承载和集聚能力不断增强。持续改善医疗条件，在全市率先建成22个基层医疗卫生服务中心，省级卫生城复审验收工作排名全省第二。

深化"放管服"改革。1687个县级事项网上可办率达100%，全流程网办率达95%以上；落实"135"办结制，各类行政许可事项办结率达100%；县不动产登记中心硬件投入全省县级第一，率先建成全省首个县级电子保函服务平台，为企业减负1.1亿元。

---

[1] 《2023年政府工作报告》，玉田县人民政府网，http://new.tangshan.gov.cn/zhengwu/tsyutianxiazhengfubaogao/20230117/1513100.html。

# 第三章 县域城镇化

《关于推进以县城为重要载体的城镇化建设的意见》明确了以县城为重要载体的城镇化建设的发展目标和具体任务,进一步凸显了以县城为载体的城镇化在我国城镇化战略中的重要作用。

## 第一节　推进以县城为载体的城镇化建设[①]

城镇化是指人口向城市集中、农村地域转变为城市地域的过程。主要有以下四方面内容：一是人口不断向城市集聚，城市人口占总人口的比重提高；二是空间结构上，城市规模不断扩大；三是经济结构上，城市经济占主导地位；四是社会结构上，城市文明、现代文明不断扩散，并辐射到农村。

### 一、城镇化发展的不同阶段

改革开放以来，中国城镇化进程高歌猛进。1978年末，我国城镇常住人口仅有1.7亿人，常住人口城镇化率仅为17.92%。2023年全国常住人口城镇化率达到66.2%，提升超48个百分点，年平均增长速度超过一个百分点，见表3-1。

表3-1　2023年末人口数及其构成

| 指标 | 人口数（万人） | 比重（%） |
| --- | --- | --- |
| 全国人口 | 140967 | 100 |
| 城镇人口 | 93267 | 66.2 |
| 乡村人口 | 47700 | 33.8 |
| 男性 | 72032 | 51.1 |
| 女性 | 68935 | 48.9 |
| 0～15岁（含不满16周岁） | 24789 | 17.6 |
| 16～59岁（含不满60周岁） | 86481 | 61.3 |
| 60周岁及以上 | 29697 | 21.1 |
| 65周岁及以上 | 21676 | 15.4 |

资料来源：《中华人民共和国2023年国民经济和社会发展统计公报》。

#### （一）恢复发展阶段（1978—1983年）

改革开放前，中国城镇化进程不仅停滞，还在退缩。改革开放初期，随着家庭联产承包责任制的实施，农业劳动生产率大幅度提高，农村剩余劳动力大量产生；城乡农贸市场重新恢复和开放，乡镇企业异军突起，大批农民转移到市场或工厂；

---

[①] 陈剑：《县域经济发展关键在深化配套改革》，《经济参考报》2022年5月31日。

下乡知青与下放干部陆续返城；对外开放梯度战略的实施与经济特区城市的逐渐崛起等，促进了城镇经济的活跃和城镇化水平的提高。1983年末，常住人口城镇化率达到21.62%，比1978年末提高3.7个百分点，年均提高0.74个百分点。

### （二）稳步发展阶段（1984—1995年）

1984年，党的十二届三中全会把改革重点转向城市。1992年，邓小平南方谈话推动我国改革进入新阶段，党的十四大明确提出了建立社会主义市场经济体制的新要求，促进了非农产业的发展。大批农村剩余劳动力向二三产业转移，城市作为非农产业活动的中心，集聚作用进一步凸显。1995年末，常住人口城镇化率达到29.04%，比1983年末提高7.42个百分点，年均提高0.62个百分点。

### （三）快速发展阶段（1996—2011年）

1996年起，我国城镇化进程开始加速。随着经济体制改革不断深化，从珠三角、长三角开始，以产业升级为基础，市场经济活力持续增强，城市经济发展速度不断加快，社会发展水平迅速提高，集聚作用更加突出，吸纳的农村剩余劳动力越来越多。2002年，党的十六大提出科学发展观，要求"坚持大中小城市和小城镇协调发展，走中国特色的城镇化道路"，推动我国城镇化水平持续快速提升，城镇化率也随之大幅度提高。2011年末，常住人口城镇化率达到51.27%，比1995年末提高22.23个百分点，年均提高1.39个百分点。[1]

## 二、推进以人为核心的新型城镇化

城镇化是现代化的必由之路。党的十八大以来，党中央提出新型城镇化，是以人为本的城镇化，其基本要义是实现人的全面发展；同时新型城镇化是质量型、内涵型的城镇化，而不是数量型、速度型的城镇化。

2014年《政府工作报告》提出实现"三个一亿人"的目标。近年来，为积极推动新型城镇化建设，户籍、土地、财政、教育、就业、医疗、养老、住房保障等领域配套改革不断推进，农业转移人口市民化速度加快。从2011年末至2017年末，常住人口城镇化率提高了7.25个百分点，年均提高1.21个百分点。2017年末，户籍人口城镇化率达到42.35%。

---

[1] 《城镇化水平显著提高 城市面貌焕然一新——改革开放40年经济社会发展成就系列报告之十一》，国家统计局网站，https://www.stats.gov.cn/zt_18555/ztfx/ggkf40n/202302/t20230209_1902591.html。

以人为核心的新型城镇化的核心内涵体现在六个方面。

1. 以人为本

从思想观念、素质能力、行为方式、社会关系等方面积极推进人从传统向现代的转型，关键是在提升和完善人的现代化素质中更具体有效地促进人的全面发展。

2. 城乡融合

在加快实现城乡一体化发展的基础上，力求推动城市基础设施、公共服务、产业链条、现代文明等向乡村延伸、扩散，进而实现城市与乡村深度融合。

3. 协同高效

通过集聚并高效配置人口、土地等传统资源要素以及人才、科技、信息、制度等新兴要素，实现在更大区域空间范围的结构性优化和功能性提升，形成大中小城市和城乡协调发展的空间格局。

4. 绿色低碳

把生态文明理念和原则全面融入城镇化全过程，致力于推进绿色发展、循环发展、低碳发展，形成节约资源和保护环境的空间格局、产业结构、生产方式、生活方式。

5. 智慧安全

以科技进步为支撑，以增强城市韧性为导向，用科技赋能城镇化发展，提高城乡发展的智慧化水平，完善生命安全保障体系，形成智慧、安全、健康的城乡发展格局。

6. 包容多元

推动农业转移人口真正融入城镇，实现从农民到市民的全方位转变，能够全方位、多元化、无差别地共享城镇化发展的成果。1978年，我国城镇常住人口仅有1.7245亿人，2023年全国城镇常住人口达到9.3亿。增长超过7.6亿人。1978年，我国城市共有193个，2022年全国城市数量达到691个，增加了498个，增长了2.58倍。1981年，我国城市建成区面积仅为7438.0平方公里，2022年全国城市建成区面积达到63676.4平方公里，增加了56238.4平方公里，增长了7.56倍。城镇化率持续提升至66%以上，但进程逐步放缓，迈向城乡区域协调发展阶段。

2023年末常住人口城镇化率达66.16%，较上年末提高0.94个百分点，标志着当前我国新型城镇化进程稳步推进，但距离较高收入经济体的81.3%仍有15.1个百分点的空间。

从1978年到2023年，中国城镇常住人口从1.7亿人快速增至9.3亿人，净增加7.6亿人，城镇化率从17.9%提升至66.2%，提高48.3个百分点，深刻地改变了中国经济社会格局。当下中国城镇化率已高于55.3%的世界平均水平，达到中高收入经济体水平，但明显低于高收入经济体的81.3%，中国城镇化还有约15.1个百分点的进步空间。

至2030年，中国将新增约1.4亿城镇人口，主要向城市群都市圈集聚。中国城镇化已进入中后期，虽仍处于快速发展期，但速度逐渐放缓。结合联合国《世界城镇化发展展望》，预测2030年中国城镇化率将超过70%，2050年达到80%的水平。根据当前生育趋势对未来中国人口的预测，中国城镇人口将在2030年左右增至约10.7亿人，将比2023年再增加1.4亿，其中80%将集聚在19大城市群，其中多数又将集聚在大都市圈。以人为本的新型城镇化持续推进，将带来基础设施、地产、新零售、医疗卫生、文化娱乐等多个领域的广泛需求，为我国经济发展提供重要引擎。

### 三、推进镇域经济发展

《意见》明确了以县城为重要载体的城镇化建设的发展目标和具体任务，对推进以人为核心的城镇化建设、缩小城乡差距、减缓"三留"问题的严峻程度有重要意义。

七普资料显示：全国有1507个区县（占中国全部2896个区县的52%）人口在减少。这其中大部分属于县域农村人口。七普数据还显示，2020年我国城镇化水平达63.89%，较之2010年的49.68%提升了14.21%。2020年我国建制镇镇区常住人口为3.25亿人，占到全国人口的23%，占全国城镇人口的36%。与六普数据相比，10年间建制镇镇区常住人口增加了0.59亿人；占全国总人口比重提高了3.15个百分点，但是占全国城镇人口比重下降3.75个百分点。建制镇人口占全国总人口的比重保持稳步增长，但是在整个城镇化人口中的占比出现下降，说明我国城镇化人口主力并未聚集到建制镇，而是聚集到建制镇以上的大中小城市和特大超大城市。这是导致"三留"问题的原因之一。

中国人口城镇化发展，是包括"城"和"镇"在内的整体发展。在中国未来城镇化发展中，应当提升包括县城在内的建制镇在中国城镇化中的作用，即镇域经济的发展。

发展包括县城在内的建制镇，即镇域经济发展，有利于解决我国当下庞大的留守群体问题。农民工选择在县城和建制镇就业，有利于他们关注留守儿童、留守老人和留守妇女。因而能够极大缓解"三留"问题。

### （一）县域人口流失现象严重

在人口城镇化方面，中国人户分离现象特别严重。2020年，人户分离人口为4.9亿人，占全国人口的约35%，较2010年增长88.52%。过去人户分离主要是农民工和大城市，现在人户分离主要是在县级单元的城乡之间。也就是说，我国人口城镇化面临的另一个突出问题是县域人口流失严重。

县域人口流失与县城缺乏吸引力密切相关。县城缺乏吸引力，原因是多方面的，包括县域经济不发达，特别是县城产业不发达，配套设施不健全，公共产品与服务供给缺乏，县级财政权力与责任不匹配，等等。例如，产业是县城建设发展的根基，有产业才有工作岗位、才有人口集聚。但产业发展需要产业配套，很多县城的产业平台功能比较薄弱、配套设施不健全，提高了企业生产成本和交易成本，冲抵了县城劳动力和土地成本相对低的优势。在此情况下，增强产业支撑能力，发展比较优势明显、就业容量大的产业就十分必要。再比如，县域人口流失，一个重要原因就是公共服务的供给与需求不匹配，特别是县级财权与事权的不匹配，县级财政几乎是空白，必然导致公共资源配置不均衡。县级政府不能很好地为群众提供基本公共服务与公共产品，缺少能够提供的优质公共资源，必然导致县域人口流失。

县域人口大量流失也带来了严重的"三留"问题，成为中国现代化进程中相伴随的严重的社会问题。

从社会学角度分析，加快县域经济发展，特别是包括县域镇的建设，有利于推进基本公共服务的均等化，有利于新落户人口与县域镇居民享有同等公共服务，保障农民工等非户籍常住人口均等享有教育、医疗、住房保障等基本公共服务，有利于"三留"问题的解决。

> **史料**　　　　　**1958年城乡二元户籍制度确立**[①]
>
> 　　1958年1月9日，新中国第一部户籍制度《中华人民共和国户口登记条例》颁布。户籍制度一诞生就带有浓重的命令经济色彩，并为之确立了一套完善的具体管理制度，内容包括常住、暂住、出生、死亡、迁出、迁入、变更等7项人口登记制度。这个条例以法律形式严格限制农民进入城市，限制城市间人口流动，在城市与农村之间构筑了一道高墙，城乡分离的"二元经济模式"从此在中国根深蒂固。
>
> 　　户籍制度背后承载的劳动就业制度、医疗保健制度，以及在接受教育、转业安置、通婚子女落户等方面所衍生出的许多具体规定，整体构成了一个利益向城市人口倾斜、包含社会生活多个领域、措施配套、组织严密的体系。
>
> 　　这一制度及配套制度，为限制农村人口流入城市提供了详细的制度安排。在此前的1954年，中国公民的迁移自由已经从宪法中被取消。

### （二）推进以人为核心的新型城镇化健康发展

中国目前人口城镇化过程中，一个重要现象是"两率"，即户籍人口增长率与常住人口增长率差距持续增大。2020年，我国户籍人口城镇化率仅为44.38%，较常住人口城镇化率63.89%相差近20个百分点。按照"十三五"规划，到2020年户籍人口城镇化率达到45%，常住人口城镇化率达到60%，"两率"差距不断缩小。从实施结果来看，"十三五"期间"两率"差距并未缩小，反而在不断扩大。

户籍人口增长率与常住人口增长率差距持续增大。实质是农民工市民化的问题。2020年，我国户籍人口城镇化率较常住人口城镇化率相差19.5%。这19.5%涉及在城镇常住的农业户籍人口2.61亿人，为什么"两率"差距大？一个重要原因是城市落户壁垒与农民落户意愿的矛盾。中国的大城市，包括北京、上海等特大城市，农民落户意愿较高，但存在诸多落户限制。农民落户之所以困难，是因为不能按常住人口来配置公共资源，不能为他们提供与户籍人口相等的公共产品与公共服务。因而，这两方面的问题都与县域经济发展不足相关。

"两率"差距扩大的一个重要原因是虽然农民落户意愿较高，但是一些大城市、特大城市的户籍制度尚未完全放开，仍然保留诸多限制要求。而加快县域经济特别

---

[①] 《亲历者张庆五：当时为何要实行严格的户籍制？》，《中国经济周刊》2019年第18期。

是县城建设，推进基本公共服务均等化，有利于缩小"两率"差距。

确保新落户人口与县城居民享有同等公共服务，保障农民工等非户籍常住人口均等享有教育、医疗、住房保障等基本公共服务。以新生代农民工为重点推动社会保险参保扩面，全面落实企业为农民工缴纳职工养老、医疗、工伤、失业、生育等社会保险费的责任，合理引导灵活就业，农民工按规定参加职工基本医疗保险和城镇职工基本养老保险。依法保障进城落户农民的农村土地承包权、宅基地使用权、集体收益分配权，支持其依法自愿有偿转让上述权益。上述内容是推进以人为核心的城镇化的最基本且重要内容，也是推动县域经济发展的核心要义。

**四、提升包括县城在内的建制镇作用**

中国的县城都属于建制镇，一般也都是县域所及的城市中心。除此之外，一个县还有几个甚至十几个建制镇。建制镇在推进以人为核心的新型城镇化中承担着重要作用，是推进就地城镇化的核心载体。

**（一）坚持"一县一策"**

发展包括县城在内的建制镇能够解决我国当下庞大的留守群体问题。一些农民工到大城市去了，留守群体会面临诸多问题，而农民工选择在建制镇就业，有利于他们关注留守儿童、留守老人和留守妇女。

推动建制镇发展，不能齐头并进，需要有重心。《意见》指出，坚持"一县一策"，以县城为主，兼顾县级市城区和非县级政府驻地特大镇。科学编制和完善建设方案，按照"缺什么补什么"原则，明确建设重点、保障措施、组织实施方式，精准补齐短板弱项，防止盲目重复建设。

**（二）把握功能定位，分类引导县城发展方向**

《意见》明确提出，要科学把握功能定位，分类引导县城发展方向。《意见》将县城发展方向分为五大类，即加快发展大城市周边县城，积极培育专业功能县城，合理发展农产品主产区县城，有序发展重点生态功能区县城，引导人口流失县城转型发展。这样的分类符合我国县城发展的实际，我国的县城差异很大，都有自己的区域特色，而且互相之间还不能类比，要因地制宜发展。

其中，在大城市周边县城发展方面，《意见》指出，支持位于城市群和都市圈范围内的县城融入邻近大城市建设发展，主动承接人口、产业、功能特别是一般性制造业、区域性物流基地、专业市场、过度集中的公共服务资源疏解转移，强化快速交通连接，发展成为与邻近大城市通勤便捷、功能互补、产业配套的卫星县城。这五大类县城划分不是截然分开的，但是各有重点。比如第一类，大城市周边的县城，实际上就是卫星城，这类县城的发展可以分解大城市的压力，通过卫星城的发展解决中心城市城区过大的问题。国际上的东京、首尔等大城市周边都有很多卫星城。所以未来卫星城是这类县城的最大功能。

目前，一些大城市周边的县域，通过与中心城市的分工协作，重点发展制造业，经济实现快速发展。比如在中西部地区，长沙市下辖的长沙县、宁乡市、浏阳市，南昌市下辖的南昌县，合肥市下辖的肥西县，其GDP都超过了千亿元。

在培育专业功能县城方面，《意见》明确，支持具有资源、交通等优势的县城发挥专业特长，培育发展特色经济和支柱产业，强化产业平台支撑，提高就业吸纳能力，发展成为先进制造、商贸流通、文化旅游等专业功能县城。支持边境县城完善基础设施，强化公共服务和边境贸易等功能，提升人口集聚能力和守边固边能力。

## 案例　河南省长垣市：县域经济发展[①]

长垣市是河南省辖县级市，由新乡市代管。市域面积1501平方公里，2022年末常住人口90.9万人。

历史上，长垣一直是个典型的农业大县、工业小县、财政穷县、防汛重点县，自然条件差，资源条件差，区位条件差，经济条件差。

改革开放后，长垣县依靠民营经济的发展迅速成为河南省的经济明星。

长垣经济能够实现一次又一次的飞跃，主要依靠六大法宝：大力营造优质发展环境；大力发展"劳务经济"；高度重视发展"民营经济"（"民营经济"就是"强民经济"）；着力实施"回归工程"（旨在吸引回乡办厂，吸引在外存款和社会闲置资金、技术、项目、人才、信息还乡）；大力推进产业集群化；坚持创新驱动，做强转型引擎。

始终把产业发展作为立市之基、强市之本，着力打造更具竞争力的产业体系。

---

① 中国民营经济研究会黄剑辉副会长根据网上资料整理。

抢先布局新兴未来产业。锚定新能源、新材料、智能制造等新兴未来产业领域，实施新中益发电共享储能等项目，推动远洋科技铝基新材料产业园建设，加快推进黄河数字经济产业园、触景无限智能传感研发生产基地、红谷科技示范园等项目，着力在新赛道上抢跑占先。

### （三）建设宜居宜业的县城

作为县域中心的县城，是联系城乡的桥梁纽带，是农民进城就业安家、城乡要素跨界配置和产业协同发展的天然载体。推进县城建设，有利于开拓新的投资消费空间。特别是增强县城综合承载能力，建设宜居宜业的县城，意义重大。这包括：更好满足农民到县城就业安家需求和县城居民生产生活需要；重点任务是抓好产业、市政设施、公共服务、环境基础设施等方面建设，促进县乡村功能衔接互补。推进县城产业配套设施提质增效，夯实县城产业基础，促进居民就地就近就业和持续增收，只有缩小县城与大中城市设施和服务差距，夯实县城运行基础，提升县城居民幸福感，县城经济发展才有厚实的基础。

## 第二节　迈向共同富裕的县域城镇化

郡县治则天下安，县域强则中国强。作为国民经济基本单元和富民强国底部基础，县域是实现共同富裕的主战场。推进共同富裕的重点在县域，难点也在县域。当前，我国县域发展存在跨区联动机制不畅通，产业竞争力不强，基础设施和公共服务能力不足，以及数字经济发展差距较大等问题。为此，以县域为基础推动共同富裕，需要完善跨区域联动机制，一体推进共同富裕；发展县域富民产业，夯实共同富裕根基；推动县域基本公共服务均等化，扎牢共同富裕基础；以数字技术赋能，激活县域共同富裕新动能。

**词条　　　　　　　　　　共同富裕**

共同富裕是全体人民通过辛勤劳动和相互帮助最终达到丰衣足食的生活水平，也就是消除两极分化和贫穷基础上的普遍富裕。其是邓小平建设有中国特色社会主义理论（邓小平理论）的重要内容之一。中国人多地广，共同富裕不是同时富裕，而是一部分人一部分地区先富起来，先富的帮助后富的，逐步实现共同富裕。共同富裕是社会主义的本质规定和奋斗目标，也是中国社会主义的根本原则。

2021年，《中共中央 国务院关于支持浙江高质量发展建设共同富裕示范区的意见》发布，共同富裕示范区落地浙江。

## 一、县域是实现共同富裕的主战场

县域是新时代实现共同富裕伟大任务最集中的战场，县域是我国政治、经济、社会目标的基本执行单元。

由于县域涵盖了全国一半以上的人口，特别是农村人口，因此共同富裕的县域实践非常关键。县域是新时代实现共同富裕伟大任务的主战场，共同富裕应是以县域人民高质量民生福祉和幸福为重要目标，以县域经济社会现代化发展为路径，以人民群众心理感受与文化认同为重点的富裕类型。县域处于城市和基层乡村的中间环节，在城乡融合发展中处于纽带位置。共同富裕需要打破我国长期以来形成的城乡二元社会结构，县域的整体发展成为打破这个结构的关键节点。

**案例　　四川省壤塘县：非遗"软实力"致富"硬支撑"**[①]

壤塘县位于川甘青区域接合部，是康巴、安多、嘉绒三大区域文化交融之地，得天独厚的地理环境孕育了丰厚璀璨的民族文化，被评为"中国民间艺术之乡"。近年来，壤塘县委、县政府高度重视非物质文化创造性转化和创新性发展，以实施"非遗+"工程为切入点，累计投入资金1.2亿元，创新打造8.3万平方米的集文化传习、就业帮扶、休闲旅游于一体的浙川文化产业园，探索"非遗+传承""非遗+文旅""非遗+市场"发展模式，实现了从"藏在深闺人不知"的文化资源大县向"天下谁人不识君"的文化产业强县转变。2022年，产业园实现经济效益2000余万元，拉动全县GDP增长1.5%；带动当地3000余名农牧民人均年增收4000元，同比增长约24%。相关经验做法入选国家乡村振兴局2022年东西部协作首批典型案例。

---

① 《"民族团结+"模式解锁壤塘县"幸福密码"》，壤塘县人民政府网，http://www.rangtang.gov.cn/xtrxmzf/c100050/202204/5838a0f4cdd140769b97c6fc56a56089.shtml。

一个真实的故事。色青拉姆是壤塘县唐卡传习所的学员，州级非遗传承人。她出生于壤塘县尕多乡瑟谷村的一户牧户家中，父母都是地道的牧民。因家庭原因，色青拉姆从小辍学在家，帮着母亲做力所能及的家务活。17岁时，色青拉姆在家人的支持下成为产业园唐卡传习所的一名学员，开始了她8年孜孜不倦的学习生涯。如今，色青拉姆的作品走进了上海、浙江等东部地区，她与门泽、扎西等5名同学共同完成的作品《三世佛》入围中国民间文艺山花奖，卖出了100余万元的价格。非遗成就了色青拉姆，而她也成就了唐卡，她的作品被四处巡展，由中外联合制作的20部中外合作优秀纪录片项目之一《传习之路》更是以色青拉姆和另一位学员为主线，向世人展示壤巴拉非遗文化的传习之路。从牧民到非遗传承人，她收获的不仅是金钱，还有灿烂的人生和带着大国工匠人时刻散发出"匠香"味的梦想。

共同富裕既包括高水平的衣食住行等物质生活，也包括丰富的文娱体育活动，及高度的幸福感与获得感等精神文化生活内容。以县域为基础的共同富裕强调更加公平的经济发展与个人发展，更加积极的社会心态与社会承诺，更具活力的文化内涵与多元主体参与的创新开放，更加弘扬和美利他、善意和谐。县域要更多地主动承担基层社会改革的重任，随着不断改革县域社会系统集成的质量与效率，从经济到民生，从生态到公共服务，从法制建设到文化建设，作为实现共同富裕主战场的县域高质量发展，将在社会主义核心价值观的引领下一步一步地实现。①

## 二、县域在推进共同富裕中存在问题

### （一）县域跨区联动机制不畅通

由于我国具有超大规模的人口和区域面积，东、中、西部呈现不同的区位发展特点和情况，各地区的自然、经济、社会条件差异显著，区域发展不平衡。县域高质量协调发展是城乡经济社会一体化的重要表现，是"先富"带动"后富"、城乡居民更均等地分享发展成果的重要途径，对于缩减全国的区域发展差距、实现区域协调发展意义重大。

---

① 《清华大学社会科学学院共同富裕县域标准课题成果发布会在京举行》，中国新闻网，https://www.chinanews.com.cn/gn/2021/12-18/9633124.shtml。

## （二）县域产业竞争力不强

县域产业聚集度和关联度不高。县域产业配套加工能力偏低，没有形成配套体系。县域内的农业产业同质化现象较为严重，三次产业之间通过产品供需而形成的互相关联与内在联系度不高，难以形成生产、加工、仓储、销售等产业链各环节的产业集群。支柱产业有效带动相关产业发展的作用不强，工业和信息化融合不足，现代服务业体系发展还不健全。县域产业园区规模普遍较小，缺少辐射带动能力强的龙头企业，产品研发能力不强，产业链协同性不高，产业集聚带动力不强，难以形成集聚效应。县域融资能力较弱，金融功能配置不健全，财政负担重，偿债压力大。

## （三）县域基础设施和公共服务能力不足

县级基础设施和公共服务建设的资金来源主要包括政府财政投入、金融机构贷款、农村集体投资和其他社会资本等。其中，政府财政投入为主要渠道。除国家级、省级重大区域性基础设施建设外，县域大量非营利性设施的建设都需要自筹资金。我国县域范围内城乡基础设施、公共服务存在明显差距，导致县域资源要素外流，形成县域基本公共服务能力不足的状况。县级教育、医疗、养老等公共设施和公共服务能力不足，不能很好地支撑人口集聚的需要。

## （四）县域数字化发展水平不足

目前，我国县域数字经济发展总体上还处于起步阶段，存在三个方面不足。一是不同区域和省份的发展差距较大。数字经济发展水平较高的地区一般经济发展水平也较高，因此，县域数字化发展水平格局就是：东部发展水平较高、中部次之、东北和西部发展滞后。[①] 二是数字化发展质量不高。我国绝大多数县都缺乏对数字化核心技术的掌握，导致县城的政府数字化平台整合不够、信息共享较差，容易造成基层治理场景碎片化。三是数字化基础设施不完善。与大中城市相比，县域里5G等新型基础设施的布局和建设进度均较为缓慢，且城区与乡村分布不均衡，存在网络带宽不足、传输速度慢和资费较高等问题，难以满足县域日益提高的数字化发展需求。[②] 同时，涉及农业生产经营的数字化基础设施建设也相对滞后。

---

① 《北大 & 阿里出品：县域数字乡村研究报告》，城市光网，https://www.urbanlight.cn/newsdetail/47c269fc-0983-4acd-9e79-358fe3035b28。

② 刘美怡：《数字化改造智慧县城，能否成为运营商的商机？》，《通信竞争》2022年第3期。

### 三、以县域为基础推动共同富裕

实现共同富裕需要打破以往只关注农村或者只关注城市的倾向，应从县域整体发展和城乡统筹的角度来思考县域的现代化和共同富裕问题。

**（一）完善跨区域联动机制，推进共同富裕**

推进共同富裕，就要不断探索跨地区结对帮扶方式，遵循市场规律促成共赢发展机制，推进区域协调发展的政策性制度安排，是促进东、中、西部实现县域共同发展的有益探索。要完善东西部县域结对帮扶关系，拓展帮扶领域，健全帮扶机制，优化帮扶方式，加强县域间产业合作、资源互补、劳务对接、人才交流，动员全社会参与，形成县域间协调发展、协同发展、共同发展的良好局面。如在推动不同地区间协调发展上，特色产业突出的强县市有着独特的带动优势。福建晋江对新疆昌吉、宁夏吴忠、西藏林芝等地区对口扶持，积极开展党政、医疗、教育等支援工作，以实际行动帮助中西部地区经济社会发展。浙江慈溪对口帮扶四川布拖、贵州安龙和兴仁也形成了丰富的成果。多年来，双方不断拓展与对口帮扶地区资源互补、产业合作，投入财政帮扶资金，引导民间资本投入产业扶贫项目，为当地经济发展引入产业"活水"，带动数万人走出贫困；还在资金、技术协作、劳务、消费等方面，与对口帮扶地区深化合作，实现优势互补、互惠互利、长期合作、共同发展。[①]

**（二）发展县域富民产业，夯实共同富裕根基**

1. 拓宽县域富民产业发展思路

支持大中城市疏解产业向县域有序转移，并向县域延伸配套服务能力，推进城市大中企业同县域小微企业融通发展。培育以城带乡、产业融合带动城乡融合发展新格局。鼓励县域产业创新供给，更好地引导激发城乡新型消费需求。

2. 强化县域产业发展节点功能

加快构建"龙头＋配套"融通发展的集群组织体系。通过促进产业链上下游高效协同、大中小企业紧密协作、产业资源整合优化，形成更高水平的县域特色产业集群。引导县域产业向县城特别是产业园区、产业集聚区集聚发展，引导特色产业

---

① 高宏存、吴忠刘：《新时代推进县域共同富裕着力点的思考》，《中国县域经济报》2022年11月17日。

集群发展。①

**3. 培育县域产业竞争优势**

引导县域产业立足资源优势和发展基础，培育产业特色和竞争优势，推动形成县域产业"一乡一品""一县一业"发展格局。鼓励县域市场主体加强细分市场、特色市场、小众市场开发，培育在县域发展更具比较优势的产业。创新财政金融支持政策，加强对县域产业市场主体的中长期资金支持，增强可持续发展能力。如浙江通过发展块状特色产业，形成了"一县一业""一村一品"的区域特色工业格局，通过20年来大力实施"千万工程"，不断释放乡村发展潜力，以工促农、以城带乡，走城乡一体化发展道路，县域经济蓬勃发展。如今，浙江已成为全国经济发展最为均衡的省份之一。②完善县域产业联农带农的利益联结机制。引导龙头企业和其他市场主体加强风险防范，协同增强县域产业应对环境变化和市场风险的能力。加强对县域产业发展的负面清单管理，引导城市企业、外来资本扬长避短，趋利避害，形成互惠共赢关系。推动农业关联产业在县域内适度优先发展，增强县域产业本土根植性和抗风险能力。

### （三）推动县域基本公共服务均等化，扎牢共同富裕基础

基本公共服务均等化是实现共同富裕的基础。完善基础设施，提高教育、医疗、养老等核心民生福利的质量和均等水平。一是提升县域地区特别是县城的基础设施水平，改善县域公共产品（水、电、气、通信、互联网等）的供给质量，提高县域基本公共服务均等化水平。③二是大力发展县域高等教育和县域职业教育，创新县域地区高端人才的引进和合作模式。如可从省级、市级层面统筹，加大对县城公共服务领域紧缺人才的引进和培育，如优秀教师、高水平医生等。三是增强基层医疗机构服务能力。加快发展远程医疗，加大对县域卫生服务的投入和人才培养力度，引导医院资源下基层，实现优质医疗资源的县域普及，建立健全城乡一体化的医疗保险和养老服务机制。四是强化公共服务供给的普惠性和精准性。推进县城基础设施向乡村延伸覆盖，逐步让城乡居民享有同等水平的公共服务，增强公共服务的均衡性和可及性。要根据当地产业发展特点，强化相匹配的基础公共服务的支

---

① 刘景芝：《突出特色壮大县域产业》，《经济日报》2023年3月20日。
② 《国家级智库专家：对中国县域经济发展的十条建议》，决策杂志公众号。
③ 田惠敏、崔成：《以县域为基础推动共同富裕》，《小康》2023年第31期。

撑，为产业振兴提供公共设施平台。例如，沿海的县城发展海洋经济，山清水秀的县域发展旅游经济，各有特色，各有需求，要精准提供公共服务，补足产业发展短板。

### （四）以数字技术赋能，激活县域共同富裕新动能

一是完善县域数字基础设施。县域应根据地方发展特征有序加强数字基础设施建设，在县域内整体布局数据中心、5G基站、光纤铺设等项目，并与相关数字企业合作建立数字产业园，推进县域生产和生活服务的智能化改造。在县域有条件的地区开发智能机器人、智慧出行、智慧医疗、无人机等智慧服务。同时，还要进一步完善县域内"村村通网"工程，提高宽带网络传输效率，努力实现区域间数字资源供给平衡。二是推动县域生产和生活数字化。县域地区要充分运用现代数字技术来改造和重构区域内的工业和农业，加快生产数字化和智能化的步伐。此外，县域还要以数字化转型为核心抓手，充分发挥数字信息技术的基础性作用，建设一批高水平的数字化应用工程，推动县域居民生活的数字化转型，进一步释放数字红利，使居民生活更智能、更便捷、更舒适。三是推进县域治理数字化。县域应充分发挥数据和信息等生产要素在县域治理体系中的作用，用数字化来改造和重构完善当前治理体系。[①] 将数字技术和治理实践相结合，建立相对完善的数字化治理体系，夯实数字经济发展的治理基础，推动县域经济发展和共同富裕。

## 第三节 新型基础设施与县域城镇化

新型基础设施对于补齐县域经济短板，培育县域经济发展新动能，提升县域治理效能意义重大。随着科技的迅速发展，新型基础设施正成为推动县域经济发展的关键要素。然而，县域新型基础设施还存在与传统基础设施融合不足，配套政策不完善，投融资机制不畅等问题，需加强数字化对县域传统基础设施改造，加快县域新型基础设施布局建设，拓展县域新型基础设施融资渠道，创新县域经济新基建应用场景等措施。

《意见》对完善县城新型基础设施建设作出重要部署，提出"夯实县城运行基

---

① 戎珂、何晓斌：《充分利用数据资源，擘画县域共同富裕"实景图"》，上观网，https://export.shobserver.com/baijiahao/html/529721.html。

础支撑","推进数字化改造","建设新型基础设施，发展智慧县城"。县域是我国城镇体系的重要组成部分，是城乡融合发展的关键支撑。发展县域经济，通过城镇化激活庞大的内需市场，可以为双循环经济体系的构建提供不可或缺的内在依托和回旋空间。我国正处于数字化建设时代，大力推动以数字化、智能化为导向的新型基础设施建设，对于补齐县域经济短板、培育县域经济发展新动能、提升县域治理效能、带动县域发展变革意义重大。

**一、新型基础设施对县域经济的影响**

新基建是以创新驱动为引领、以信息网络为基础，优化资源要素组织配置，承载经济社会新供给新需求，支撑数字转型、智能升级、融合创新等服务的基础设施体系，主要包括七大领域，5G基站建设、特高压、城际高速铁路和城市轨道交通、新能源汽车充电桩、大数据中心、人工智能、工业互联网。新型基础设施是促进县域数字化转型的重要因素，为县域数字经济发展和智慧社会建设提供坚实基础支撑。新型基础设施对县域经济的影响体现在多个方面，并显著提高县域经济的竞争力、可持续性和发展潜力。

**（一）促进县域产业链、供应链、价值链的高阶跃升**

随着新基建带来数字技术的下沉应用，将推动县域层面生态数据、农业数据、特色产业集群数据、休闲旅游观光数据及其他资源要素等海量数据的汇聚、挖掘、分析，实现市场化的开发应用，形成独特的县域数据经济价值，并提升县域生产、分配、交换、消费等环节效率，促进县域产业链、供应链、价值链的高阶跃升。此外，新型基础设施的建设可以吸引各种产业和企业进驻县城，从而促进产业多元化和升级。例如，高速互联网、电力供应和交通基础设施的建设可以促进县域数字经济、科技创新和高附加值产业的发展，从而提高县域企业生产效率和竞争力。

**（二）加速农业现代化进程**

新型基础设施可以实现农业信息化与智能化的整合。随着5G等新一代网络技术的突破和大规模推广应用，针对农业移动作业、农产品动态储运、动植物远程诊断、节水灌溉等需求，可逐步深化移动物联网在智慧农业、农产品仓储物流的应用，推动数字化农村和智慧农业发展，推动县域农业走向数字化、智能化。

## （三）提高县域公共服务质量

县域新型基础设施建设能够加快县域信息网络向自然村延伸，推动远程教育、线上诊疗，推进图书馆、文化馆等数字化建设，实现基本公共服务资源全覆盖。此外，县域政府通过信息网络，云平台、"互联网+"、大数据、人工智能等新技术，提高协调沟通能力，构建功能全面、高效便捷的综合信息平台，实现信息传递共享，保持信息通畅，不断提升县域治理体制机制创新。

## （四）提高县域居民生活质量

一是高速互联网、现代医疗设施和文化娱乐设施可以提供更好的生活体验，有利于吸引人才留在县域。二是新型基础设施的建设和维护也创造了大量就业机会，包括工程建设、设备维护、运营管理等领域。这有助于减少失业率并提高当地居民的收入水平。三是服务业领域，以虚拟现实智能建模技术、自然语言处理技术等为主的数字技术，加速应用在文字、影音、实际场景的跨媒体融合，推动虚拟现实视听娱乐、沉浸式影视游戏等在县域旅游、文化领域全面渗透和应用，并加速推进县域互联网医疗、在线教育等的快速发展。

## 二、县域新型基础设施建设稳步推进

新型基础设施是促进县域数字化转型的重要因素，为县域数字经济发展和智慧社会建设提供坚实基础支撑。近年来，随着"宽带中国"战略的实施，我国县域数字基础设施日渐完善，既为县域数据要素采集、传输与应用创造了有利条件，又带动土地、劳动力、资本等传统生产要素更为顺畅流动，资源配置效率大大提升。赛迪顾问在2022年底预测，2022年我国县域新基建投资将达到1.7万亿元，同比增长7%，并在2024年突破2万亿元，2023—2026年复合增长率为9.2%，2022—2026年累计投资达到10.8万亿元。县域新型基础设施建设主要通过以下两种方式展开。

## （一）对传统基础设施进行数字化改造升级

通过数字化技术对县域当前现有的传统基础设施进行"盘活"，提高设施的管理效率，实现数字化、智能化、网络化，将传统基础设施智能改造为新型基础设施。如常熟市"新城建"对接"新基建"，加快交通、水电气热等市政领域数字终端、系统改造建设，推动传统基础设施数字化改造，提升县域数字化水平。

## （二）县域内新建新型基础设施

当前,很多县域开始推进新型基础设施建设,并取得一定成效。例如,作为全国第一大 GDP 县级城市昆山市,于 2023 年初成立了江苏省县级市首个 5G 产业联盟,由中国信通院江苏省 5G 创新中心联合昆山市 5G 产业界核心企业共同组建,致力于协同多产业、多技术、多模式资源,共同开发 5G 应用解决方案,提供技术支持、资金对接、业务咨询等多方面服务。目前,昆山已经累计建成 5G 基站近 7000 个,位列苏州第一。再如,湖南长沙县是湖南省经济最强县,在 2022 数字百强县中位列第 6 位。2022 年 8 月,《长沙县"十四五"数字经济规划》出台,其中数字新型基础设施建设为第一聚焦点。当前长沙县新型基础设施建设位居全市前列,重点企业宽带接入达到 10 千兆,城镇光纤接入率 100%,农村集镇光纤接入率达到 90% 以上;累计共建成超 8000 个 5G 通信基站,实现建制镇 5G 网络覆盖率达到 100%,自然村 4G 网络覆盖率达到 100%,网络基础完善。

此外,在支持县域新型基础设施相关支持方面,国家发改委曾联合国内六大银行联合印发《关于信贷支持县城城镇化补短板强弱项的通知》,主要聚焦县城及县级市城区,特别是 120 个县城新型城镇化建设示范地区,兼顾镇区常住人口 10 万人以上的非县级政府驻地特大镇,2015 年以来"县改区""市改区"形成的地级及以上城市市辖区,重点对县城新型基础设施等三大领域建设项目提供信贷支持。

## 三、县域新型基础设施发展典型案例

### （一）从"浦江制造"到"浦江智造",数字化改革赋能浦江县域产业升级

处于群山环抱之间的金华市浦江县,近年来通过数字新基建改革撬动制造业转型升级,运用系统观念和系统方法,牢牢把握新时代县域经济的发展方向,推动企业生产由传统型向数智型转变,致力打造智能制造与传统产业转型升级样板。2021 年,全县规上工业增加值同比增长 17.1%,其中数字经济核心制造业增加值增速超 22.1%。

浦江县构建完善制造业数字化升级政策体系,先后出台《浦江县智能制造试点示范实施方案》《浦江县数字经济发展"十四五"规划》《浦江县制造业数字化转型试点示范实施方案》等相关政策,分行业强化数字化改造政策扶持,从装备提升、自主创新、数字经济发展、绿色制造等多个维度制定软硬件迭代升级专项政策,支

持、推进数字工厂、智能工厂、未来工厂建设。

分类实施"轻量化智改+样本化推广",调动市场主体的积极性,精准推进各类企业数智化升级。具体而言,对改造意愿较小、改造能力较弱的大量中小企业,由政府支持进行统一的轻度数字化改造,提升传统生产方式的安全性和效率,奠定逐步推进数智化改造的基础;对改造意愿较强、有改造能力的企业实施"一企一策",加大支持力度,实施定制化改造,充分释放数智化的生产力;对于代表性的数字化先行企业,充分发挥其智能制造示范引领作用,以点带面,提炼形成数智化升级的经验模式,实现"企业—政府—产业—产业链—产业生态"的多层次协同共进数智化格局。

### (二)四川汉源县以数字经济赋能,促进小农户精准融入现代农业价值链

近年来,四川省汉源县依托得天独厚的自然资源禀赋和业已形成的特色产业基础,以数字经济赋能,以共建共享增效,着力破解小农经济"小生产"与现代农业"大市场"衔接过程中存在的基础薄弱、渠道狭窄、机制不畅等短板问题,逐步探索出了一条山区小农户融入现代农业发展的新路子。

在推动小农户和现代农业发展有机衔接过程中,汉源县立足实际,针对小农种植规模小、品种散、监管难、效益差等特性,抓住生产、销售和资金三大关键,政策上实行效率优先、兼顾公平,路径上突出"统分结合"适度规模经营。充分发挥农民合作社在种苗供应、农资采购、技术指导和市场销售等方面的统领作用,为农户提供产前、产中、产后服务,家庭农场"分步"实行规模化、集约化、标准化、商品化生产。在巩固提升家庭经营优势基础上,运用数字物联、电商和金融在农业生产发展中的突出优势,高水平推动小农户生产经营提质增效、上档升级,促进小农户有效融合现代农业价值链。

一是数字物联赋能。坚持把科技创新应用作为生产技术提升的重要手段,与阿里云深度合作推出阿牛农事App推送种植技术,并通过实时数据分析可视化信息平台推动标准化技术落地到农事生产"最后一米",让科技成为"新农具"、数据变成"新农资",目前已有5万亩标准化特色产业基地实现数字化管理。

二是数字电商赋能。坚持把电商作为解决产品销售的重要渠道,实施"电子商务乡村工程",依托淘宝网、邮乐网、易邮铺等平台,打造特色农产品旗舰店、地方馆,建立电商生态产业园,开设"直播间",推动电商变为"新农活"。目前已

形成汉源花椒油、汉源甜樱桃两个"万单级"产品，电商网点已覆盖全县90%的乡镇和85%的行政村。

三是数字金融赋能。坚持发挥财政资金撬动作用，设立4050万元乡村振兴风险补偿金和应急转贷资金，通过扩大创业担保贴息贷款规模、开展新三板挂牌上市、推出"融资E"线上纯信用贷款、"花椒贷"、开通绿色通道等措施，深化政银合作，帮助新型农业经营主体解决融资难、担保难问题。2018年以来，全县乡村振兴担保贷款共发放817笔共计4.3亿元。

### （三）腾讯携手酉阳打造"数字桃花源"

酉阳是全国160个乡村振兴重点县之一，文旅产业资源丰富，传统文化底蕴深厚。酉阳共富乡村建设试点中展现的坚持地方主导、以农民为主体，借助外力牵引、激发内生动力，培育本土人才、盘活三种资源，用好数字化工具、运用市场化手段，创新集体经济、发展多种业态等做法应当在乡村现代化与村民共富建设中具有普适性。2021年9月，腾讯与酉阳县签署全面推动酉阳乡村振兴框架协议，将在数字乡村、智慧农业等方面与酉阳合作。腾讯通过全景打造数字酉阳文旅场景、数字化传承酉阳传统文化、打造酉阳特色助农玩法、推进人才生态可持续发展等四个方向，以年轻人感兴趣的方式展现推广酉阳文化。

腾讯在2021年进行了公司第四次战略升级，把"推动可持续社会价值创新"作为核心战略，成立可持续社会价值事业部（SSV），在乡村振兴、碳中和、公益数字化等多个领域展开了探索，并启动了共同富裕专项计划。高质量乡村振兴是实现共同富裕的必由之路。腾讯长期致力探索多维度、立体式乡村振兴的整合式解决方案，为巩固脱贫攻坚成果、助力乡村振兴提供可持续的方案与模式。其中，腾讯以"共富乡村建设"助推共同富裕，在支持农村人居环境改造的基础上，遵循"助力推动乡村新型服务业的发展，突出以农民为主体，确保农民利益为前提，着重帮扶乡村提升数字化对接市场的工具与能力，以及助力打造农民主导的产业体系和为农民服务的职业经理人"的思路，已在国家160个重点帮扶县之一的重庆酉阳县开展共富乡村建设试点项目，助力打造农村美、农业强、农民富的"共富乡村"。

## 四、县域新型基础设施发展面临的问题

### (一)与传统基础设施融合程度有待提升

由于我国农业生产当前以小农生产经营模式为主,数字农业的投入产出比相对较低,技术进步成果的推广采纳难度相对较大。县域新型基础设施发展与交通、农田、水利和电力等传统基础设施信息化融合不足。具体表现为,县域管理数字化系统跟不上。例如,县域公共安全视频监控系统、基层智能辅助决策系统、人居环境监测管理系统等普遍缺乏。视频会议系统主要处在县乡两级,未向乡镇、行政村延伸。

### (二)配套政策不完善,干部重视程度不够

虽然国家、省、市等层面就新型基础设施建设出台了有关的政策,但一些县级存在执行力不足的问题,相关配套政策未能及时跟进,社会投资主体的积极性没有调动起来。此外,县域处于基层,由于经济社会发展水平,以及思想观念等多重因素影响和制约,基层干部对新型基础设施建设的认识不充分,没有认识到新型基础设施对县域经济发展的重大推动作用,认识缺乏前瞻性。

### (三)县域新型基础设施人才不足

目前除了少数靠近长三角、珠三角核心城市的强县外,我国大部分县域受限于人才不足、产业基础弱等,云计算、大数据等数字技术产业规模和行业应用相对滞后,制约了县域新旧动能转换、新旧经济迭代,制约了县域新型基础设施建设的步伐。

### (四)县域新型基础设施投融资机制不畅

新型基础设施建设和传统基础设施建设类似,具有投入大、回报慢的特点。基础设施建设具有准公共物品的属性,应该由政府主导建设,但对于很多县,尤其是中西部地区的县而言,地方财政较为紧张,完全靠地方政府进行建设比较困难。

## 五、推动县域新型基础设施建设措施

### (一)加速推动县域传统基础设施数字化改造

一是利用数字化技术盘活县域现有的大量传统基础设施,通过数字化技术提高传统基础设施的管理效率。二是提高传统基础设施本身的数字化、智能化和网络

化,实现对传统基础设施的智能化管理,将传统基础设施变为新型基础设施。如推进农村公路、水利、电网、气象、物流基础设施的数字化改造。三是新一代信息与通信技术加速下沉,与县域农林牧渔、农副产品加工、工业产品制造、休闲旅游等产业全面深度融合应用,赋能县域经济。

### (二)加快县域新型基础设施布局建设

一是发挥县域产业优势,擦亮县域特色产品"金名片"。加快在县域布局建设5G网络、大数据中心等数字化新型基础设施,夯实特色产业数字化转型根基。强化农业优先发展,做大做强农产品主导县农业优势特色产业园区发展,大力培育和发展农业产业化龙头企业,加快形成农业龙头企业牵引带动的产供销融合发展格局。二是完善县乡村电子商务和快递物流体系,加快农贸市场改造升级,全面激活农村消费市场,推动线上线下消费模式融合发展,打造县域特色网红产品示范基地和企业。三是加强新型基础设施在县域治理能力现代化方面的布局。加强以数字化、网络化、智能化为特质的新一代ICT(信息与通信)县域数字政府建设,实现县域公共服务高效化、推进县级政府治理能力现代化。

### (三)拓展县域新型基础设施融资渠道

一是加大金融和财税等政策协同配合,撬动更多的社会资源参与,加大对县域新型基础设施主体的资金扶持。二是在县域层面提升专项债项目谋划水平,尽可能把条件成熟的单体项目打包成一个综合性项目,提高专项债申请额度。三是鼓励采取银团贷款、投贷联动等方式,加大对县域新型基础设施信贷支持力度。

### (四)加强县域新型基础设施人才培养

一是加快培育县域新型基础设施所需的复合型人才,鼓励科研机构、高等院校、龙头企业开展专业人才培养项目,健全多层次人才培训体系。二是着力构建具有竞争力的县域新型基础设施人才制度体系,形成良性有序的人才流动机制以及与创新相容的人才激励机制。三是加强对县域干部的培训,提高干部对新型基础设施的认识水平。四是建设县域数字技术人才队伍,激活县域数字人才"引擎"。加快打造县域数字技术人才培养基地,围绕地区产业发展重点,因地制宜确定人才培养模式和方案,持续提升农民数字化技能和素养,培养一批数字化农业合作社带头人,以点带面实现乡村数字技术人才培养。

### (五)创新县域新型基础设施应用场

一是围绕县域主导产业,搭建创新型"新基建"应用场,促进新产业、新业态、新经济互动发展。二是搭建县域产业生态数字运营平台,建立县域产业数字化生态赋能体系。形成以县域产业创新要素集聚为动力支撑、以产业生态数字运营平台为公共赋能载体的数字化赋能体系,帮助县域创造数字化生产要素、构建产业数字化新生态,创造新动力源。三是加速县域创新型"新基建"应用场景落地,构建县域产业发展服务新模式。要将场景化数字生态与县域相关产业融合,推动县域产业信息化、数字化、网络化、智能化融合发展。

## 第四节 人口老龄化与县域城镇化

随着城镇化不断推进,人口老龄化已然成为制约县域经济发展的一大难题。推动县域养老产业和事业的发展是县域高质量发展的一个基础环节,是补齐民生短板,兜牢民生保障,提高群众幸福感、获得感的必然选择。

### 一、县域老龄化现状

随着经济社会的不断发展,我国人口老龄化程度逐渐加深,为经济的运行带来了一定的挑战,成为我国目前所关注的重点问题。根据国家统计局公布数据,我国2022年60岁及以上人口有2.8亿规模,占据总人口的19.8%,与2012年相比增加了5.5个百分点;2022年65岁及以上人口有2.1亿人,占全国人口的14.9%。老年人口抚养比为21.83%,即每100名劳动年龄人口要负担22名老年人,与2012年相比上升了8.72个百分点。根据1956年联合国《人口老龄化及其经济后果》标准划分,当65岁及以上人口占比超过14%时表示已经进入老龄社会。[1]

人口老龄化问题在对宏观经济产生影响的同时,也会阻碍县域经济的发展。国家卫健委发布的《2020年度国家老龄事业发展公报》显示,我国的人口老龄化呈现出明显的城乡差异。乡村60周岁及以上、65周岁及以上的老年人口占乡村总人口的比重分别为23.81%、17.72%,比城镇60周岁及以上、65周岁及以上的老年人口

---

[1] 方静怡:《全国60岁以上老年人口超2.8亿银发友好社会如何建设》,《新京报》2023年11月20日。

占城镇总人口的比重分别高出 7.99 个百分点、6.61 个百分点。①

现阶段，城镇化进程加速，县域劳动力人口开始大量向城市中倾斜，县域经济发展受到掣肘。农村的年轻人口大量流入城市，使农村的老年人口占比远远高于城镇水平。七普数据显示，目前全国已有超过 100 个城市进入深度老龄化，其中还有部分产业发展不足的中小城市进入了超老龄化阶段（见图 3-1）。

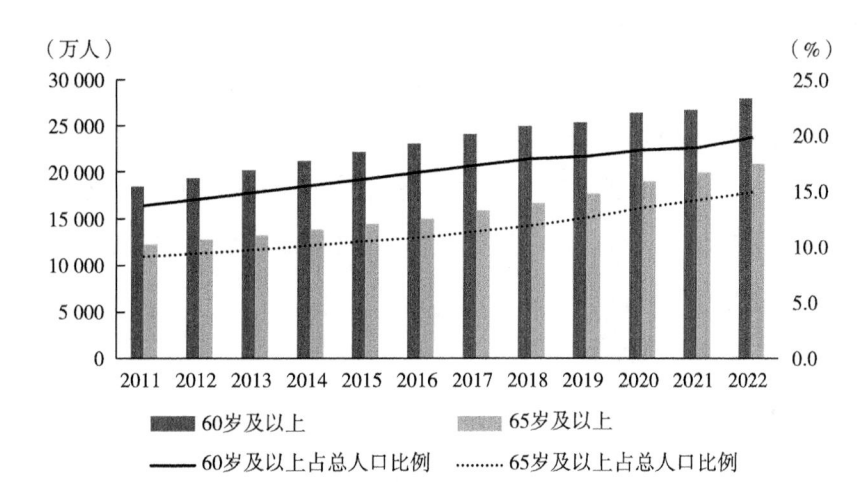

图 3-1　中国 2011—2022 年 60 岁及以上、65 岁及以上人口及占比

数据来源：Wind 数据库。

## 二、县域老龄化存在的问题

### （一）人口老龄化影响县域劳动力市场

县域人口老龄化会使人力成本提高，造成人力资源部的结构性短缺。② 由此带来劳动力人口比例下降，相对充足而又低廉的劳动力曾是县域的优势，但是随着劳动力人口逐渐从县域流向城市，县域没有足够的资源优势参与"抢人大战"，难以吸引人才回流，县域人口的年龄结构失衡，使得劳动力供给减少，进而导致县域城镇化进程中出现劳动力短缺的问题，影响产业发展。由于劳动力的不足，使得县域产量跟不上需求的增长，拉动物价水平的上涨，为经济增长带来了一定的阻力。

---

① 《2020 年度国家老龄事业发展公报》，中华人民共和国国家卫生健康委员会网站，http://www.nhc.gov.cn/cms-search/xxgk/getManuscriptXxgk.htm?id=c794a6b1a2084964a7ef45f69bef5423。

② 陈素芬：《人口老龄化对县域经济的影响》，《全国流通经济》2018 年第 6 期。

## （二）人口老龄化增加县域养老支出

随着人口老龄化水平的提升，县域内老龄人口不断增加，意味着对养老、医疗等服务业的需求增加，政府对社会服务设施、养老金、医疗保障金等资金投入也随之上升，[①] 给县域的财政收支带来了一定的压力，传导到企业层面就是税收压力增加，经营成本随之上升。

## （三）人口老龄化改变县域消费结构

随着人口老龄化的加剧，老年人口的比例逐渐增加，意味着县域的消费需求也会发生变化。老年人口的消费特点与年轻人不同。老年人更注重健康养生、医疗保健、休闲旅游等方面的消费。老年人口的消费需求变化将引导市场结构和产品结构的调整，例如带动养老产业、医疗健康产业、老年用品和服务业的发展，对县域城镇化的发展产生重要影响。

## （四）人口老龄化加大城乡差距

由于城乡二元结构存在，老年人口更多集中在农村地区，这可能直接导致农村地区的人口减少和劳动力流失。人口老龄化加剧了城乡差距，对县域城镇化进程带来挑战。为促进均衡发展，需要关注农村地区老年人口的养老、医疗等需求，加强农村社会保障体系建设，提供更多的公共服务设施。

## （五）人口老龄化带来县域养老问题

随着县域经济高质量发展的要求不断提升，人们开始逐渐重视与养老相关的社会养老服务体系建设、社会保障、基础设施养老产业等领域。目前，县域养老面临着一些主要问题，例如县域养老资源匮乏和水平有限，养老保障体系不健全，养老服务设施缺乏，养老观念相对守旧，养老服务人才短缺等情况。

## 三、县域老龄化原因分析

一是人口红利渐退，人才外流现象影响县域持续发展。人口老龄化加剧县域人口结构失衡。同时，大城市争相开展"抢人大战"加速县域人才流失，出现县域"人才空心化"，使县域难以塑造发展新动能与发展新优势。

二是城乡资源错配，公共服务供给难以形成资源互通与双向促进的城乡发展

---

① 张云霞：《人口老龄化对县域经济影响研究》，《现代经济信息》2019年第21期。

格局。公共服务主要集聚在县城中心以及部分重点乡镇，广大乡村地区在医疗、教育、养老方面的公共服务供给不足，存在供需结构性错配现象。

三是农村青壮年劳力基本外出务工谋生，衍生出居家老人赡养难问题。此外，商业性的养老市场混乱，导致农村老人望而却步。一些农村公益性养老机构（日间照料中心）尚处于发展探索阶段，在资金投入方面不足，在养老设施购置、专业服务人员配备上都存在一定困难，养老服务水平整体不高，导致农村"养老难"问题突出。

> **案例**　"以城带乡"新模式——长三角异地养老新选择[①]
>
> 迫于生活压力，外出务工的子女很难做到将父母带到身边照看，使得乡村地区的养老服务需求日益提升。受到资金不足和服务短缺问题的双重影响，乡村养老机构中老年人的生活待遇并不理想。如何在县域范围内，不分城乡，统筹当地老年人的养老服务，成为一个值得探讨的问题。
>
> 具体说来，即发达地区的专业养老服务机构在相对落后的地区设立分支机构，和当地的养老服务机构进行合作，为老人提供专业服务。
>
> 异地养老，协调资源优势。长三角地区作为中国的经济发展核心区域，城市化水平较高，养老资源相对较为充足。而乡村地区资源相对匮乏，老年人的养老条件有限。因此，通过建设异地养老机构，可以为农村老年人提供更多的选择和更好的养老服务。
>
> 区域合作，提升服务能力。长三角区域异地养老推动了当地养老服务企业规模化、专业化发展，刺激了企业的创新性，激发市场活力，在竞争中不断发展更多物美价廉的优质产品和服务。此外，在跨区域合作下，医养融合服务也开启了新阶段。
>
> "以城带乡"模式的好处在于老年人可以选择自己喜欢的城市养老，享受城市的便利和优质的医疗、养老服务资源。同时，此模式也可以缓解农村地区养老服务的压力，促进资源的合理配置和流动。此外，农村老年人来到城市养老还可以与城市居民进行交流互动，增强社交网络，提高生活质量。

---

[①] 胡洁菲、马姝瑞、陈刚等：《区域发展新亮点丨培育异地养老新模式——长三角一体化发展新观察》，新华网，http://www.news.cn/local/2023-06/11/c_1129685291.htm。

## 四、县域老龄化应对之策

### (一) 产业转型为主,老年人再就业为辅

在劳动力供给短缺问题方面,县域需要采取措施吸引年轻劳动力,例如积极推动产业转型,催生新的就业岗位,改善工作环境和福利待遇等,同时还要充分利用好老年人力资源。老龄人口在体力方面不如年轻人口,但他们积累了相当丰富的经验。县域地区应多为当地的老人提供一些适合的岗位,[①]减轻劳动力不足的问题,同时可以为老年人提供收入,减少县域养老支出,降低当地政府的负担。

### (二) 科技注能新模式,农业经济再发展

随着科技的进步,"智慧农业"作为应对由县域老龄化带来的劳动力短缺问题的重要战略路径开始被应用到实际当中。[②]随着互联网的发展与科学技术的进步,越来越多受过专业培训的人才加入到农业发展当中。他们运用科技手段并配合适当的经营方式改善农业生产、流通、服务等阶段的问题,不仅如此,合作社、家庭农场等新型经营主体在耕地、种地等领域都发挥了重要作用。

### (三) 产业结构以消费结构为风向标

在应对消费结构变化方面,老龄化问题出现时间不长,市场上存在的老年产业不能很好地满足现有的老年人口消费需求,为适应老龄化社会的需求,县域需要调整产业结构,发展服务业、健康养老产业、文化娱乐等新兴产业,以满足老年人口的需求,要针对老年人口的消费需求,设计出更多符合他们喜好的产品和服务,促进老年产业链的发展,从而拉动县域经济的发展,同时缓解县域就业压力。

### (四) "以城带乡"模式促进区域协调发展

在城乡差距方面,为促进均衡发展,需要关注县域地区老年人口的养老、医疗等需求,加强县域社会保障体系建设。可以向邻近较发达城市学习更加专业的养老服务体系,采用"以城带乡"模式,缓解县域地区养老和医疗的压力,促进资源的合理配置和流动。

---

① 夏柱智、夏日:《县域社会:积极应对农村人口老龄化的主阵地》,《东北农业大学学报》(社会科学版) 2022年第4期。

② 《人口老龄化趋势下:种地不再只依靠人力,现代科技引领农业新时代》,智慧农服创新联盟公众号。

### （五）县域城镇化发展缓解老龄化格局

人口老龄化在县域城镇化发展的速度和质量方面均存在一定的阻碍作用，[①]但县域城镇化发展可以改善人口老龄化现象。具体而言，在县域城镇化加速发展的过程中，农村地区逐渐转变为城镇地区，较多的年轻人口会被吸引到城镇地区，从而降低城镇的人口老龄化水平。当城镇化发展达到一定阶段时，劳动生产率提高，城镇的产业结构升级，开始发展劳动密集型的第三产业，提供更多的就业机会。此外，基础设施和医疗水平也实现大幅度提升，农村劳动力同样会被吸引到城镇地区，大量的年轻人口选择在城镇地区定居，为城镇地区注入新鲜血液，大幅度缓解人口老龄化程度。随着城镇和农村人口年龄结构差异的不断缩小，城镇化对人口老龄化现象的改善作用也会不断减弱。

总体而言，县域人口老龄化机遇与挑战并存。通过科学合理的政策实施，在政府、社会各界和个人共同努力下，各个县域地区可以不断适应人口老龄化的趋势，提高养老服务质量，加强社会福利保障，推动经济结构转型升级，形成全社会关注和支持老年人的良好氛围，实现区域经济的可持续发展。

> **案例** 江苏省张家港市：经济发达县域养老模式的探索[②]
>
> 江苏省张家港市目前正在打造多层次的养老服务体系，构建精准便捷的养老服务网络。
>
> 智能化发展，建设虚拟养老院。张家港市在2013年利用现代通信技术，建立了区域养老信息服务平台"亲情养老院"。"亲情养老院"会通过派遣护理人员为老人提供上门服务，老人仅需要通过电话或者网上操作就能享受到专业化的养老服务，最大程度减少了资源的错配。这种"轻资产"的运营模式可行性更强。一方面，县域开设养老院的成本较高，风险较大；另一方面，县域老年人难以接受高价格的养老服务，可能会造成资源的浪费。
>
> 发挥市场作用，孵化本土品牌。养老行业需要政府的支持，但不能完全依赖政

---

① 黄晓梅、黄新明：《欠发达地区县域人口老龄化对城镇化的影响——以甘肃成县为例》，《开发研究》2018年第5期。

② 方紫薇：《江苏省张家港市：打造经济发达县域养老模式新样本》，人民网，http://paper.people.com.cn/zgcsb/html/2022-04/04/content_25911148.htm。

府，长期依靠政府的补贴会使得经济发展不足的县域难以实现可持续发展。张家港市采用的是社区养老社会化运营，通过提高本土品牌竞争力的方式，让本土养老机构不断做强，形成健康的养老服务市场，化解老年产品和市场供需不匹配的局面。

张家港市在2020年开始试点"时间银行"养老服务，即在年轻时通过养老服务志愿存储时间，在年老时用时间换取服务。"时间银行"的试点降低了老年人的交往成本，满足了老人的情感交流、生活照料等需求。在构建多层次养老服务体系方面，张家港市通过公建民营的方式解决中低端养老需求，在医院设立照护专区以满足失能老人的刚性养老需求，同时打造中高端养老机构集群，满足多层次的养老服务需求。

张家港市的养老模式切实可行，不仅对经济发展较好的县域具有指导意义，同时也可以被经济不发达的县域作为借鉴，在养老服务方面要做到因地制宜，打造符合本土的充满活力的养老模式。

# 第四章

# 乡村振兴

县域经济发展与乡村振兴是中国国家战略的重要组成部分，旨在推动农村地区的经济发展、农民收入增加和农村社会进步，实现城乡发展的协调和统筹，实现共同富裕。

县域经济发展为乡村振兴提供了经济支撑和资源保障，为乡村振兴奠定了物质基础；乡村振兴则为县域经济发展提供了发展动力和市场需求，推动县域经济的转型升级。县域经济和乡村振兴良性互动，共同推动中国农村地区的经济发展和社会全面进步。

## 第一节　乡村振兴战略的提出

### 一、党的十九大提出乡村振兴战略

2017年，党的十九大报告指出，农业农村农民问题是关系国计民生的根本性问题，必须始终把解决好"三农"问题作为全党工作重中之重，实施乡村振兴战略，并将其提升到战略高度、写入党章。这是党中央着眼于全面建成小康社会、全面建设社会主义现代化国家作出的重大战略决策，是新时代"三农"工作的重要指导思想，是解决我国发展不平衡不充分、加快实现农业农村现代化的重大行动举措。

按照党的十九大作出的重大决策部署，《中共中央 国务院关于实施乡村振兴战略的意见》发布。这份文件把实施乡村振兴战略看作决胜全面建成小康社会、全面建设社会主义现代化国家的重大历史任务，是新时代"三农"工作的总抓手，并提出了目标任务。

2018年5月31日，中共中央政治局召开会议，审议《乡村振兴战略规划（2018—2022年）》。这一规划细化实化了工作重点和政策措施，部署若干重大工程、重大计划、重大行动，形成了之后5年落实中央一号文件的政策框架。按照产业兴旺、生态宜居、乡风文明、治理有效、生活富裕的总要求，建立健全城乡融合发展体制机制和政策体系，统筹推进农村经济建设、政治建设、文化建设、社会建设、生态文明建设和党的建设，加快推进乡村治理体系和治理能力现代化，加快推进农业农村现代化，走中国特色社会主义乡村振兴道路，让农业成为有奔头的产业，让农民成为有吸引力的职业，让农村成为安居乐业的美丽家园。

为了全面实施乡村振兴战略，促进农业全面升级、农村全面进步、农民全面发展，2021年4月29日，第十三届全国人民代表大会常务委员会第二十八次会议通过《中华人民共和国乡村振兴促进法》。这是我国第一部直接以"乡村振兴"命名的法律，填补了我国乡村振兴领域的立法空白，标志着乡村振兴战略迈入有法可依、依法实施的新阶段。该法的实施标志着我国"三农"工作在规范化、法制化方面迈进了一大步。

立法的着力点是把党中央关于乡村振兴的重大决策部署，包括乡村振兴的任务、目标、要求和原则等转化为法律规范,确保乡村振兴的战略部署得到落实,确保各地不松懈、不变调、不走样,持之以恒、久久为功地促进乡村振兴。

## 二、2021年以来党中央4个一号文件

为进一步推进和落实乡村振兴,自2021年以来,党中央连续4年的一号文件,关键词都是乡村振兴。

### (一)2021年中央一号文件

2021年2月21日,《中共中央 国务院关于全面推进乡村振兴加快农业农村现代化的意见》发布。这是21世纪以来第18个指导"三农"工作的中央一号文件。文件指出,民族要复兴,乡村必振兴。要坚持把解决好"三农"问题作为全党工作重中之重,把全面推进乡村振兴作为实现中华民族伟大复兴的一项重大任务,举全党全社会之力加快农业农村现代化,让广大农民过上更加美好的生活。

### (二)2022年中央一号文件

2022年2月22日发布的《中共中央 国务院关于做好2022年全面推进乡村振兴重点工作的意见》指出,牢牢守住保障国家粮食安全和不发生规模性返贫两条底线,突出年度性任务、针对性举措、实效性导向,充分发挥农村基层党组织领导作用,扎实有序做好乡村发展、乡村建设、乡村治理重点工作,推动乡村振兴取得新进展、农业农村现代化迈出新步伐。

### (三)2023年中央一号文件

2023年2月13日,《中共中央 国务院关于做好2023年全面推进乡村振兴重点工作的意见》发布。全文共九个部分,包括抓紧抓好粮食和重要农产品稳产保供、加强农业基础设施建设、强化农业科技和装备支撑、巩固拓展脱贫攻坚成果、推动乡村产业高质量发展、拓宽农民增收致富渠道、扎实推进宜居宜业和美乡村建设、健全党组织领导的乡村治理体系、强化政策保障和体制机制创新。

### (四)2024年中央一号文件

2024年2月3日,《中共中央 国务院关于学习运用"千村示范、万村整治"工程经验有力有效推进乡村全面振兴的意见》发布。全文共六个部分,包括确保国家粮食安全、确保不发生规模性返贫、提升乡村产业发展水平、提升乡村建设水平、提升乡村治理水平、加强党对"三农"工作的全面领导。

2024年中央一号文件画出了明确"路线图"。

一是稳住农业基本盘。确保国家粮食安全，抓好粮食和重要农产品生产，严格落实耕地保护制度，加强农业基础设施建设，强化农业科技支撑，构建现代农业经营体系，增强粮食和重要农产品调控能力，持续深化食物节约各项行动。

二是兜住兜牢民生底线。确保不发生规模性返贫，落实防止返贫监测帮扶机制，持续加强产业和就业帮扶，加大对重点地区帮扶支持力度。

三是让现代产业惠及更多乡村。提升乡村产业发展水平，促进农村一二三产业融合发展，推动农产品加工业优化升级，推动农村流通高质量发展，强化农民增收举措。乡村产业发展既要靠山吃山充分发挥各自相对优势，又要海纳百川探索学习更多新业态和新模式，让现代产业发展惠及更多乡村。

四是建设宜居宜业和美乡村。推进农村基础设施补短板，完善农村公共服务体系，加强农村生态文明建设，促进县域城乡融合发展。

五是推动乡村治理能力实现新突破。包括提升乡村治理水平、坚持部门联村制度、发挥村民自治作用、发挥基层组织作用，推动乡村治理能力实现新突破。

## 三、遵循原则

实施乡村振兴战略，贯彻创新、协调、绿色、开放、共享的新发展理念，走中国特色社会主义乡村振兴道路，促进共同富裕，遵循以下原则。

一是坚持农业农村优先发展，在干部配备上优先考虑，在要素配置上优先满足，在资金投入上优先保障，在公共服务上优先安排。

二是坚持农民主体地位。就是要充分尊重农民意愿，保障农民民主权利和其他合法权益，调动农民的积极性、主动性、创造性，维护农民根本利益。

三是坚持人与自然和谐共生，统筹山水林田湖草沙系统治理，推动绿色发展，推进生态文明建设。

四是坚持改革创新，充分发挥市场在资源配置中的决定性作用，更好发挥政府作用，推进农业供给侧结构性改革和高质量发展。

五是坚持因地制宜、规划先行、循序渐进，顺应村庄发展规律，根据乡村的历史文化、发展现状、区位条件、资源禀赋、产业基础分类推进。

## 四、战略安排

《中共中央 国务院关于实施乡村振兴战略的意见》指出，按照党的十九大提出的决胜全面建成小康社会、分两个阶段实现第二个百年奋斗目标的战略安排，实施乡村振兴战略的目标任务是：

到 2020 年，乡村振兴取得重要进展，制度框架和政策体系基本形成。农业综合生产能力稳步提升，农业供给体系质量明显提高，农村一二三产业融合发展水平进一步提升；农民增收渠道进一步拓宽，城乡居民生活水平差距持续缩小；现行标准下农村贫困人口实现脱贫，贫困县全部摘帽，解决区域性整体贫困；农村基础设施建设深入推进，农村人居环境明显改善，美丽宜居乡村建设扎实推进；城乡基本公共服务均等化水平进一步提高，城乡融合发展体制机制初步建立；农村对人才吸引力逐步增强；农村生态环境明显好转，农业生态服务能力进一步提高；以党组织为核心的农村基层组织建设进一步加强，乡村治理体系进一步完善；党的农村工作领导体制机制进一步健全；各地区各部门推进乡村振兴的思路举措得以确立。

到 2035 年，乡村振兴取得决定性进展，农业农村现代化基本实现。农业结构得到根本性改善，农民就业质量显著提高，相对贫困进一步缓解，共同富裕迈出坚实步伐；城乡基本公共服务均等化基本实现，城乡融合发展体制机制更加完善；乡风文明达到新高度，乡村治理体系更加完善；农村生态环境根本好转，美丽宜居乡村基本实现。

到 2050 年，乡村全面振兴，农业强、农村美、农民富全面实现。

**史料** 　　　　　　　　　　**晏阳初与定县试验**[①]

1926 年 8 月，晏阳初（1890—1990 年）选取直隶定县（今河北定州）作为试验区推行平民教育运动及农业科学普及。在定县，他和中华平民教育促进总会的同仁们，开启了轰轰烈烈的乡村建设实验，或可称为初级版的"乡村振兴"计划，史称"定县实验"。

晏阳初把当时中国人的问题概括为"愚、穷、弱、私"四大病症。愚，缺乏知

---

[①] 《陈剑：乡村振兴与"定县实验"——纪念乡村建设先驱晏阳初》，搜狐网，https://www.sohu.com/a/758249579_426502。

识,绝大部分目不识丁;穷,中国人的生活处于生死线上;弱,现代医疗、公共卫生根本没有,人们的身体弱小,听天由命;私,自私,不团结,不合作,缺乏现代公民知识的训练。

为此,"定县实验"提出以"四大教育"进行根治:

一是以文艺教育培养知识力,主要措施有推广平民文学、平民艺术、农村戏剧等三项,解决农民"愚"的问题。

二是以生计教育培养生产力,包括农民生计训练,向他们传授各种农业技术,推广合作组织,改良动植物品种,发展手工业和其他副业等解决农民"穷"的问题。

三是以卫生教育培植强健力,设立县级卫生保健机制,普及卫生知识,养成卫生习惯,开展传染病防治,解决农民"弱"的问题。

四是以公民教育培植团结力,通过合作精神的教育和公民知识的传授,解决农民"私"的问题。更高的目标,"在于灌输程度较高的公民常识",使得乡民也可以拥有公共意识,参与公共管理,为中国乡村的民主改造奠定基础。

但教育不能孤立存在,必须与建设结合。教育为建设服务,建设反过来促进教育。"定县实验"的关键词是建设。比如品种的改良、灌溉工具的改良、棉花购销合作社的组织、乡村保健室的设立,而教育则蕴含在这些建设工作之中。

通过上述四力(知识力、生产力、强健力和团结力)培养,以造就"新民",并主张在农村实现政治、教育、经济、自卫、卫生和礼俗"六大整体建设",从而达到强国救国的目的。

上述"四大教育"通过学校式、家庭式、社会式"三大方式"统筹进行。

定县实验持续了十年,取得丰硕成绩。如提高当地居民识字率、提升卫生保健水平、改良农作物等。1980年第三次全国人口普查,定县是全国唯一一个无文盲县。定县实验推广种牛痘,1934年全国天花流行,各地有大量人员死亡,而整个定县只有两人发病。1936年,定县天花零发病率,这在当时是全国唯一。

## 第二节　乡村振兴战略的历史背景

乡村振兴战略首先是立足世情和我国农情发生重大变化而作出的。

### 一、时代背景

从世情看，经济全球化和农业国际化不断加快，世界农业市场格局深刻调整，农业科技革命迅猛发展，农业国际竞争日益加剧。从国情和农情看，我国"三农"工作取得举世瞩目的重大成就，但农业农村发展依然是短板，城乡发展差距依然较大，城乡二元结构体制机制束缚依然存在，农产品供给呈现结构性过剩，农业竞争力有待提高。

乡村振兴战略是新时代城乡发展理念的升级版。国计民生的根本问题、全党工作的重中之重是乡村振兴的战略定位；农业农村优先发展是乡村振兴的战略方针；实现农业农村两个现代化是乡村振兴的战略目标；产业兴旺、生态宜居、乡风文明、治理有效、生活富裕是乡村振兴的总体要求；确保国家粮食安全、建立健全现代农业体系、推进农村一二三产业深度融合、完善创新农业农村制度和政策、深化农村综合性改革、培育新型经营主体和社会化服务体系、加强农村基础工作、建设美丽乡村，是乡村振兴的战略任务。

农业农村农民问题是关系国计民生的根本性问题。没有农业农村的现代化就没有国家的现代化。当前，我国发展不平衡不充分问题在乡村最为突出，主要表现在：农产品阶段性供过于求和供给不足并存，农业供给质量亟待提高；农民适应生产力发展和市场竞争的能力不足，新型职业农民队伍建设亟须加强；农村基础设施和民生领域欠账较多，农村环境和生态问题比较突出，乡村发展整体水平亟待提升；国家支农体系相对薄弱，农村金融改革任务繁重，城乡之间要素合理流动机制亟待健全；农村基层党建存在薄弱环节，乡村治理体系和治理能力亟待强化。实施乡村振兴战略，是解决人民日益增长的美好生活需要和不平衡不充分的发展之间矛盾的必然要求，是实现"两个一百年"奋斗目标的必然要求，是实现全体人民共同富裕的必然要求。

## 二、乡村振兴事关新时代经济社会发展全局

首先,农业农村发展两优先这一重要的制度和政策保障有利于从根本上破除城乡二元结构,促进城乡平等发展与成果共享。

其次,乡村振兴战略的实施有利于准确抓住并解决新时代主要矛盾的重点和难点,即有利于解决城乡发展最大不平衡和农业发展最大不充分的问题,可以加快补齐农业农村发展短板的步伐。①

再次,乡村振兴战略的实施有利于扩大内需,挖掘农业农村需求,促进我国消费型经济增长的发展。党的十九大报告指出,要完善消费机制,发挥消费对经济增长的基础性作用,乡村振兴与之相辅相成,高度融合契合。随着现代农业发展和新农村建设,我国农业农村块头大、人口多、市场广、消费力增长快的优势逐渐显现,农村消费需求基础坚实、领域广阔、种类繁多、规模巨大,通过乡村振兴释放农村传统消费需求并培育农村新兴消费需求,促进农村消费需求提档升级,可以为我国经济转型发展提供强大的推动力量。②

最后,乡村振兴战略的实施有利于推进我国新型城镇化,逐渐实现城乡融合发展"新五化"。

"新五化",即实现城乡居民基本权益平等化、实现城乡公共服务均等化、实现城乡居民收入均衡化、实现城乡要素配置合理化、实现城乡产业发展融合化。

党的十九大报告提出的城乡融合发展为构建新时代城乡新型关系和实行城乡融合发展指明了方向,提出了新任务、新要求、新目标。实施乡村振兴战略,发挥新型城镇化带动"三农"、反哺"三农"的作用,增强乡村实力,打造特色名镇。建立健全扶持机制和政策,解决城乡发展的"最后一公里"问题,为实现"新五化"提供有力支撑。

乡村振兴战略实施以来,各地在乡村振兴道路上均迈出了坚实的步伐,有较好的发展态势,乡村振兴的理念已经深入人心。在党的十九大报告所提的乡村振兴战略基础上,党的二十大报告提出全面推进乡村振兴战略,增加的"全面"二字大大

---

① 尹成杰:《乡村振兴:中国新时代"三农"大战略》,中央政府门户网站,https://www.gov.cn/xinwen/2018-03/15/content_5274513.htm。

② 尹成杰:《实施乡村振兴战略推进新时代农业农村现代化》,中国农业出版社2019年版。

增强了这一战略的紧迫性与使命感。党的二十大报告同时提出了加快建设农业强国的新目标和新要求，全面推进乡村振兴成为新时代建设农业强国的重要任务。世界百年未有之大变局加速演进，这是我们理解党的二十大报告所提出的"全面推进乡村振兴""加快建设农业强国"的一把钥匙。

党的二十大报告提出，中国式现代化是人口规模巨大的现代化，是全体人民共同富裕的现代化，是物质文明和精神文明相协调的现代化，是人与自然和谐共生的现代化，是走和平发展道路的现代化。农业现代化是中国式现代化的重要基础。人口规模巨大决定了中国农业现代化的基调与核心，必须优先确保中国人的饭碗牢牢端在自己手中，由此加快建设农业强国，全面推进乡村振兴。

## 三、有利条件与困难和问题

### （一）有利条件

2018年9月26日，中共中央、国务院印发《乡村振兴战略规划（2018—2022年）》，要求各地区各部门结合实际认真贯彻落实。

2023年是《乡村振兴战略规划（2018—2022年）》收官之后的第一年，也是进入"全面推进乡村振兴"后的关键一年。实施乡村振兴战略以来，特别是2022年，农业经济持续稳定增长，主要农产品供应充裕，农业基础设施建设成就突出，农村面貌和人居环境显著改善，[①] 乡村治理和农民生活水平显著提高，乡村振兴取得阶段性重大成就，为经济发展和社会大局稳定提供了坚实支撑。

全国乡村振兴事业进入快车道，实现了新征程的良好开局。全国乡村产业保持持续稳定的发展势头，现代乡村产业体系加快构建，为保障粮食和重要农产品供给夯实了基础。[②] 农村一二三产业深度融合，休闲农业、农村电商等新产业新业态蓬勃发展。我国持续推进现代农林牧渔业建设，大力调整农林牧渔业结构，农林牧渔业生产的集约化、规模化和产业化实现较快发展。行业产值规模也随之不断提升。资料显示，2022年我国农林牧渔行业总产值15.61万亿元，同比增长6.2%。其中，农

---

[①] 《国家统计局：粮食安全水平提高中国饭碗端得更稳》，央视网，https://news.cctv.com/2022/09/14/ARTIpv0yFOJZDbeXoTGHFYt4220914.shtml。

[②] 王浩、孙超、李晓晴：《乡村产业步入高质量发展快车道》，人民网，http://paper.people.com.cn/rmrb/html/2021-07/27/nw.D110000renmrb_20210727_1-01.htm。

业产值占比为54.1%，畜牧业产值占比为26.05%，渔业产值占比为9.91%，林业产值占比为4.37%。从产值区域分布来看，我国农林牧业总产值排名前三的省份分别为山东、河南和四川，其产值占比分别为7.77%、7.02%和6.32%。

2022年，农产品加工流通业稳步发展。规模以上农产品加工业营业收入超过18.5万亿元，实现增长4%左右，支持各类市场主体建设1.6万多个农产品产地冷藏保鲜设施。①农村新产业新业态加快发展。乡村休闲旅游业恢复性发展，农产品网络零售额预计增长10%左右。农村就业创业势头良好，就地就近就业率超过90%。农业园区建设提档升级。新建40个优势特色产业集群、50个国家现代农业产业园、200个农业产业强镇，乡村产业基础进一步夯实。农村人居环境整治提升。全国农村卫生厕所普及率超过73%，90%以上的自然村生活垃圾得到收运处理，95%的村庄开展了清洁行动。②农村公共设施建设有序推进。农村产业路、资源路、旅游路加快建设，供水供电、网络通信、农民住房等设施逐步改善，乡村教育、医疗、养老等公共服务水平稳步提升。乡村治理效能不断增强。累计创建全国乡村治理示范乡镇199个、示范村1992个，积分制、清单制、数字化等治理方式全面推广。

全国农民收入居住水平均得到明显改善。2021年，农村居民人均可支配收入达到18931元，比2016年增长约53.1%。农村居民人均可支配收入增速明显快于城镇居民人均可支配收入增速，城乡居民收入比由2016年的2.72缩小0.05倍降低至2021年的2.5。从各省份指标实际值看，农民人均可支配收入最高的省份为浙江，达31930元；农民人均可支配收入最低者为甘肃，仅为10344元；共有6个省份的农村居民人均收入超过了2020年全国平均水平（17131.5元）；城乡居民收入比最低省份为黑龙江，为1.92；城乡居民收入比最高省份为甘肃，达3.27；共有7个省份城乡居民收入比高于2020年全国平均水平（2.56）。

县域是乡村振兴的主战场，乡村振兴是县域高质量发展的重要内容。③乡村振兴战略实施的制度保障能充分调动农民、市民、社会等县域发展主体的积极性、主动性、创造性，大幅提升推动县域产业全面升级、城乡全面进步、人民全面发展的内

---

① 《前三季度农业农村经济稳中向好、稳中有进》，中央政府门户网站，https://www.gov.cn/xinwen/2022-10/30/content_5722534.htm。

② 乔金亮：《稳住农业基本盘，促进农民持续增收》，《经济日报》2022年5月6日。

③ 贾大猛、张正河：《乡村振兴战略视角下的县域高质量发展》，人民论坛网，http://www.rmlt.com.cn/2020/0514/580374.shtml。

生动力。从县域农业经济百强县及县域粮食产能百强县看，县域农业经济百强县以农林牧渔业总产值作为县域农业经济百强县排名依据，我国农业经济发展较强的前100名县市中，江苏邳州市以275.36亿元农林牧渔业总产值荣登榜首。①县域粮食产能百强县中，黑龙江富锦市以314万余吨粮食产量荣登榜首。前100名县市的粮食产能总量为1.4亿余吨，占2020年全国的21.3%。黑龙江有30个县市进入百强，充分显示了粮食大省的地位；吉林、河南各有14个县市入选；内蒙古有13个县市入选；安徽有10个县市入选。乡村振兴为县域发展提供了充足的发展动能。

## （二）困难和问题

不平衡、不充分发展在乡村振兴中也尤为突出，城乡基础设施、公共服务还存在较大差异，农村区域发展依然不平衡，农业机械化水平也有待提升，防灾减灾能力还有待提高。同时，农业的全要素生产率和资源利用率依然不高。目前我国农业劳动力约占27%，然而农业总产值在国民经济中的占比已经降到9%以下。27%的人口创造9%的产值，这样的生产率与发达国家存在较大差距。此外，农业的投入和农民增收的渠道还不够宽。这些方面不仅体现了新时代社会主要矛盾的变化，也对乡村振兴提出了新的更高要求。

困难和问题，具体可归纳为以下几个方面。

### 1. 基础设施及网络发展滞后

一些农村地区的基础设施建设相对滞后，包括交通、通信、供水、供电、网络等方面，严重限制了农村地区的生产、生活和社会发展，制约了县域经济发展和乡村振兴的速度和质量。农村公共服务设施不足，如学校、医院、文化娱乐设施等相对不足，居民难以享受到基本的公共服务。

### 2. 人才流失和人口老龄化

（1）农村人口和人才流失

农村人口和人才流失的原因在于农村地区就业机会有限与教育资源匮乏。由于农村地区经济发展滞后、产业结构单一等原因，农村就业机会相对较少，难以满足人才的职业发展需求，导致人才流失到城市或其他地区。有统计资料表明，全国有2.9亿左右人口从农村转移到城市，其占比约为全国农村人口的40%、全国人口

---

① 《探索高质量发展之路——2022〈中国名牌〉年会在京举行》，新华网，http://www.xinhuanet.com/expo/2023-01/12/c_1211717341.htm。

总量的20%。此外，大部分农村地区的教育资源有限、教育质量不高，缺乏吸引力和竞争力，使得有教育背景的人才更倾向于外出就业和学习。正因如此，当前乡镇普遍面临人力资本短缺、人才综合素质不高，农村在家劳动力不足、年龄偏大，人才引进机制不健全、激励政策吸引力不够，后备干部和技术性人才储备不足等等问题。

（2）人口老龄化

全国60岁及以上人口约为2.8亿人，占比19.8%。其中，农村60岁以上人口约为1.3亿，占比46%，其主要原因是青壮年劳动力外出务工。为了追求更好的就业机会和生活条件，许多农村地区的青壮年劳动力选择外出务工，导致乡村地区的劳动力供给不足。随着农村地区社会经济发展和人们生活水平的提高，家庭对子女数量的需求下降，导致生育率下降，加剧了人口老龄化现象。截至2022年末，全国60岁及以上老年人口28004万人，占总人口的19.8%；全国65岁及以上老年人口20978万人，占总人口的14.9%。全国65岁及以上老年人口抚养比为21.8%。人口老龄化问题凸显。随着人口老龄化程度的加深，农村地区面临着养老问题的挑战，缺乏足够的养老服务和养老保障体系。

3. 思想短板

集体经济实力有限、农民素质不高。很多群众认为乡村振兴是政府的事，"等靠要"思想严重，缺乏主人翁意识，参与热情不高。

4. 农业产业结构单一

部分农村地区的农业产业结构过于单一，依赖于传统农业产业，农产品附加值低，限制了乡村经济的多元化和可持续发展。传统农业技术水平相对滞后，市场需求不匹配，产业附加值低，缺乏农产品深加工和品牌化发展，无法提高农产品的附加值和经济效益。

5. 农业产业结构调整困难

部分农村地区传统农业产业结构过于单一，农产品附加值低、市场份额占有率低，产品质量上重视程度不够，真正有辐射效应的品牌产品没有，需要进行产业结构调整，但面临一定困难。

6. 农产品市场营销困难

一些农村地区的农产品市场营销能力相对薄弱，农产品的质量标准化和品牌化水平有待提高，阻碍了农民增收和农村产业发展。

7. 农村金融服务薄弱

一些农村地区的金融机构发展相对滞后，农村金融服务覆盖面较窄，尤其是中小农业企业和农民合作社等，融资难题制约了县域经济发展和乡村振兴的步伐。

8. 基层数字化治理和组织能力不足

一些农村地区的基层治理和组织能力相对较弱，农村社会信用体系建设不完善，农村公共服务水平有待提高，阻碍了县域经济发展和乡村振兴。

9. 乡村治理体系不完善

乡村治理体系不完善是县域经济发展与乡村振兴共同推进发展中存在的一个重要问题。例如，乡村精神文明建设整体水平不高，公共文化设施不健全、管理不规范，打架斗殴、聚众赌博、封建迷信、婚丧嫁娶陋习等在一定范围内存在，群众文明素养和习惯有待提高。一些乡镇普遍面临农村党组织凝聚力战斗力不强、农村党员老龄化严重、党员组织生活参与率低、先锋模范作用发挥不够等短板问题。

## 第三节 乡村振兴的实施途径

党的二十大报告指出："全面推进乡村振兴。全面建设社会主义现代化国家，最艰巨最繁重的任务仍然在农村。"2022年5月，中共中央办公厅、国务院办公厅印发《意见》，明确了县域发展在乡村振兴中的地位，指明未来县域发展的方向。落实《意见》需要深入理解农业发展愿景及其对县域经济的要求，厘清乡村振兴战略下县域经济发展思路。①

### 一、实施乡村振兴战略是促进县域经济发展的有力保障

充分认识乡村振兴与县域经济发展的关系，有利于推动城乡融合发展，促进县域经济高质量发展，更好推进农业农村现代化。县域经济发展的短板在乡村、潜力也在乡村，通过发挥乡村振兴对县域经济的引领作用，改善县域经济发展的基础条

---

① 盛誉、黄凯南：《乡村振兴战略视角下的县域发展》，新华网，http://www.xinhuanet.com/politics/20221222/f395b1c08a0c45daa3c9321dadbf880e/c.html。

件和发展环境,全面激发县域经济发展的动力。县域经济发展的关键在于乡村,因此乡村振兴要立足乡村,通过发挥乡村振兴对县域经济的支持作用,促进城乡要素、资源、产业等方面的深度融合,不断提高城乡基本公共服务均等化水平,为县域经济发展提供坚实基础。

县域经济作为城市经济和农村经济的联结点,在承接产业转移、优化经济结构、推进工业化和新型城镇化、吸纳农村剩余劳动力等方面发挥着重要作用。县域经济是实施乡村振兴战略的主阵地、主战场,是我国乡村社会稳定与发展的关键所在,其发展方式、发展速度、发展效果等对推进乡村振兴具有重要作用,不断增强县域经济发展内生动力。近年来,我国县域经济发展较快,各地因地制宜推动发展,形成了一些具有代表性的成功经验,可总结推广。因此,实施乡村振兴战略高度重视培育县域经济发展活力是关键。

发展县域经济,要适应新时代新要求,重塑城乡关系,打通城乡要素合理流动的渠道,建立健全城乡融合发展体制机制和政策体系。为实现新型城镇化和乡村振兴协同共进,不仅要推进以人为核心的新型城镇化,促进农业转移人口有序市民化,还要创造条件把有志于推动农业农村发展的各类人才"引回来"。要优化城乡基本公共服务的供给模式,推动公共服务向农村延伸,提高农村基础设施和公共服务建设水平。加快发展特色小镇经济,加强产镇融合,使小城镇成为农民进城落户创业的重要平台。脱贫攻坚成果的巩固与乡村振兴有机衔接是乡村振兴与县域经济发展的重要基础。

## 二、乡村振兴的实施途径

### (一)大农业:加速现代化大农业的发展

现代化大农业的实现与发展,必须以先进的科学技术作为生产手段,借助更高水平的农机装备作为生产工具,具备更高技术密集度和更高综合生产能力,[①]显著提高农业劳动生产率、土地生产率和农产品商品率,从而引发农业生产、农村面貌和农户行为的深刻变革。加速现代化大农业的发展,一方面必须加强农业科技创新,进一步提升农业科技化水平,形成新质生产力。这包括加大农业科技体制改革

---

① 章磷、姜楠:《北大荒集团现代化大农业发展研究》,《农场经济管理》2020年第11期。

力度，完善激励机制，突破农业科技创新的体制障碍。同时，要增加政府对农业科技的投入，确保农业科研投入占据公共财政支持的优先位置，提高农业科技投入的比重和强度。另一方面，要大力推进农业机械化和智能化，进一步提高农机装备水平。这包括加大农机化工程实施力度，引进更多具有世界一流水平的现代化大型农业机械，以实现主要粮食作物的全程机械化管理和收获。全面推动现代化大农业的发展，需要协同推进科技创新、机械化、智能化、数字化，并保障充足的财政和人才支持。这将为农业现代化奠定坚实基础，推动农村经济社会的全面提升。

> **案例**　"绿色化+有机特色农业"蒲江实践[①]
>
> 　　四川蒲江县以"绿色化+"为发展路径，将生态资源转化为经济优势，初步实现了生态效益、经济效益和社会效益的有机统一。
>
> 　　为响应乡村振兴战略的宏伟目标，蒲江县将以区域交通走廊为纽带、产业园区为基础构建蒲江美丽新村幸福环（甘成路—临溪河—成新蒲），集中打造最秀美的临溪河乡村生态休闲体验走廊、最禅艺的甘成路茶园陶艺文创体验走廊、最乐活的成新蒲都市农庄观光体验走廊。
>
> 　　蒲江县坚持绿色有机发展方向，以农旅融合为主线推进茶叶产业提档升级，以晚熟错季销售为主导持续优化柑橘品种结构，以出口猕猴桃基地建设为重点提升猕猴桃生产标准，进一步巩固茶叶、柑橘、猕猴桃三大产业主导和45万亩种植规模。
>
> 　　在循环农业发展上，探索建立三种以延伸农产品深加工产业链为主的现代农业循环经济模式；在有机农业发展上，整县推进有机农业县建设，实施耕地保护与土壤质量提升行动，全县绿色、有机和GAP认证基地达77个共12.5万亩，其中有机认证（包含有机转化认证）面积2.2万亩，产品68个；在智慧农业发展上，大力实施"互联网+"现代农业发展战略，通过生产基地物联网布局、农业大数据平台搭建、农村电商发展和信息服务渠道拓展等措施，实现了农业生产智能化、管理高效化、销售网络化和服务便捷化，获评国家级电子商务进农村综合示范县；在农林旅结合发展上，打造了成佳茶乡、甘溪镇明月国际陶艺村、光明樱桃山等景区景点，

---

[①] 刘杰：《成都蒲江：山水林田，生态价值转化多元的"蒲江实践"》，红星新闻网，http://news.chengdu.cn/2021/0903/2216355.shtml。

形成了集农业观光、文化创意、乡村美食、采摘体验、休闲度假于一体的休闲创意乡村游发展格局。

### (二)优质地：推进耕地保护"优质化"

优质地首先要保住地，要严防死守18亿亩耕地，尤其要确保种粮用地。依靠科技创新和进步，提高土地的长出力和利用力，确保良田良用，增强可持续粮食增产水平。落实最严格的耕地和永久基本农田、用水和生态保护红线，严禁土壤污染，加强土壤质量管理，提高土壤的有机质成分，推进土地的优质化，从而重视农业生产力的提升，改善农业价值链，延伸农业供应链，推动乡村产业升级，以工促农带动农食系统逐步完成高效高质绿色方向转型，是县域层次上实现城乡统筹发展和乡村振兴的重要任务。

### (三)优质粮：推动粮食产业高质量发展

确保粮食安全（粮食是指人吃粮和饲料粮），稳住粮食的数量和质量，在保证量的有效供给的前提下，粮食也要打出品牌。习近平总书记多次对加强品牌建设提出要求，指出，要加强品牌建设，积极争创品牌，用品牌保证人们对产品质量的信心。推动中国产品向中国品牌转变。有必要对每年的粮食总量质量进行实际评估，牢固树立大食物观，发展粮食作物以外的食物链条，创新食物消费水平，加强粮食消费研究和探索。以大健康产业发展的有效衔接为指引，确保合理科学的粮食结构，做到省际的自求平衡。确保中国人的饭碗始终端在中国人的手里，而且装的都是中国人的粮食。过去几十年，我国用有限的水土资源保障全球将近18%人口的粮食供应。国家层面上的制度创新、科技进步和市场化改革为提升农业生产力和保障粮食安全作出重大贡献。未来30年，实现"口粮绝对安全、主要农产品供应自主可控"仍是维护国家安全和经济发展的重要基础。随着人口数量和结构变化及人均收入的增长，需要农业在全面提质增效的基础上加强与上下游产业的关联性，带动整个农食系统向高效、高值和绿色转型。在继续推进制度创新、科技进步和市场化改革的同时，聚焦地区发展的优势和区位条件、紧扣县域发展规律，促进农业现代化的实现和农食系统的转型。在保障粮食安全的基础上实现农食系统提质增效的目标，不仅需要国家层面的重视，也需要县域层面树立重视农业、服务农业的意识，并为农食系统转型提供制度、政策和经济上的支持。保障口粮绝对安全与主要农产品自主可控，是乡村振兴战略实施的重要目标。

> **案例** "五常大米"数字化①
>
> 黑龙江省五常市因盛产大米而名闻天下。2022年，五常大米连续七年蝉联地标产品大米类全国第一，位列区域品牌地理标志产品百强榜第五名。
>
> 为更好保护五常大米优质品牌，防止外地大米贴上"五常大米"标签，五常政府提出"人－地－米－标"全联网溯源方案，将每个农户对应的每个地块绑定，对相应地块的产量和对应稻米的种植、收购、加工、销售等生产环节全面追溯，将10多万的农户、6000多家合作社、240多万亩水田、70多万吨大米、470多家生产加工企业、200多家分装企业、400多家地标企业、90多家规模以上企业、50多家经销企业等数据逐一录入产业大数据平台，能实时监控产业运行数据，掌握了五常大米品牌的数字化保护技术手段。
>
> 制作XR城市名片，融合数字媒体内容，传播稻乡五常美丽乡村故事。"溯源中国·稻乡五常"数字平台引入虚拟现实技术，制作XR城市名片，对五常市进行数字化互动展示传播，融合五常的稻田、风景、水文、交通、非遗、文博等图片、视频、VR等富媒体数字内容，建立全景影像数据资源库，以数字卷轴为核心讲述五常稻米的产业故事，适配大屏、PC、移动、VR眼镜等多终端呈现，传播稻乡五常美丽故事，助力五常乡村文化振兴。

### （四）留住人：建立科学合理的县域人才结构

随着社会经济的发展，城乡差距的拉大，每年外出务工的人员逐年增加。空壳村、空心村现象突出，戏称"6199部队"驻守农村，这种现象必须扭转，把外出打工潮变为回乡创业潮。通过产业、政策的引领和支持，引导外出打工人员合理、有序、科学地回流，建立一个科学合理的城乡人员结构，做到村兴旺、人兴旺。

### （五）明身份：开展县域农民市民化质量提升行动

目前，在市场经济发展的大背景下，工农商的职业差异发生很大变化，很难分清谁是工人，谁是农民、谁是商人，身份模糊，角色定位不明显。要明确身份很重

---

① 参见韩波：《710.28亿元！五常大米品牌价值地标产品大米类全国第一》，黑龙江新闻网，https://www.hljnews.cn/jjny/content/2022-09/07/content_639774.html。

要。虽然说都是公民,但是在管理过程中很难分清楚,易造成社会不稳定。

### (六)记乡愁,树高千尺,落叶归根:推动传统村落保护开发利用

要让外出奔波创业的人们能愉快地回到自己的故土,重视第二故乡和第一故乡之间的建设。让人们记住乡愁,留下田园风光和美好记忆,加大对农村标志性、特色性民宿的建筑的保护与建设和开发,把乡村建设成为人们真正向往的地方。通过多年的精准扶贫和乡村建设,农村面貌大为改观,农业农村发展方兴未艾。因此,要在记住乡愁文化上大做文章,回归村子里这边风景独好,注重传统村落的保护和应用开发。

### (七)创造美:推进和美乡村建设

乡村振兴的关键是乡村建设,乡村建设的目标是建设美丽乡村,美丽乡村的标准是指经济、政治、文化、社会和生态文明协调发展,乡风文明,村容整洁。党的十六届五中全会提出了"生产发展、生活宽裕、乡风文明、村容整洁、管理民主"20字的社会主义新农村建设总要求。相应地,党的十九大提出了乡村振兴20字总要求,从生产发展到产业兴旺,从生活宽裕到生活富裕,从村容整洁到生态宜居,从管理民主到治理有效,在中国特色社会主义进入新时代,"三农"事业长足发展的形势下,对农业农村发展的战略要求与时俱进进行了升级,从而更符合广大农民群众日益增长的对美好生活的需要。

### (八)强增收:提升县域居民收入水平

实现农民增收和全民共同富裕不动摇。未来"三农"发展需加强农业内部分工推动经济结构转型,加快缩小工农、城乡劳动生产力差异,县域发展是支持农业内部结构调整和创造非农就业,带动经济结构转型和城乡统筹发展的关键。过去几十年,工业化和城镇化带来工农、城乡劳动生产力绝对差异的不断缩小。未来30年,全面实现中国式农业现代化和全民共同富裕,需要继续提升农业劳动生产力,消除城乡收入差距。除加快城镇化发展以外,通过实施乡村振兴,农业内部也需要按规模和产品实现专业化分工,提升农业生产效率。县域经济的发展将通过创造更多的非农就业为加快城镇化提供条件,通过整合城乡土地、劳动力和资本等资源为农业内部专业化分工提供条件。利用科技创新和结构转型,加强发展基于自然的、结合科技发展的生产。在开展基于自然的生产和实现绿色与永续发展目标的实践中,将农业现代化与现代生物、数字技术有机结合起来,推动农业现代化和可持续发展。

### （九）共同富：推动县域共同富裕

缩小工农、城乡收入差异，实现全民共同富裕。以县城为核心构建多维度的市场机制，逐步缩小县乡和县城之间的收入和社会福利差异，建立连接城乡、跨地区、跨行业统一的劳动市场；推进农业内部种植业和养殖业之间、种植业内部大小农户之间、各地区不同农产品之间的专业化分工程度，提升农业生产的工业化和商业化、市场化程度；提升服务农业意识，通过高值化、多元化、个性化发展，解决农民增收和全民共同富裕问题。

# 第五章 县域制造业

赛迪顾问县域经济研究中心编制的《2022中国县域经济百强研究》显示，2022年，县域经济占全国GDP的38%，占全国工业增加值的40%，其中主要是民营制造业企业，约占全国规上工业企业的40%左右。工信部评选的国家级专精特新"小巨人"企业，县域占30%，制造业单项冠军占近四成。但目前县域经济中工业占比下降过快，制造业面临出口萎缩、企业外迁、劳动力短缺等问题。

## 第一节 制造业是立国之本也是立县之本

2015年国务院公布的《中国制造2025》提出"制造业是国民经济的主体,是立国之本、兴国之器、强国之基"。经过这些年对房地产、金融、互联网等产业的调整,我们清楚地看到,在国民经济产业体系中,把制造业放在了更加突出的位置,当得上"立国之本"四个字。

> **词条**　　　　　　　　　　《中国制造2025》

2015年5月,国务院印发的部署全面推进实施制造强国的战略文件,是中国实施制造强国战略第一个十年的行动纲领。

制造业是国民经济的主体,是立国之本、兴国之器、强国之基。《中国制造2025》由百余名院士专家着手制定,为中国制造业未来10年设计顶层规划和路线图,通过努力实现中国制造向中国创造、中国速度向中国质量、中国产品向中国品牌三大转变,推动中国到2025年基本实现工业化,迈入制造强国行列。

《中国制造2025》可以概括为"一二三四五五十"的总体结构:

"一",就是从制造业大国向制造业强国转变,最终实现制造业强国的一个目标。

"二",就是通过两化融合发展来实现这一目标。用信息化和工业化两化深度融合来引领和带动整个制造业的发展。

"三",就是要通过"三步走"的一个战略,大体上每一步用十年左右的时间来实现我国从制造业大国向制造业强国转变的目标。

"四",就是确定了四项原则。第一项原则是市场主导、政府引导。第二项原则是既立足当前又着眼长远。第三项原则是全面推进、重点突破。第四项原则是自主发展和合作共赢。

"五五"有两个"五"。第一就是有五条方针,即创新驱动、质量为先、绿色发展、结构优化和人才为本。第二个"五"就是实行五大工程,包括制造业创新中心建设的工程、强化基础的工程、智能制造工程、绿色制造工程和高端装备创新工程。

"十",就是十大领域,包括新一代信息技术产业、高档数控机床和机器人、航空航天装备、海洋工程装备及高技术船舶、先进轨道交通装备、节能与新能源汽车、电力装备、农机装备、新材料、生物医药及高性能医疗器械等十个重点领域。

## 一、制造业是立县之本

东部沿海的县域之所以城镇化、城市化程度高，与其工商业发达有关，尤其是经过乡镇企业发展，"二元经济"向"三元经济"过渡，农民变工人，乡村变园区。以产兴城，产城融合，大小城市群连成一片，相互嵌入，新型城镇化、城乡一体化进程大大加快。

在一些中西部地区县域，经济结构、就业结构、社会结构单一，不仅不能形成市民经济、市民社会，而且渐渐退化为单纯依靠公职人员消费支撑起来的"公仆经济"。许多县只能靠中央转移支付和教育、医疗、罚款来维持经济，这势必导致普通群众生活压力不断增大，城乡矛盾、干群矛盾等社会矛盾愈加尖锐。

反观长三角、珠三角地区县域，工厂星罗棋布，园区鳞次栉比，就业机会多，百姓收入殷实，城乡差距缩小，甚至出现了中等收入群体为主的橄榄型较为稳定的收入结构、社会结构，经济、社会、文化、生态呈现协调发展的良好局面。

其实，中国的制造业尤其传统制造业的主力军大都分布在县市一级。大体而言，城市与产业的分工格局，现代服务业一般集中在大都市，新兴产业、高端制造在省会城市、三四线城市相对集中，而传统制造业大多居于县市以下。钢铁、服装、机械、建材、食品等是中国工业的基本盘，是"Made in China"（中国制造）的主体。传统制造业的转型升级和高质量发展仍然是未来县域经济发展的重中之重。

百强县的共同特征是工业强，制造业强。赛迪研究院公布的百强县与工业百强县、制造业百强县高度重叠（见表5-1）。

表5-1　2023赛迪百强县评价结果

| 排序 | 所属省（区） | 县（市、旗） | 排序 | 所属省（区） | 县（市、旗） |
| --- | --- | --- | --- | --- | --- |
| 1 | 江苏省 | 昆山市 | 7 | 浙江省 | 慈溪市 |
| 2 | 江苏省 | 江阴市 | 8 | 山东省 | 龙口市 |
| 3 | 江苏省 | 张家港市 | 9 | 江苏省 | 宜兴市 |
| 4 | 江苏省 | 常熟市 | 10 | 湖南省 | 长沙县 |
| 5 | 福建省 | 晋江市 | 11 | 浙江省 | 义乌市 |
| 6 | 江苏省 | 太仓市 | 12 | 浙江省 | 诸暨市 |

续表

| 排序 | 所属省（区） | 县（市、旗） | 排序 | 所属省（区） | 县（市、旗） |
| --- | --- | --- | --- | --- | --- |
| 13 | 浙江省 | 余姚市 | 50 | 内蒙古自治区 | 伊金霍洛旗 |
| 14 | 福建省 | 福清市 | 51 | 山东省 | 招远市 |
| 15 | 浙江省 | 乐清市 | 52 | 江苏省 | 仪征市 |
| 16 | 浙江省 | 海宁市 | 53 | 浙江省 | 嘉善县 |
| 17 | 山东省 | 胶州市 | 54 | 安徽省 | 肥西县 |
| 18 | 浙江省 | 温岭市 | 55 | 浙江省 | 长兴县 |
| 19 | 湖南省 | 浏阳市 | 56 | 湖北省 | 仙桃市 |
| 20 | 福建省 | 南安市 | 57 | 湖北省 | 大冶市 |
| 21 | 浙江省 | 桐乡市 | 58 | 河南省 | 新郑市 |
| 22 | 江苏省 | 如皋市 | 59 | 河南省 | 永城市 |
| 23 | 江苏省 | 海安市 | 60 | 山东省 | 平度市 |
| 24 | 湖南省 | 宁乡市 | 61 | 辽宁省 | 瓦房店市 |
| 25 | 江苏省 | 启东市 | 62 | 江苏省 | 沭阳县 |
| 26 | 浙江省 | 瑞安市 | 63 | 湖北省 | 宜都市 |
| 27 | 福建省 | 惠安县 | 64 | 江苏省 | 兴化市 |
| 28 | 江苏省 | 溧阳市 | 65 | 浙江省 | 临海市 |
| 29 | 江苏省 | 丹阳市 | 66 | 江苏省 | 高邮市 |
| 30 | 江苏省 | 泰兴市 | 67 | 江苏省 | 沛县 |
| 31 | 河北省 | 迁安市 | 68 | 浙江省 | 东阳市 |
| 32 | 陕西省 | 神木市 | 69 | 广东省 | 博罗县 |
| 33 | 福建省 | 石狮市 | 70 | 湖南省 | 醴陵市 |
| 34 | 山东省 | 滕州市 | 71 | 山东省 | 莱西市 |
| 35 | 江苏省 | 如东县 | 72 | 江苏省 | 建湖县 |
| 36 | 江苏省 | 靖江市 | 73 | 江苏省 | 射阳县 |
| 37 | 江苏省 | 东台市 | 74 | 浙江省 | 永康市 |
| 38 | 山东省 | 荣成市 | 75 | 安徽省 | 肥东县 |
| 39 | 江西省 | 南昌县 | 76 | 安徽省 | 长丰县 |
| 40 | 浙江省 | 平湖市 | 77 | 湖北省 | 潜江市 |
| 41 | 贵州省 | 仁怀市 | 78 | 河南省 | 中牟县 |
| 42 | 内蒙古自治区 | 准格尔旗 | 79 | 云南省 | 安宁市 |
| 43 | 江苏省 | 邳州市 | 80 | 湖北省 | 枣阳市 |
| 44 | 山东省 | 寿光市 | 81 | 福建省 | 安溪县 |
| 45 | 浙江省 | 宁海县 | 82 | 河北省 | 黄骅市 |
| 46 | 河南省 | 巩义市 | 83 | 湖北省 | 枝江市 |
| 47 | 山东省 | 邹城市 | 84 | 山东省 | 邹平市 |
| 48 | 福建省 | 闽侯县 | 85 | 四川省 | 西昌市 |
| 49 | 山东省 | 诸城市 | 86 | 湖北省 | 汉川市 |

续表

| 排序 | 所属省（区） | 县（市、旗） | 排序 | 所属省（区） | 县（市、旗） |
|---|---|---|---|---|---|
| 87 | 四川省 | 简阳市 | 94 | 四川省 | 射洪市 |
| 88 | 河北省 | 武安市 | 95 | 四川省 | 金堂县 |
| 89 | 四川省 | 江油市 | 96 | 湖北省 | 天门市 |
| 90 | 四川省 | 宣汉县 | 97 | 河北省 | 三河市 |
| 91 | 河北省 | 任丘市 | 98 | 山东省 | 青州市 |
| 92 | 四川省 | 彭州市 | 99 | 陕西省 | 府谷县 |
| 93 | 山东省 | 广饶县 | 100 | 内蒙古自治区 | 鄂托克旗 |

东西差距、南北差距其实主要是县域经济的差距。20世纪90年代以来，我们对东西差距已有认识并通过国家级的区域协调政策逐步得以遏制。近几年又开始出现南北差距，而且呈现差距继续拉大的趋势（见图5-1）。

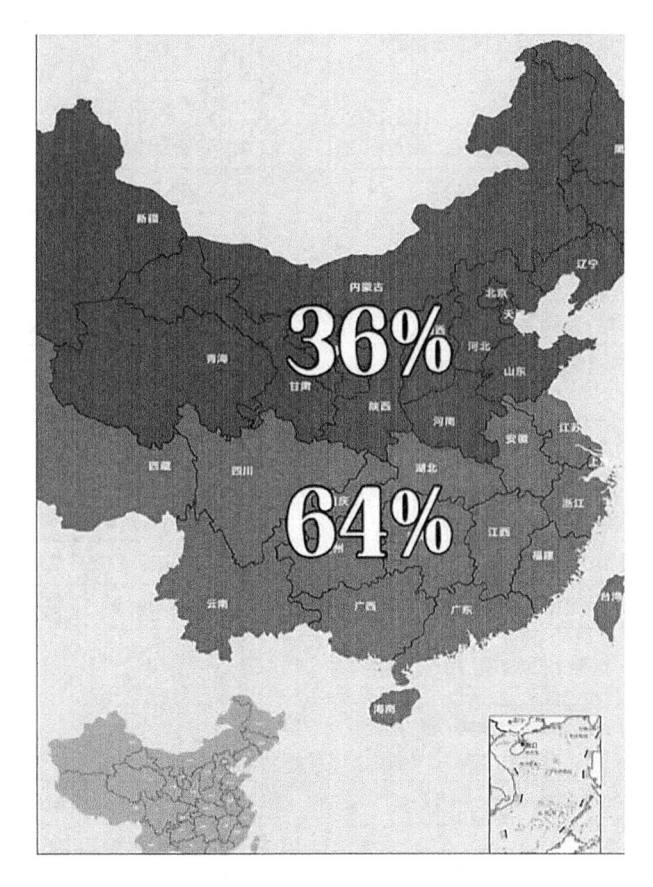

图5-1 南方与北方经济对比

东西差距、南北差距不仅表现在都市圈发育的差距上、开放程度的差距上，其实更多的是县域经济的差距上。县域经济的差距主要就是工业是否发达,有没有制造业集群。东中西部国家级中小企业特色产业集群分布如表5-2所示。

表5-2 国家级中小企业特色产业集群盘点

| 省份 | 数量 | 2022年 | 2022年数量 | 2023年 | 2023年数量 |
|---|---|---|---|---|---|
| 东部省份 | | | | | |
| 山东 | 15 | 龙口市交通铝材产业集群<br>滕州市中小数控机床产业集群<br>东营市东营区石油钻采装备产业集群<br>博兴县商用智能厨房设备产业集群<br>临清市中小轴承产业集群<br>青岛市胶州市智慧家居制造产业集群<br>青岛市城阳区橡塑材料产业集群 | 7 | 济南市钢城区精密锻件产业集群<br>肥城市新型电池电极材料产业集群<br>东营市河口区烯烃材料产业集群<br>邹城市矿山装备产业集群<br>阳谷县铁路输电设备产业集群<br>威海市文登区商用车关键零部件产业集群<br>青岛市崂山区工业互联网服务产业集群<br>青岛市胶州市电力钢结构产业集群 | 8 |
| 广东 | 14 | 广州市黄埔区智能制造装备产业集群<br>佛山市南海区氢能产业集群<br>广州市花都区箱包皮具产业集群<br>廉江市小家电产业集群<br>南雄市涂料产业集群<br>深圳市南山区智能终端芯片设计产业集群<br>深圳市宝安区锂电池设备制造产业集群 | 7 | 四会市新能源智能网联汽车产业集群<br>广州市番禺区灯光音响产业集群<br>广州市白云区化妆品产业集群<br>肇庆市高要区五金产业集群<br>佛山市顺德区机器人制造产业集群<br>深圳市龙岗区高端智能车载设备产业集群<br>深圳市龙华区新型显示器件产业集群 | 7 |
| 浙江 | 14 | 东阳市磁性材料产业集群<br>永嘉县泵阀产业集群<br>湖州市吴兴区智能物流装备产业集群<br>绍兴市上虞区氟精细化工产业集群<br>宁波市鄞州区电梯关键配套件产业集群<br>宁波市北仑区压铸模具产业集群 | 6 | 湖州市南浔区住宅电梯产业集群<br>桐乡市玻璃纤维产业集群<br>新昌县滚动轴承产业集群<br>永康市丘陵山区小型农机装备产业集群<br>温岭市农业机械排灌用泵产业集群<br>玉环市数控金属切削机床产业集群<br>宁波市慈溪市智能小家电产业集群<br>宁波市宁海县注塑模具产业集群 | 8 |

续表

| 省份 | 数量 | 2022年 | 2022年数量 | 2023年 | 2023年数量 |
|---|---|---|---|---|---|
| 江苏 | 11 | 常熟市电子氟材料产业集群<br>溧阳市动力电池产业集群<br>无锡市惠山区智能基础零部件制造产业集群<br>徐州市铜山区安全应急产业集群<br>南京市雨花台区轨道交通动力装备产业集群 | 5 | 南京市江宁区智能配电设备产业集群<br>无锡市锡山区电动车及零部件产业集群<br>常州市新北区新能源汽车电气设备产业集群<br>扬州市邗江区数控成形机床产业集群<br>扬中市中低压智能电气产业集群<br>苏州市虎丘区多肽类生物药产业集群 | 6 |
| 福建 | 11 | 福州市马尾区用户侧新型储能产业集群<br>漳州市龙文区石英钟表产业集群<br>晋江市运动鞋原辅材料产业集群<br>武平县显示模组及材料制造产业集群<br>厦门市集美区工业机器人产业集群 | 5 | 福州市长乐区纺织新材料产业集群<br>南安市水暖厨卫产业集群<br>德化县白瓷产业集群<br>邵武市氟材料产业集群<br>龙岩市新罗区应急抢险救援装备产业集群<br>厦门市思明区智慧城市智能系统产业集群 | 6 |
| 河北 | 11 | 安平县丝网产业集群<br>玉田县印刷包装机械产业集群<br>河间市再制造产业集群<br>平乡县童车产业集群<br>清河县羊绒及制品产业集群 | 5 | 邯郸市永年区紧固件产业集群<br>石家庄市鹿泉区专网通信系统设备产业集群<br>高阳县毛巾纺织产业集群<br>景县橡塑管产业集群<br>泊头市绿色铸造产业集群<br>临西县轴承零部件产业集群 | 6 |
| 上海 | 9 | 上海市金山区纤维材料产业集群<br>上海市宝山区成套智能装备产业集群<br>上海市青浦区北斗导航产业集群<br>上海市松江区新能源电力装备产业集群<br>上海市浦东新区汽车电子芯片产业集群 | 5 | 上海市闵行区基因产业集群<br>上海市嘉定区智能传感器产业集群<br>上海市金山区无人机产业集群<br>上海市青浦区数字物流产业集群 | 4 |

续表

| 省份 | 数量 | 2022年 | 2022年数量 | 2023年 | 2023年数量 |
|---|---|---|---|---|---|
| 北京 | 8 | 北京市海淀区行业应用软件产业集群 | 2 | 北京市丰台区轨道交通智能控制产业集群 | 6 |
| | | 北京市昌平区生命科学产业集群 | | 北京市大兴区医疗器械产业集群 | |
| | | | | 北京市海淀区集成电路设计产业集群 | |
| | | | | 北京市顺义区第三代半导体产业集群 | |
| | | | | 北京市房山区安全防护装备产业集群 | |
| | | | | 北京市怀柔区仪器装备产业集群 | |
| 天津 | 7 | 天津市滨海新区车规级芯片产业集群 | 3 | 天津市滨海新区生物医药外包服务产业集群 | 4 |
| | | 天津市滨海新区自主可控信息安全设备产业集群 | | 天津市津南区中低压阀门产业集群 | |
| | | 天津市东丽区新能源汽车动力系统产业集群 | | 天津市静海区自行车产业集群 | |
| | | | | 天津市宝坻区动力电池材料产业集群 | |
| 辽宁 | 2 | 抚顺市东洲区电解液及隔膜材料产业集群 | 1 | 沈阳市铁西区特高压电工装备产业集群 | 1 |
| 海南 | 2 | 海口市龙华区数字创意设计产业集群 | 1 | 海南省海口市秀英区生物医药产业集群 | 1 |
| 中部省份 | | | | | |
| 安徽 | 11 | 合肥市包河区汽车智能电控装备产业集群 | 5 | 合肥市蜀山区环境检测装备产业集群 | 6 |
| | | 蚌埠市禹会区显示模组产业集群 | | 长丰县流体控制设备产业集群 | |
| | | 舒城县精密电子基础件产业集群 | | 宁国市高性能密封件产业集群 | |
| | | 芜湖市湾沚区通航装备制造产业集群 | | 太湖县功能膜新材料产业集群 | |
| | | 天长市智能仪器仪表产业集群 | | 无为市特种电缆产业集群 | |
| | | | | 六安市金安区新能源汽车动力系统零部件产业集群 | |
| 江西 | 10 | 萍乡市湘东区工业陶瓷产业集群 | 5 | 赣州市南康区现代家具产业集群 | 5 |
| | | 崇仁县中低压输变电设备产业集群 | | 永修县有机硅产业集群 | |
| | | 樟树市金属家具产业集群 | | 贵溪市铜基新材料产业集群 | |
| | | 鹰潭市余江区眼镜产业集群 | | 南城县校具（教育装备）产业集群 | |
| | | 赣州市章贡区线路板产业集群 | | 浮梁县陶瓷产业集群 | |

续表

| 省份 | 数量 | 2022年 | 2022年数量 | 2023年 | 2023年数量 |
|---|---|---|---|---|---|
| 广西 | 9 | 南宁市邕宁区铝精深加工产业集群 | 4 | 桂林市七星区电网输配电控制设备产业集群 | 5 |
| | | 柳州市鱼峰区小型新能源汽车零部件产业集群 | | 玉林市玉州区内燃机零部件产业集群 | |
| | | 贵港市覃塘区绿色家居产业集群 | | 贺州市平桂区碳酸钙新材料产业集群 | |
| | | 贵港市港北区电动两轮车产业集群 | | 来宾市兴宾区蔗糖精深加工产业集群 | |
| | | | | 北海市海城区液晶显示模组产业集群 | |
| 湖北 | 9 | 十堰市茅箭区商用车制造产业集群 | 5 | 武汉市江夏区汽车零部件产业集群 | 4 |
| | | 武汉市东西湖区网络安全产业集群 | | 黄石市下陆区电子电路铜箔产业集群 | |
| | | 武汉市洪山区光通信设备及光电子器件制造产业集群 | | 荆门市掇刀区新能源动力电池产业集群 | |
| | | 荆州市荆州区石油固井压裂装备产业集群 | | 应城市井矿盐化工产业集群 | |
| | | 谷城县再生钢铁产业集群 | | | |
| 湖南 | 8 | 新化县电子陶瓷产业集群 | 3 | 邵东市打火机产业集群 | 5 |
| | | 永兴县稀贵金属产业集群 | | 双峰县农机装备产业集群 | |
| | | 益阳市赫山区铝电解电容器产业集群 | | 浏阳市高端化学原料药产业集群 | |
| | | | | 醴陵市陶瓷产业集群 | |
| | | | | 汨罗市有色金属循环综合利用产业集群 | |
| 河南 | 6 | 襄城县碳硅新材料产业集群 | 4 | 中牟县新能源专用车制造产业集群 | 2 |
| | | 长垣市门桥式起重机械产业集群 | | 方城县超硬及硬质合金新材料产业集群 | |
| | | 叶县尼龙材料产业集群 | | | |
| | | 新安县轴承制造产业集群 | | | |
| 陕西 | 4 | 宝鸡市渭滨区钛及钛合金新材料产业集群 | 4 | | 0 |
| | | 咸阳市秦都区LCD面板显示产业集群 | | | |
| | | 富平县羊乳制品产业集群 | | | |
| | | 西安市雁塔区电连接器产业集群 | | | |

续表

| 省份 | 数量 | 2022年 | 2022年数量 | 2023年 | 2023年数量 |
|---|---|---|---|---|---|
| 山西 | 2 | 祁县玻璃器皿产业集群 | 1 | 万荣县混凝土外加剂产业集群 | 1 |
| 吉林 | 1 | 吉林省敦化市医药产业集群 | 1 |  | 0 |
| 西部省份 | | | | | |
| 重庆 | 10 | 重庆市九龙坡区铝基新材料产业集群 | 5 | 重庆市渝北区北斗应用产业集群 | 5 |
|  |  | 重庆市涪陵区榨菜食品加工产业集群 |  | 重庆市巴南区先进动力装备产业集群 |  |
|  |  | 重庆市璧山区新能源汽车电驱系统产业集群 |  | 重庆市江津区丘陵山区农机装备产业集群 |  |
|  |  | 重庆市永川区计算机输入设备产业集群 |  | 重庆市忠县锂电新材料产业集群 |  |
|  |  | 重庆市大足区结构性五金产业集群 |  | 重庆市璧山区光电显示产业集群 |  |
| 四川 | 9 | 绵阳市涪城区连接器产业集群 | 5 | 成都市新都区航空大部件产业集群 | 4 |
|  |  | 成都市青羊区航空配套产业集群 |  | 成都市温江区生物技术药产业集群 |  |
|  |  | 射洪市锂电材料产业集群 |  | 江油市特冶新材料产业集群 |  |
|  |  | 成都市武侯区微波射频产业集群 |  | 攀枝花市东区钒钛产业集群 |  |
|  |  | 广汉市油气钻采装备制造产业集群 |  |  |  |
| 贵州 | 7 | 贵阳市白云区航空发动机装备制造业集群 | 4 | 盘州市复杂煤层煤机装备制造产业集群 | 3 |
|  |  | 福泉市磷化工产业集群 |  | 玉屏县锰系新型功能材料产业集群 |  |
|  |  | 遵义市汇川区精密零部件产业集群 |  | 六盘水市水城区铝制家居产业集群 |  |
|  |  | 正安县吉他产业集群 |  |  |  |
| 新疆 | 4 | 新疆维吾尔自治区乌鲁木齐市头屯河区风电装备及高端专用设备制造产业集群 | 4 |  | 0 |
|  |  | 新疆维吾尔自治区克拉玛依市白碱滩区石油装备产业集群 |  |  |  |
|  |  | 新疆生产建设兵团阿拉尔市纺织原料生产及加工产业集群 |  |  |  |
|  |  | 新疆生产建设兵团石河子市碳硅铝新材料产业集群 |  |  |  |
| 云南 | 3 | 云南省勐海县普洱茶加工产业集群 | 1 | 云南省安宁市磷精深加工产业集群 | 2 |
|  |  |  |  | 云南省玉溪市红塔区数控机床产业集群 |  |

续表

| 省份 | 数量 | 2022年 | 2022年数量 | 2023年 | 2023年数量 |
|---|---|---|---|---|---|
| 甘肃 | 2 | 甘肃省金昌市金川区镍铜钴新材料产业集群<br>甘肃省白银市白银区废弃资源综合利用产业集群 | 2 | | 0 |
| 内蒙古 | 1 | | 0 | 内蒙古自治区乌海市乌达区精细化工产业集群 | 1 |

注：作者根据工信部官网公开数据统计。

全国200个中小企业特色产业集群中，东部地区104个，中部地区60个，西部地区36个。具体到各省份中，河北、江苏、安徽、山东各有11个集群上榜，并列第一；广东、浙江、江西、重庆各有10个集群上榜，位列第二梯队（不含计划单列市）。北方地区63个，南方地区137个。

## 二、强县都是工业主导型

工业化是社会发展的必然阶段，是县域经济发展的核心。大力发展工业，培育支柱产业，建立现代工业体系，是众多县域经济实力实现大幅提升的重要模式。工业主导型的县域经济中，第二产业在产业结构中无论是产值还是就业比重都占主导地位，乡镇工业蓬勃发展。其主要特点包括：

1. 民营经济是主导

由于具有产权清晰、机制灵活、市场化程度高等优势，民营经济成为县域经济发展的主导力量。

2. 中小企业是主体

中小企业是工业主导型县域经济发展的产业组织常态，遍布中心县城、周边乡镇及农村。

3. 专业化的特色生产

依托资源优势、经济基础等条件，发展某一种或几种产品为主导的专业化生产，形成一县一色、一镇一业、一镇一品等特色发展格局。

中西部和北方经济过于集中在省会城市，腰部以下不结实，"软腿症"，甚至是"无腿症"。与此形成对比的是，东南沿海一带大中小城市发展相对均衡，个别地方如苏州、泉州等地甚至有"小马拉大车"的现象。改革开放40余年，东南沿海基本形成了民营中小制造业企业为主的县域经济格局。为什么会形成这样的格局呢？

一是县域民营企业发达。计划经济年代县域以下国企分布较少，国家权力干预之外的乡镇企业和个私经济凭靠其机制和韧性，拾遗补阙，获得相对自由的发展环境，"小狗经济"蔚然成风。

二是源源不断自发成长起来的企业家群体，以及民间浓厚的创业氛围，渐成气候，出现叠加效应。县域虽然没有高端人才优势，但民间工匠技术、工艺干中学，材料、产品模拟创新，逆向开发，制造业企业群落自发形成块状经济，群式发育，链式扩展。

三是利用沿海开放优势，从区际市场走向国际市场是其县域制造业的普遍特点，也是其快速发展的密码。珠三角三来一补承接加工业转移，并逐步向国内拓展，向北拓展；长三角前店后厂再到各类区域性专业市场；从外贸自主权下放到2001年加入世贸组织，服装、玩具、家电等价廉物美的中国制造产品行销全球；电商和现代物流出现之后，快速形成跨区域营销网络，县域制造业有了更大的市场。

## 第二节 基本经验和典型路径

总结县域制造业发达地区的普遍经验，对后发地区有借鉴意义。

### 一、园区经济

园区经济是指一个区域的政府根据自身经济发展要求，通过行政和市场等多种手段，集聚各种生产要素，在一定的空间范围内进行科学整合，使之成为功能布局优化，结构层次合理，产业特色鲜明的企业集聚发展模式。其本质是最大限度实现资源的优化配置，发挥生产要素的聚集效应，进而带动地区经济加快增长，推进城市化进程，实现企业集聚、产业升级、经济发展等多重效应。

园区经济为县域经济发展注入了源源不绝的"活水"，是一个个动力十足的区域经济"发动机"。

我国的园区经济发展历程可以概括为从自然发育到政府引导。园区经济一开始是在市场经济条件下，企业在市场机制的作用下寻求外部经济及聚集经济的自发聚集行为。在国内计划管制、基础设施落后、人才和资金短缺的背景下，在没有社会主义国家开创园区经济先例的情况下，我国不断摸索和总结，开始政府引导园区经济。历数园区经济在我国的发展，主要有三个阶段，即萌芽阶段（1980—1992年）、积累阶段（1992—2002年）和蓬勃发展阶段（2002年至今）。

如今，县域经济的重要性不断被强化凸显。园区经济逐渐被县域经济所取代。为发展县域经济，许多县城大力进行开发区的建设。县域开发区的分布也由分散到集中，不断优化发展（见图5-2）。

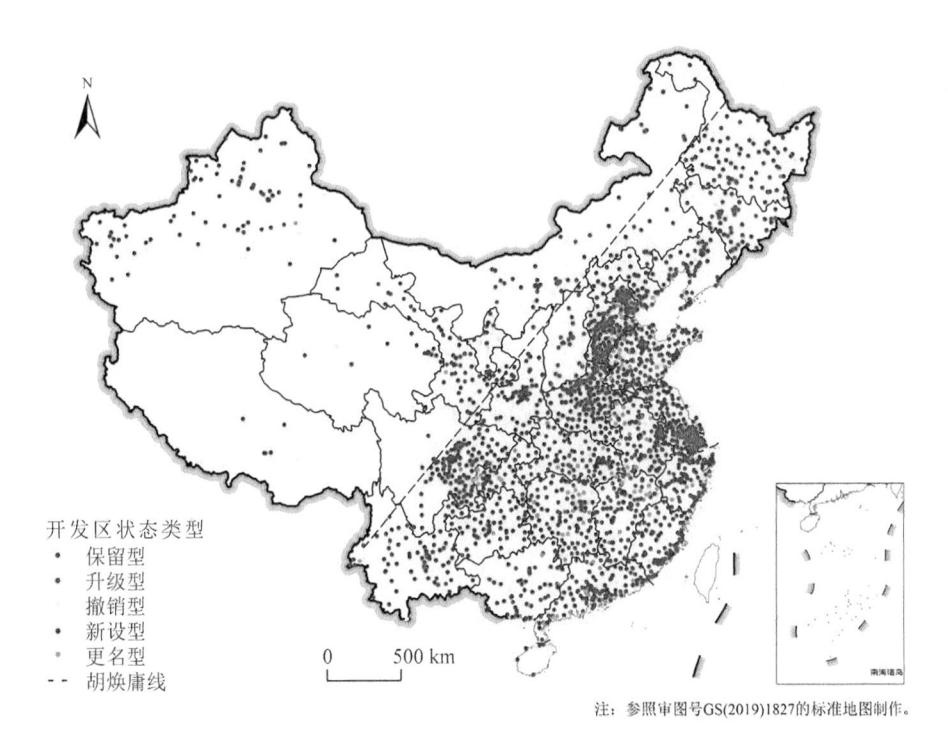

注：参照审图号GS(2019)1827的标准地图制作。

图 5-2 2006—2018 年中国省级以上开发区的空间分布变化[1]

一方面，发展主体正在由原有以园区为主推动转变为以县区为主，更加体现了县域经济在我国经济发展中的重要性。进一步推动各县域突出产业特点、巩固"一

---

[1] 聂晶鑫、刘合林：《中国省级以上开发区分布变化数据集(2006‐2018)》，《全球变化数据学报（中英文）》2022年第6期。

县一业"优势也将成为我国新型工业化进程中的中坚力量。①另一方面，特色产业集群主要聚焦在战略性新兴产业当中，是落实国家科技强国战略的重要举措，中小企业是我国创新发展的主力军，未来应当以推动集群化发展来进一步推动我国在前沿产业布局，鼓励更多中小企业参与到国家创新发展的战略中来。

## 二、产业转移与招商引资

县域承接产业转移、进行招商引资，可以促进产业结构调整、城市经济的竞争力、吸引外部的资金和先进技术，为园区的发展提供重要的支持和保障。这些资金可以用于基础设施建设、产业升级、技术研发等方面，帮助县域制造业提升整体实力和竞争力。同时，技术的引入还可以促进园区的科技创新和技术进步，为县域制造业未来的发展奠定更加坚实的基础。

从全国市、县、区的企业布局来看，越来越多的制造型企业向县域转移，主要集中在通用设备、专用设备、汽车行业、金属和非金属等制造领域。市辖区多以现代服务业为主，主要集中在科技推广和应用服务业、研究和试验发展、软件和信息技术服务业等领域。

产业链招商、产业集群招商，给县域工业发展带来了乘数效应。截至2022年，县域制造业专精特新"小巨人"企业数量超过1200家，其中通用设备制造业和电气机械和器材制造业成为集聚企业的主要产业领域。专精特新"小巨人"企业分布数量超15家的城市达到22个，且22个头部城市下辖百强县专精特新"小巨人"企业数（487家）占县域专精特新"小巨人"企业总数的37%。其中，宁波（61家）、温州（34家）、青岛（30家）等经济强市下辖百强县专精特新"小巨人"企业总数均超30家。

## 三、特色产业

发展特色产业，彰显特色打造品牌，可以为中小企业集群化发展创造条件，避免低水平竞争的弊病，提升资源利用价值和产业竞争力。通过特色产业链接中小企业，为中小企业成长提供载体，引导民间投资和各类要素向实体经济尤其是制造业

---

① 陶希东：《全面推动新型工业化和新型城镇化高质量融合发展》，光明网，https://theory.gmw.cn/2023-12/08/content_37014473.htm。

集聚发力，是激发企业活力，做强特色产业的务实路径。应当精心规划，有序布局，发挥集群化、规模化优势，增强抗风险和应变能力，为县域制造业拓开更大发展空间。

以福建泉州为例，泉州的特色产业是传统的如衣服、鞋帽、食品、厨卫一类的实体制造业。以民营经济为主体的实体经济支撑着泉州万亿GDP。2020年，泉州建材家居年产值4584亿元，石材进出口量约占全国的60%；纺织服装年产值3428亿元，产量约占全国的10%；鞋业产值2187亿元，运动鞋产量约占全国的40%；健康食品年产值1374亿元，糖果产量约占全国的20%。[①]

这些特色产业不仅带动了小城镇建设，还促进了泉州产城融合。泉州市建筑服务产业园采用"政府主导＋国企建设＋市场运营"的运作模式，统筹规划改造和规范业态准入。按照整体规划、分步实施的步骤，加快打造建筑服务业为核心、配套齐全的开放式活力产业园，持续优化交通秩序和营商环境，精心营造产业办公、人才公寓、幼儿园、体育活动场所等多元、聚合、开放的公共空间，高品质建设"城区、社区、园区"三区融合的产业社区。目前一期的7.4万平方米产业空间已投入使用，配套食堂、共享空间、餐饮购物、娱乐休闲、户外运动等产业服务业态。园区围绕代理、设计、造价、监理、施工等建筑业态，实施精准服务，打造建筑业全产业链集聚平台。园区已累计引进建筑全产业链企业240家，2020年至2023年8月已完成建筑产值92亿元，纳税总额超1.6亿元。

县域经济的本质是特色经济，特色产业是县域经济发展的重要支撑力量。全国范围来看，以百强县为龙头榜样的县城大都拥有自己特色的产业名片。"眼镜之都"江苏丹阳生产了全球60%的眼镜镜片，"国际袜都"浙江诸暨承包了全球30%的袜子生产，"中国鞋都"福建晋江鞋服产业集群规模超3000亿元，"蔬菜之乡"山东寿光是全国最大的蔬菜集散中心，还有江苏东海的水晶、福建安溪的名茶、曹县的汉服等，都是响当当的特色产业"头牌"。

特色产业的"有特产"，主要体现在县域当地的地标性特色产业，比如普洱的茶、富平的羊乳、清河的羊绒等，都是当地特产。成功的区域品牌是一张区域特色鲜明的"产业名片"，具有强大的凝聚力、影响力和品牌效应。各集群也应当以企

---

① 唐维：《万亿新泉州：民营经济与制造业成就城市奇迹》，《证券时报》2021年4月20日。

业集群中的龙头企业为依托，完善产业链配套，建立品牌核心价值体系。

县域在过往发展中多以服装鞋帽、家具等劳动密集型产业为主，而今以新能源、新材料等为代表的战略性新兴产业也加快发展，形成了"天长光伏""枝江鲤电""浏阳碳基新材料"等县域经济新地标。2022年工信部公布的100家中小企业特色产业集群中，有38个位于县域，占比接近四成。所谓"产业兴，则县域兴"，县域经济与特色产业发展互相成就。

## 四、"小巨人"企业

中小企业特色产业集群建设的推进工作正在加速优质中小企业向县域转移，专精特新"小巨人"企业在推动县域壮大市场主体、提升创新能力、培育专业化水平、增强县域经济发展韧性和竞争力等方面发挥着重要作用。《"十四五"新型城镇化实施方案》和新一轮国土空间规划都向着助力县域经济高质量发展方向部署要求，释放出县域产业发展的积极信号。

赛迪顾问统计，截至2022年，县域1300多家专精特新"小巨人"企业占总数的近1/3，分布在全国近600个县域，县域已成为孕育专精特新"小巨人"企业的重要支撑单元。

从具体县域分布看，百强县集聚趋势明显。全国共有23个县专精特新"小巨人"企业数量超过8家，且23个百强县专精特新"小巨人"企业数量（255家），占县域专精特新"小巨人"企业总数的18.6%；其中，慈溪（29家）、余姚（18家）、胶州（16家）等经济强县专精特新"小巨人"企业数量领跑全国县域。县域专精特新"小巨人"企业在部分城市高度集聚特征明显，传统制造强市成为"小巨人"企业集聚的"主阵地"。

## 五、公司城

什么叫"公司城"呢？根据维基百科的解释，公司城（company town）是一种比较特殊的城镇模式，兴起于19世纪末，繁盛于20世纪二三十年代。其地理位置通常位于偏远地区，往往以伐木厂、炼钢厂或造车厂等大型工厂为中心向外扩展。"城"里几乎所有的基础设施（包括房屋、店铺、学校、市场甚至医院、教堂等）都归同一企业所有，居民也几乎都是在该企业或企业下属的城市机构内工作。这些居民与企业之间存在着一损俱损、一荣俱荣的关系。若企业发展得力,则该聚居区往往能吸引外部居民和其他企业入驻,从而变成真正像样的城镇。如若不然,大量居民便会辞工外迁,另谋生路,从而令该聚居区最终走向萧条。

从美国、苏联、法国到加拿大,从日本、印度到多米尼加,全球国家多半都有(或曾有过)几座公司城,如法国的米其林城、日本的日立市、丰田市等,如我国的苏州永联村、山东南山科技城、山东信发都是典型的公司城形式。

### 六、农产品加工

农产品加工业是转化农产品,大幅度增加农产品附加值和提高科技含量的有效形式,在农业产业链可持续发展中占据重要地位。形象地说,农产品加工好比是农业全产业链的腰,腰杆子硬不硬标志着产业体系强不强,事关产业链条长不长。

2021年,农业农村部印发《关于拓展农业多种功能 促进乡村产业高质量发展的指导意见》。其中有一项重要任务是做大做强农产品加工业,发挥县域农产品加工业在纵向贯通产加销中的中心点作用,建设标准原料基地、构建高效加工体系、集成加工技术成果、打造农业全产业链、创响知名农业品牌。

我国农产品加工有更大市场空间。目前,我国的果品加工率只有10%,低于世界30%的水平;我们的肉类加工率只有17%,远低于发达国家60%的水平。这些差距恰恰是农产品加工业新的更大的市场空间,农产品加工率每提升1个百分点,对应的都是百亿、千亿的消费容量。这是全世界都羡慕不已的"大金矿"。

## 第三节　县域制造业培育的策略与方法

### 一、县域中小企业集群

中小企业集群是当前世界经济中颇具特色的产业组织形式,也是一种迅速提升区域竞争力的发展模式。它是指在社会分工的基础上,大量在产品和劳务的生产和经营上具有相同特征的中小企业在特定地理空间上的集聚。这样既避免了企业集团化所导致的管理成本和代理成本过高的问题,又避免了分散布局的小企业远距离交易所导致的交易成本和物流成本过高的问题,极大地促进了企业之间的分工与协作。因此，中小企业集群是县域制造业培育的一种常用策略。

### （一）建湖县：烟花企业集群[①]

建湖县地处江苏省盐城市，其烟花产业起源于明末清初。改革开放以来，随着经济发展，特别是进入20世纪90年代以来，建湖县花炮工业发生了巨大的变化，生产方式由传统的完全手工操作的家庭作坊式向机械化生产方式转变。

近年来，建湖县依靠科技、人文、品牌、机制等优势，着力培育工业经济新亮点，发展中小企业集群。建湖人在现有的企业规模和经济状况的基础上，积极开拓市场，使得花炮工业朝着规模化、正规化和分工化的方向发展。森泓烟花有限责任公司等龙头企业不断更新设备、引进技术，扩大自己的规模，力求提高产品的科技含量，向市场提供令消费者满意的产品。随着烟花生产规模的扩大，行业内部开始出现分工专业化，引进生产企业、造纸企业、包装公司等生产链上的企业。目前，在建湖县内已基本形成了产、供、销一条龙的产业化集群格局，地方生产系统也逐步趋于完善。从建湖县发展实践来看，龙头企业和产业链配套，二者相辅相成、相互促进，是带动产业集群快速发展的一种高效可行的方法。

现在，建湖全县拥有花炮生产企业19个，职工5013人，年生产能力达5亿元，生产大型烟花、高空礼花弹及各种烟花玩具13大类2000多个品种，年产量110多万箱。产品内销本省以及上海、北京、山东、安徽等15个省市，外销世界五大洲30多个国家，出口产品总量居国内同行业第三，出口产品质量连续15年名列国内同行业第一。

### （二）永兴县：稀贵金属回收及加工企业集群[②]

永兴县地处湖南省郴州市，被称为"金银冶炼之乡"，金银冶炼产业在永兴已有300多年历史，家庭小作坊式的经营模式带来了财富，但是，问题和矛盾也随之而来。由于冶炼作坊在山林、良田等区域点火开炼，区域内的植被、种植物多有被毁，冶炼产生的烟尘等对当地空气、水源等都造成了严重污染。

永兴县以"零资源"为起点，从无到有，从废中淘宝。从"三废"回收到初级冶炼产出初级产品，然后电解冶炼产出精产品及各生产环节产生废渣、烟尘至另一

---

[①] 黄小燕：《企业集群形成机制研究——以江苏省建湖县烟花企业集群为例》，南京理工大学硕士学位论文，2004。

[②] 张鹏：《湖南永兴县中小企业集群经营模式研究》，中央民族大学硕士学位论文，2015。

生产部门进行回收、冶炼产出产品，如此循环反复至废弃物全部消化至有形产品且无污染排放。在诸多企业的自身选择中，它们扬长避短，在产业链中截取部分环节进行生产，彼此相互补充，在政府、科研机构等不断帮助下，发展中小企业集群的生产模式。

永兴县稀贵金属回收及加工企业集群经营模式有自己独特的优势方法：自集群萌发伊始，历史延续至今，永兴稀贵金属企业集群仍为非公有制经济组织为主体的劳动密集型产业集群，保证了劳动力的供给与生产效率。永兴县有色金属回收特色产业在地域布局上呈现了块状分布的特点，各企业间趋同的动线形成了模块化的生产格局，在共同环境下成长的企业群共享了公共资源、更有利的税收政策，与此同时物流与信息流的传递也更便捷，成本也更低。在集群环境中，企业脱离了曾经单独的点状分布状态，演变成动态连接的网络结构。依托此种网络结构，企业间的分工与协作更为细化，灵活多变的组合方式使企业具有更多得以持续经营与发展的可能。集群的结构和成员组成是一种动态结构和动态因子的组合。不同于传统的组织结构，企业集群是建立在企业集群成员自愿和分工合作基础上的结构。因此，企业集群和集群的成员构成都可能随着外部环境和内部环境，以及企业之间的利益关系而发生变化，从而使得集群的结构和成员组成处于一种动态或者相对稳定的状态。

近30年来，永兴县的稀贵金属冶炼产业得到迅猛发展，永兴县稀贵金属冶炼行业的产能优势及技术优势明显：连续10年再生白银产量居全国之首，可从工业"三废"中回收提取10余种稀贵金属并生产下游产品。2004年，由中国有色金属工业协会授牌的"中国银都"称号授予了白银产量占据全国总产量1/4的永兴县。至2007年，永兴县形成了由"零"到"零"的循环经济发展模式，并且创造出了由工业"三废"中提炼再生白银1900余吨、黄金5.5吨、煤200吨、其他稀贵金属15万吨以上的骄人成绩，同年也被选为全国第二批"循环经济试点单位"。

## 二、跨区协作

县域跨区协作能破除行政区域壁垒，推动全链条联合开展服务，做到协作机制程序化、信息资源共享、优势互补常态化，推动各县域间形成协作机制的新常态，实现跨区域联动协作新格局；打造更加高效、完善、成熟的制造业环境，共同推动各县域的经济社会高质量发展。

以广东省开展县域间跨区协作为例。① 县域经济作为广东经济重要的组成部分，是广东打造新发展格局战略支点的重要支撑，但多年来县域经济一直是制约广东整体经济实力和区域发展潜力的重要因素，面临着发展水平低、区域差异大的困境。在推进广东高质量发展的过程中，广东省委、省政府提出要突出县域振兴，高水平谋划推进城乡区域协调发展，实施"百县千镇万村"高质量发展工程，即通过开展县域间跨区协作，发挥不同地区比较优势，优化资源配置，促进要素自由有序流动，推动城乡区域协调发展向着更高水平和更高质量迈进。在新的区域发展战略背景下，科学测评广东县域经济高质量发展水平，探究广东县域经济高质量发展水平的时空演变格局和差异来源，制定和完善相关区域政策，进一步推动广东整体高质量发展。

需要强调的是，传统行业仍是我国经济发展的主要命脉，传统行业对经济的贡献率达到了80%左右。我国仍是以二产制造业为主的产业体系，经过改革开放40多年的积累，前期建立了以石化、装备、轻工等重工业制造为主的产业体系，奠定了我国工业发展的强有力基础。近年来加快了数字经济及新能源汽车的发展，快速形成了一批有特色、有亮点的产业集群。因此，推动传统产业集群创新发展是我国产业链供应链稳定的必要措施，也是我国推动区域协同发展的必要举措。

### 三、种子工程

种子工程是包括资源的收集和利用、优质资源的选择和引进、资源相互配合相互促进在内的体系工程。要实现创新发展、科学发展、绿色发展、跨越发展，归根到底，还得依靠技术、人才、场地三方面种子工程的建设。

以江苏常州溧阳的例子来看，正因为其技术、人才、场地三方面种子工程建设的成功，才创造了年产值破千亿的"电池神话"。②

溧阳电池制造业种子工程建设的成功，离不开其对新兴产业制造环节的超前精准抢抓。溧阳招商引资的力度很大，通过"交学费"，当地干部对产业的判断和眼光有很大提升，并掌握了适合新兴产业的新打法，即采用创投理念引进龙头企业，

---

① 林森、林先扬、徐明威：《新发展阶段广东县域经济高质量发展测度和时空分异探究》，《云南农业大学学报》2023年第17期。

② 同上。

逐渐打通产业链上下游，最终形成产业集群，实现了包括技术、人才、场地的种子工程的建设与发展。

不同于一些地方对发展新兴产业的态度摇摆不定，溧阳始终坚定方向，毅然踏上新能源动力电池这条新赛道，并坚持以链主及龙头企业吸引带动关联企业集聚集群、协同联动的产业发展方向。

2016年9月，宁德时代牵手溧阳，在高新区布局落子首个百亿项目，开工建设长三角动力电池生产研发基地，正式开启动力电池产业跨越式发展崭新篇章。以链主及龙头企业为牵引，园区大力开展产业链招商和科技招商，集中力量、集聚资源，推动动力电池上下游配套企业招引和建设。依托江苏时代、上汽时代等龙头企业的领军效应，集聚了科达利、璞泰来、联赢激光、立讯精密、震裕科技、壹连电子等60多家上下游企业，拥有各细分领域TOP3龙头企业20余家，涵盖正负极材料、电池隔膜、电解液、结构件、锂电设备、充电桩等完整产业链环节，园区动力电池产业形成"链式发展"格局，锻造出强健的产业韧性。

现在，溧阳已构建起涵盖电池正负极、隔膜材料、电池单体到电池系统的动力电池完整产业链。坚实的产业基础和迅速完善的产业链配套，是龙头企业落户并不断扩大产能的关键因素。

溧阳成功的秘诀不仅在于超前精准抢抓新兴产业制造环节，更重要的是以创新驱动引领产业发展。

在创新发展方面，溧阳坚持激发创新活力，培育一流营商环境，大力营造支撑产业发展的良好生态。[①] 高新区围绕产业链部署创新链，2017年开始与中科院物理所相继共建了天目湖先进储能技术研究院和长三角物理研究中心，聚焦下一代储能及动力电池技术等领域，致力打造从原始创新、技术培育、工程放大、产业孵化的全链条发展模式。目前两大科创平台在硫化物全固态锂电池、超低温电池、医疗电子电池等领域取得了重要原创成果，已孵化和正规划孵化天目先导、卫蓝新能源、中科海钠等项目20多个，当前估值超过250亿元，涉及正负极材料、电解质、隔膜、储能系统集成、电池回收等领域。通过建平台、用平台、强平台，高新区拥有东南大学溧阳研究院、毛明院士工作站等高端科研平台10家、省级研发机构近100

---

① 杨彤、陈云康：《全国县域第一，溧阳是怎样做到的》，《决策》2023年第9期。

家,集聚了18位院士、20余位国家级重点人才、123位省级以上领军人才,超万名高层次人才从实验室走向生产线,实现创新端与制造端同频共振,为产业高质量发展提供了有力的创新和人才支撑。

超前精准抢抓新兴产业制造环节、以创新驱动引领产业发展,溧阳的种子工程实现了技术、人才、场地三方面的积累,这三辆"马车"拉动溧阳电池产业以"超跑"姿态全速冲刺,向着"世界有影响的动力电池与储能产业科创中心"迈进。

### 四、互联网赋能

互联网赋能提高生产效率和质量,帮助企业实现数字化转型,提高企业的风险管理能力,提升县域制造业的质量和效率。电商模式是互联网赋能的一种技术创新和应用创新,为企业提供了更加丰富、多样的应用场景和服务模式。

互联网赋能为县域制造业培育提供了新策略与新方法,电商作为互联网赋能的重要一环,为县城制造业提供了一条新出路。县域电商不仅是人们增收致富的重要渠道,也是驱动地方制造业发展,甚至盘活整个县域经济的利器。2023年8月,商务部相关负责人表示,将围绕全面推进乡村振兴,把电商作为县域商业的重要组成部分一体推动,促进电商高质量发展。

以"电商县"义乌为例,浙江义乌一直是电商业最耀眼的"明星"。[①] 近年来,义乌抢抓"互联网+"机遇,紧紧围绕"全国网商集聚中心、全球网货营销中心、跨境电子商务高地"的目标,将电子商务定位为战略性、先导性产业进行重点培育,推动线上线下融合,全力打造特色鲜明的县域电子商务经济体。义乌相继获批国家电子商务示范城市、国家级跨境电商综试区,获评全国电商进农村综合示范县,连续多年排名全国电子商务百强县第一。2022年,全市实现电子商务交易额3907.28亿元,12年时间实现大于15倍的增长。

义乌用电商助力制造业发展的成功,离不开它在跨境电商、直播电商、农村电商联动发展这三个方面的努力。

义乌跨境电商发展具有起步早、主体多、规模大、把握趋势快等特点,义乌也将跨境电商定位为战略性、先导性产业进行重点培育。为推动义乌市场形成线上线

---

① 袁凯:《义乌,电商"梦工厂"》,《小康》2023年第27期。

下融合、进口出口联动、境内境外打通、内贸外贸并举的商贸发展格局，义乌当地提出"统一名称、标识、标准、服务"，打好"海外分市场、海外仓、海外站、海外展厅、海外展会"等品牌出海，推动义乌小商品触达更大市场。超210万种商品以海陆空方式发往全球230多个国家和地区。截至目前，义乌市场经营主体超过100万家，外商投资企业、外资机构近9000家。外贸出口正给义乌这座电商之城提供源源不断的活力。

直播电商方面，为更好地培育中小企业，义乌市市场发展委员会积极推动各大直播电商基地、电商园区、电商公共服务中心、电商直播式"共富工坊"、社区党群服务中心等平台广泛搭建"共享直播间"，为新入局直播的中小企业提供场地设备支持、供应链对接、运营指导、技术培训等一站式服务，助力企业拓展增量市场。

义乌在推进农村电商联动发展方面同样已见成效。据义乌市市场发展委员会相关负责人介绍，义乌已获批全国电子商务进农村综合示范县，大力构建农村（社区）电子商务服务体系，通过"百村电商""精品网货""直播赋能""快递进村""百县百万"五大工程，全力打造农村电商共同富裕示范样板。在这方面，义乌立足自身优势，构建快递物流服务体系，电商履约能力不断增强。面向农村，建成三个镇级农村电商物流共配中心，实现邮快共配，打通快递进村"最后一公里"。2022年三个中心累计共配投递快递235.19万件。赤岸镇级农村电商快递物流服务中心成为浙江省快递业"两进一出"工程推进现场会参观点。推进公交运邮业务，在赤岸镇、大陈镇共建成5条农村客货邮融合线路，公交车搭载快递业务，运营里程每日200公里，日均快递运送160余件，形成农户便利收寄、产业出路拓宽、快递企业降本提效共赢局面。建成投用国际邮件互换局、保税物流中心（B型）、跨境电子商务公共监管中心、综合保税区等平台，开通义乌—日本（大阪）、义乌—菲律宾（马尼拉）全货机航线，"义新欧"中欧班列开通18条运营线路，全球布局海外仓180多个，构建了立体多元、全球通达、高效便捷的快递物流体系，形成了电子商务、快递物流互为支撑、相互促进的发展格局。

### 五、打造制造业营商环境

营商环境是指市场主体在准入、生产经营、退出等过程中涉及的政务环境、市场环境、法治环境、人文环境等有关外部因素和条件的总和。它是一项涉及经济社会改革和对外开放众多领域的系统工程。

一个地区营商环境的优劣直接影响着招商引资的多寡，同时也直接影响着区域内的经营企业，最终对经济发展状况、财税收入、社会就业情况等有重要影响。可以说，营商环境是企业发展的土壤，拥有一流营商环境，才能为"制造业当家"加足底气。

以在第三届中国城市高质量发展与国际合作大会上获评2023高质量发展营商环境最佳县的河北邱县为例。这个地处河北东南一隅，不靠山、不临水，面积仅有448平方公里的平原农业小县，围绕打造"全国最优营商环境县之一"的目标，着眼市场主体切身感受，聚焦市场、政务、金融、法治、信用五大环境，坚持常态化推进与创新性探索相结合，初步形成营商环境推动县域高质量发展的新路径。

（一）对话企业家，畅通渠道为企解忧

作为优化营商环境的一项探索性尝试，邱县会举行每月一次的"畅聊会"，邀请企业家讲难处、提意见、说需求。政府人员倾听、对话，针对企业家反映的问题和建议，对营商环境作出实时改进，政府会监督直到落实为止。为进一步畅通企业问题反映渠道，邱县在河北率先落实监测点监督员制度，首期选取20个监测点、选聘20名监督员，通过"吐槽会"的方式，让企业大胆说出自己最盼、最急、最忧的问题。

（二）以商招商，引进一个项目、带来一个产业

邱县紧抓时机，推动以商引商，借助客商引荐、企业家现身说法、积极推介招商政策及发展环境，实现了引进一个项目、带来一个产业的"葡萄串效应"。统计数字显示，自2022年至今，邱县通过以商招商引进食品企业33家、装备制造企业31家、纺织服装企业19家，以商招商方式引进项目占比达到86.6%。

（三）审批"瘦身"服务升级，企业发展省心放心

邱县在全省率先实施"两集中、两下放"改革，将23个部门320项审批服务事项全部纳入行政审批局，实现"一枚印章管审批"，审批时限压缩76%。同时邱县积极探索推行"多证齐发"审批服务新改革，最大限度减少项目审批时间；成立重点企业服务办公室，解决老百姓急难愁盼问题500余件；将10个部门1241项执法事项全部划转至综合行政执法局，实现"一支队伍管执法"。这些改革大幅提升了政府办公效率，节约企业大量时间，优化了营商环境。

## 第四节 县域制造业面临的挑战和机遇

2024年以来我国经济运行面临新的困难挑战，主要是国内需求不足，企业经营困难，重点领域风险隐患较多，外部环境复杂严峻。和城市经济相比，县域经济发展的基础不牢，空间有限，面临更加严峻的挑战。①

### 一、区域差距持续扩大

从整体实力来看，2023年GDP百强县之间的差距进一步拉大，竞争也更加激烈。根据GDP数据，2023年百强县中，最高的昆山市是最低的河北省滦南县的28.5倍，而上年度这一比值为26.7。这说明百强县中的优势县级地区在经济发展上更加领先，而劣势县级地区则更加落后。

同时，百强县之间的竞争也更加激烈。根据排名变化，2023年百强县中，有97个县级地区的排名发生了变化，其中有48个县级地区的排名上升，49个县级地区的排名下降。这说明百强县中的优势县级地区在经济发展上更加积极主动，而劣势县级地区则更加被动。

从全国各省（市）专精特新"小巨人"企业分布数量来看，东部地区明显高于西部地区，南部地区明显高于北方地区（见表5-3）。②

表5-3　各省（市）第五批专精特新"小巨人"排行榜（公示）

| 排名 | 省份 | 新公示小巨人数量 | 全省新公示小巨人数量 |
|---|---|---|---|
| 1 | 江苏 | 795 | 795 |
| 2 | 广东 | 348 | 658 |
|  | 深圳 | 310 |  |
| 3 | 浙江 | 315 | 384 |
|  | 宁波 | 69 |  |
| 4 | 山东 | 261 | 300 |
|  | 青岛 | 39 |  |

---

① 《县域经济观察丨县域经济发展，难在哪里？》，华夏幸福产业研究院公众号。
② 《专精特新小巨人企业洞察分析报告》，华夏泰科百家号，https://baijiahao.baidu.com/s?id=1772021403252942153&wfr=spider&for=pc。

续表

| 排名 | 省份 | 新公示小巨人数量 | 全省新公示小巨人数量 |
|---|---|---|---|
| 5 | 北京 | 243 | 243 |
| 6 | 湖北 | 217 | 217 |
| 7 | 上海 | 206 | 206 |
| 8 | 安徽 | 129 | 129 |
| 9 | 湖南 | 116 | 116 |
| 10 | 四川 | 109 | 109 |
| 11 | 河北 | 63 | 63 |
| 12 | 天津 | 59 | 59 |
| 13 | 江西 | 56 | 56 |
| 14 | 重庆 | 55 | 55 |
| 15 | 河南 | 52 | 52 |
| 16 | 福建 | 20 | 45 |
| 16 | 厦门 | 25 | 45 |
| 17 | 辽宁 | 29 | 41 |
| 17 | 大连 | 12 | 41 |
| 18 | 陕西 | 40 | 40 |
| 19 | 云南 | 16 | 16 |
| 20 | 山西 | 15 | 15 |
| 21 | 吉林 | 15 | 15 |
| 22 | 黑龙江 | 12 | 12 |
| 23 | 新疆 | 9 | 11 |
| 23 | 新疆生产建设兵团 | 2 | 11 |
| 24 | 广西 | 10 | 10 |
| 25 | 贵州 | 9 | 9 |
| 26 | 甘肃 | 5 | 5 |
| 27 | 内蒙古 | 5 | 5 |
| 28 | 宁夏 | 3 | 3 |
| 29 | 青海 | 1 | 1 |
| 30 | 海南 | 1 | 1 |
| 31 | 西藏 | / | / |
| 总计：3671 | | | |

\*宁波、深圳、青岛、大连、厦门为计划单列市

注：作者根据工信部官网公开数据统计。

排名前十的省（市）有江苏、广东、浙江、山东、北京、上海、湖北、安徽、湖南、四川，占全国专精特新"小巨人"企业数量的74.6%。前十名省（市）地区中，沿海城市"小巨人"企业数量占全国"小巨人"企业数量的50.02%，占排名前十地区"小巨人"企业数量的67.1%。排名后十省份分别是西藏、海南、青海、宁夏、内蒙古、甘肃、黑龙江、新疆、吉林和贵州，主要集中在东北、西部地区。这种分布不均的特点与我国区域经济建设整体不平衡的特点是一致的。

从百强县排名变化和专精特新"小巨人"企业分布来看，强者愈强，县域制造业区域差距持续扩大，主要原因在于县域交通优势不明显。虽然大多数县区都通高速，但是运输成本高的问题依然突出。

### （一）交通运输结构不尽合理

首先从投资结构来看，县域现有公路建设投资基本上是以国家和地方财政性资金投资为主，尽管近两年通过多方筹措，一部分社会资金参与公路建设，但投资所占比重极少，造成公路建设对国家资金的依赖，投资多元化的渠道尚未形成，影响了公路建设的进一步发展。其次从物流结构来看，县域基础设施衔接不畅，节点规划有待完善。由于基础设施建设不完善，许多县域综合交通运输一体化水平有待提升，各种运输方式衔接协调不够，交通资源利用效率不高，物流园区道路与主要干线之间的衔接有待优化。最后从投入运营的车辆结构来看，小吨位、高消耗、低档次的运营车辆仍占绝大多数，很难适应高速公路及高等级公路发展的需要。

### （二）运输瓶颈日显突出

虽然大多数县区都通高速，但铁路等货运方式发展较为缓慢，单纯依赖少量几种运输途径难以满足货运需求。同时，县域物流节点布局和建设依然缺乏系统清晰、层级分明的物流专项规划指导，难以与现有货运及物流需求特征相匹配，制约了县域内物流节点设施充分发挥集聚集约的作用，导致运输成本居高不下，县域交通优势不明显。

### （三）技术装备水平与运输质量相对不高

交通运输硬件设施的总体技术水平低，运输设施不够完善，机车车辆通信信号等技术装备与全国全省先进水平相比差距很大，导致运输效率低下。交通运输软件建设仍处于较低水平，尚不能为用户提供更为安全、快捷、方便的服务。

### (四)交通运输发展战略仍需进一步提高

城市交通规划不甚合理,表现在红绿灯设置过少、限速标志少、车道设计不规范,车多路少的矛盾日益突出。农村交通建设滞后,这种滞后不仅使农村道路功能得不到充分发挥,而且造成行车成本损失和交通规费的流失,在一些城郊个体客运车辆无证经营超载现象严重,由交通秩序和安全引发的各种社会矛盾现象屡见不鲜。

交通优势不明显,县域的资源优势难以发挥,如若问题得不到及时解决,区域差距仍将持续扩大。

## 二、外循环不畅、出口萎缩

近两年,中国的外贸大环境并不乐观。一方面,全球经贸增长乏力。生产、消费、投资这三大需求都处于低迷状态,全球制造业 PMI 已经连续9个月低于荣枯线,商品消费复苏相对缓慢。外需低迷,中国外贸难以独善其身。据世贸组织预计,2023年全球货物贸易量增幅只有1.7%,不仅低于2022年2.7%的增长率,也低于过去12年来2.6%的平均增长水平。另一方面,非经济因素的干扰在上升。部分国家强行推动"脱钩""断链",以及所谓的"去风险",人为设置障碍,订单和产能被迫向外转移,正常贸易往来受阻。

中国海关总署发布的统计数据显示,2023年上半年,中美贸易额为3272.64亿美元,同比下降14.5%。其中,中国对美国出口降幅达17.9%,这在中国的主要贸易伙伴中是少有的,美国也降为中国的第三大出口贸易伙伴。同时,中国总外贸出现了罕见的萎缩。进出口总值仅为2.92万亿美元,同比下滑4.7%。其中,出口额1.66万亿美元,降幅达到3.2%。这一数据反映了中国外部需求的明显下降,对中国经济产生了一定的冲击。过去几年,中国的出口一直是支撑经济增长的重要力量,但现在随着国际贸易环境的不确定性增加和全球经济的放缓,中国的外贸形势面临挑战。

外循环不畅、出口萎缩,为中国县域制造业带来了挑战。①

第一,逆全球化趋势加剧,为县域经济发展的国际拓展带来巨大压力。"美国

---

① 《中国出口下降8.8%,连跌4个月,出口萎缩的真正原因是什么》,简易财经百家号,https://baijiahao.baidu.com/s?id=1776921300553936927&wfr=spider&for=pc。

优先"战略导致美国针对多国挑起贸易摩擦、退出各种国际多边协议，使得中国县域层面参与国际大循环的成本越来越高、机会越来越少。同时，主要发达国家以产业回流本国为特征的逆全球化战略，更是加大了县域层面参与国际大循环的挑战。

第二，国际需求萎缩给县域产业链供应链的稳定带来多重压力。"双循环"视角下，国际大循环仍是县域经济发展的重要依托。然而新冠疫情对国际经济的深层次影响正在逐步凸显。各国出于疫情防控需要采取多种措施限制人口的大规模流动，这导致短期国际需求大幅度减少；同时，疫情影响了全球产业链，县域层面的企业面临着原料和加工材料的海外断供；再者，疫情叠加了对县域层面产业链的多重挤压态势，海外订单的大幅下降以及原料、半成品的海外断供将通过供应链和产业链向上游传导，从而影响产业链的整体稳定（见图5-3）。

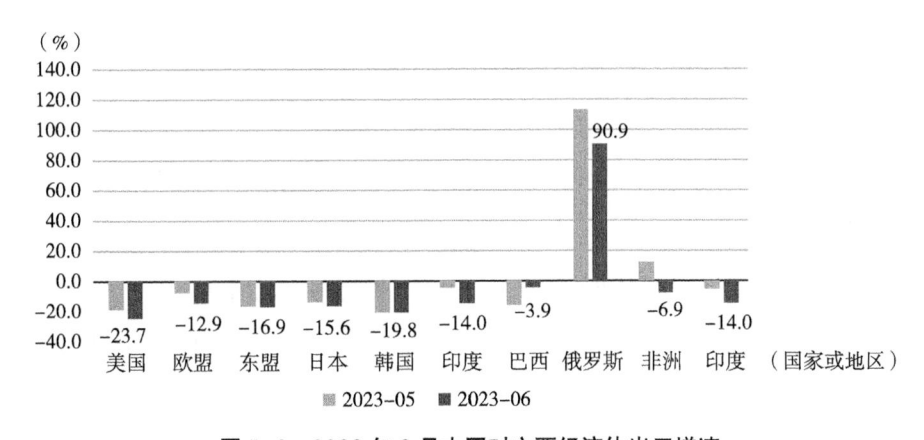

图5-3 2023年6月中国对主要经济体出口增速

注：2023年6月，中国对美国、欧盟和东南亚出口当月同比分别下降23.7%、12.9%和16.9%，降幅较5月分别扩大5.5、5.9和0.9个百分点。

数据来源：格隆汇/勾股大数据对国家海关总署统计数据的整理。

第三，数字经济发展日新月异，其发展水平的区域差距，使县域经济发展面临着比发达地区、发达县区更大的竞争压力。借着数字经济发展的"东风"，发达地区、发达县区不断加大数字基础设施建设，充分实现在线、智能、交互等为特征的数字经济，与制造业、生产性服务业、生活性服务业等深度融合。"双循环"视角下，县域经济发展不仅要与发达地区、发达城市竞争，还要与内部不同发展程度的县区竞争，数字经济发展水平和程度的差异无疑会加大这种竞争力度，发达地区、发达县区数字经济发展的先行优势及其累积因果关系效应，也必然会给县域经济的内循环发展带来更大的压力。

第四，县域经济发展的不平衡不充分问题，仍是困扰中国县域经济长期发展的突出压力。尽管目前中国县域经济发展迅速，但仍存在着发展不平衡不充分的问题，尤其是东西部县域之间发展差异明显。与此同时，中国县域经济发展也存在着不充分的问题，这主要表现在各种发展壁垒仍然存在，包括由行政区划带来的政策差异壁垒，由产业基础和配套设施差距带来的产业集聚承载力壁垒，以及由区域分割带来的科技研发壁垒，等等。

### 三、劳动力供给出现短缺

县域劳动力供给减少，人口向都市圈核心城市迁移。加之大城市、发达地区、发达县区不断加大数字基础设施建设，充分实现在线、智能、交互等为特征的数字经济，与制造业、生产性服务业等深度融合，与县域再次拉开差距。

#### （一）矛盾：失业率高，县域制造业缺人

根据国家统计局公布的数据，2023年上半年，全国城镇调查失业率平均值为5.3%，比上年四季度下降0.2个百分点；其中16~24岁青年人群失业率平均值为20.6%，比上年四季度上升1.9个百分点。从这些数据可以看出，中国整体失业率虽然保持在较低水平，但青年失业率却处于较高水平，并且呈现上升趋势。与国际上的一些国家比较也显示出中国的青年失业率高于很多国家和地区。这说明，中国的就业市场存在着结构性的问题。失业率高的同时，县域劳动力供给数量也并不乐观。

从2000年、2010年、2020年三次全国人口普查数据来看，在距离大城市或者中心城市50公里或者100公里范围内，人口流入的县城居多；100公里以外，人口流失随距离的拉大越发严重，人口流动呈现向都市圈核心城市集中的趋势。

从县域户籍人口数量看，2011—2021年，我国县域户籍人口数量共计减少5532.4万人。从县域户籍人口占全国人口比例来看，我国县域户籍人口占全国人口比例由70.6%减少至63.5%，县域人口总体呈下降趋势，见图5-4。

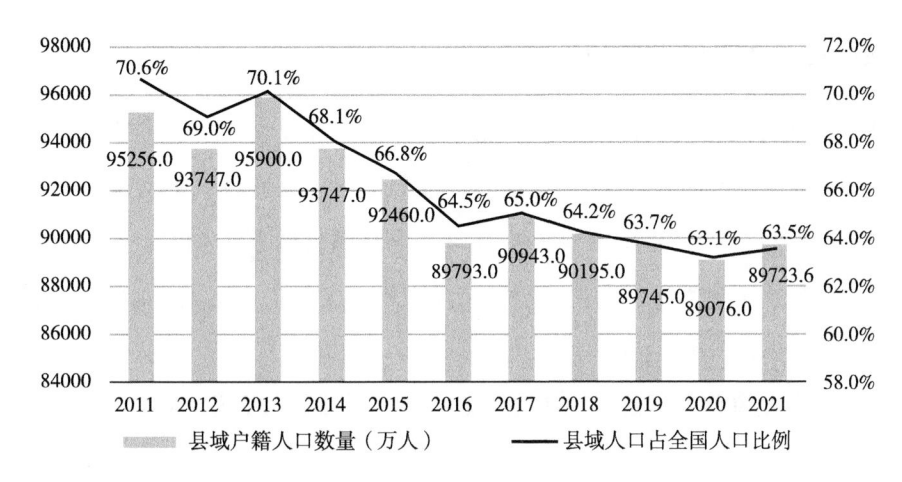

图 5-4　2011—2021 年中国县域户籍人口数量及其占比情况

数据来源：华信研究整理。

受发展基础、地理条件、人文环境等因素制约，县域人口面临存量不足、流失严重、结构不佳、效能偏低等问题。目前，我国正进入人口负增长常态化时期，2022 年我国人口减少 85 万人，这也是 60 多年以来我国人口的首次负增长。人口总量减少，并且伴随城镇化发展，人口依旧保持向都市圈核心城市迁移的趋势，未来县域人口面临更大的下降风险。①

（二）寻找结构性机会

县城要吸引人，首先是县城的产业发展要吸引人；其次是县城的行政环境要留住人，要提倡高效、公正、公平、依法行政的行政环境；最后是县城的生活环境能留住人，需要打造便利、舒适的生活条件，从购物环境、生态环境、公共服务等入手，让年轻人享受到和城市同等的条件。

县城不可能达到城市规模的建设，但县城可以从便利性、舒适性、慢节奏、支出比、同服务等生活工作的角度与城市比拼。如便利性体现在和城市一样的购物、上网等；舒适性体现在房价的性价比，大城市 60 平方米住房可以置换县城住房 120 平方米；慢节奏体现在不堵车，停车方便；支出比体现在收入虽然低，物价更低；同服务体现在孩子可以接受在大城市的同等教育，老人可以享受同等医疗。

---

① 孙文华：《2023 年中央一号文件中的县域经济怎么做？》，中国日报网，https://column.chinadaily.com.cn/a/202302/17/WS63eee557a3102ada8b22f660.html。

## 四、提升民营企业投资信心

从国家统计局公布的制造业采购经理指数、民营企业利润看，2023年9月份，民营企业占比较大的中小企业采购经理指数仍然低于临界点，中型企业为49.6%，小型企业为48%。1—8月，私营企业实现利润总额仍然下降4.6%。可以看出，民营企业的景气水平仍然不高，生产经营仍然困难，民营企业发展信心和未来预期仍然不足。

民营企业投资信心不足的一个主要表现为"躺平"。民营企业的"躺平"现象具体表现在三个方面。

一是不投资、不发展，即使自有资金充裕或者信贷可得，也不敢投资，市场既缺乏确定性，也缺乏可供民营企业拓展的空间。根据国家统计局发布的《2023年中国经济半年报》，从工业增加值来看，上半年全国规模以上工业增加值同比增长3.8%，而私营企业仅增长1.9%。2022年是近年来私营工业增加值首次低于全国增速的一年，而2023年上半年延续了这一趋势。在固定资产投资方面，上半年全国固定资产投资同比增长3.8%，而民间固定资产投资同比下降0.2%。民间投资在全国投资中的比重从2015年的最高点57.3%下降到2023年上半年的52.9%。

二是寻找新出路，将产业链、资本转移到越南、新加坡等东南亚国家。

三是放弃，遣散或解雇员工，直接停办企业。

客观地看，"躺平"行为并非民营企业家有意为之，而是出于对未来没有任何确定性、对营商环境感到忧虑的无奈之举。为有效解决民营企业"躺平"的问题，我们从政策、政治、法律、空间、模式、金融、规则等七个层面提供政策建议。提升预期，必须面对现实，问题导向，下大力气进行系统性调整，让民营企业家充分认识到党和政府支持民营经济的大政方针不会变。

## 五、县域制造业新机遇

### （一）内循环，进口替代，向内转移

在逆全球化、中美博弈和全球经济低迷的大环境下，全球供应链格局分化凸显。一方面，世界经济低迷、市场萎缩，贸易保护主义抬头，全球化进程受阻，各国间的贸易链产业链面临阻断；另一方面，近年来我国市场规模优势逐步彰显，内

需潜力不断释放，面临供应链结构升级和经济发展优势重塑的重要契机。因此在战略上，制造业应依托以国内大循环为主体、国内国际双循环相互促进的新发展格局。

首先需要明确的是，强调内循环为主体绝不意味着不要外循环。中国作为全球最大的制成品出口国，以内循环为主体的制造业转型仍然无法脱离外循环。转型中的制造业积极参与国际市场竞争，不但可以获得更广阔的市场发展空间，而且可以发现领先用户的新需求及前沿技术发展带来的市场机遇，全球市场竞争的压力也能够促进内循环不断提高效率。

不可否认的是，"逆全球化"和大国博弈等纷繁复杂的外部环境对我国制造业造成了较大冲击，促使我国制造业必须进行转型。我国多年积淀起来的优势和有利条件，将推动、支持和保障制造业由比较依赖外循环向以内循环为主逐步转型。①

1. 全球体量最大的内需市场

尽管遭受新冠疫情反复冲击，2022年全年社会消费品零售总额稳定在44万亿元左右，其中实物商品网上零售额达到了12万亿元。规模巨大、持续增长的内需市场，可以为我国转型提供不断扩大的实际需求。事实上，自1998年应对亚洲金融危机开始，中国就开始将经济发展的立足点转向扩大内需。目前，已经初步形成了内需拉动型经济，同时，随着生活水平的日益提高，人民群众已经不再简单满足于传统的物质需求，而是朝着含金量更高的物质需求发展，进一步推动县域制造业向以国内高质量需求为导向的转型之路迈进。

2. 全球数量最多的人才资源优势

尽管随着用人成本的不断提高，人口红利的优势已大不如前，但中国依然拥有世界上最大的人才资源。当前，我国人才资源总量达到2.2亿人，比2012年增加了1亿人。2022年，我国全球创新指数排名由2012年的第34位上升到第11位。人才是第一资源，是推动科技发展和社会进步的关键力量，也是未来中国制造业能在全球竞争中不断进步、立于不败之地的第一要素。

3. 全球最完整的工业体系和产业链优势

在拥有庞大内需市场和人才红利的同时，中国还是当今全球唯一拥有联合国产

---

① 连平、罗奂劼：《新发展格局下的制造业转型》，中国金融新闻网，https://www.financialnews.com.cn/ll/sx/202103/t20210308_213409.html。

业分类中所有门类和最为完整产业链的国家。完善的制造业全产业链体系为今后形成一个内部分工和专业化的雁行内循环模式打下了坚实基础。

国外制造业带给国内同类制造业的竞争压力大大减少，县域制造业应抓住机会，找准自身定位，发展自身特色与优势，实现制造业进口替代，向内转移，将自身牢牢嵌入国家工业体系和产业链中，让自身发展与国家工业体系和产业链发展协同。

4. 战略性的政策支持优势

改革开放以来，国家的历次五年规划都对制造业提供了不遗余力的支持。在新发展格局背景下出台的"十四五"规划更是对制造业转型作了全方位、战略性的筹划。"十四五"规划明确指出，要加快发展现代产业体系，提升产业链供应链现代化水平，发展战略性新兴产业，推动先进制造业集群发展和经济体系优化升级，坚定不移地建设制造强国，源源不断地出台多项针对中高端产业的扶持政策，助力制造业转型升级。而集中力量办大事的制度优势有助于有效地将支持制造业转型的政策落到实处，并提供坚定的保障。

5. 充实丰富的财政金融资源

制造业的转型离不开财政和金融的支持。改革开放40多年来，中国经济飞速发展，并已成为世界第二大经济体，政府已积累起了充裕的财政资源，政府部门杠杆在全球处在较低水平，积极的财政政策空间仍然很大。财政拥有充足的资源按照国家规划长期支持制造业转型升级，必将会对内循环主导下制造业的转型起到重要的支撑作用。在以内循环为主体的新发展格局下，中国实力雄厚、稳健的金融体系也将有能力持续投入充裕的资金支持制造业转型升级。

县域制造业抓住内循环机遇，进口替代、向内转移，开启转型之路；通过国内生产结构的调整和体制机制改革，深化和畅通内部经济循环；依靠内部力量补齐制造业短板，提升产品的竞争力，应成为未来一个时期的努力方向和政策目标。

（二）新型城镇化

2012年以后，中国城镇化进入以县域为重点的提质增速阶段，开始走特色新型城镇化道路，我国城镇化进入以人为本、规模和速度并重阶段。

新型城镇化广义地讲是以城乡统筹、城乡一体、产业互动、节约集约、生态宜居、和谐发展为基本特征的城镇化；是大中小城市、小城镇、新型农村社区协调发展、互促共进的城镇化；是大城市管理更加精细、中小城市和特色小镇加速发展、城市功能全面提升、城市群建设持续推进的城镇化。①2022年末，常住人口城镇化率已经达到65.22%。城镇化的快速发展为县域制造业带来了新机遇。

1. 产业发展规模效应，推动产业结构演进

新型城镇化加快推进特色产业扩规提质，提升县域制造业承载能力，依托县城资源禀赋和产业基础打造特色优势产业，加快推进城乡产业融合发展。以县城为主要节点，培育壮大县域产业集群，差异化配置要素资源，打造县域经济增长点，形成产业发展规模效应，产生巨大的社会经济效益。城镇化还是劳动力资源配置的调节器，是调整城市产业结构和就业结构的途径和手段，能够优化经济、产业结构，促进工业化进程，进一步推动制造业产业结构演进。

2. 城镇人口集聚，缓解县域制造业劳动力流失

城镇化促使人口向城镇迁徙，既为农业农村发展开辟空间，又使城镇成为经济社会发展动力源。农业劳动力向加工制造业部门转移，可以一定程度上缓解县域劳动力流失，减轻人口流向大城市的压力，而且大量人口的聚集，产生了强大的竞争力，有利于提高劳动者素质和工作效率。

3. 缩小区域差距，助力区域间均衡协调发展

从目前新型城镇化的进程来看，产业区域布局不均衡虽然依旧存在，制造业核心技术和主要产能仍主要集中于东部沿海地区，但随着城镇化进程的推进，制造业正逐步向中西部扩散，这将进一步支撑西部城镇化水平提升。尽管核心技术和主要产能仍主要集中于东部沿海地区，但知识密集型产业向中西部重点城市扩散趋势加强，制造业开始向中小城市转移。各地不同类型的制造业将强化城市之间的产业分工与合作，主动打破行政区划对产业协同发展的刚性约束作用，共同破解统一大市场建设的堵点、卡点，有效破解"行政壁垒""信息孤岛"等制度性掣肘和低效率协同与同质化竞争问题，全方位、多层次重塑跨区产业链供应链协同治理体系，共同构筑创新资源合理配置、开放共享、高效利用、协同联动的新型产业集群新版图。

4. 全力发展高端装备制造业，推动制造业高端化发展

作为强国之基和立国之本，高端装备制造业处于产业链的核心地位，决定着整

---

① 武勇杰：《新型城镇化背景下中小城市发展的关键问题研究》，经济管理出版社2020年版。

个产业链的综合竞争力，代表着国家工业制造的先进水平和实力。近年来，我国在新能源汽车、核电装备、卫星制造、集成电路、高铁、大飞机、大型邮轮等一批高端制造领域的标志性装备取得突破，产品国际竞争力持续提升。新型城镇化发展顺应新一轮科技革命和产业变革趋势，县域制造业进一步加强央地合作，以提升城市资源配置功能、科技创新策源功能为导向，聚焦新一代信息技术、新能源、新材料等重点领域和未来产业，统筹打造一批具有竞争力的高端装备研发制造基地和产业集群，瞄准"卡脖子"难题，坚决推进科技自立自强，加快重组产业链、供应链、价值链，力争研制世界一流产品，推动中国制造业加速向高端迈进，不断提升我国制造业的创新力、竞争力、抗风险能力。

5.数字经济和实体经济深度融合，提升制造业智能化绿色化发展水平

当前，世界经济正在向数字化转型，数字经济日渐成为改变全球竞争格局的关键力量，更是我国各大城市谋求高质量发展的新赛道、新方向。新型城镇化加速城市数字化转型与制造业有机融合，一方面，要把握数字化机遇，加快5G、数据中心等新型信息基础设施建设和应用，推动互联网、大数据、人工智能等新一代信息技术与制造业深度融合，加大数字化改造专项资金支持力度，利用数字化赋能，立足工业领域各细分行业特点需求，加强数字化典型场景案例梳理和推广，加快企业数字化改造，提升制造业的智能化、绿色化水平。另一方面，加大跨部门、跨系统协同推进力度，以"链主"企业为载体，加快构筑多层次制造业互联网平台体系，促进人流、物流、信息流、资金流等充分整合和更优配置，为县域制造业数字化转型提供智能感知、网络连接、数据分析等能力支撑。

# 第六章 县域金融

县域金融是介于城市金融与农村金融之间的一个范畴，它以农村金融为主体却又不等同于农村金融，包括商业性、政策性、合作性金融机构在内，以正规金融机构为主导、以农村信用合作社为核心、以非正规金融为补充。

开展对县域金融的研究，认真分析县域金融需求与金融供给，探讨两者之间的不平衡状况以及造成这一状况的原因，并据此提出进一步完善县域金融服务功能的对策，具有十分重要的意义。

从2007年开始，针对广大县域地区的金融产业发展不足，相当多的地区还存在金融空白，县域地区金融网点覆盖率偏低，原银监会出台了一系列促进农村地区金融发展的政策，包括放宽县域及以下地区新设金融机构的准入门槛，允许自然人、企业参与到新型农村金融机构的建设中来。

## 第一节　县域金融需求

县域金融需求主要表现为以农户为代表的"三农"的金融需求、以县域中小企业为代表的县域工业化的金融需求,以及新农村和小城镇建设的金融需求。

### 一、农户的金融需求

通常含义上,农户是一个统计学概念,指在农村长期居住的家庭。本书中的农户则是一个经济学概念,专指在农村从事农业生产经营的家庭。

#### (一)农户的行为特征

农户经济一直是我国农村经济运行的基础,其基本特征是经济单元与社会单元的统一性以及生产和消费的统一性。农户经营制度确立使中国农业信贷需求的主体结构由集体经济为主转向以农户为主,随着农村市场经济的不断发展,作为农村微观经济活动主体的农户的经济行为日益活跃。农户作为生活和生产的综合体,在生产过程中,不仅使用自有资金,有时也要借入一定的信贷资金。农户是使用自有资金和信贷资金的综合体。

现阶段,农户还是从事农业生产和非农业生产的综合体。农户经营的特征是土地经营规模小,在劳动力、土地、资金、技术、信息、管理等生产要素中,农户占有的只是自身劳动力,其他能体现现代化水平的生产要素农户较为缺乏,其经营实力较弱,经营粗放,组织化程度低,效率不高。

在中国目前家庭承包制和农户对土地不完全产权的约束下,绝大多数农户仍是小规模农户,对农业信贷的需求主要源于其扣除生活开支后的收入无法满足简单再生产的需要,必须通过借贷维持农业投入所需资金。

高收入农户一般从事规模化、专业化和商品化生产,采用高新农业技术,不断追求农业生产的盈利水平,对资金的需求规模较大,对农业信贷市场的依赖更多。

县域生活的农户具有双重身份,它们既是独立的生产实体,又是基本的消费单元;既是农村资金的主要供给者,又是农村金融服务的基本对象。农户的经济行为特征和资金需求特征对其金融需求具有十分重要的影响。

## （二）农户的信贷需求规模

作为世界上最大规模小农经济的农业大国和转型国家，我国农户数量巨大，每一个农户都是现实和潜在的资金需求对象，这决定了农村对资金的需求总量是巨大的。同时，农户对农业信贷需求的总体规模随经济发展水平、农村经济结构、农业技术、农业生产商品化程度以及农业信贷市场的发育程度等因素的变化而变化。随着现代农业技术的大量采用和农业生产商品化程度的提高以及农业信贷市场发育，农户对农业信贷的需求规模会相应增加。

截至2022年末，我国共有农商银行1606家、农信社524家、农村合作银行23家，三类机构法人数量合计占全国银行业金融机构的47.67%，总资产超过48万亿元；村镇银行为1645家，小额贷款公司5958家，村资金互助社37家。

截至2022年末，农户贷款余额14.98万亿元，较上年增加1.51万亿元，同比增长11.2%，增速比上年末低2.8个百分点；全年增加1.56万亿元，同比少增1166亿元，见图6-1。

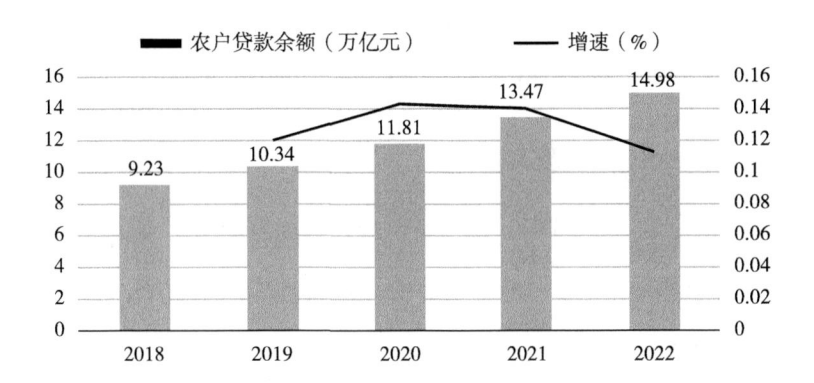

图6-1 2018—2022年全国农户贷款余额及增速

资料来源：共研产业咨询（共研网）。

## （三）农户的信贷需求特征

随着农业现代化、农业产业化和城镇化进程的加快，农民的资金需求已不局限于传统种植，而是广泛涉及规模化养殖、消费、经营、办企业等领域。农民的经营理念和消费意识明显增强，贷款需求呈现多元化趋势。

民间借贷仍是农户贷款的首选。《农村金融发展与高净值家庭财富管理报告》显示，2013年，近五成农村家庭参与民间借贷，其次是向信用社等金融机构借贷。

这种现象主要是农民缺乏有效的担保或抵押物、贷款利率高、贷款结算周期长造成的。

二八定律[①]导致信用社"嫌贫爱富"。农户贷款手续繁杂，导致部分农户尤其是贫困农户无法申请贷款。为了降低贷款风险，农村信用社对获得贷款的条件有严格的规定，因此有相当一部分农户因为不具备相关条件而被拒之门外。近年来，农村信用社追求高收益、低风险，尤其在贷款投放上偏向20%的高端客户，甚至在同等担保条件下优先考虑"富裕户"，导致急需资金脱贫致富的农户难以得到有效的信贷支持。

虽然农村信用社早已开展农户小额信用贷款，但随着金融改革的深入，信用社逐步建立健全信贷风险责任约束机制，严格追究贷款责任。由于农业项目基础地位薄弱，抗风险能力差，缺乏风险补偿机制。所以信贷人员对农贷极为谨慎，不敢轻易放贷。

部分信贷人员违反信贷管理制度，损害了农村信用社的整体形象。在发放贷款时，一些信用社很难进入，脸色难看，事情不好办。更有甚者，存在"吃、拿、粘、要"的现象，激起农民的反感，使他们不愿向信用社贷款。

## 二、县域中小企业金融需求

我国县域中小企业数量巨大。在当前体制和制度框架下，县域中小企业"融资难、融资贵"的问题一直是困扰企业和各级政府管理部门的难题，与中小企业在整个社会资源优化配置中的地位不匹配。

### 1. 银行贷款仍是企业融通资金的主要渠道，但各项成本偏高

对某县进行调查，被调查的20户企业中仅有6户未取得银行贷款，70%的企业通过银行贷款获得了资金。在出现融资需求的时候，80%的企业表示会首先考虑向银行申请贷款以解决问题。但企业普遍认为当前银行贷款成本偏高。据调查，多家金融机构对企业的贷款利率较基准利率上浮30%~40%，如农行对中小企业的贷款利率为基准利率上浮40%，农村信用社利率一般较基准利率上浮100%。75%的企业认为偏高的贷款利率给企业带来了一定财务负担。此外，除了传统的利息支出

---

① 二八定律是一种国际上公认的企业定律。对金融机构而言，认为20%的客户能带来80%的利润，将头部20%的高端客户视为"兵家必争之地"，往往忽视了剩下那80%极具开发潜力的客户群体。

外,个别企业反映,部分银行在发放贷款时,还会收取与贷款相关的各种服务费,如财务顾问费、财务咨询费或账户管理费等项目。这些支出进一步增加了企业的贷款成本。

2. 流动资金贷款易满足,项目贷款规模较小

调查显示,中小企业银行贷款中,流动资金贷款约占贷款总额的80%,用于企业购买原材料等日常流动性资金需求。65%的企业表示,向银行申请贷款时,流动资金类贷款比较容易,资金满足度高,而想要获得项目贷款的难度较大。能够获得中长期贷款的多为规模大、实力强、经营状况良好的企业。近年来,由于原材料和劳动力价格不断上涨使得企业资金占用量增加、流动性资金需求强烈,流动性贷款占比大虽然较为符合这一现实情况,但难以获得项目贷款制约了企业进行设备引进和厂房扩建,进而难以实现扩大再生产。

3. 中小企业贷款难问题突出

大部分中小企业都有融资需求,但满足度较低。对某县调查统计,全县中小企业与金融机构有贷款关系的有530户,仅占中小企业总户数的20%。这说明有80%的企业未得到金融部门的信贷支持,中小企业"贷款难"问题仍然存在。贷款难度大,导致一些中小企业因项目资金或流动资金缺少无法达产,影响了中小企业产出的增长。

4. "私贷企用"现象普遍

企业获得银行贷款难度的增加使得目前"私贷企用"现象较为普遍。"私贷企用"就是将以企业负责人名义取得的银行贷款用于企业的生产经营。究其原因,主要在于个人类贷款具有门槛较低、贷款手续简便、银行放贷风险较低的优势。同时"私贷企用"亦可以避开银行信贷政策对部分行业,如房地产、"两高一低"等行业的信贷资金限制。

5. 民间借贷资金成为中小企业重要融资来源

在从正规金融机构获得贷款难度加大的前提下,民间借贷成为中小企业的重要融资来源。由于民间借贷资金具有融资速度快、信息费用低、利率富有弹性、渠道广、回收快、资金利用率高等优点,较好地发挥了对中小企业融资的拾遗补阙作用。20户被调查企业中,发生民间借贷业务的企业有15户,占比高达75%。当前民间融资利率也随着融资难度的加大和银行的加息大幅提高,目前大部分中小企业

民间借贷月利率多在一分五到二分之间。在资金需求较为急迫的情况下，部分企业民间借贷利率甚至达到三分。

### 三、新农村和城镇化建设金融需求

建设社会主义新农村是我国现代化进程中的重大历史任务。长期以来，由于资金投入不足和政策支持不到位，农村、农业基础设施严重滞后，道路、水电、通信、教育和医疗等条件远远落后于城市，极大地影响了农民的生产生活和农村发展。新农村建设要求加强农村基础设施投入，改善农村生产生活环境，从而缩小城乡差距。为此，国家实施了积极的财政政策，通过发行建设国债，投向农林水利、农网改造、储备粮库建设等方面的资金大幅度增加，直接促进了县域基础设施的改善。但农村发展与基础设施落后之间的缺口仍然很大，尤其是农业基础设施的预期收益不明朗，单靠财政投入来达到这一目的是远远不够的，必须依靠信贷支持。

然而，新农村建设的资金需求规模大，资金使用周期长，且缺乏抵押担保，社会效益大而直接经济收益小，是典型的公共产品。因而，新农村建设的资金需求存在很大缺口。

发展小城镇已被确定为带动我国县域经济发展和社会进步的一大战略，加快小城镇建设也是推动县域经济快速发展的重要力量。但由于小城镇建设投资巨大，资金短缺是小城镇发展的一大瓶颈。小城镇建设的金融需求特别是起步阶段的金融需求，主要表现在基础设施、公共设施和住宅建设等方面，资金投入大、时间长、收效慢，一般存在承贷单位难以选择、担保不易落实、还款来源受限制等不利因素。再加上县域商业金融机构的信贷自主权上收，对贷款项目只能按权限大小逐级向上申报，经过上级行在省级或市级范围内综合平衡后，欠发达地区的贷款需求很容易被砍掉，县域金融部门对小城镇建设的信贷投入受到限制。

必须创新金融制度，构建能够满足小城镇建设信贷需求的金融部门，发挥金融的支持作用，促进社会主义新农村建设有效开展。

此外，地方政府对县域经济发挥着不可替代的主导作用。其获得金融资源支配权的积极性很高，一旦掌握了对县域经济发展的融资支配权，就可以满足诸如工业园区开发、城乡基础设施建设、民营经济发展等因素的金融需求；地方政府特别是乡镇政府经常还需要通过信贷资金财政化来减轻财政压力，减轻公共基础设施等大规模基建投资而产生的债务。

## 第二节　县域金融供给

### 一、县域金融制度的现状

#### （一）金融组织单一，资金外流现象严重

我国县域金融机构主要由农村信用社、邮政储蓄和四家国有商业银行的支行组成。由于历史与体制的原因，国家为了保持国有经济部门的持续增长，将国有商业银行聚集的储蓄资金主要投向国有经济部门。1997年中央金融工作会议后，国有商业银行开始实施"农村退出战略"并大量撤并县城以下地区的分支机构，县城经济主体从国有商业银行获取的贷款越来越少；邮政储蓄机构由于功能定位而将大量邮政储蓄存款全额转存人民银行，从而导致大量县城地区资金外流；邮政储蓄只收不贷，县及县以下邮政储蓄返还本地使用的政策没有落到实处，导致邮政储蓄全额划转流出，成为农村资金外流的首要渠道（邮政储蓄银行成立前）。特别是出于利益驱动，邮政储备机构采取种种手段抢占存款市场，套取人民银行利率补贴，造成邮政储蓄增长过快，加速农村资金外流。目前，农村地区60%~70%的资金通过邮政储蓄、商业银行等"抽水机"，外流向城市和工业区，农村资金"城市化""农转非"现象十分显著。

农村存多贷少，是农村资金外流的重要渠道，国有商业银行战略转移也导致农村资金上存在流失：随着国有商业银行中心城市战略的实施，县及县以下的金融机构从县城撤退，信贷萎缩，存货比例过低。对新建企业3年后才视其经营情况决定贷款，在企业最需要资金支持的时候缺位，基层金融很难对县域经济发展起到雪中送炭的作用，尤其是国有商业银行的一些机构，仅仅成为存款银行、储蓄银行，只存不贷、只收不贷，功能单一。县工行、建行被降格为分理处后，全年新增贷款微乎其微，仅起到为上级吸收存款的作用，挤占和流失大量农村资金。商业银行作为金融市场主体，保持其资金的效益和安全性是合理的，但从社会经济统筹发展、可持续发展的大局考虑，农村资金大量外流不容忽视。

农村地区大量资金外流，加剧了农民的贷款难度，造成农村资金入不敷出，给城乡统筹发展、全面建设小康社会目标的顺利实现造成极大的阻碍。目前，农业在整个金融机构的贷款余额不足6%，四大国有商业银行每年以吸储方式从农业吸纳的资金大约30亿元，加上邮政储蓄2006年前吸储不贷款抽离的农村资金，农村资金供给远不能满足农村经济发展和农业结构调整的需要。

（二）农村信用社吸收的部分资金用于非农领域，"农转非"现象突出

国有商业银行从农村撤销大量分支机构后，农村信用社被寄予厚望，希望能承担起为"三农"提供金融服务的重担。但我国众多的农村信用社不具备合作金融的自愿、互助、互利、民用和低盈利性的本质特征，再加上农村信用社所有者缺位、内部人控制严重、官办色彩浓厚、人员专业素质较低和机构臃肿等问题，短时期难以将其改造成规范的、农民自愿的合作金融组织。

当前，农村信用社资金"农转非"现象仍十分严重，一方面，农村信用社资金大量流出，基层农村资金调剂给城镇及郊区，资金流出农村进入城市。另一方面，受利益驱动，农村信贷资金弃农逐工，向一些商业领域利润较高的行业和产业转移。一些农信社还向其他金融机构拆借资金，贷款给城市建设、投资购买各类债券等，再加上农村信用社的体制弊端和历史包袱不断暴露和积累，产权不清晰、治理结构不完善、历史包袱沉重、管理体制不顺、资产质量不高，影响了农村信用社为"三农"服务的能力。

（三）县域中小企业融资难

中小企业普遍存在资金紧缺。一项调研表明，企业对近3年在生产经营中的资金是否短缺作出评价，143家企业中资金比较紧张和非常紧张的共有110家，占样本总数的77%，其中非常紧张的占46.2%。另有10.5%的企业认为资金处于一般紧张状态。资金短缺还表现在贷款期限往往不能与企业生产周期相匹配，有33家企业反映贷款期限太短，与生产周期不匹配，占97家有效样本的34%。[①] 由此可见，大多数县域及农村中小企业，资金都非常短缺，面临着较严重的资金困难，其信贷获取能力受到很大的限制。中德实证经济合作项目的研究也证明了相同现状，其中国中小企业经营状况研究主报告显示，中小企业3年期以上长期贷款基本不能满足

---

① 《县域中小企业金融需求》，丽日财经百家号，https://baijiahao.baidu.com/s?id=1734243693874037406。

需要，中小企业获得贷款的难易程度与前2年相比更加困难。

### （四）县域银行对涉农贷款"惜贷""慎贷"

农村贷款成本相对较大，农户贷款具有额度小、分散的特点，农业贷款受自然、农产品市场等诸多因素影响，贷款成本相对商业企业等"黄金客户"要高很多，这是造成县域银行"惜贷""慎贷"的重要原因。贷款人法律意识缺失，挫伤金融机构放贷的积极性，贷款人逃避银行债务形成大量的呆坏账，导致银行不良资产上升。即便金融机构将债务诉讼法律，胜诉之后也难以执行，一些法院除依法收取诉讼费、执行费，还加收一定比例的办案实际支出费，有的金融机构胜诉案件执行率不足10%。此外，地方政府出于地方利益的考虑，或多或少对企业逃废银行债务行为采取默许的态度，在一定程度上助长了逃废银行债务的风气。

## 二、县域金融制度安排的特性

### （一）县域金融收缩

随着国有商业银行因经营战略调整与经营思路改变，较大规模地对县域信贷审批管理权的上收和对部分基层网点的撤并，国有商业银行市场结构调整造成县域金融服务真空格局的加剧。

2001年中国加入世界贸易组织以后，面对金融对外开放的诸多承诺，居于内忧外患之中的国有商业银行展开了力度空前的战略性改革。改革的核心问题是市场结构调整。其中对县域经济产生明显影响的改革举措有二：一是四大国有银行大幅度撤并经济相对落后地区分支机构、集体退出县域金融市场，所撤并的分支机构多为县以下营业网点。截至2006年底，国有银行基层机构撤并了1/3，达3.1万个。以西北5省为例，国有银行撤并网点中县以下网点有2722个，占撤并总数的93.57%；县支行188个，仅占6.46%。①与此同时，各商业银行县以下机构的贷款实行转授权制，县以下机构贷款权甚小，甚至部分地区级分行都没有贷款权，贷款权限极大限度地收缩。

### （二）贷款方式不灵活

由于缺乏科学、合理、规范和灵活性的中小企业资信评级标准，信用等级评

---

① 《县域中小企业金融需求》，丽日财经百家号，https://baijiahao.baidu.com/s?id=1734243693874037406。

定体系更多的是针对大中型企业设计的，不能根据县域经济区域企业的不同发展形式和特点，制定能体现中小企业真实资信状况的灵活性标准，导致许多中小企业不能进入银行信用等级评定范畴。为了解决信息不对称问题，银行在对企业发放贷款时，就主要采取抵押担保形式，而且对抵押品的要求也十分苛刻，贷款手续烦琐、环节较多、时间较长、财务要求高，难以适应民营中小企业贷款需求的特点，使信贷投放与企业经营的资金需求脱节。

（三）贷款审批制度繁杂

根据对国有商业银行的调查，对于县域企业贷款由申请至发放至少要经过企业申请、信贷部门调查、县支行审查、审贷委与县支行检查、地市分行审贷委批复、县行发放等6个环节。对非公有企业的贷款条件则更为苛刻，其第一笔贷款还要报省级分行审批。同时，对于民营企业集群内的低水平重复建设以及横向性特点的低效率问题，金融支持与政府的结合不够紧密，在产业结构、产品结构和规模结构的调整上主动性不强。

（四）严格的担保抵押制度制约了贷款发放

根据规定，企业申请贷款，须由一定资质或信用等级的企业担保，或由企业出示资金手续。这就使许多企业因担保问题被拒之门外。县级国有商业银行审查贷款的过程通常是依据准确定义的指标和严格的审查程序以强化监督，这些规则与程序缺乏灵活反应的能力，造成了银行信贷风险责任制度僵化，从而出现了对民营中小企业的风险看得过多，即便是集群式企业，其优越的发展环境、较好的发展潜力和经营活力也往往被忽视。可供担保的抵押品不足使得农村金融供给的可获得性大为降低。当前金融机构抵押资产一般只限于土地、房产和部分设备。基层农信社发放1万元以上的贷款要求借款人提供资产抵押或担保，但对农户而言，土地只有经营权没有所有权，连住房也没有具有法律效力的房产证，这些无疑降低了许多农户获得贷款的机会。

（五）正规金融制度供给不足

理论上讲，市场上制度供给和制度需求可以达到一般均衡，人们对现有制度安排和制度结构就能够接受并愿意保持下去。在我国县域金融制度发展初期，国家运用行政手段，通过正规金融制度的设计较好地实现了一般均衡。但是，随着中国转轨经济的发展，初始均衡状态逐步被打破。一方面，农村经济的多元化发展对金融制度需求无论是在量上还是在质上都发生了很大变化，体现为巨大的金融需求；另一方面，现有的国家正规金融制度因为制度设计上的缺陷，很大程度上限制制度的有效供给，从而产生了事实上的制度供给缺口，体现为从区域内聚集到正规金融组织体系的资金不能较好地满足区域内已经形成和正在形成的巨大的资金需求。面对正规金融制度的供给缺口，以民间借贷为主要形式的非正式金融活动在县域内自发地活跃了起来，而且这种自发的非正规金融制度安排具有长期的生命力和较强的信用约束，违约案件十分少见，一定程度上缓解了县域资金供求矛盾。从对657户城乡居民户的样本分析可以看出，35.15%的农户和58.41%的县城居民有民间借贷行为。民间借贷形式主要以向同一社区的私人借贷为主，用于临时性的经营生产和生活资金周转。在有民间借贷行为的调查对象中，43.975%的没有利息；有利息的年利率一般在10%~30%，为正规金融组织的2~3倍。从借贷规模看，县城借贷多数在10000元以上，农村借贷多数在5000元以上，而且经济越发达民间借贷活动越多。

### （六）农村民间借贷自发成长

市场的不断扩大和农村合规金融机构金融服务供给的不足，为农村非合规金融的发展留下了广阔的市场空间，农村民间借贷近几年发展很快。有关调查资料显示，在过去的3年中，被调查的借过钱的农户中，70%以上的农户选择了向个人借贷，另有9%的农户向包括高利贷在内的其他民间组织借贷；而向合规金融机构借贷的只有21%。[1] 虽然农村民间金融组织在扩大农村生产经营资金、活跃农村金融市场、提高金融效率，尤其是促进农村个私经济发展等方面起了积极作用，但是其运行极不规范，潜在较大的金融风险，不利于农村金融的稳定与发展。这种融资形式有三个明显的特点：一是"熟人融资"特点，融资多在亲戚、朋友、邻居等相互了解和信任的人之间；二是融资形式简单，订立的合约往往采取口头、简单借据等非正式契约形式，合约订立迅速快捷；三是信息对称度高，亲戚朋友、同行之间充分了解对方的人品、资信、经营风险情况，并利用网络关系进行实时实地监督。

---

[1] 《县域金融制度安排的特性》，《如春财经》2022年第5期。

### （七）农村金融服务机构间缺乏有效竞争机制

农信社的网点一般遍及全县（市），且能够向农户提供面对面的金融信贷服务，其他金融组织并不对农信社产生竞争威胁，农信社之间也缺乏竞争的空间和条件，结果导致农村金融市场缺乏竞争主体和竞争机制，农信社成了农村金融市场上最后的正规金融服务的提供者，但农村金融服务的质量与效率不高，而贷款利率水平较高。农村信用环境比较差，导致农村金融市场发展失去环境支撑。

当前农村金融服务不充分，不仅有金融机构服务缺失的原因，也有农村金融环境较差，特别是广大农民金融知识匮乏、金融意识淡薄的原因。创建农村信用工程使农村金融生态环境有一定好转，但农村居民整体诚信观念还不是很强。农村金融服务的高成本导致金融服务弱化。一方面，由于农业的天生弱势性，以及相对较大的市场风险，使为"三农"服务的农村金融成本高、风险大、收益低，系统性风险严重；另一方面，农村信贷投放较高的不良率，使得风险和收益严重不匹配，造成农村信贷资金大量外流。

## 三、县域金融供给与需求的均衡性分析

随着金融发展的不断深化，金融体系不断完善，县域金融环境也不断改善，但资金需求与信贷供给的矛盾依然突出：数额巨大的农业信贷缺口、"零贷款村"的普遍存在、中小企业融资难与县域政府融资体系的缺乏。这些实际情况直接制约了县域经济的发展，成为亟待解决的问题。

具体来说，县域金融制度的供给与需求效率比较低下，普遍存在如下几个矛盾。

### （一）县级金融机构设置与县域经济发展需求的矛盾

当前，县级金融机构逐步萎缩，县域经济不断发展壮大。虽然县域普遍有农业银行分支机构、农村信用社和邮政储蓄机构等，部分县域还有工商银行、建设银行、中国银行的分支机构。但经过近几年的商业银行改革，县域的金融机构网点呈急剧下降趋势。存留下来的金融机构体系不健全，信贷市场竞争不充分，县域金融体系的整体功能实际上已受到削弱，县级金融机构信贷功能弱化，信贷服务缺失，加上国有商业银行贷款权限上收，对县域经济发展的信贷投入自主能力大幅减弱。而随着经济的发展与改革开放的深入，以及国家深入推进的和谐社会建设、新农村

建设，县域经济发展主体信贷需求旺盛，县域经济发展中大部分的中小企业、县域工商项目和农业生产项目无法得到金融机构及时有效的信贷支持。

## （二）信贷资金追求利润的最大化与县域经济效益普遍低下的矛盾

存差资金除了保持基本的备付之外，各金融机构的绝大部分资金均上存于上级机构。邮政储蓄银行虽然现在开始发放贷款，但总体来说盘子太小，投向也基本是大中城市。商业银行改革促使金融机构逐步成为追求利润的主体，而县域经济相比较城市经济而言，由于经济效益普遍低下，投资回报率相对较低，风险较高，追求利润最大化的金融机构不愿将资金投向县域就成为一种必然。

## （三）社会信用环境恶化与银行信贷风险控制之间的矛盾

近几年来，许多企业纷纷以改制的名义逃废金融机构债权，增加了银行信贷风险，威胁到金融安全，严重冲击了银企合作的基础，最终制约了金融对县域经济的信贷支持，也制约了拓展金融服务的空间。

## （四）商业银行经营战略调整与县域企业资金需求的矛盾

随着改革的深入，国有商业银行不断调整经营战略，业务重心向大中城市倾斜，这样对县域一些中小企业的信贷支持必然削弱，加剧了县域资金供求的矛盾。从县域金融机构新增贷款投放看，主要是投向经济相对发达、经济交易相对活跃的地区；从新增贷款投向上看，县域金融机构发放的贷款集中于基础设施建设、地方性支柱产业和居民消费等领域。

## （五）资金需求与资金外流的矛盾

加快县域经济发展是各级地方政府工作的重点。小城镇建设、调整农业产业结构、推行农业产业化、走特色农业之路等对资金的需求不断增强。但资金外流的趋势却有增无减，使金融支持力不从心。一是邮政储蓄转给商业银行尤其是信用社吸收存款带来了巨大压力，邮政储蓄成为县域资金外流的一条主要渠道；二是各商业银行贷款普遍实行扁平式管理，致使县级银行贷款功能逐渐萎缩，资金大部分上存，造成县域资金的外流；三是县域区划内的省属企业实行统收统支的资金管理模式，资金实时上划，使依托这些企业生存的金融机构面临严重的资金危机。

## （六）金融竞争加剧与县域金融机构制度不健全之间的矛盾

我国金融业已经全面开放，竞争不断加剧，外资金融机构的进入使得国内金融机构不得不在国际范围内进行竞争。与此同时，作为县域金融机构主体的农村信用社所有者缺位,"内部人控制"现象严重,内部管理和控制不力,理事会、监事会和社员代表大会等制度流于形式,激励机制不健全,进而导致机构的长期利益受到忽视,利润遭到工资和福利的侵蚀等,基层机构和员工的积极性没有充分调动起来。

通过分析县域金融的内生需求特征与外生供给安排,总结出县域金融供求矛盾,得出初步的结论:县域金融制度需求主要表现为"三农"的金融需求,包括农户、农业产业化以及农村发展的金融需求;县域工业化的金融需求,主要是集中发展工业园、开发区的工业化方式催生的金融需求;民营经济发展的金融需求,包括个体工商户的金融需求与民营中小企业的金融需求;小城镇建设的金融需求。

中小企业融资方式有外源融资和内源融资。在当前的体制和制度框架下,我国中小企业的外源融资主要还是依赖间接融资。在各种间接融资方式中,商业信用和票据市场发育缓慢,融资租赁发展水平还很低,中小企业在间接融资中主要还是依赖于银行的贷款。抵押贷款和担保贷款已经成为中小企业贷款的主要方式,纯粹的信用贷款很少。

我国当前县域金融制度安排表现出金融收缩、贷款方式不灵活、贷款审批制度繁杂、严格的担保抵押制度、正规金融制度供给不足、农村民间借贷自发成长、缺乏有效的竞争机制等问题。进而导致资金外流现象严重,农村信用社吸收的部分资金用于非农领域,"农转非"现象突出,中小企业融资难。

## 第三节 解决县域金融供求失衡的对策思考

解决县域金融供需失衡问题,涉及县域金融制度的改革与完善。科学、合理的县域金融制度安排一方面能够增加县域金融供给,为涉农产业提供源源不断的资金支持;另一方面能够满足涉农产业的金融需求,减少农业生产者的融资成本,并最大限度使其分散并规避存在于生产和经营过程中的自然风险和市场风险,从而促进县域经济健康发展。

### 一、构建多元化金融机构体系,提高县域金融服务覆盖率

随着市场化改革的发展,县域经济呈现了一种多元化发展趋势,私营经济、民

营经济创造的国民生产总值占县域国民生产总值的比重不断上升，县域经济领域发展的多元化必然要求县域金融发展的多元化。建立多元化的金融机构体系、引入多元化的投资主体，有利于完善金融机构的经营，减少政府干预，为非国有经济提供资金支持，有利于非国有经济的发展，有利于社会的发展。

构建多元化县域金融机构体系可以从以下几方面展开。

1. 拓展政策性金融机构的业务范围

政策性金融是发展中国家经济起飞过程中不可缺少的重要手段。对于农村金融领域来说，当前的主要任务不在于增加新的政策性金融机构，而在于对现有的政策性金融机构进行规范化改造。改革中除了继续确保中央政府下达的粮棉收购储备任务外，必须发挥政策性金融促进农村经济发展的融资导向、杠杆作用。要根据国家财力和政策性银行自身管理状况，赋予政策性金融引导和扶持国家亟须发展的弱质产业和高科技产业的融资职能，填补商业性金融功能的空白，强化政策性银行职能。

2. 重新定位商业金融机构服务"三农"功能

大型商业银行基于成本收入的比较分析，将一些乡镇乃至县城的机构予以撤销。但机构撤并一定要与资源整合相结合，按照"商业原则为主，兼顾社会责任"的理念，要进一步优化布局，强化助农、兴农服务功能。如进一步完善三农金融事业部、扶贫金融事业部，加快设立普惠金融事业部，建立健全县域金融服务专业化机制；同时，要在县城闹市区、农产品集散地和农民聚集区适当增加金融网点，并积极投放自助服务设备，有效解决农民对现代金融的全天候服务的需求。

对于邮储银行、农商行、农业银行等定位支农支小的金融机构，要限制其撤销县级及以下网点，同时鼓励其采用流动服务站、服务车和互联网技术等更为灵活便捷方式为农村地区提供服务。

对于能够为小微企业提供良好金融服务的地方法人银行业金融机构，在符合监管标准条件、风险可控的前提下，可给予准入方面正向激励，如放宽发展分支机构数量限制，简化准入程序，等等。

> **案例** 浙江省平湖市：财政金融协同推动县域发展①
>
> 平湖市，浙江省辖县级市，由嘉兴市代管。是全国文明城市、首批浙江高质量发展建设共同富裕示范区试点。
>
> 平湖市财政局开展全省财政金融协同支农数字化改革试点工作，初步构建起"财政＋金融""政府＋市场"的多元投入农业农村新格局。
>
> 一是支农政策系统集成，让需求主体"找对门""精匹配"。开展"浙里担＋农e富"应用试点，条目化、标准化梳理省市财政支农政策，已上线发布政策60条，系统构架基于数字化场景应用的支农惠农政策体系。建立省市互通的工作联系点，进一步拓展农业领域数据成果应用，完善与农资、化肥价格相挂钩的动态补贴调整机制，稳定种粮农民收入预期。
>
> 二是主体信用精准画像，让金融机构"看得清""贷得快"。完成全市所有粮食和渔业主体与"浙里担"平台数据贯通和信息补充，增强农业融资覆盖面、便利度、真实性。首创涉农主体的财政支农主体培育名录，作为向省农担及合作银行推荐的"白名单"。精准支持产业高质量、强村富民、农业"双强"等发展重点。
>
> 三是合力担保增信撬动，引导金融资源"注活水""助振兴"。开展基层政策性农业信贷担保服务创新试点，建立"省市县协同、政银担合作"模式。成立省农担公司平湖办事处，实行多部门联合推荐和审核机制。

3. 将合作金融改革作为县域金融重要组成部分

合作金融的改革可考虑两种模式：

第一种模式是县域商业银行。由农村信用社运用自身发展需要和地方金融优势，顺其自然地组建地方商业银行或股份制县域商业银行，从而使其既具有支持"三农"主力军的功能，又具有服务城市工、商企业资金信贷活动的商业银行性质。有效引导合作金融在服务县域经济发展的同时实现利润最大化的商业目标。

第二种模式是股份合作制信用社。以信用社原有组织特点与股份制形式结合在一起，将县域内农户和个体私营企业按照章程或协议，以资金使用权作为股份，由

---

① 麦婉华：《建立多元可持续的县域投融资机制》，中国小康网，https://news.chinaxiaokang.com/dujiazhuangao/2024/0110/1483084.html。

资格股和投资股共同组成一种新型的混合经济组织,即股份合作制信用社。

## 二、多管齐下,引导县域资金回流

县域资金回流是一项系统性工作,仅靠行政手段是不行的,必须多管齐下,多措并举,特别是制定扶持农村金融的政策和激励机制,方能收到成效。

1. 央行及相关机构应抓紧制定县域资金回流管理办法

保证县域内各金融机构将一定比例的新增存款投入当地,支持农业和农村经济发展。要尽快研究农村的资金价格放开管制问题,制定现实可行的办法,在利润空间上为商业银行在县域经营创造更大的利润点。

2. 地方政府应率头定期召开银企洽谈会

通过定期召开银企洽谈会,融洽银行与企业之间的关系,一方面使银行知道企业的经营状况和资金需求,另一方面使企业了解获得信贷支持的条件。双方信息相通了,商业银行方能找准信贷投资方向,有的放矢,支持县域经济发展。

3. 地方政府应制定相应的奖惩机制

一方面,规定在县域吸收存款的金融机构必须将规定比例的资金投放到所在社区,对在这方面支持力度较大的金融机构给予必要的物质奖励,比如不发达县内农村信用社免除所得税和营业税,其他金融机构涉农贷款达到一定比例免营业税、所得税减半征收;另一方面,对于不按此规定办理的金融机构,提高其超额准备金比例,并下调超额准备金利率,或强制其限期退出当地存款市场。

## 三、银政企密切合作,建立公平透明、风险共担的新型关系

银政企合作是指银行与政府、企业之间建立合作伙伴关系的过程。在这个过程中,银行、政府和企业之间有着密切的合作关系,银行金融机构做政府和企业的桥梁,探索有效带动产业发展的金融服务模式,同时政府和企业也要遵守公平竞争市场原则,确保银行的利益。这包括以下几个方面。

1. 资金支持

银行可以为政府和企业提供资金支持,如授信、借贷等方式。政府和企业可以利用这些资金进行各项投资、扩大经营规模等。这样不仅可以促进经济发展,还可以增加银行的投资回报率。

## 2. 风险共担

在合作中，银行和政府、企业之间需要建立风险共担的合作关系。银行需要充分审查政府和企业的财务状况和经营情况，以降低信用风险、市场风险等各种风险。同时，政府和企业也需要与银行共同承担风险，确保对银行的还款能力和声誉的维护。

## 3. 增加信息交流

合作中，银行、政府和企业之间需要加强信息交流，提高信息的透明度和门槛，达到合作的共赢效果。银行可以通过定期的企业访问、企业调研等方式了解企业的经营情况和市场情况，掌握市场信息，为企业提供更精准的金融服务，同时也可以规避投资和贷款风险。

## 4. 降低金融成本

在合作中，银行需要为政府和企业提供低成本的融资和贷款。政府和企业在资金支持的同时，也可以及时偿还贷款，减少金融成本，增加银行的投资回报率。

## 5. 公平透明的合作

在银政企合作中，需要保持公平透明的合作关系，确保各方的利益得到平等的保障。银行需要在为政府和企业提供支持的同时，充分考虑利率、抵押、担保等因素，确保合作平衡。政府和企业也需要在与银行达成协议时，遵守公平竞争的原则，不得以低利息、低抵押物等不良手段来占取银行的利益。

银政企合作对于促进经济发展、提升金融服务水平、实现双方共赢有着重要意义。在合作中，各方需要建立风险共担、公平透明、低成本、高效率等关键性要素的合作关系，保证投资回报率的可控性和透明性，提升双方合作的信誉和效益。

## 四、金融机构通过金融创新增加县域金融供给

金融机构要勇于开拓，通过金融创新来突破目前农村信贷服务方面存在的制度局限，以尽可能满足农户的有效信贷需求。具体来说，可以通过以下几方面的创新助推商业性金融机构进入县域金融市场。

### （一）金融制度创新

如果没有创新性的制度安排，商业性金融机构很难介入县域金融市场。前文讨论了拓展政策性金融机构业务范围、重新定位商业金融机构涉农功能，以及推进合

作金融改革。本书认为，在县域金融制度创新方面，合作金融改革应当成为重中之重。要激励经验丰富、经营业绩良好、内控管理能力强的商业银行到农村地区设立村镇银行、贷款公司或股份制县域商业银行，由资格股和投资股共同组成的新型混合经济组织即股份合作制信用社是尤其值得推崇的一种县域金融制度创新。只有这样，才能为增加县域金融供给提供制度上的保障。

### （二）经营模式创新

商业性金融机构介入农村金融市场不能沿用既有的经营理念和模式，需要进行创新。一是以农村的亲朋好友和邻里之间的人情关系作为农户借贷的信用基础，可以使借贷双方的信息对称，最大限度地降低交易成本；二是把农村社会关系网络作为监督体系有利于保证借贷资金的安全性；三是充分发挥村级组织和农村合作经济组织"精英"的作用，可以较大地降低信用风险。

### （三）金融产品创新

农村金融的有效需求不足，一定程度上是缘于金融机构未能根据农户金融需求的特点开发出适销对路的产品。因此需要通过产品创新来满足农户多元化的金融需求，如针对小企业和农户的小额信用贷款、针对农民子女的生源地助学贷款、针对农作物生长和销售周期的季节性贷款、针对外出务工人员汇入资金的"一卡通"服务、针对农村城镇化改造和新农村建设的封闭型贷款，还要适应多数农户和农村企业缺乏抵押担保品的特点，开发联合保证贷款，等等。

### （四）鼓励各类金融机构开展合作

#### 1. 实现信贷和担保、保险的联动

在现行条件下，信贷资金之所以不愿为县域经济服务，是因为县域经济主体中的小企业和农户贷款成本高、风险大，不符合商业信贷的原则。这就需要地方政府和有关部门尽快建立信用担保机构和基金，为农户和小企业贷款提供担保，以解决其信用较低、资产抵押不足等问题。鉴于农业的特点，还需要引入政策性农业保险机制，从而对银行信贷风险起到一定的缓释和共担作用。

#### 2. 实现信贷和证券的联动即投贷联动

投贷联动是指银行采用成立类似风险投资公司或基金的方式，对涉农科创企业给予资金支持，并建立在严格的风险隔离基础上，以实现银行业的资本性资金早期介入。投贷联动既考虑涉农科创企业的融资需求，又考虑中国以银行为主的金融体

系特点，能够充分发挥银行业金融机构在客户资源、资金资源方面的优势，有效增加涉农科创企业的金融供给。

不过，由于涉及投资问题，投贷联动无疑具有较大的风险。因此，在开展投贷联动业务时，试点金融机构具有投资功能的下属子公司应当以自有资金向科创企业进行股权投资，不得使用负债资金、代理资金、受托资金以及其他任何形式的非自有资金。

### （五）将民间金融纳入法制化管理轨道

充分发挥民间金融机构的作用，更好地满足农村经济的融资需求。

我国应当放弃对民间金融的歧视与管理政策，为其成长提供生存的土壤和空间。要让一些具备适当规模的民间金融组织如合会、标会、轮会、互助储金会、扶贫基金会等浮上水面。要承认它们存在的现实，并严格按照有关的规定进行规范和治理。一方面有利于减少金融风险，减少高利贷对弱小借贷者带来的负担，从而也将使农村更加稳定；另一方面，作为正规金融的补充，若将这些组织培植发育成合作金融组织，将会极大地促进农村经济的发展，更好地服务"三农"，更好地服务最广大的弱势群体。

在规范民间金融的过程中，政府应当发挥引导作用，不是行政命令式的，而应当创造环境，采用诱致性的经济手段。

在规范民间金融组织的同时，还要在农村金融市场引入竞争机制，使广大农民寻求金融服务时有多种选择，形成"用脚投票"机制，以竞争的压力造就农村信用社改革和发展的动力。可以允许并鼓励成立新的以农村为主要市场的金融机构，例如成立小额信贷组织，形成农村信用社和农村小额信贷组织竞争的局面；可以利用邮政储蓄改革的契机，探索以邮政资金反哺农村的新途径等。

### （六）推动县域金融数字化转型

首先，建议进一步提升县域金融机构间的共享及协作，减少不必要的重复投入和浪费，最大化发挥县域中小金融机构的价值。相较于大型机构而言，中小机构的特点在于数量大，即使科技投入比例相当，也因为过于"分散"和"重复"导致整体效率低下。在通用系统建设、数据统计分析、风控模型构建等方面，大型金融机构及其科技公司可以加强对农村中小金融机构的输出。

其次，建议进一步强化标准化建设的共享与指导。标准化是信息化建设的基本前提，也必然是数字化转型的重要基础，做好信息化建设统筹，注重标准建设及其贯标落标，是解决县域中小金融机构信息孤岛问题的重要方式。县域中小金融机构信息化建设良莠不齐，技术的日新月异使其疲于应付层出不穷的需求变化，很难建立有效的标准演进机制。建议监管当局组织制定标准的升级和分享机制，并配以一定的标准化建设指南，用以给农村中小金融机构快速建立行之有效的信息化建设标准，让其少走或不走弯路。

### 案例　安徽省金寨县：大力发展农村数字普惠金融[①]

早在2012年，金寨县曾下大力气建立农村信用信息平台，但信息采集基本上是人工化、碎片化，日常维护难度大，难以实时更新。

随着普惠金融项目实施，农民信用信息的逐步积累，授信额度得到提升，贷款利率也会降低，这又提高了农村用户的信用累积意识与积极性。

2019年，金寨县又在24个乡镇和221个行政村开展"党建引领信用村试点"建设，以此为牵引，全面推动农村用户信用信息的采集、归集、评信。同时，围绕用户和新型农业经营主体需求，创新推出了一系列惠农金融产品，优化农村金融环境。

如今，超过4万个小微经营者和经营性农户获得网商银行数字贷款，相当于金寨县平均每10个人中，就有1个人用过网商银行的数字信贷服务，他们拥有一部手机就像拥有一个银行网点。

可以说，利用数字技术推动普惠金融和包容性金融体系发展，金寨县真正打通了农村数字普惠金融的"最后一公里"。

---

① 赵晨：《"金寨样本"是怎样炼成的？》，《凤凰网》，http://ah.ifeng.com/c/8IlEyTgPRvL。

# 第七章

# "三农"问题

党的十八大以来,党中央、国务院始终坚持把解决好"三农"问题作为全党工作的重中之重。2004年以来,中央一号文件连续20年聚焦"三农"问题,凸显党和政府切实解决好"三农"问题的决心和意志。

## 第一节　县域经济视角下的"三农"问题

"三农"问题的核心主要体现在三个方面：在农业方面，关键是如何保证食物供给安全的问题；在农民方面，关键是如何解决农业人口转移的问题；在农村方面，关键是如何应对村庄兴衰的问题。上述三方面问题联系紧密，要单独解决都不复杂，但要统筹解决这三方面问题，则会面临"两难"甚至"多难"的局面。因此，解决中国的"三农"问题，必须要有立足于本国国情和发展阶段的系统性战略思维、统筹兼顾和与时俱进的政策体系，以及必要的内外部条件。[①]

县域经济发展与破解"三农"问题之间存在紧密联系。一方面，"三农"问题根植于县域范围之中。广大农村地区主要位于县域范围之内，农业相关产业是绝大多数县域经济的重要组成部分，县城是大量农业转移人口城镇化的核心区域。可见，县域经济发展对于破解"三农"问题具有十分重要的现实意义。另一方面，解决"三农"问题的过程，也是为县域经济发展注能的过程。农业相关产业竞争力提升将为县域经济发展提供强大引擎，农业转移人口向县城集聚将为县域经济发展提供充足的人力资本，农村发展兴旺将吸引更多城市居民到县域投资、创业和消费。可见，讨论县域经济发展，绕不开"三农"问题。

近年来，国家越发重视县域经济发展在破解"三农"问题过程中的重要意义，出台了一系列政策文件指导县域经济发展。2022年，中共中央办公厅、国务院办公厅印发《意见》，对县域经济发展提出"增强县城综合承载能力，提升县城发展质量，更好满足农民到县城就业安家需求和县城居民生产生活需要，为实施扩大内需战略、协同推进新型城镇化和乡村振兴提供有力支撑"的要求。同年，党的二十大报告指出，要推进以人为核心的新型城镇化，加快农业转移人口市民化，同时还要推进以县城为重要载体的城镇化建设。2023年，聚焦"三农"的中央一号文件中，"县域"一词出现了13次之多，要求"培育壮大县域富民产业"、"提升县城产业承载和配套服务功能"、"引导劳动密集型产业向中西部地区、向县域梯度转移"，还要求"推进县域城乡融合发展"、"畅通城乡要素流动"、"深入推进县域农民工市

---

[①] 陈锡文：《全面深化"三农"问题改革的思考》，《当代农村财经》2014年第6期。

民化",等等。县城在承载现代化涉农产业、集聚高素质农业转移人口、衔接城乡区域过程中发挥了重要作用,发展县域经济已成为中国进一步解决"三农"问题的重要抓手和支点。

> **史料** "三农"问题的提出[①]
>
> 2000年,湖北省监利县棋盘乡党委书记李昌平给时任国务院总理朱镕基去信。"总理:我叫李昌平,今年37岁,经济学硕士,在乡镇工作已有17年,现任湖北省监利县棋盘乡党委书记。我怀着对党的无限忠诚,对农民的深切同情,含着泪水给您写信。我要对您说的是:农民真苦、农村真穷、农业真危险……"
>
> 2000年3月22日,国家信访局《群众反映》第28期摘登了李昌平的信。3月27日,朱镕基指示农业部派人调查。5月4日,朱镕基在农业部的暗访调查报告上作出批示。2000年6月,湖北省委书记、省长到监利县调研并召开现场办公会。由此,"三农"问题的严重性得到社会各界的关注,一场围绕给农民减负增收的改革拉开序幕。2004年,《中共中央 国务院关于促进农民增加收入若干政策的意见》作为中央一号文件正式公布。
>
> 从2004年开始至今,中央一号文件每年都聚焦"三农"。各种利好的改革政策使农民增收步入快车道,农村民生状况不断改善。
>
> 2006年1月1日,《中华人民共和国农业税条例》废止。

## 一、县域经济发展与食物供给安全之间的矛盾

随着农业生产过程中物资成本、土地成本和人工成本的不断上升,农业越发成为"不赚钱"的行业。然而,中国作为一个拥有14亿多人口的大国,保障粮食和重要农产品稳定安全供给始终是国家发展的头等大事。市场目标和国家发展目标的不匹配,导致县域经济发展与保障国家食物供给安全之间存在一定的矛盾。在县域经济发展过程中,担当经济发展引擎的往往是在现代国民经济体系中占比较大的第二产业和第三产业,2023年中央一号文件也明确提出要赋予县城承接劳动密集型产

---

[①] 胡德成:《上书总理 道尽农业艰难》,《北京晚报》2019年8月8日。

业的职能。这使得县域内的各种资源，包括土地、资本、人才等统统流向投资收益率较高、投资回报期较短、投资风险较低的第二产业和第三产业，保障国家食物供给安全的农业则成为"受害者"，缺少发展资源。大量研究表明，县域经济发展水平往往与农业产值成反比，越是农业发达的县域，经济发展水平往往越低，可见，保护农业确实可能在一定程度上影响县域经济发展。

在土地利用方面，县域经济发展与农业产能保持也存在矛盾。出于保障国家粮食安全的战略需要，中国长期坚持落实最严格的耕地保护制度，坚持"藏粮于地"，对各个县域的土地利用制定总规划，严格控制建设用地面积。在这样的高压态势下，各个县域为了获得工业化、城镇化发展所需的建设用地，不得不采取"占补平衡"的办法——占多少耕地补多少耕地。"占补平衡"虽然在数量上保证了耕地不减少，但无法保证新补的耕地在质量上达到原有耕地的水平。尽管国家针对这一问题出台了一系列管理措施，要求"占优补优"，但在基层实践中，耕地质量下降的问题依然屡见不鲜，导致国家的农业生产能力下降，生态平衡也在一定程度上遭到破坏。在各地县域发展的实践中，确实也有部分县域执行了更加严格的"占补平衡"政策，同时采用加强高标准农田建设的方式，在一定程度上缓解了农业生产能力下降的问题，但随之而来的高成本也打击了各类主体在县域内投资的积极性，减缓了县域经济的发展速度。可见，要切实解决县域经济发展与农业生产能力保持之间的土地矛盾，需要强大的财政能力作为支撑，但这对于本身财政能力偏弱的县级政府来说十分困难。

在人才和资本方面，县域经济发展与农业产能保持之间也存在类似矛盾。数据显示，2022年全国农民工数量为29562万人，[①]大量农村青壮年劳动力都选择外出务工，或在县城、乡镇从事个体非农经营，使得中国农业从业人口整体年龄偏大。务农者逐渐老龄化，意味着中国在农业经营规模化和现代化方面存在更大困难，因为老年务农者往往体力精力较弱、知识文化水平偏低、接受新技术新理念较慢。研究显示，农业人口老龄化显著减缓了中国农业全要素生产率的增长，关键原因在于老

---

① 《2022年农民工监测调查报告》，中央人民政府网，https://www.gov.cn/lianbo/2023-04/28/content_5753682.htm。

龄化的农业劳动力对农业新技术接受偏慢，阻碍了农业生产效率的提高。[①] 可见，县域经济发展与农业产能保持之间存在人才上的竞争，县域经济发展水平越高，往往县域内第二产业和第三产业越发达，这些产业对县域内高素质劳动力的吸引力很强，当地农业发展容易陷入缺乏人才的困境。

在吸引投资方面，县域农业也长期处于相对弱势地位。相较于农业较大规模的资金需求和偏高的投资风险，投资者往往更愿意向县域内的第二产业和第三产业投资。即使在国家政策的引导下对农业投资，也更多地投入到与农业相关的第二产业和第三产业中，直接对农业生产环节的投资极少。在金融方面，由于中国的农业经营主体以"小农"为主，呈小、散、弱状态，且缺少抵押物，使得城市商业银行向农户放贷的动力很弱，在推动农业金融业务方面十分谨慎，这进一步导致农业发展的投资不足。

## 二、县域农业转移人口市民化的难题

在当前发展阶段，解决农民问题，核心就是解决农业人口转移的问题。发达国家的经验显示，随着一国经济发展水平的提高，第一产业增加值占GDP的比重和第一产业就业人员数量占全社会就业人员的比重会不断下降。数据显示，改革开放40多年来，中国的这两个比重持续下降。截至2022年，中国第一产业增加值占GDP的比重已下降至7.30%，第一产业就业人员数量占全社会就业人员的比重下降至24.08%。对比二者可以发现，增加值比重和就业人员比重的下降速度是不同步的，说明中国还有大量农村人口需要转移，这也是中国推进农业适度规模经营以及农业现代化发展的客观要求。

县城是承载农业转移人口生活和就业的主要区域，对于解决农业转移人口市民化问题具有重要意义。对大部分没有受过高等教育、从事体力劳动为主的农民工来说，在大城市定居压力太大，回到家乡所在县城定居则是一种更加理想的选择。一方面，县城的生活成本较低，对他们来说不会有太大的生存压力；另一方面，在县城可以享受到比农村更加优越的教育、医疗等公共资源。尤其是在国家重视县域经济发展的大环境下，县城的各类基础设施和公共服务越来越完善，对那些在城市打

---

① 魏佳朔、高鸣：《农业劳动力老龄化如何影响小麦全要素生产率增长》，《中国农村经济》2023年第2期。

拼过、计划返乡定居的农民工形成了较大吸引力，县城越发成为大多数农业转移人口从农村向城市转移的合理选择。

从发展现实来看，由于部分县域财政紧张，无法为县域内的城镇居民提供较好的公共服务和社会保障，很多地方的农业转移人口定居县城的意愿比较低，县城并未充分发挥吸纳农业转移人口的功能。对于这部分农业转移人口来说，一方面，他们难以融入大城市的生活，由于户籍限制，他们无法享受到与市民同等的社会福利，生活幸福感很低；另一方面，他们又不愿再回到教育、医疗等公共资源较差，且缺乏就业机会的农村。同时，由于县城缺乏吸引力，他们也不愿意放弃在家乡农村拥有的农地、宅基地、集体经济成员身份等资源，最终成为在不同区域间漂泊的群体。对于县域发展来说，无法吸引这部分高素质劳动力在县城集聚，也是一种人力资源的损失。从县域经济发展的角度来看，解决农民问题，关键是要利用县城充分吸纳农业转移人口，使这部分高素质劳动力在县城集聚，为县域经济发展提供充足的人力资源。

近年来，国家采取了大量措施，"三管齐下"，试图以县城为载体解决农业转移人口市民化问题。一是鼓励在城镇有稳定就业和住所的农民工举家到所在城镇落户；二是向虽未落户但已在城镇就业和居住一定年限且符合其他相应条件的农民工及家属发放城镇居住证，使他们能够享受到与城镇居民同等的基本公共服务和社会保障；三是明确不以退出土地承包权、宅基地使用权、集体收益分配权作为农民落户城镇的条件。实际上，在当前及今后一段时期内，农业人口的市民化并不完全取决于农民的意愿，关键在于县城能否提供充分有吸引力的基本公共服务和社会保障，[①]而这必然是一个长期工程。因此，在农业人口转移的问题上，应当有足够的历史耐心。

### 三、县域城乡融合发展的困境

县城是城市之尾、农村之首，是连接城乡的重要支点，也是工业与农业的交会处、城乡要素流动的联结点，在基层治理中有着举足轻重的作用。但是，这绝不意味着只要县城发展，而任由农村衰败。未来县域经济的发展，一定是城乡融合、协

---

① 陈锡文：《中国的城镇化进程远比想象的复杂》，《中国乡村发现》2021年第2期。

同互补的高质量发展。当前，除了东部地区少数农村地区依靠特色产业发展得比较好之外，中国大部分县域内的乡村都面临人口流失、产业衰败、空心化的问题。造成这一问题的关键原因在于城乡融合发展水平不高，城乡之间要素流通不畅，存在一定的体制机制障碍，使得县域内城镇和农村发展"两张皮"，农村地区的发展远远落后于城镇地区。

首先是城乡土地市场未能盘活，致使城乡间的土地及土地带来的收益未得到合理配置。中国农村土地实行集体所有、按人分配使用权的制度。农民分配到的土地是他们最重要的生产资料，也是他们保障生计的有力屏障。但是，随着越来越多的农村人口向城市非农部门转移，这种土地制度逐渐成为农地进一步整合的阻碍，导致大量农地撂荒。尤其是在南方丘陵山区，农地分布呈现"小而散"的状态，更加深了农地规模化经营的困难。农村宅基地也存在类似问题。农民进城务工后，大量宅基地闲置，但因为宅基地无法入市，这些资源无法在城乡间充分流动，阻碍了农村发展和农民收入水平提高。在现有体制下，城乡土地征收所带来的收益也大部分被城市占有，农村能够分到的资源很少，这进一步导致了农村的衰败。

其次是资金要素在城乡间流通不畅。资金是乡村发展的关键要素，与城市相比，农村金融市场发育相对滞后，主要体现在乡镇及以下层级的金融机构无论是数量还是服务能力都严重不足，中小型地方金融机构风险控制能力弱，农户申请涉农贷款门槛高、抵押难，这些问题导致农村长期缺乏发展所需要的资本。不仅如此，本身缺乏资金的农村往往还成为资金的输出方，城市"抽血式"融资将一部分农村资金带走，农村经济发展资源被进一步削弱。同时，一些工商资本进入农村后，在资源和利益分配中占据了大量话语权，使得农民和集体经济组织被边缘化，农民的收入和付出严重不对等。更有一些资本在赚取政策红利后撤出农村，留下农民"收拾残局"，这又进一步加剧了农村资金的匮乏。

最后是城乡数字要素利用不对等。在当前数字化赋能传统产业，引导新一轮产业革命的大环境下，农村地区却没有享受到多少数字化带来的红利。尽管国家对农村基础设施建设，尤其是通信基础设施建设的投入力度很大，但农村地区互联网普及率与城市相比仍有很大差距。农村产业的信息化、数字化程度还很低，农民获得和使用信息资源的能力和条件还存在局限。尤其是在农村青壮年劳动力大量外出的情况下，逐渐老龄化的农村人口对信息资源的获取渠道越发不了解，对信息资源的甄别与应用能力严重不足,很难真正利用上有效的信息资源为自身谋发展。

## 词条　2004年中央一号文件

2003年12月31日,2004年中央一号文件——《中共中央 国务院关于促进农民增加收入若干政策的意见》指出,当前农业和农村发展中还存在着许多矛盾和问题,突出的是农民增收困难。全国农民人均纯收入连续多年增长缓慢,粮食主产区农民收入增长幅度低于全国平均水平,许多纯农户的收入持续徘徊甚至下降,城乡居民收入差距仍在不断扩大。农民收入长期上不去,不仅影响农民生活水平提高,而且影响粮食生产和农产品供给;不仅制约农村经济发展,而且制约整个国民经济增长;不仅关系农村社会进步,而且关系全面建设小康社会目标的实现;不仅是重大的经济问题,而且是重大的政治问题。全党必须从贯彻"三个代表"重要思想,实现好、维护好、发展好广大农民群众根本利益的高度,进一步增强做好农民增收工作的紧迫感和主动性。

具体措施是:

一、集中力量支持粮食主产区发展粮食产业,促进种粮农民增加收入。

二、继续推进农业结构调整,挖掘农业内部增收潜力。

三、发展农村二、三产业,拓宽农民增收渠道。

四、改善农民进城就业环境,增加外出务工收入。

五、发挥市场机制作用,搞活农产品流通。

六、加强农村基础设施建设,为农民增收创造条件。

七、深化农村改革,为农民增收减负提供体制保障。

八、继续做好扶贫开发工作,解决农村贫困人口和受灾群众的生产生活困难。

九、加强党对促进农民增收工作的领导,确保各项增收政策落到实处。

## 第二节　县域经济与"三农"问题相互影响

　　县域之间并不是同质的，不同的县域在自然气候、资源禀赋、地理区位、人口土地、发展阶段、产业结构等方面存在很大的区别。国家层面上对每个县域的定位是不同的，因此才会出现农业大县、工业强县、旅游大县等发展特征不同的县域。也就是说，并不是每个县域都要重点发展农业，也不是每个县城都必须集聚大量农业转移人口，更不是每个县域内的农村都要同样兴旺，而是国家整体层面上的协同发展、优势互补。

　　虽然各个县域的发展定位不同，但应该认识到，县域始终是与"三农"问题联系最为紧密的地理范畴：农业生产活动绝大部分在县域范围内展开，农业转移人口就业和定居的区域主要在县城，广大农村地区的兴衰更是依赖于县域的统一规划和发展。可以说，一方面，"三农"问题能否得到有效解决，关系到县域经济能否健康、高水平、可持续发展；另一方面，县域经济发展得如何，又关系到县域内"三农"问题的解决能否得到有效助力。县域经济与"三农"问题，二者是相互影响、相互包含、相互制约、相互反哺的共生关系。解决"三农"问题，是加快县域经济高质量发展的基础和前提，而发展县域经济本身也是解决"三农"问题的过程。

### 一、农业功能多元化支撑县域产业发展

　　虽然当前中国部分发达地区县域的经济发展已经不再依赖农业，但不可否认的是，在中西部大部分欠发达地区的县域中，农业相关产业依然是县域产业结构的重要组成部分。县域内的农业相关产业，除了传统的初级农产品生产外，还包括农村一二三产业融合发展衍生出来的诸多产业，如特色种养殖业、农产品加工业、农业服务业、乡村旅游业等。从这个角度看，加快县域农业相关产业发展、保障国家食品供给安全，本身就是县域重要产业发展的过程，对于县域经济增长和发展转型具有支撑作用。

　　随着发展阶段的演进，当今的农业已经不再局限于提供初级农产品这一传统功能，而是有了更加广阔的发展空间。西方发达国家的经验显示，随着经济发展水平的提高，农业占GDP的比重会逐渐下降。但如果把观察的视域扩展到含义更加丰

富的"食品"概念,则会发现发达国家食品相关行业增加值占GDP的比重始终维持在一个相当高的比例,部分发达国家这一比重接近1/4。① 近年来,中国也顺应发展阶段的变化,适时地提出"大食物观"的概念,为食品相关行业的发展提供了更加广阔的空间。在这样的环境下,食品相关行业完全可以成为部分县域经济发展的支柱产业,为县域经济的发展提供强大动能。

在当今社会,农业除了提供食物外,还具有提供工业原料、维持生态系统、传承历史文化、提供生态服务等多元功能,其重要性并未随其产值占比下降而下降,反而越来越受到各个国家的重视,甚至发展为一种国家间竞争博弈的战略武器。农业在国民经济发展中的基础性和战略性功能越发凸显。

在生态环境功能方面,农业可以提供诸如碳汇、农业景观等非传统意义上的生态产品,在当今社会具有不可替代的地位。② 中国提出在2030年实现"碳达峰"、在2060年实现"碳中和"的目标,这一目标能否实现,关键之一就在于农业能提供多少净碳汇。在碳交易市场越发成熟的背景下,农业提供的净碳汇必将在不久的将来产生巨大的经济价值,为县域经济的发展提供强大助力。此外,随着生活水平的提高,人们对美好环境、自然生态的追求越发强烈,农业景观无疑是满足大部分城市人对生态环境需求的有效供给。在乡村基础设施不断完善的情况下,乡村休闲旅游必然将成为县域经济未来重要的增长点。

在文化传承功能方面,农业始终是中华民族传统农耕文化的重要载体和现实体现。文化振兴是乡村振兴的重要一环,立足农耕文明的历史底蕴,系统挖掘农耕文明的深层价值,从优秀农耕文化中汲取乡村振兴的精神力量,是现阶段乡村文化建设的重要内容。一方面,我们要加强传承保护,让人们望得见山、看得见水、记得住乡愁;另一方面,我们也要创新发展,围绕经济社会发展和群众文化生活需要,推出符合时代特点、群众喜闻乐见的优秀农耕文化项目和创意产品。在这一过程中,必将出现诸多新业态、新产业,这些新形态、新产业的产生将为县域农业相关产业发展提供广阔的空间。

---

① 樊胜根:《大食物观引领农食系统转型,全方位夯实粮食安全根基》,《中国农村经济》2022年第12期。

② 何秀荣:《农业强国若干问题辨析》,《中国农村经济》2023年第9期。

> **案例** **甘肃省环县："农文旅"融合 强县域经济促乡村振兴**①
>
> 产业融合是现代产业发展的必然趋势。近年来，环县不断推进"农文旅"融合发展，充分发挥地域、生态资源等优势，以农业增产、产业增效、农民增收为核心，激发乡村经济活力，有效改善当地人居环境，使乡村文化旅游农业成为拉动市场消费、促进乡村振兴的新亮点，真正实现农业强、农村美、农民富。
>
> 环县将旅游元素、文化创意与乡村农业发展有机结合，鼓励各乡镇依托当地的自然风貌、农俗风情等资源优势，深入发掘和策划乡村风貌风情特色的农业旅游产品。位于环县小南沟乡西北部的杨胡套子生态草原，有天然草场200平方公里，中心草场100平方公里，草原景色秀丽、气候宜人，兼具田园风光与草原风貌，杨胡套子生态草原景区建设正在如火如荼进行中。
>
> 杨胡套子草原是以"美丽乡村＋乡村旅游＋扶贫发展"的模式开发的旅游项目，前期先后投资达180万元，建成观景台护栏65米、观景平台200平方米、栈道950平方米、大门楼1座、观景亭2座、蒙古包6座、月牙湖1处、停车场1处、厕所1处。目前，后续建设项目正在设计招标，计划建设窑洞宾馆、草原围栏、路灯等基础设施。该项目充分发挥农业旅游化在延伸产业链、实现人气与消费积聚、提高附加值等方面的作用，促进当地农业发展与农民致富，加快"农文旅"融合提档升级。
>
> 近年来，环县积极推行"红色旅游＋""历史文化＋""产业文化＋"等多重融合发展路子，提升了山城堡战役纪念园、河连湾省委省政府旧址、曲环工委旧址等一批红色圣地，还新建了环县羊文化展览馆，改造提升了环县道情皮影博物馆等，通过提升文化品鉴价值，促进农文旅产业融合发展。

## 二、农业转移人口集聚为县域经济发展提供动力

县域经济发展离不开"人"这个要素。"三农"问题的解决也离不开农业转移人口市民化这一主题。让一部分农业劳动力离开土地进入城市非农部门，并逐步摆

---

① 《环县："农文旅"融合 强县域经济促乡村振兴》，庆阳市乡村振兴局网站，https://fpb.zgqingyang.gov.cn/gzdt/content_223934。

脱对农村资源的依赖，不仅是中国农业走向规模化、现代化的必然道路，也是提高农村人口收入、为他们创造美好生活的重要手段，更是保持城市经济持续高质量发展的关键前提。[①]那么，在中国层级繁多的城市体系中，哪一级城市才是承载农业转移人口的主体？诸多研究已经给出答案：作为"城尾乡头"的县城是实现农业转移人口市民化的主战场。[②]

改革开放以来，随着工业化和城镇化的推进，大量农村青壮年流动到发达地区和城市区域务工或经商，形成了中国特有的农民工现象。他们一头连着城市，一头连着乡村，长期在城乡之间漂泊和摇摆，为中国的城市建设和经济发展贡献了廉价的劳动力资源，但自身却并没有享受到多少经济增长的红利。安置好这部分农民工群体，让他们充分享受到城市的基础设施、居住环境、公共服务和社会保障，是实现城市反哺农村的应有之义，也是为县域经济发展积累人力资源的重要一环。

部分学者存在一种相反的观点，即认为解决农业转移人口市民化问题，不一定能促进人才在县城的集聚，进而为县域经济发展提供人力资源。因为高素质农村人才可能被吸引到大城市中，留在县城的都是人力资本较低的群体。笔者认为，这种观点没有充分考虑到县域发展的实际，对县域城镇化经济影响判断有失偏颇。

首先，并非所有高素质农村人才都会向大城市集聚。一方面，农村人口向城市的迁移存在生命周期的问题。大部分农村人口在初中或中专毕业后前往城市务工，在城市打拼的过程中，不断积累人力资本、社会资本和资金，到达一定年龄后返回家乡，依靠在外的积累经营一门自己的产业，如利用在外学到的技术开理发店、修车店、小饭馆等。对于他们来说，回到家乡农村难以发挥他们的技术优势，回到地级市又面临各方面积累不足以支撑他们经营自有产业和维持体面生活的问题，于是，家乡所在的县城成为大部分人返乡后的落脚点。他们的返乡为县域经济发展带去了紧缺的资金、技术和劳动力，是支撑县域经济发展的重要元素。尤其是在经济下行压力增大的宏观环境下，大量在城市务工的高素质农村劳动力返回县域，在乡村振兴战略的引导下在县城就业创业，极大解决了县域发展人才短缺的问题，为县域经济创新发展提供了强大动力。

其次，县域经济发展对人才的需求特征与大城市不同，相较于个别高精尖人

---

① 陈锡文：《推进以人为核心的新型城镇化》，《理论学习》2016年第1期。
② 叶裕民：《新时代非户籍人口市民化的路径与政策研究》，《中国人民大学学报》2020年第2期。

才，县域发展更需要的是大量能够立足基层，会技术、懂管理的综合型中等人力资本人才。县域产业结构与大城市有所不同，县域经济的支柱产业一般并不"高端"，即使是以工业为主导产业的县域，对高精尖人才的需求也并不迫切。一方面，县域产业结构中，基本上没有对科技水平要求特别高的高科技产业，因此并不需要顶尖的科技人才支撑；另一方面，县域内的企业规模也不会特别庞大，因此也不需要特别顶级的管理人才。相反，县域经济发展依赖的往往是大量中小规模、技术水平一般的企业。在这样的情况下，顶尖人才不愿意留在县域发展的问题就不那么重要了，大量中等人力资本的返乡人才足以支撑县域经济的发展。

可见，解决农业转移人口市民化的问题，未来的主战场必然在县域、在县城。提升县城对农业转移人口的吸引力，让农村高素质人才向县城集聚，必然能为县域经济发展注入新的动能。

**案例　河南省内乡县：筑巢引凤激活"归雁经济"**[①]

内乡县把吸引在外人员返乡入乡创业作为推动人才振兴、助力县域经济高质量发展的重要路径，聚焦机制、平台、服务持续发力，吸引集聚更多人才返乡入乡创业，"归雁经济"已经成为壮大县域经济的全新增长点。

一是完善优秀人才返乡入乡创业的支持政策。针对税费减免、信贷支持、社保扶持、手续办理、奖励补贴等关键环节，先后出台8项返乡创业政策实施细则，用"真金白银"、真招实策吸引、支持、促进内乡籍在外优秀人才、外出务工人员、大中专院校毕业生等群体乐意返乡、安心投资、专心创业，有效实现政策扶持倍增效应。二是利用清明、"十一"、春节等节日，组织乡情联络慰问活动，邀请在外人才回乡考察，吸引人才回归、项目回移、资金回流。三是通过市场全要素保障服务，为返乡入乡创业人才打造安业"生态圈"、构筑安身"生活圈"。

人才回归、技术回乡、资金回流、项目回迁，家乡"热土"变创业"沃土"。目前，内乡县返乡入乡创业人员2.1万人，创办各类实体2.3万个，带动就业近10万人次，实现产值约200亿元。

---

① 万庆丽：《南阳内乡：筑巢引凤激活"归雁经济"》，中央广电总台国际在线，https://hn.cri.cn/20231023/6c422b40-42ae-3b1a-2b00-fe12adcd96be.html。

### 三、乡村兴衰影响县域城乡融合发展

在城市化历史进程中,虽然部分乡村衰败不可避免,但大部分乡村应该是受益且越发兴旺的。在城乡融合发展的过程中,乡村应该充分发挥其特有功能,保障农产品供给、维持生态平衡、传承中华优秀传统文化;城市也应该反哺乡村,不断加强乡村基础设施建设、提高乡村治理水平,使生活在乡村的居民也能和生活在城镇的市民一样,实现他们对美好生活的需要。

县域经济发展与农村兴衰的问题息息相关。

首先,农村区域发展是县域经济发展的一部分,农村经济发展得如何直接影响县域经济发展水平。县域范围内不仅有城市,也包括广大的农村地区。县域经济的发展虽然以县城为核心和增长极,但高质量的县域经济发展绝不是只要县城发展、不考虑农村兴衰的问题,而应该是一种包含城市与农村共同繁荣的协同融合发展。党的十九大报告指出:"中国特色社会主义进入新时代,我国社会主要矛盾已经转化为人民日益增长的美好生活需要和不平衡不充分的发展之间的矛盾。"这种不平衡和不充分最重要的体现之一就是城乡发展不平衡和农村发展不充分。因此,县域经济融合发展,关键在于弥补农村发展的短板。在当前阶段,只有不断提高农村地区发展水平,缩小城乡发展差距,才能实现县域经济高质量、可持续的发展。

其次,农村区域兴旺也将助力县域经济发展。在县域范围内,县城必然是工业和服务业发展的中心,但 GDP 并不是县域经济发展的全部内容。高质量的经济发展,除了经济增长目标外,还包括产业结构的优化、人居环境的改善和人民生活幸福感的提高,等等。这些目标的实现,都有赖于农村区域发挥其应有的功能。

在各地县域发展的实践中,部分县域大力招商引资发展工业,虽然取得了一定的经济成效,但也带来了环境污染严重、产业结构单调、发展不可持续的问题。社会发展至今,工业已不再是县域经济的唯一选择,大量县域通过发展其他产业,同样取得了良好的经济绩效。比如,有的县域围绕当地特色农产品,打造农业全产业链,推动种养产业向前后端延伸,同时强化农业品牌建设,打造出高知名度、高附加值的精品农业;有的县域充分开发农业的多功能性,推动乡村农文旅一体化发展,打造乡村休闲体验产品,开发乡游、乡娱、乡宿、乡食、乡购综合体验项目;还有的县域借助产业数字化的契机,大力发展农村电商,引导平台、物流、供销等

主体到农村，实现传统产业数字化发展。上述产业都为县域经济发展提供了大量产值和就业岗位，同时也保护了农村的生态环境，提高了农村居民的收入和幸福感。尤其值得注意的是，这些产业大部分位于农村地区，是真正属于农村区域的发展。由此可见，解决部分农村日渐衰败的问题，实现乡村振兴，本身就是弥补县域发展短板的过程，也是促进县域经济进一步发展的一个支点和抓手。

**四、县域经济发展反哺"三农"问题破解**

县域经济发展与"三农"问题破解，并非单方面影响的关系，破解"三农"问题有助于县域经济发展，县域经济发展也将加快"三农"问题的破解进程。值得注意的是，县域经济的发展可能并不依托于"三农"。比如，除了农业产业，第二第三产业同样能够支撑县域经济发展；除了农业转移人口，城市下乡返乡人才也能为县域经济发展提供人力资源；除了农村区域发展，县城发展也有助于提升县域经济水平。可见，依托"三农"是发展县域经济的一条道路，但并非唯一路径。无论通过何种方式，只要县域经济得以发展，都有利于"三农"问题的破解。

县域经济发展将带来以下几个方面的明显改善。首先，县域经济发展将提升县域财政收入，能为政府改善县域内公共服务和社会保障提供强有力的经济支撑。县域吸引不到人才，很大原因在于县域公共服务不完善，尤其是教育、医疗条件不及大城市。县域财政能力得到提升，就能在公共服务领域加大投入，改善县域教育、医疗水平，增强县域对人才的吸引力。其次，县域经济发展将带来更多高质量就业岗位。县域经济发展要以产业发展为基础，而这些产业在县域内落地，必将带来更多高质量的就业岗位，为当地劳动力提供本地就业机会。这些在县域内就业的劳动力，一方面可以享受到县域内较低的生活成本，另一方面还能免受背井离乡之苦，同时还能获得可观的非农收入，生活幸福感很高。再次，县域经济发展将改善当地的基础设施条件。县域基础设施水平的高低，一看是否有建设能力，二看是否有建设需求。县域经济发展水平提高，一方面会提高财政收入进而增强基础设施建设能力，另一方面县域产业落地也确实对基础设施建设提出了更高的要求。在这样的情况下，县域基础设施尤其是交通设施和通信设施将得到长足发展，这将为县域农业和农村发展创造良好条件。最后，县域经济发展在提高县域居民收入的同时，也将提高他们的消费能力。这将为县域农业及相关产业的发展创造出新的需求，提高农业农村发展水平。

县域经济发展带来的上述变化，对于破解县域内"三农"问题有极大助力。第一，县域经济发展有利于农业规模化和现代化，从而提高农业经营效益，解决食物供给问题。县域经济发展带来的非农部门就业岗位增加，将吸引大量农村劳动力离开农业。县域公共服务和社会保障水平提升将使得这部分农业劳动力逐渐摆脱对土地的依赖，实现向市民化的转变。这有利于农地进一步整合，实现农业适度规模经营。县域基础设施条件改善将为农业相关产业发展创造良好环境，尤其是交通和通信基础设施的改善，将降低农业生产成本，加快农业现代化发展。这些变化都有利于解决县域内的"农业"问题。第二，县域经济发展有利于妥善安置农业转移人口，提升他们的就业收入，使他们在县域内安居乐业。一方面，县域产业发展带来的就业岗位增加，将为农业转移人口在县域内就业提供机会，并提升他们的非农收入；另一方面，县域公共服务和社会保障的改善将降低农业转移人口在县域内的生活成本，提升他们的生活满意度。这些变化都有利于解决县域内的农民问题。第三，县域经济发展有利于乡村产业发展和人居环境改善。一方面，县域经济发展带来的基础设施改善、居民消费能力增强，将为农村区域内的产业发展创造良好条件；另一方面，县域经济发展带来的农村人居环境改善，将使乡村对人才产生更强的吸引力。总的来说，县域经济发展将为农村带来更多的资金、人才和产业，有助于解决县域内的农村问题。

## 第三节  促进县域经济发展的思路

县域经济发展不能一味效仿大城市的模式，而应结合县域资源禀赋，着力解决"三农"问题，在逐步破解"三农"问题的过程中，实现县域经济的高质量发展。

### 一、以县域特色产业为抓手促进乡村产业振兴

乡村振兴，关键在于产业要振兴；解决"三农"问题，核心也是让乡村有产业。依托县域特有的资源禀赋，锚定县域特色富民产业，以此为抓手促进乡村产业高质量发展，进而带动乡村全面振兴，是当前破解"三农"问题的一个重要手段。

一是要盘活行政资源，合理选择县域特色产业发展路径。县域特色产业的发

展离不开政府的支持和引导。在当前阶段，尤其要抓住乡村振兴的契机，以共同富裕为目标，盘活行政资源，将市场和政府两种手段结合起来，为县域特色产业谋发展。一方面，在规划县域特色产业时，要立足于县域产业结构，综合分析备选产业的市场潜力和发展空间，注重考察产业的竞争力和富民性，谨慎、科学、合理地选择县域特色产业。另一方面，要尽量简化行政审批程序，对重点特色产业实行税收优惠，为县域特色产业发展创造良好的政策环境。

二是要整合产业政策，积极拓展县域特色产业发展空间。针对当前大部分县域存在的产业政策分割化问题，需要加强对政策的整合，从完善产业政策、提高管理水平、增强产业效果等方面入手，积极拓展县域特色产业发展空间。一方面，要持续优化县域特色产业政策，按照县级谋划、市级统筹、省级指导的原则，整合相关扶持政策，将涉及特色产业开发所需的土地资源、城乡规划、产业投资、基础建设等政策纳入其中，完善相关政策体系。另一方面，要注重监督政策的实施效果，强化政策的统筹协调和督促指导，充分尊重村民意愿，避免行政干预下的"一刀切"，提升产业政策的可行性和发展效果。

三是要建设具有县域特色的乡村振兴产业示范园。以规模化、标准化的园区为平台，实现更高标准的基础设施保障、更强劲的招商引资力度、更长远的品牌发展谋划和更先进的科技支撑体系，不断延伸产业链，扩大市场覆盖范围，逐步构建支持性的产业体系，吸引配套企业集聚，促进一二三产业深度融合，加快农业现代化发展。

## 案例　广西壮族自治区藤县：特色农业产业发展赋能乡村振兴[①]

乡村振兴，产业兴旺是关键。作为农业大县，近年来，广西壮族自治区藤县结合特色农业产业发展优势，创新探索发展模式，培养龙头企业，突出重点、突出特色、合理布局，提升"八角、粉葛"传统特色产业，大力发展六堡茶，通过"提质、扩面、增新"发展"一镇一品"，不断促进农民增收致富，形成了"一镇一品"乡村振兴特色产业格局。

一是全力推进六堡茶产业发展。目前藤县六堡茶茶园建设面积12896.4亩，种

---

[①]《藤县：特色农业产业发展赋能 乡村振兴走出新路子》，人民网，http://gx.people.com.cn/n2/2022/1130/c390645-40215775.html。

植品种主要为六堡茶群体种、云南大叶种等。全县建设苗圃10个，面积共600亩，其中扦插穗枝占168亩，共计3000多万枝，已撒籽播种432亩、播茶籽24.5万公斤。

二是全力打造粉葛产业品牌。2021年全县种植粉葛达7万多亩，年产鲜葛15万多吨，产值超10亿元。粉葛种植面积占全国1/6，和平镇先后被评为全国"一村一品"示范镇和国家科普种植示范园、广西粉葛之乡、广西现代特色农业（核心）示范区（四星级）、中国葛根之乡、第一批全国种植业"三品一标"基地。2022年1月藤县粉葛获得了地理标志证明商标。

三是打造八角特色农产品优势区。引进梧州济众农林科技有限公司，建成集八角深加工、八角集散中心、生物制药等为一体的综合加工利用项目，延长八角深加工产业链，八角之"香"飘万里。目前，投资1500万元的项目（一期）建设基本完成，项目竣工投产后预计年可提取莽草酸200吨，茴香醛、茴香油、茴香脑50吨。

四是大力发展特色中药材产业。近年通过加强基地建设、品种推广、主体引进，使得中草药产业蓬勃发展。目前全县种植中草药面积达81.4万亩，全县中药材年产量达7.25万吨，产值达8.18亿元。

## 二、以数字经济赋能农业产业助推农业现代化

在当前数字经济的大潮下，人工智能、5G、物联网、大数据等信息技术快速发展，推动了经济社会各个领域的数字化转型。对于县域农业产业来说，数字化也是传统农业产业转型升级的良好契机，下一阶段应以数字化赋能为重点，实现农业智能化、现代化发展。[①]

一是要夯实乡村数字基础设施基础。数字基础设施是数字经济时代提供数据信息的"大动脉"，对推进数字经济发展起到关键支撑作用，为智慧农业生产、农村电商、数字金融等数字乡村关键应用场景提供基础保障。[②] 一方面，要加大对乡村

---

① 李春顶：《以数字农业和数字乡村建设推动农业农村现代化》，光明网，http://www.moa.gov.cn/ztzl/2022lhjj/lhdt_29091/202203/t20220302_6390232.htm。

② 马改艳、杨秋鸾、王恒波：《数字经济赋能乡村产业振兴的内在机制、现实挑战与突破之道》，《当代经济管理》2023年第5期。

数字基础设施建设的资金投入，以乡村产业发展需求为导向，优先保障农业生产基地、农业加工企业和农业园区的5G基站、物联网、区块链等新基础设施建设。另一方面，通过财政补贴、税收减免等方式吸引社会资本参与乡村数字基础设施建设，采用PPP模式（公共私营合作制），形成多元主体共同参与投入的保障机制，降低政府基础设施建设成本，尽可能降低农村地区的信息获取和使用成本。

二是要推动数字经济与农业产业深度融合。数字经济与农业产业的深度融合是全方位、宽领域、多层次推动现代农业高质量发展，实现农业现代化的现实需要。一方面，应大力发展农村电商产业。大力实施"互联网+"农产品出村进城工程，以电商直采、直播带货、社区团购等多种形式拓展农产品销售渠道。加快促进线上线下渠道融合发展，打通农产品流通堵点，节省运输成本。通过多元化的数字平台建设，实现农产品供需信息的精准高效对接。另一方面，应持续推进乡村一二三产业融合发展，构建以农业产业为基础，多元产业协同发展的格局，充分利用县域独特资源，因地制宜开发乡村特色文化产业、服务业、旅游业，发展创意农业、休闲农业、观光农业等新型产业形态。[1]

三是要加快构建农业数字化人才体系。数字化人才是数字经济赋能农业产业的基础，下一步应加快对县域数字农业人才的培养，尽快解决数字农业人才总量不足的问题。一方面，要提升农业经营主体的数字能力，加强对他们的数字化培训，提高他们应用数字技术的能力，建设一支高素质的农业经营主体队伍。另一方面，要加强复合型数字农业人才的培养力度，与高校深度合作，围绕数字农业需求，培养既懂数字技术又懂农业生产经营的复合型人才，强化数字农业领域人才供给。

**案 例**　　**安徽省肥西县：数字经济赋能 撑起农业"智富梦"**[2]

肥西县农业农村局大力实施"两强一增"行动，以数字科技为支撑，积极推进"数字农业建设"项目建设，建设一批数字农业工厂、数字农业应用场景，助力农业企业实现现代农业高质量发展。

---

[1] 冯朝睿、徐宏宇：《当前数字乡村建设的实践困境与突破路径》，《云南师范大学学报》（哲学社会科学版）2021年第5期。

[2] 《安徽肥西：数字经济赋能 撑起农业"智富梦"》，金台资讯百家号，https://baijiahao.baidu.com/s?id=1772022580687604708&wfr=spider&for=pc。

肥西县柿树岗乡周楼村村民迎来了一件新鲜事,村里通过"村企联建"新建的数字农旅蔬果大棚,开始移栽草莓幼苗,种植"空中草莓"。

大棚里,村民们将草莓植株整整齐齐地种在一排排升降式钢架上,大棚草莓以可再生资源椰糠为基质,采用自动升降系统和立体栽培技术种植,通过物理方式防治病虫害,让草莓生长得更好、更甜。"立体草莓栽培是一种高效、节能、无污染的生产新业态,种出的草莓好看、好吃、好摘,非常适合观光农业的发展需要。"周楼村党支部书记王学祥介绍。

在大棚务工的村民谷田英是周楼村脱贫人口,"以前一直以种植传统农作物为主,收入微薄。现在家乡建了数字大棚,我们脱贫群众不仅参与入股分红,还能利用闲暇时间在家门口打零工就业,挣钱顾家两不误"。

肥西县柿树岗乡周楼村数字农旅蔬果大棚占地面积32亩,总投资1800万元,预计年产值450万元,每年将为村集体带来增收110万元。移栽工作结束后,大棚将采用一套完整的高科设备对果蔬进行科学化管理,草莓产业的发展不仅带动村集体增收、脱贫群众就业,还将成为村民增收致富的又一份保障。

### 三、以城乡公共服务均等化为依托为乡村发展提供人才支撑

人才是乡村振兴的基础,而公共服务不完善是乡村对人才缺乏吸引力的主要原因。加快乡村公共服务建设,实现城乡公共服务均等化是乡村吸引人才、留住人才的重要手段和必然途径。

一是要尽快强化农村教育文化和医疗卫生基本公共服务。下一代的教育和医疗水平是农村人才最关注的基本公共服务内容。这两项正是当前农村公共服务的短板,需要政府高度重视,尽快加强完善,为返乡入乡人才、留乡人才提供一个可以安稳生活、充满希望的家园。一方面,要建立城乡教育资源均衡配置的机制,推进城乡义务教育一体化建设,避免教育资源向城市过度集聚,改善乡村办学条件,为农村学生提供公平而有质量的教育。另一方面,加大对农村医疗卫生服务的投入,健全农村医疗卫生服务体系,改善乡镇卫生院和村卫生室条件,保障基本的医疗卫生服务。

二是要加大农村社会保障服务力度。解决农业劳动者的社会保障问题是让他

们安心从事农业生产，保障中国粮食供给安全的关键。针对当前农村社会保障服务标准低的问题，政府应继续加大对农村基本养老、基本医疗、社会救助等方面的财政投入，完善农村居民的各类社会保障，缩小城乡社会保障服务差距，让农村留得住人。[①]

**案例　浙江省海盐县：以城带乡以强带弱推动城乡学校同步发展[②]**

打破校际壁垒，以"合作共建"等模式着力加快教育集团化办学和紧密型城乡学校共同体建设是海盐努力撬动教育资源整顿的杠杆。为此，海盐以捆绑式联动考核机制，立足全县义务教育34所学校，建成7个"学校发展共同体"，将共同体学校的制度、人才、资源有效链接，为实现学校管理、教师发展及教育资源一体化的目标成效不遗余力。

位于海盐秦山街道的官堂小学自2018年12月起就建立了"互联网＋义务教育"学共体，通过同步课堂、网络教研等途径，实现与其他学校之间的教育资源共享。"共享一堂课，让我们优质的资源'飞'到更多地方。"官堂小学校长朱剑旺表示，学校将努力把海盐优质的教育资源最大限度地辐射出去，让更多孩子享有优质教育。

同时，海盐还实施义务教育学校教师"县管校聘"和"结构性动态调整"制度，促进区域内教师合理流动，以此来聚力顶层结构设计，带动谋划创建更新、更富成效的教育成果。在近5年中，已有52名学校领导干部进行城乡交流与轮岗，现有农村学校中10名校长来自城区骨干、省市县名优教师，占农村学校校长的38%。

在此基础上，海盐还同步推进智慧校园建设，年均投入2000万元开展信息化建设，致力于在全县学校范围内实现校校通、师师通、班班通的网络"三通"，以此作为提升效能的重要举措，决定性带动教育建设的未来发展效益。

返乡创业的王女士表示，孩子教育问题本是返乡最大的顾虑，现在海盐的系列举措为她解决了大部分后顾之忧，她也终于可以安心开民宿，日子也在慢慢步上正轨。

---

① 杨远根：《城乡基本公共服务均等化与乡村振兴研究》，《东岳论丛》2020年第3期。
② 《浙江海盐：以基本公共服务均等化推进城乡一体化发展》，新华网，http://www.haiyan.gov.cn/art/2020/1/2/art_1512816_41494540.html。

## 四、以城带乡以工促农提高农村居民收入水平

提高农民收入是改善农民生活水平的关键，而以城带乡、以工促农是提高农民收入的重要手段。农村是县域的重要组成部分，县域经济的发展离不开农村的兴旺和农民的富裕，因此，政府需要平衡县域内的城乡发展，通过以城带乡、以工促农的手段，尽快弥补农村发展的短板。

一是要加快推进城乡一体化建设。在县域内就地城镇化是解决农业转移人口安置问题的重要方式。因此，加快县域城镇化建设有利于为转移的农业人口提供更好的就业和生活服务。此外，城乡一体化水平提高还有助于搭建城乡互惠互利的桥梁，激发农村要素的活力，降低各类要素在城乡间流动的壁垒，为农村经济发展提供新的动力。

二是要加大农民再就业培训力度。提升农民的科学文化素养和职业技术水平，是提高农民人力资本水平、增加农民收入的重要手段。下一步需要通过各种途径加大对农村劳动力再教育的投入力度，以科学文化知识学习为基础，以职业技能培训为依托，凝聚职业院校、科研院所、地方龙头企业等多方合力，努力提高农村劳动力的基本素质和技能，为农民再就业提供智力支持和保障。

三是加快产业融合促进劳动力就地转移。产业兴旺，是乡村振兴的重点，而探索适应地方特色的产业融合模式，是构建农村三次产业融合体系的关键。政府应基于县域现有产业结构和地方特色资源，寻找符合当地特色的产业融合模式。在此基础上，一方面，以融合产业促使农业劳动力向非农部门转移；另一方面，将一部分小规模农业主体转变为农业产业工人或农业服务者，以多元化的人才结构，让农民共享产业融合的红利。

> **案例　陕西省三原县：县域经济发展助力"家门口"就业**[①]
>
> 当前，远行求职已不再是西部地区农民工的唯一选择。得益于县域经济的快速发展，越来越多的人正倾向于在家门口谋求一份工作。
>
> 在河南一家食品企业担任车间主任10年后，37岁的西安市临潼区人付让回到

---

[①]《中国西部县域经济发展助力"家门口"就业》，新华网，https://baijiahao.baidu.com/s?id=1757975795373091660&wfr=spider&for=pc。

了距离家乡仅50公里的陕西省三原县，入职白象食品股份有限公司从事技术工作。

"过去我和妻子常年在外打工，只能逢年过节回家。现在离家近了，每周都能回去照顾老人和孩子，感觉很舒心。"付让说，更重要的是，三原县的优质食品企业越来越多，作为技术人员回来"一样有用武之地"。

在三原这个陕西传统农业大县，绿色食品产业正在成为一张新名片。三原县常务副县长刘航介绍，近年来，娃哈哈、白象、得利斯等企业纷纷前来投资设厂，促进了县域经济发展，也释放出大量就业岗位。据不完全统计，当地各类食品企业常年用工在1.2万人以上，其中绝大部分员工是当地及周边的居民，很多人都有在东南沿海打工的经历。

打工半径缩小，带来幸福指数提升。每天清晨，35岁的沈维梅送完孩子上学，就来到当地最大的社区工厂陕西康之宁玩具礼品有限公司上班。她对这份工作颇为满意。

"过去没有像样的企业，我和丈夫在苏州的电子厂打工4年多，每年只能在春节回家十来天。现在虽然收入没有在苏州时多，但一家人团圆，生活成本低，幸福感高。"她说。该公司负责人谢发明介绍，能在家门口就业，是社区工厂招工的最大卖点。

## 五、以要素市场化改革为契机提高农村资源要素配置效率

立足县域经济发展和全面推进乡村振兴的战略目标，未来需要持续推进城乡要素合理配置，坚持新时代城乡要素配置盘活、流动、保护、公平的改革方向，提升农村要素的市场化水平，提高农村要素配置效率，为农村发展提供资源和动力。①

一是要加大力度盘活农村闲置资源。新时代以来，虽有大量农村"沉睡"资源资产被唤醒，但绝大部分资源依然没有得到有效使用。针对这一问题，要强化要素配置改革的系统性，持续全面激活农村闲置资源。一方面，要激活农村存量建设用地。推进农村集体经营性建设用地入市改革向更广泛区域推广，同时健全集体经营性建设用地入市收益分配机制，让农民农村充分享受到土地资源激活的红利。另一

---

① 周振：《新时代我国城乡要素配置改革：实践成效、理论逻辑和未来展望》，《经济纵横》2023年第1期。

方面,让更多农村资源成为可撬动金融资源的资产。加快推动地方建设农村产权交易中心,推动物联网、区块链等技术在产权交易中的引用,同时还要加强政府对农村产权抵押贷款的担保,让农民和农村有更多用于发展的资金。

二是要加快破除要素流动的体制机制障碍。当前,要素在城乡之间、区域之间流动依然存在障碍,未来需要打破这种阻碍要素自由流动的制约。一方面,要持续推动社会资本下乡。在坚守土地用途管制和国家粮食安全的基础上,降低社会资本下乡的门槛,同时强化政府对社会资本参与乡村建设的支持力度,在融资、土地、税收等方面加强对下乡社会资本的扶持。另一方面,应加速城乡劳动力双向流动。持续降低农民工在城市落户的门槛,简化落户手续,强化城镇基本公共服务向新落户人口的覆盖。同时,对于城市人口入乡,要加大政策的激励力度,有序引导农民工、城市人口返乡入乡创业创新。

### 案例　贵州省习水县:盘活闲置资产带动乡村振兴[①]

农业是习水县的特色产业,农业收入仍然是习水县大部分农村人口的主要收入来源。通过东西部协作,习水县盘活闲置资源,建立共建产业园,因地制宜推进农特产品深加工、产业化经营,通过提升农产品价值来巩固脱贫攻坚成果。

园区累计带动全县规模化辣椒订单种植6万亩、花椒种植20万亩、方竹笋种植2.2万亩、小黄豆种植3.5万亩以及牛羊养殖1.3万户,总计带动近5.1万户农户增收。

在习水县土城镇,通过引进珠海良仆食品有限公司,投入协作资金300万元,一座闲置的博物馆改建成厂房实施蜜饯加工生产项目。短短几个月,14个腌制池里整齐码放了10多吨李子。项目建成投产后,第一年销售收入达1000万元以上。

在当地的一品红农业开发有限公司扩建厂房资金紧张之际,一笔499万元的东西部协作资金帮助企业新建了4条加工油辣椒、泡椒、花椒的生产线。公司董事长彭甫静说,农业企业往往在季节性收购时都面临资金难题,农业基金申请门槛高,小微企业贷款又难,东西部协作提供了一个新渠道。

---

① 《乡村振兴丨贵州遵义:东西部协作盘活闲置资产带动乡村振兴》,中工网,https://baijiahao.baidu.com/s?id=17830514654388352298&wfr=spider&for=pc。

# 第八章 人才发展

人才是第一资源,是推动县域经济高质量发展的动力。党的十八大以来,县域人才发展取得了重大进展,但县域人才总量、结构、布局、素质、效能等方面仍有较大提升空间。

## 第一节　作用和成效

自2002年党中央、国务院作出实施人才强国战略的重大决策以来，我国的人才队伍建设经历了"三支队伍"①到"六支队伍"②再到"七支队伍"③的变迁。

每一历史时期人才队伍建设问题，都与经济社会发展的需要密切相关。县域经济是国民经济的基本单元，县域经济高质量发展需要有适应其功能定位、满足其经济社会发展需要、服务其产供销各环节的人才队伍来作为支撑。

### 一、不同人才在县域经济发展中的作用

党政人才、企业经营管理人才、专业技术人才、高技能人才和营销人才在县域经济发展中分别发挥着重要作用。

#### （一）党政人才领导和引导作用

县域党政人才队伍是县域经济走科学发展之路必须依靠的核心资源，是兴县之本、富民之基、发展之源。④党政人才具有掌握政策、思路宽阔、眼光长远的优势，在县域经济发展规划制定和落实、县域人才资源开发和利用、县域公共服务和营商环境打造等方面发挥着领导和引导作用。⑤

#### （二）企业经营管理人才"领头羊"作用

企业经营管理人才是县域经济发展的"领头羊"，能根据市场变化迅速调整企

---

① 2002年5月，《2002—2005年全国人才队伍建设规划纲要》要求，着眼于各项事业的长远发展和人才的总体需求，树立发展新理念，实施"人才强国"战略，开发利用国际国内两个人才市场、两种人才资源，紧紧抓住培养人才、吸引人才、用好人才三个环节，着力建设党政人才、企业经营管理人才、专业技术人才三支队伍，为改革开放和现代化建设提供坚强的人才保证。

② 2020年6月，《国家中长期人才发展规划纲要（2010—2020年）》要求，突出培养创新型科技人才，重视培养领军人才和复合型人才，大力开发经济社会发展重点领域急需紧缺专门人才，统筹抓好党政人才、企业经营管理人才、专业技术人才、高技能人才、农村实用人才以及社会工作人才等人才队伍建设。

③ 2022年10月，党的二十大报告提出，加快建设国家战略人才力量，努力培养造就更多大师、战略科学家、一流科技领军人才和创新团队、青年科技人才、卓越工程师、大国工匠、高技能人才。

④ 李莉莉：《发挥党校培训主阵地作用助推县域党政人才队伍建设》，《经济研究导刊》2016年第17期。

⑤ 凌敏：《加强党政人才队伍建设促进县域经济发展》，《才智》2012年第25期。

业发展战略，促进企业增收、提高职工待遇、提供国家税收。[①]一方面，企业经营管理人才通过产品创新，将新产品引入市场；[②]另一方面，通过提高现有产品的投入产出效率和市场交易效率，改善组织管理方式，调动劳动者积极性。在县域经济中，农民不仅是劳动者，在某种程度上还担当企业家功能，[③]农民企业家在优化配置和充分利用农村各种资源方面发挥着重要作用，能够促进农村剩余劳动力转移、提高农民收入、发展农村工业、繁荣农村经济。[④]

### （三）科技人才创新引领作用

领导人强调，国家科技创新力的源泉在于人，[⑤]科技人才是县域经济转型升级和县域创新生态构建的"关键一环"，在县域经济高质量发展中发挥着创新引领作用。一方面，科技人才在实验室、高新技术企业、产学研平台等创新载体上进行科学研究，在科学知识与科研项目间建立连接，产出科学技术成果，并转化应用到产业发展各个环节，引领县域经济转型升级。另一方面，高端科技人才携科研项目落地县域城市，有利于形成示范效应，为县域城市吸引更多科技人才，形成良好的科技创新生态，实现人才集聚、科技创新、经济转型的良性循环。

### （四）技能人才主力军作用

技能人才是制造业的中坚力量，以制造业为主的第二产业是县域经济的主体，技能人才在县域经济发展中发挥着主力军作用。赛迪顾问《2023中国县域经济百强研究》显示，2022年，百强县规模以上工业增加值增速达到5.9%，超过广东省、江苏省、浙江省和山东省。以位列全国百强县首位的昆山市为例，2022年，昆山市规模以上工业总产值实现了万亿级大突破，其中，电子信息行业产值为6015.46亿元，占规上工业总产值一半以上。此外，太仓、慈溪等百强县也高度重视制造业高质量发展。智联招聘数据显示，工业自动化、电子设备制造、通用设备制造等行业，职位需求占比最高的是技工，其中，电子设备制造业技工需求占比高达50%。技能人才在诸多百强县经济发展中发挥着主力军作用。

---

① 文映先：《浅谈企业家在中国实体经济发展中的地位与作用》，《中国高新技术企业》2009第3期。
② 聂常虹、李慧聪：《企业家精神驱动实体经济发展的作用机制研究》，《全球化》2016年第6期。
③ 张培刚：《农业国工业化（上卷）：农业国工业化初探》，华中科技大学出版社2002年版，第157页。
④ 张丹：《中国经济发展中农民企业家的贡献与作用》，《调研世界》2010年第10期。
⑤ 段晨茜：《习近平在科学家座谈会上的讲话》，人民网，http://jhsjk.people.cn/article/31859312。

### （五）营销人才开拓市场作用

营销人才在减少产品库存、开发需求增量等方面具有优势，能为县域经济高质量发展起到开拓市场的重要作用。一是减少产品库存。营销人才通过推进产品包装创新、销售策略创新、营销渠道创新、运输方式创新、售后服务创新等，促进农产品上行、工业品下行，形成畅通的产品流通体系，减少产品库存，在县域范围内形成城镇和乡村产品的内循环，增强消费对县域经济发展的拉动作用。二是开发需求增量。营销人才进行市场需求预测，提升产品供给对市场需求的适配性，扩大消费需求。

## 二、县域人才发展取得明显成效

### （一）县域人才总量明显增加

党的十八大以来，不同经济体量、不同人口规模的县域城市人才总量均明显增加。数据显示，截至2022年，山东省寿光市[①]人才资源总量达到25.4万人，约占户籍总人口（111.2万人）的22.8%。浙江省嵊州市[②]2020年人才资源总量达到20.4万人，占全市总人口（70.9万人）的28.7%，相较2015年末占比增长6个百分点。"十三五"期间，云南省嵩明县[③]人才资源总量从3.10万人增长至3.66万人，增长率为18%。

### （二）县域人才结构持续优化

县域人才结构体现在产业分布结构、专业结构、年龄结构、性别结构、来源地区结构等方面。以产业分布结构为例，县域人才呈现从低效率产业向高效率产业转移的趋势。2018年末，福建沙县工业从业人员比2013年末下降20.6%，住宿和餐饮业下降61.4%，而信息传输、软件和信息技术服务业从业人员比2013年末增长9.1倍，租赁和商务服务业增长1倍，水利、环境和公共设施管理业增长52.7%，见图8-1。[④]

---

① 寿光市，山东省辖县级市，由潍坊市代管。2022年，寿光市实现地区生产总值1002.1亿元，户籍总人口111.2099万人。

② 嵊州市，浙江省辖县级市，由绍兴市代管。2022年，嵊州市实现地区生产总值711.08亿元，户籍总人口709739人。

③ 嵩明县，隶属云南省昆明市。2022年，嵩明县地区生产总值达164.35亿元。七普数据显示，截至2020年11月1日零时，嵩明县常住人口为410929人。

④ 沙县统计局：《沙县第四次全国经济普查主要数据公报》，三沙市沙县区人民政府网站，https://www.fjsx.gov.cn/zwgk/tjxx/tjgb/202012/t20201203_1598609.htm。

| 产业类别 | 工业 | 建筑业 | 批发和零售业 | 交通运输、仓储和邮政业 | 住宿和餐饮业 | 房地产业 | 科学研究和技术服务业 | 水利、环境和公共设施管理业 | 居民服务、修理和其他服务业 | 教育 | 卫生和社会工作 | 文化及相关产业 |
|---|---|---|---|---|---|---|---|---|---|---|---|---|
| 增长率 | −20.6 | 1.9 | 12.5 | 35.6 | −61.4 | 32.9 | −15.9 | 41.6 | 5.1 | 10.3 | 29 | 16.2 |

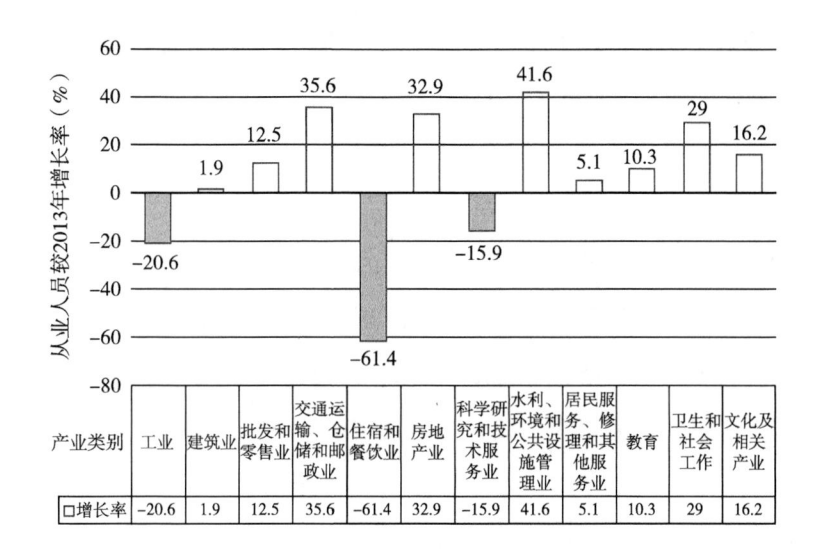

图 8-1 沙县各产业从业人员变化情况

### （三）县域人才布局逐步优化

县域人才布局体现在不同县域、乡镇、园区的空间布局和不同单位之间的布局。以农民工①为例，一方面，县域外出务工农民工呈现返乡回流趋势；另一方面，未回流农民工向效率更高的企业转移。国家统计局《农民工监测调查报告》显示，2021年，外出农民工②17172万人，比上年增加213万人，增长1.3%；2022年，外出农民工增加18万人，增长率仅为0.1%。由此可见，农民工外出务工趋势放缓，返乡回流趋势增强。未回流农民工转向以外卖平台为主的互联网平台企业就业。美团研究院数据显示，2022年在美团平台上获得收入的骑手达624万人，比2021年增长近100万人。中国新就业形态研究中心调研数据显示，2020年，全国范围内外卖骑手月均收入为4579元，比农民工月均收入水平（4072元）高12.5%。

### （四）县域人才素质不断提高

县域人才素质体现在人才学历、能力等方面。以人才学历为例，七普数据显

---

① 农民工：指户籍仍在农村，年内在本地从事非农产业或外出从业6个月及以上的劳动者。《农民工监测调查报告》显示，农民工的六个主要就业行业包括制造业、建筑业、批发和零售业、交通运输仓储和邮政业、住宿餐饮业、居民服务修理和其他服务业。根据《中华人民共和国职业分类大典》，农民工在上述行业从事的职业主要有装卸搬运工、收银员、理货员、快递员、客房服务员、餐厅服务员、汽车维修工、家政服务员等，其所从事职业多属于技能人员。因此，本文以农民工为例，分析技能人才布局情况。

② 外出农民工：指在户籍所在乡镇地域外从业的农民工。

示,我国县级城市本科及以上学历人口总量为2471.71万人,占全国本科及以上学历人口的3.32%,比七普时增长了1508.08万人,占比提高了2.08个百分点。可见,县域人才素质正在不断提高。

### (五)县域人才效能稳步提升

人才效能,也称人力资源效能,简称人效。人效是指人力资源的投入产出情况,能够反映人力资源效率和人力资源价值创造能力。① 人效主要通过劳动生产率来衡量。近年来,随着数字经济的发展,县域人才效能不断提升。例如,湖南省衡南县招大引强,引进特变电工在县城云集街道建设5G科技产业园,一方面,为县域人才创造就业机会;另一方面,得益于5G技术带来的红利,从业者人均产值提高,企业用工成本下降,人才劳动生产率较以往提高4倍。②

## 三、取得成效原因分析

### (一)中央政府高度重视县域人才发展

党的十八大前后,中央出台了一系列促进县域人才和乡村人才队伍建设的政策和措施。2011年,中组部等五部门联合印发《农村实用人才和农业科技人才队伍建设中长期规划(2010—2020年)》,要求加强农村实用人才带头人、农村生产型人才、农村经营型人才、农村技能服务型人才等人才队伍建设。2012年,中组部等三部门印发《边远贫困地区、边疆民族地区和革命老区人才支持计划社会工作专业人才专项计划实施方案》,明确了"三区"本土科技人才和农村科技创业人才队伍选派和培养的具体工作程序。2014年起,中组部、农业部连续四年下达农村实用人才带头人和大学生村官培训计划的通知,为培养上述人才提供了切实可行的措施。2017年,《关于县域创新驱动发展的若干意见》强调,集聚创新创业人才,充分发挥企业家、科技领军人才、高技能人才、专业技术人才、乡土人才的作用。2021年2月,中共中央办公厅、国务院办公厅印发《关于加快推进乡村人才振兴的意见》,将乡村人才进一步细化为农业生产经营人才、农村二三产业发展人才、乡村公共服务人才、乡村治理人才、农业农村科技人才,县域人才工作有了更明确的方向和更实际的抓手。

---

① 彭剑锋:《中国企业进入人力资源效能管理时代》,《中国人力资源开发》2013年第21期。
② 徐德荣、唐曦、成俊峰:《农业大县衡南如何"变"出工业新优势》,新湖南公众号,https://mp.weixin.qq.com/s/BjSKnTMTGMBIvQhPMslQHw。

## （二）各地政府坚持人才引领

党的十八大以来，各地政府深刻领会"人才是第一资源"的内涵，高度重视人才在促进县域经济发展中的作用。湖南省祁东县成立由县委书记任组长的人才工作领导小组，从政治引领的高度重视县域人才工作。甘肃省迭部县坚持人才引领促进经济社会发展，确立人才引领发展的战略地位，全面聚集各类优秀人才，着力夯实人才发展的基础，通过人才来引领和推动社会经济高质量发展。四川省广汉市坚持党管人才原则，实施"人才强市"战略，构建人才政策体系，为县域经济发展提供人才保障和智力支撑。黑龙江省甘南县牢固树立"人才是第一资源"的理念，打出一套人才工作"组合拳"，全面提升人才工作效能，使人才活力竞相迸发。

## （三）创新人才工作方法

诸多县级政府将人才作为第一资源，在人才政策制定和人才工作开展的前、中、后期下大力气吸引和集聚人才。陕西省石泉县找准找实县域人才缺口和人才引聚问题，增强县域人才政策和人才工作的科学性、精准性。江苏省昆山市聚焦人才成长需求，率先提出打造人才友好型城市，出台针对"头雁人才""双创人才""乡土人才""高技能人才""外专人才"等多种类型人才的政策，并从发展友好、生活友好两个维度构建了引聚人才的指标体系。[①] 黑龙江省克山县强化人才工作宣传，依托自有媒体和上级媒体，广泛宣传其人才工作经验和人才政策细则，提高政策知晓度和落实度，打通人才工作"最后一公里"。

> **案例** 　　　　**陕西省石泉县：做优人才"生态圈"**[②]

陕西省石泉县坚持科学性、全面性、精准性相结合，深入一线开展人才工作调研，着力找准找实人才工作存在的问题和薄弱环节，有力推动全县人才工作上水平、出实效。

1. 设定"规定路线"，做到全覆盖

拟定全县人才工作调研方案，明确主体，突出重点，组成2个调研组深入全县

---

① 范巍：《县域人才友好型城市建设指标体系构建研究》，中国人事科学研究院网站，https://www.rky.org.cn/1309/1310/Document/13054/13054.html。

② 周晓、王培：《石泉：开展人才工作调研 做优人才"生态圈"》，石泉县人民政府网，https://www.shiquan.gov.cn/Content-2539904.html。

27个镇和重点部门，紧盯人才引进、培育、管理、服务等方面经验做法和主要问题，通过走访调研、座谈交流的方式，为全县经济社会发展注入更多"智力活水"。

2. 实现"精准把脉"

重点了解引才需求、人才培养、人才项目资金使用等情况；全面掌握紧缺或急需人才的岗位需求及遇到的问题；重点收集改进人才工作机制、加快实施人才强县战略的创新思路和意见建议，为人才规划做好数据支撑，切实提高人才工作调研的精准性。

3. 聚焦"成果转化"，着力解难题

针对性地制定改进人才工作配套政策，进一步细化具体措施，切实把调研成果转化为解决问题的具体行动，为实施人才强县战略提供有力的参考依据，形成上下衔接、相互配套的人才政策体系。

### （四）各地政府为引聚人才创造良好环境

近年来，各地纷纷突破传统"给钱给物"的引才方式，着力打造人才生态和营智环境，吸引集聚人才的方式方法越来越精准有效。黑龙江省依兰县通过打造人才公园、完善培养体系、优化服务保障，营造了良好的休闲娱乐环境、技能提升环境、公共服务环境。陕西省黄陵县根据产业发展需要出台新政策、搭建新平台，为引聚人才营造了良好的政策环境、创新创业环境。

> **案例** **陕西省黄陵县：打造良好人才发展环境**[①]

陕西省黄陵县把招才引智作为推进高质量发展的第一抓手，创新举措，强化保障，聚力打造良好人才发展环境。

1. 出台"新政策"，建立引才新举措

制定出台《加快推进人才引进工作的实施意见》《高质量发展人才需求清单》《刚性柔性引才工作实施方案》等11项政策，为全流程做好人才工作提供政策支持。财政专项列支5000万元，设立"人才引进政策兑现资金池"，并按照进出平衡的原则，及时足额补充。对重大人才引进项目，采取"一事一议、特事特办"的方式给予资金保障。组建黄陵智库，聘请陕西永秀、杭州城研等智库团队，与浙江大

---

① 《陕西省2023年第一批优化营商环境典型经验做法》（下），网易网，https://m.163.com/dy/article/I42OPCA90518KCLG.html。

学签订人才引进、招商引资等全方位合作协议，为招才引智提供咨询服务，为创业创新团队和各类人才提供保姆式、托管式、一站式服务，让各类人才引得"顺畅"、留得"安心"。

2.搭建"新平台"，创建发展新环境

出台财税、金融、土地等扶持措施26条，设立了1500万元的风险贷偿资金池、5000万元的融资担保基金，联合省政府投资引导基金、方元资产管理公司等设立了3亿元的西部秦创成长私募投资基金，为各类企业和人才团队来黄陵创业发展创造优良环境。

建成集企业孵化、科技转化等为一体的轩辕科技创新中心，搭建现代农业、智慧工业、数字黄陵3大创新平台，培育引进企业77家。同时，与西北农林科技大学、西北大学、中国医科院等7所院校进行科研合作，建立专家工作站6个。与北京大学、中煤科工集团总院等高校院所进行科研合作，建成智能云管控、诺莎智能风险管控等系统，国家煤矿安全智能开采重点实验室落户黄陵，为企业高科技产业提供有力支持，营造更好的科技型人才发展环境。

### （五）积极探索人才评价激励方式

引聚人才的最终目的是使用人才，用好人才评价激励手段才能充分激发人才潜能。以技能人才评价为例，2022年3月，人力资源和社会保障部出台《关于健全完善新时代技能人才职业技能等级制度的意见》，下放了职业技能等级认定权限，鼓励用人单位、社评组织、技工院校开展等级认定，并将认定结果与培养使用待遇、职业发展贯通相结合，是人才评价制度改革的一大举措。

该意见实施以来，贵州省三都县组织社评组织开展了厨师、美容师、电工等职业（工种）的等级认定。浙江省岱山县人社局指导监督县内用人单位鼎盛石化完成全县首批技师职业技能等级认定。浙江省松阳县开设专业性、实用性强的职业技能培训班，同时举办养老护理员、茶艺师等10个工种的职业技能竞赛。山西省高平市技工学校开展了计算机维修工职业技能等级认定工作。上述县域的实践探索均有效激励了相应职业（工种）的技能人才提升其技能水平，有效激发了技能人才的潜能，但激励效果仍然有限，认定结果与待遇挂钩、与职业发展贯通等方面仍需进一步探索。

## 第二节　存在的问题

### 一、人才总量不足

**（一）全国县域人才总体不足**

从全国范围看，近10年来，有近七成的县域城市常住人口在减少，其中，常住人口减少率超20%的县域城市约占15.6%。县域城市人口大量减少，人才总量也随之减少，造成人才总量不足。①

**（二）欠发达县域人才严重匮乏**

从各县域城市人才总量看，大城市周边、经济较为发达的县域城市人才较为集中。位列百强县之首的昆山市②，2023年人才占户籍人口的比重为41.9%。嵊州、寿光人才占比分别为28.7%和22.8%。位列百强县第100位的简阳市③，人才占比为10.8%。而百强县之外的宿松县④，人才占比仅为3.8%。很多贫困县的人才资源则更为匮乏。

### 二、人才流失严重

**（一）高学历青年党政干部流失严重**

调查显示，2017—2019年，陕西省扶风县、陇县、麟游县、金台区4个县区的公务员和事业单位工作人员共增加2595人，减少3226人，净减少631人。机关公务员流出县外的有135人，其中，具有本科及以上学历的109人，占比80.7%；40

---

① 李向光：《让县域小城集聚更多更好更适配人才》，大国人才公众号，https://mp.weixin.qq.com/s/dPW6uLevkoNngh_RqnxhnA。

② 昆山市，江苏省苏州市代管县级市。2022年，昆山市完成地区生产总值5006.7亿元，户籍人口120.4万人。2023年，人才资源总量达50.5万人，占户籍人口的41.9%。

③ 简阳市，四川省成都市代管县级市。2022年，简阳市实现地区生产总值（GDP）672.99亿元，户籍人口149.65万人。2023年，人才资源总量约16.1万人，占户籍人口的10.8%。

④ 宿松县，安徽省安庆市辖县。2022年，宿松县实现地区生产总值262.52亿元，户籍人口86.3万人。2023年，人才资源总量约3.3万人，占户籍人口的3.8%。

岁以下的108人，占比80%。①

## （二）专业技术骨干流失严重

2012—2017年，黑龙江敦化市各类人才流失量达1100多人，专业技术骨干流失严重。其中，教学骨干流失达134人，市直医院专业技术骨干流失达121人。② 宁夏某县自2000年以来，共流失高中骨干教师169名，其主要流向地是北京、上海、广东、银川等，流失量占全县中学教师总量的15%。③

## 三、人才结构和布局有待优化

### （一）高层次人才行业分布不均

截至2017年底，安徽省宿松县共有副高级以上职称985人，其中，教育系统有858人，占比87.1%；卫生系统49人，占比4.9%；农业系统36人，占比3.7%；其余单位共计占比4.3%。县域高层次人才数量在教育、卫生、农业三大系统与其他系统之间呈明显的两极分化状态。

### （二）高层次人才年龄偏大

浙江省乐清市经信局于2021年对232名技术技能人才进行了摸底调查，结果显示，35岁以下的高技能人才占比不到2%。④ 安徽省宿松县具有副高级以上职称的人才，其年龄也大多在50岁以上。县域高层次人才年龄较大，虽符合人才成长规律，但不利于调动有为青年的积极性。

## 四、人才素质有待提高

### （一）县域人才学历层次偏低

《全国高素质农民发展报告》显示，2022年，我国农民受教育程度在高中及以上的占60.68%，⑤ 而2016年，美国、英国、法国、德国、荷兰、日本分别是87.3%、

---

① 索炳辉、马飞龙：《基层人才流失现状分析及对策建议——以陕西省宝鸡市为例》，大国人才公众号，https://mp.weixin.qq.com/s/6nc5TzilVFLdJQI9vyTVNg。
② 张晶、邱晓鹏：《县域高质量发展人才状况研究》，《延边党校学报》2019年第2期。
③ 郑梦娜、阮成武：《县域普通高中教师流失及其治理——基于人力资本理论的分析》，《当代教育科学》2023年第5期。
④ 陈静慧、陆斌：《高技术技能人才培养与县域民营制造业高质量发展》，《理论观察》2022年第9期。
⑤ 孙庆玲：《2023年全国高素质农民发展报告》，《中国青年报》2023年11月8日。

69.9%、75.9%、87%、65.3%、80.7%。① 可见，早在6年前，上述国家农民受教育程度就已超过了我国。由于县域人才以农业生产经营者为主体，因而上述数据亦可大致反映出我国县域人才的整体学历层次不高。从县域城市数据看，四川省盐亭县机关企事业单位中全日制硕士研究生及以上学历人数在全县人口中占比仅0.28%。② 山东省寿光市大专以上学历人数占技能人才总数的25%；中专（含高中、职高）学历人数占技能人才总数的55%；初中及以下学历人数占技能人才总数的20%。

### （二）县域人才职称和职业技能等级水平不高

区别于受教育程度所反映的知识水平，职称和职业技能等级反映的是人才在从业过程中的专业能力和技能水平，是衡量人才素质的又一重要标尺。从县域城市数据看，我国县域人才职称和职业技能等级水平均有待提高。浙江省乐清市电器产业集群内规上企业从业人员有22万余人，其中，高级和中级职称占比仅为10%左右，初级和无职称者约占90%。山东省寿光市企业在岗技术工人近10万人，其中，高级技师人数约占技术工人总数的0.3%，技师约占2.5%，高级工占6.3%，中级工占20.5%，初级工占31.1%。此外，仍有近40%的技术工人未获得相应职业技能等级认定。

## 五、人才效能有待提升

进入新发展阶段，我国劳动生产率整体增速放缓，人才效能有待提升。当前，部分欠发达、未完成产业结构转型升级的县域城市的劳动生产率仍可通过物质资本积累和规模经济来提升。但总体来看，县域城市劳动生产率提升处于平台期，亟须

---

① 易红梅、刘慧迪、邓洋等：《职业教育与农业劳动生产率提升：现状、挑战与政策建议》，《中国职业技术教育》2022年第10期。
② 《绵阳盐亭推动发展需求与人才供给精准匹配》，新华社新媒体，https://mp.weixin.qq.com/s/JkGBUCCfPi6sra2H1jORAQ。

增加人力资本积累。新世纪以来，凭借"追赶效应"①和"结构效应"②，我国劳动生产率提升较快。但随着人均收入水平的提高和产业结构的变化，农业、工业、建筑业的追赶空间逐渐减小，除部分未完成产业结构升级的地区外，多数地区通过物质资本积累和规模经济提升劳动生产率乏力。知识和技术密集型产业仍有发展空间，但需要依靠人力资本积累来提高劳动生产率，而人力资本积累缓慢，导致人才效能提升仍需较长时间。③

### 六、营智环境有待改善

营智环境包括就业机会环境、薪酬待遇环境、福利保障环境、升职升级环境、权利保障环境、精神文化环境、基础设施环境、生活设施环境、自然生态环境。创造营智环境是一个系统工程，需要在上述九个方面综合施策。④当前，部分县域城市已认识到营智环境的重要性，例如，甘肃省玉门市认识到其人才工作中培育培养机制不健全，培育培养实效性不强，围绕经济社会发展的阶段性知识更新和能力提升不及时。⑤浙江省象山县在打造人才生态环境上发力，但仍存在问题，主要包括：产业基础弱导致人才集聚度低，产业结构调整难以适应人才结构调整；政策精准度与执行力度低，政策差异化优势不明显；人才培养载体散而少，人才自给自足水平低；创业创新条件不成熟、氛围不浓厚，人才潜力难以得到释放；城市生活品质不高，在硬件上缺乏对人才的吸引力。⑥山东省县域人才发展环境评估结果显示，省内

---

① 追赶效应：指其他条件相同的情况下，如果一国开始时较穷，它要迅速增长是容易的。这种初始状况对持续增长的影响在宏观经济学里被称为追赶效应。在贫穷国家中，生产者甚至缺乏最原始的工具，因此生产率低。少量的资本投资会大大提高这些工人的生产率。与此相比，富国的生产者已经用大量资本工作，增加的资本投入对生产率只有较小的影响。所以，在控制住其他变量时，例如用于投资的GDP百分比，穷国往往增长得比富国快。

② 结构效应：相较于农业，工业和服务业的每个劳动力附着的资本和人力资本更高，工业劳动生产率＞服务业劳动生产率＞农业劳动生产率。随着经济活动从农业向工业和服务业部门转移，这个过程中即便每个部门的劳动生产率增速没有变化，劳动力和资本也会逐渐向工业和服务业集中，使总体劳动生产率增速加快。而当劳动力转移完成时，劳动生产率的增速则放缓。

③ 张斌：《从"容易学"到"不好学"，中国劳动生产率快速提升阶段已过去》，中国观察公众号，https://mp.weixin.qq.com/s/a08lKRYgfwNodAAEXl9ncw。

④ 李佐军、刘帝：《积极创造营智环境 推动人才强国建设》，《中国发展观察》2023年第2期。

⑤ 玉门市委组织部：《酒泉市玉门市：人才支持强县域战略应关注的问题及对策建议》，玉门铁人先锋公众号，https://mp.weixin.qq.com/s/eae48zdj4C_7kfgjdMmLeg。

⑥ 张慧芳：《县域经济人才生态环境优化研究——以象山县为例》，《国际公关》2019年第5期。

县域地区人才发展环境存在的问题主要有人才创新事业平台、基础教育资源供给和共享不足等。① 同时，很多县域城市在升职升级环境、精神文化环境、自然生态环境的打造方面存在不足。

## 第三节　思路与对策

### 一、提高对县域人才重要性认识

（一）持续强化人才"第一资源"在县域经济发展中的重要作用

牢固树立"人才是第一资源"的理念，坚持党管人才、人才引领，深入实施"人才强县"战略，形成尊重人才、支持人才、关爱人才的浓厚氛围，激发人才潜能，以人才红利推动县域经济发展。

（二）充分发挥不同类型人才在县域经济发展中的独特作用

在"人才是第一资源"理念的指导下，深刻理解党政人才、企业经营管理人才、科技人才、技能人才、营销人才在县域经济发展中的领导作用、支撑作用、创新引领作用、主力军作用和开拓市场作用，确保人事匹配、才尽其用。

（三）重点关注人才素质在县域经济提质增效中的关键作用

关注不同类型人才中的高端人才，区别理解视野开阔、干事创业的党政人才是高新技术企业落地县域的主导者，科技领军人才是科学技术问题的攻坚者，高技能人才是解决生产制造难题的主力军。深刻认识党政人才、科技领军人才和高技能人才是县域经济高质量发展的关键力量。

**案例**　　　　　　　　　**以技赋能　以技富农**②

河北省石家庄市赞皇县"七山二滩一分田"，曾是国家级贫困县。伴随完成脱贫攻坚，赞皇县的经济发展增速、人均可支配收入、城乡居民收入比以及脱贫人口收入结构等都表现出较好的发展态势。通过调研发现，这与赞皇县近年来坚持"生态

---

① 刘伟明：《"人才兴鲁"战略下山东省县域地区人才发展环境研究》，《经济师》2023年第4期。
② 李坤晓、于帅：《发挥资源优势擦亮"赞皇嫁接工"劳务品牌》，《石家庄日报》2022年11月8日。

优先""绿色发展""靠山吃山""以技做专",通过提升职业技能培育农民人才、拓宽就业渠道的做法分不开。

一是,"靠山吃山",开展全产业链职业技能人才培育。创建"赞皇枣农"劳务品牌并被评为石家庄市劳务品牌和河北省省级劳务品牌。打造"赞皇酸枣产业工"劳务品牌,使产业工由纯体力型向职业技能型转化。

二是,发挥特色优势"以技做专"。作为国家级林业科技示范县,赞皇县培养出的"赞皇嫁接工"以技取胜,劳务输出口碑享誉全国。由"赞皇嫁接工"发展为专业园林绿化工,务工渠道进一步拓展,"赞皇新农人绿化工"著名劳务品牌已初步形成。

三是,开发指尖技能助力"赞皇嫂子"拓宽妇女就业渠道。通过技能培训加之"踏实肯干口碑"打造"赞皇嫂子"品牌,已在多个领域享誉全国。通过手工技术结合"扶贫微工厂""巾帼基地""种植基地"发展妇女"指尖经济",使大龄农村半劳力妇女在家门口就业。

四是,投入建设赞皇县职业技术教育中心,已获批省级高技能人才培训基地,培育高技能"带头人"。把"土专家""田秀才"培育成为发家致富的"领路人"、乡村振兴的"带头人"。开辟焊接技能人才培养新领域,扩大在工业建筑领域就业。其中已推荐入选"石家庄工匠"5人。

### (四)研究制定促进县域人才发展的指导意见

县委人才工作领导小组要研究制定促进县域人才发展的指导意见,对县域人才工作进行系统谋划和整体安排。以党中央的人才工作新论断、地方各级政府的人才工作新部署为导向。坚持党管人才、服务发展、以人为本、问题导向、切实可行等原则。完善县域人才工作体制机制,聚焦人才引、育、留、用各环节,对引进什么人才、怎么引进人才,培育什么人才、谁来培育人才,留住什么人才、如何留住人才,使用什么人才、如何评价激励人才等工作作出安排部署。指导政府相关部门、各市场主体、各职业院校、各评价组织、各用人单位通力配合、细化落实,辅之以必要的保障措施,确保县域人才工作"一张蓝图绘到底,一部意见到实处"。

## 二、发挥企业在引聚人才中的主体作用

### （一）引导企业为各类人才创造平台和机会

鼓励企业利用厂房、设备、项目、资金、原料等，为青年科技人才搭建创新平台。利用已建成投产项目为技能人才提供就业机会。利用完整的运营体系、产品体系为经营管理人才、营销人才提供就业机会，吸引集聚各类人才来到企业、落户县城。

### （二）引导企业制定创新人才引聚机制和方法

鼓励企业设立人才引聚工作领导小组和工作专班，制定人才引聚工作方案，专人负责，让企业人才引聚工作有章可循。鼓励企业主动出击、提前谋划，减少毕业季校招的被动等待。推行新型学徒制，采用校企联合培养等方式，吸引集聚应届毕业生，采用柔性引才等方式，吸引集聚各类高端人才。

### （三）引导企业优化人才培养、使用和激励方式

鼓励企业结合生产经营需要、技能提升要求等，优化培训课程，帮助员工及时提升知识和技能。按照人才评价相关政策要求，对于满足条件且能力较强的员工给予职称评定和技能等级认定，并将评价结果作为岗位任用、绩效工资确定、项目申报的重要依据。在企业范围内营造"学得到、用得上"的良好氛围，以公平向上的企业生态吸引集聚人才。

> **案例　上海大界机器人公司跨学科人才培养**[①]
>
> 上海大界机器人科技有限公司是宝山区智能制造领域高新技术企业，现有员工170人，本科及以上逾80%，拥有硕博学历共计48人，累计投入研发费用超5000万元。
>
> 人才培养的主要做法如下：
>
> 一是加强信息共享，培育跨学科融合人才。大界所从事领域要求员工有较强的跨学科理解能力，为解决跨学科融合问题，首先要统一语言，为此，大界搭建了"企业百科"和"企业知识库"。"企业百科"收录了对企业有特定意义的信息（例

---

① 《大界机器人·工业软件科创企业的人才培育与组织经验》，上海科普网，https://www2.shkp.org.cn/articles/2023/06/wx435667.html。

如：缩写词、专业术语、企业专属用词等），并把这些信息提炼为"词条"，员工可以在聊天、搜索时看到"百科卡片"，快速了解自己不熟悉的内容。另外，每一位员工都可以创建、编辑词条内容，人人都能成为企业知识的贡献者。"企业知识库"则是面向企业内部的知识管理系统，是高价值、快流转的完整知识体系。

二是校企共建实验室，联合培养人才。大界在浙江大学紫金港校区设立了建筑人工智能机器人实验室，并进行相关课程教授。在华南理工大学、天津大学、西安建筑科技大学、西交利物浦大学、台湾淡江大学、同济大学设计研究院等开展科研与课程合作，逐步形成了"实验室—公司实习—正式员工—核心骨干"的人才培养模式。

## 三、引导教育培训机构大力培养各类县域经济人才

### （一）引导不同类型培训机构各司其职

引导普通高等院校、职业院校（含高职、中职）、技工院校、社会培训机构认清其在人才培养中的定位。根据主要人才类别、劳动力市场需求、专业能力要求、技能要求等，确定培训规模、培训周期、培训时间、培训方式、师资力量等，确保及时培养出经济发展所需的高素质人才。

**案例　青海省互助县：职业学校人才培养模式**[1]

青海省互助县职业技术学校始建于1985年，是国家级重点中等职业学校。近年来，学校积极推行"五合一三得利"人才培养模式，通过"教室与车间合一、学生与学徒合一、教师与师傅合一、教学与生产合一、作品与产品合一"的创新模式，实现了学校得利（实现了人才培养、提高了育人质量）、企业得利（减轻了员工开支、降低了人力成本）、学生得利（获得了报酬、强化了实践技能）的双赢目的。截至2021年底，学校已向社会输送了各级各类技术型人才共30000余名。2021年，学生就业率达100%，初次就业率达98.2%，就业对口率达87.5%，毕业生对学校满意率达99.2%。在全省乃至全国中职学校招生困难的情况下，学校招生人数逐

---

[1] 青海省教育厅：《改革人才培养模式　推进产教融合育人——互助县职业技术学校人才培养模式改革工作案例》，人民网，http://qh.people.com.cn/n2/2021/0925/c182775-34930113.html。

年上升，招生规模在青海省海东地区排名第一，在全省名列前茅。

人才培养主要做法及成效如下：

（1）教室与车间合一。解决了办学条件难以适应市场需求的矛盾。通过人才培养模式改革，强化校企合作，使学校的办学条件得到极大的改善，为学生提供更多现代化、专业化的实训设备，可以使学校更好地利用校企合作平台，深入推进校企合作，推动专业建设。

（2）教师与师傅合一。解决了课堂理论满足不了实践要求的矛盾。生产性实训基地为教师队伍建设提供了有力平台，高薪聘请的名师，既作为企业员工在企业一线生产，又作为学校的实训教师指导学生实训，帮助学生掌握过硬技能。专业教师还可以通过企业实践，提高专业水平。在教师与师傅的转变中，不仅更新了教学内容，还改革了教学方法。学生在身临其境、耳目一新的教学体验中逐渐成长。

（3）学生与学徒合一。解决了学生毕业进企业难以适应的问题。在实践体验中，提升学生综合能力，促进了学生技能提高，也使学生对企业文化、劳动纪律、经营观念有了较深刻的感知，培养了学生岗位素养和就业生产能力。学生通过企业实习，能尽早熟悉企业环境，适应企业管理，为今后走上工作岗位打下坚实的基础。

（4）教学与生产合一。解决了教学与生产实际脱节的问题。产教融合、校企合作是一种"双赢"模式，学校的育人水平不断提高。有效地延伸了课堂教学，构建真实的职业环境；有效地促进教学模式改革和课程方式改革，培养更加优秀的学生；为企业源源不断地输送优质技能人才的同时，也为地方经济发展插上腾飞的翅膀。

（5）作品与产品合一。解决了学生实训成本过高的问题。学生在学习中逐渐养成精益求精的习惯，用健壮的臂膀将作品慢慢细化，用有力的脊梁承担作品的分量，在实践学习中铸造匠心精神。

## （二）引导培训机构设置好课程内容

一方面，对于有职业标准和职业培训包的职业，依据其所规定的培训要求、课程规范，结合劳动力市场最新的能力要求，设置课程内容。另一方面，对于没有职业标准和职业培训包的职业，根据《职业信息与教育培训项目（专业）信息对应指引（2023年版）》，将职业名称与专业名称对应，并依据相应专业人才培养目标、专业技术范畴、专业知识与专业能力及应用等，设置课程内容。

### （三）确保培训机构考核标准科学一致

引导培训机构按照职业培训包和相关专业的考核规范，对所培训人才进行结业考核，确保考核内容、考核方式、赋分方式的科学性和一致性。支持有能力的培训机构按照考核规范建立并及时更新考试题库，与其他培训机构共享，以题本的一致性保障考核结果的一致性。

## 四、支持各地创造良好的引聚人才的营智环境

### （一）创造就业机会环境

就业创业机会是人才选择工作地点时的首要考量，有机会和岗位才能获得待遇、得到晋升、享受生活。创造就业机会环境，一方面要新增就业岗位，另一方面要提升原有岗位的吸引力。新增就业岗位需要发展经济，提升原有岗位吸引力则需要打造好下文所述的其他营智环境。

### （二）提升薪酬待遇环境

根据美国心理学家赫茨伯格的"双因素理论"，工资属于保健因素。工资若得不到满足，员工会产生不满情绪，进而影响工作效率。相反，若工资得到满足，则可维持原有工作效率。因此，工资或薪酬待遇是维持员工绩效的最基本手段，提升薪酬待遇环境，十分必要。提升人才薪酬待遇，一方面要靠发展经济来支撑，另一方面要通过健全收入分配机制、优化收入分配结构来实现。

### （三）优化升职升级环境

升职升级属于"双因素理论"中的激励因素。升职升级等晋升机会若得到满足，员工会因此获得更大的激励，进而主动提高工作绩效。因此，优化升职升级环境对于激发人才干事创业的活力具有重要意义。良好的升职升级环境至少需要满足两个条件，一是渠道畅通，二是公平公开。

### （四）提供福利保障环境

福利保障环境包括住房、医疗、养老、教育培训机会等。住房是人安身立命之所，有稳定舒适的住房才能安心工作。医疗服务是保障人工作效率的基础，身体状况欠佳无法高效工作，而现行医疗体制下，看病难、看病贵的问题亟须解决。养老相关福利保障能有效解决人的后顾之忧，自身及子女的教育培训机会也能激励人更好地投入工作。

### (五)建立权利保障环境

人都会面临各项权利受到侵害的情形,需要有收入分配权保障、福利权保障、财产权保障、知识产权保障、自主择业权或流动权保障、教育培训权保障、参政议政权保障、生命权保障等。否则,人才没有安全感,对未来没有稳定预期,活力和潜能就得不到激发。建立人才的权利保障环境,一方面需要建立保障人才权利的法治环境,另一方面需要建立保障人才权利的舆论环境。

### (六)塑造精神文化环境

人才需要理解、包容、尊重、保护。人才大多受教育时间长,拥有较丰富的精神世界,对荣誉感、成就感、使命感等精神文化需求较多。人才大多需要进行创造性劳动,需要试错,因此对宽容失败的包容文化需求较迫切。塑造精神文化环境,既需要在全社会倡导爱护人才、尊重人才、宽容人才的氛围,也需要为人才提供满足其荣誉感、成就感、使命感的称号或名誉。

### (七)构建基础设施环境

人才总是工作生活在某个特定空间,需要有交通物流、网络数据、能源等基础设施。出行是否方便,快递是否便捷,网络是否通畅,用电是否稳定,直接影响到人才工作生活的成本和效率、安全与风险,为此需要为人才提供良好的基础设施环境。基础设施环境既包括传统基础设施环境,也包括网络数据、新能源等"新基建"设施环境。

### (八)打造生活设施环境

人才及其家庭也需要生活,需要休闲、娱乐、健身、旅游、购物、交友等。打造生活设施环境,一方面需要政府主导建设充足的公共服务设施,如公园、体育馆、图书馆、博物馆等,另一方面需要引导社会资本投资建设更多的生活服务设施,如影剧院、游乐场、商场、餐馆、咖啡馆等。

### (九)保护自然生态环境

人才越来越重视自然生态环境,越来越重视好山、好水、好空气。因为它们不仅影响人们的身体健康,还影响人们的精神状态和生活质量。随着全球气候变暖,追求绿色低碳已成潮流。许多人才选择工作生活地点时都将自然生态环境考虑在内,且权重越来越高。故需要保护好自然生态环境,以形成对人才的吸引力。要保护好自然生态环境,就必须推进生态保护修复、加快污染治理、节约集约利用能源资源。

## 五、鼓励各地积极探索新的人才引聚和利用方式

### （一）建设人才飞地，柔性引才

针对欠发达地区人才引不进、留不住的难题，探索建设人才飞地。利用飞地的人才优势、研发平台优势、科研项目优势、市场优势，利用本地的土地厂房优势、劳动力优势。探索建立孵化、研发、前台在飞地，产业化、生产、后台在本地的"人才飞地"模式，不求所有但求所用，柔性引才，助力县域经济发展。

### （二）利用新兴技术，远程引才

针对人才供给地与需求地不一的情况，借鉴"直播带岗"模式，将工厂、工作环境、HR搬至线上，使求职者足不出户、不费成本就可看到实际工作场景，了解岗位要求、薪资待遇等关键信息，从而帮助求职者找到心仪的岗位。[①]实现供需精准匹配，降低引才中间成本和供需不匹配带来的沉没成本，以较低成本吸引集聚更多人才为县域经济发展作贡献。

> **案例** 　**直播带岗"昆山模式"解决制造业招工难题**[②]
>
> 近年来，昆山市政府积极创新、制造业企业大胆探索、互联网平台持续赋能，通过短视频、直播等可视化方式，探索"直播带岗""直播招聘"模式。仅2022年，蓝领群体使用短视频直播招聘获得工作的比例增幅就达12.4%。2023年，昆山市内科技制造企业立臻科技的首场招聘直播，有近万人围观，收到的简历近千份，有求职者投递完简历3天后就已到岗入职。
>
> "昆山模式"的主要做法如下：
>
> （1）市政府积极推进人力资源服务数字化转型。2021年以来，昆山市打造了"人人帮"零工市场线上平台，利用数字化手段串联起劳动用工各个环节。人社服务数字化转型为直播带岗奠定了重要基础。2022年，昆山市开始大力探索直播招聘，以透明的劳动力市场供求信息大幅压缩了"黑中介"的生存空间。
>
> （2）制造企业利用直播招聘缓解用工困境。随着数字技术发展，短视频直播

---

[①] 范巍：《短视频直播生态催生新职业促进高质量充分就业报告》，中国人事科学研究院，https://www.rky.org.cn/1309/1312/Document/13101/13101.html。

[②] 乔婷婷：《直播短视频平台促进高质量就业的新思考》，《企业改革与发展》2024年第4期。

平台成为蓝领群体日常喜闻乐见的信息获取方式，在短视频直播平台上，求职者可以在线上充分了解工作环境，先选工作，后入职，对企业方和劳务中介都带来了更高效率的匹配，增加了劳动者获得稳定就业的机会，也降低了企业人员频繁流动的成本。

（3）快手等短视频直播平台持续赋能。快手在线上蓝领招聘效率和体验方面的优势，主要基于用户规模基础、信任场景构建和分发匹配等三个方面的能力。2022年，快手"快聘"业务已经吸引了月度达2.5亿人次的蓝领劳动者参与，平台已与超24万家企业达成合作。同时，与吉林、天津等多地人社部门举办"春风行动"联动，线上线下同步解决企业招工需求。

### （三）建设离岸基地，服务人才

针对"海归"创业者，打造离岸创新创业基地。提供政策解读、政务办理、创业辅导、项目孵化、生活服务、人力资源服务等，通过推动人才链、创新链、产业链、政策链、资金链深度融合，提高海外人才创业成功率，吸引集聚大批海外人才带项目回归祖国、回到县域。

## 六、规范人才竞争秩序

### （一）破除制度藩篱，引导人力资源合理流动

《人力资源市场暂行条例》第十一条明确规定，国家引导和促进人力资源在机关、企业、事业单位、社会组织之间以及不同地区之间合理流动。但户籍制度、社会保险制度不统一阻碍了人力资源在城乡、地区之间的流动。为保障县域人才自由流动，各地应在打破户籍限制、统一社会保险等方面下功夫。

### （二）规范竞争秩序，避免"抢人大战"的负面效应

随着各地对人才的重视程度越来越高，"抢人大战"进入白热化阶段，各地纷纷通过提供物质激励、改善营商环境等方式争夺人才。但均要避免过度竞争带来的"人才价格攀升"，发达地区"过度抢人"带来的欠发达地区"人才真空"，"人才生态构建一阵风吹"但后续服务乏力等负面效应。

### （三）培育市场主体，推动人力资源服务业发展

一方面，培育主营业务为员工招聘、海外用工等的前端服务主体，通过其服

务，整合劳动力市场供求信息，帮助人才快速找到工作。另一方面，培育主营业务为员工培训、工资代发、社保缴纳、劳动争议保护等后端服务的市场主体，让无法设置专门部门负责上述业务的中小企业，也能为人才提供周到服务。以县域良好的人力资源市场服务吸引集聚更多人才到该县工作。

### （四）完善法规体系，加强人力资源市场监管

国家层面制定出台人力资源服务机构管理规定等规章，加快人力资源服务标准化建设，制定网络招聘服务规范、人力资源服务机构诚信评价规范等。县级层面探索建立人力资源服务机构监管模式，严厉打击贩卖求职者个人信息、构建虚假劳动关系等行为。完善诚信激励和失信惩戒机制，严厉惩治违法违规行为，形成良好的人力资源服务生态。

# 第九章 城乡融合

2024年中央一号文件提出，促进县域城乡融合发展。城乡融合发展的实质在于，通过畅通城乡循环，构建城乡发展共同体，实现城乡协调发展。其核心内涵包括要素融合、产业融合、生态融合、基本公共服务均等化等。

城乡融合，需要把推进新型城镇化和乡村全面振兴有机结合起来，促进各类要素双向流动，推动以县城和建制镇为重要载体的新型城镇化建设，形成发展新格局。

为了促进各类要素双向流动，需要不断加大以工促农力度，积极创新以城带乡举措，进而形成工农互促、城乡互补、全面融合、共同繁荣的新型工农城乡关系，使发展成果更多更公平地惠及城乡全体居民。

## 第一节　城乡融合任务

城市与乡村空间交错、功能互补、环境共生、地域一体、文化一脉，形成相互影响、相互作用、规模庞大、结构错综复杂、功能综合多样的城乡地域系统。随着城镇化的快速推进，出现了农业生产要素非农化、农民社会主体老弱化、村庄建设用地空废化、农村水土环境污损化、乡村脱贫片区易返贫化等乡村人地失调、城乡发展失衡问题日益突出。全面认知当前乡村发展和城乡失衡问题，以及城乡融合发展格局、过程、机理与演变趋势，是制定全面、系统、长远的城乡融合和乡村振兴政策框架的理论依据。乡村是城乡地域系统的短板，可以通过乡村重构和城乡融合来解决乡村地域系统面临的问题，提升乡村资源要素的科学配置和管理水平，促进乡村地域系统结构和功能优化，实现城乡地域系统之间的结构和功能协调，从而推进城乡融合和乡村振兴战略的实施。

城乡融合促进乡村振兴的空间实施路径逻辑是清晰的，也有诸多理论支撑，比如区域空间结构中的点轴开发理论。该理论由中国经济地理学家陆大道院士提出，即通过对较大发展能力线状基础设施轴线地带，特别是对若干个点（城市及城市区域）予以重点发展，带动落后区域的发展。随着点轴渐进扩散，不同级别的中心城市和发展轴线在区域上形成空间网络，推动区域空间实现从不平衡发展到较为平衡的发展。从本质上而言，空间结构理论是一种使用非均衡增长路径实现均衡发展的理论，即发挥（城镇）轴线（重要基础设施）的扩散效应，带动落后区域（乡村）发展，实现城乡差距"倒 U"形演变，最终实现空间均衡发展。随着可持续发展理念的贯彻，空间结构变化正从经济一维沿着社会、经济、环境三维空间延伸，在城乡融合和乡村振兴的背景下，空间结构优化有助于推动城乡发展实现三维动态均衡。

正确看待乡村发展和城乡失衡问题，以及城乡融合发展格局、过程、机理与演变趋势，是制定全面、系统、长远的城乡融合和乡村振兴政策框架的理论依据。

### 一、政策要求

2024年中央一号文件指出："促进县域城乡融合发展。统筹新型城镇化和乡村全面振兴，提升县城综合承载能力和治理能力，促进县乡村功能衔接互补、资源要素优化配置。优化县域产业结构和空间布局，构建以县城为枢纽、以小城镇为节点的县域经济体系，扩大县域就业容量。统筹县域城乡基础设施规划建设管护，推进城乡学校共同体、紧密型县域医共体建设。实施新一轮农业转移人口市民化行动，鼓励有条件的县（市、区）将城镇常住人口全部纳入住房保障政策范围。"中央关于县域城乡融合发展的顶层设计和政策措施是一脉相承、一以贯之的。特别是把县域作为城乡融合发展的重要切入点，以县城为联结点和突破口，畅通城乡要素流动，促进城乡融合发展。

2022年3月，国家发改委印发《2022年新型城镇化和城乡融合发展重点任务》，提出要推进以县城为重要载体的城镇化建设。支持一批具有良好区位优势和产业基础、资源环境承载能力较强、集聚人口经济条件较好的县城发展。推进县城产业配套设施提质增效、市政公用设施提档升级、公共服务设施提标扩面、环境基础设施提级扩能，促进县乡村功能衔接互补。支持120个县城建设示范地区率先推动县城补短板强弱项，支持20个县城产业转型升级示范园区建设。

2022年5月，中共中央办公厅、国务院办公厅印发《意见》，进一步明确指出，县城是我国城镇体系的重要组成部分，是城乡融合发展的关键支撑，对促进新型城镇化建设、构建新型工农城乡关系具有重要意义。中央文件对"把握功能定位、分类引导发展方向；培育发展特色优势产业、稳定扩大县城就业；完善市政设施体系、夯实县城运行基础支撑；强化公共服务供给、增进县城民生福祉；加强历史文化和生态保护，提升县城人居环境质量"等方面作出系统部署，在组织领导、规划引领和试点先行上探索和形成以县城为重要载体的推动城乡融合发展和新型城镇化建设的有效路径。

可以看出，以县城为载体、以县域经济为带动的发展模式和路径对推动城乡融合具有不可替代的独特功能。

## 二、城乡融合，突出"三新"[①]

党的二十大报告提出，全面建设社会主义现代化国家，最艰巨最繁重的任务仍然在农村。坚持农业农村优先发展，坚持城乡融合发展。

---

① 刘江宁：《促进城乡融合要突出"三新"》，《经济日报》2024年1月27日。

城乡融合发展要在三个"新"上下功夫。

## （一）把握城乡融合发展的新目标和布局

"十四五"规划纲要中提到，城乡融合发展是指以城乡生产要素双向流动和公共资源合理配置为重点，以工补农、以城带乡，统筹推进城乡基本公共服务普惠共享、城乡基础设施一体发展、城乡产业协同发展、农民收入持续增长，形成工农互促、城乡互补、协调发展、共同繁荣的新型工农城乡关系，加快农业农村现代化和乡村振兴。基于不同的时代背景和国情特征，我国的城乡发展理论和战略，经历了从新中国成立初期的"统筹城乡"到改革开放之后的"城乡互动"，从党的十六大提出的"城乡一体化"到党的十八大以来的"城乡融合"的持续跨越与突破。城乡发展目标和布局产生新要求，即产业兴旺、生态宜居、乡风文明、治理有效、生活富裕。到2035年，乡村振兴取得决定性进展，农业农村现代化基本实现；到2050年，乡村全面振兴，农业强、农村美、农民富全面实现。实施乡村振兴战略，是解决新时代我国社会主要矛盾、实现第二个百年奋斗目标和中华民族伟大复兴中国梦的必然要求，具有重大现实意义和深远历史意义。

## （二）培育城乡融合发展的新的技术和业态

在城乡融合发展过程中运用现代新型科技，增强新时代乡村建设的现代化水平。

重要的是运用新发展理念，融入新发展格局，构建多样化乡村现代化建设格局，由此推动实施新型城镇化建设，加快建设农业强国，扎实推动乡村产业、人才、文化、生态、组织振兴。实施"数商兴农"工程，推进电子商务进乡村，广泛应用数智技术、绿色技术，加快农业转型升级。在此基础上引导城市产业向县域延伸，推进县乡物流配送发展，进而促进附近农民就近就业，构建完整城乡互通产业链。将科技引入农业生产经营模式的转变中，搭建城乡产业协同发展平台，实现城乡产业的跨界配置和有机融合。

## （三）巩固城乡融合的新格局和成果

新型城镇化战略与乡村全面振兴战略正在深入推进，城乡发展基础和互动关系均发生了极大的变化。

城乡融合发展是促进城乡有序发展，缩小城乡差距实现动态均衡发展的过程。新时代城乡融合发展主要体现在两个方面：一是在农村内部，即加强顶层设计、强化制度供给、推进农村供给侧结构性改革，坚持人民主体，抓住关键要素，全面推进乡村振兴；二是在农村外部，即通过改善城乡关系，发挥城市辐射功能带动农村发展。推进新型城镇化和乡村全面振兴有机结合，应在实践中持续优化，推动形成城乡融合发展新格局，区域协调发展战略取得新发展、新成效。

### 三、城乡融合的任务

#### （一）着力解决农业转移人口市民化问题[①]

推进以人为核心的城市化，需要把农业转移人口市民化摆在更加突出的位置，也是城乡融合发展中最迫切需要解决的问题。

目前，我国大约有2.9亿左右农业转移人口，数量规模庞大，农业转移人口市民化的任务十分艰巨。大量的农业转移人口长期在城市工作与生活，由于不能市民化，不利于全面推进乡村振兴战略的实施。

解决农业转移人口市民化的问题，需要各方发力。从政府方面分析，要不断健全和完善常住地提供基本公共服务制度。农业转移人口落户难，难在与户口挂钩的基本公共服务上，要通过不断健全和认真落实常住地提供基本公共服务制度，使农业转移人口可以与当地市民同等享受基本公共服务，不断增强农业转移人口的获得感、幸福感、安全感。

从改革着眼，需要化解"户口放开而不愿落户"问题，需要深化农村土地所有权、承包权、经营权分置（"三权分置"）改革，探索允许农业转移人口在保留土地承包经营权、宅基地使用权、集体收益分配权的基础上进城落户的方式方法，解决农业转移人口市民化的后顾之忧。让农民在自愿基础上实现农业转移人口土地承包经营权、宅基地使用权、集体收益分配权市场化退出机制，确保农业转移人口在市民化进程中利益不受损。

#### （二）推进公共服务向乡村覆盖延伸

在城乡融合发展的进程中，乡村基础设施和公共服务由于长期的历史欠账，与城市基础设施和公共服务存在巨大落差，是城乡要素双向流动中最大的短板。在推动城乡要素双向流动中，要因地制宜推进城镇基础设施和公共服务向乡村覆盖和延

---

① 贾若祥：《扎实推进城乡融合发展》，《经济参考报》2024年2月7日。

伸，进一步加大以城带乡力度，不断提高乡村基础设施完备度、公共服务便利度、人居环境舒适度，让农村居民能够就地过上现代化高品质生活。

### （三）推进农村三次产业融合发展

产业是城乡融合发展的"纽带"，要以发展现代化大农业为主攻方向，不断推进农村一二三产业融合发展，在融合发展中提高粮食综合生产能力，夯实粮食"压舱石"地位，确保国家粮食安全。同时，在融合发展中不断延伸产业链条，提升价值链，增加农业效益，增加农民收入。

推进农村一二三产业融合发展，要以市场需求为基本导向，充分发挥市场配置资源的决定性作用，以科技创新、制度创新、商业模式创新为根本动力，坚持大食物观，摒弃单纯以粮为纲的旧观念，在巩固粮食生产的基础上，不断向草原森林海洋、向植物动物微生物要热量、要蛋白，全方位多途径开发食物资源，不断促进食物多样化，促进大农业业态多元化融合发展。

### （四）发挥县城和建制镇在城乡融合中的作用

县城和建制镇，是发展县域经济的核心，是带动乡村发展的龙头，是城乡融合发展的关键支撑，对促进新型城镇化建设、构建新型工农城乡关系具有重要意义。

应强化县城和建制镇在城乡融合发展中的龙头带动作用，因地制宜补齐县城短板弱项，促进县城产业配套设施提质增效、市政公用设施提档升级、公共服务设施提标扩面、环境基础设施提级扩能，增强县城综合承载能力，更好满足农民就近到县城和建制镇就业安家需求和县城居民生产生活需要。

不断推进县城公共服务向乡村覆盖，健全县乡村衔接的三级医疗、教育、养老服务网络，因地制宜推进医疗卫生共同体、教育联合体建设，发展乡村普惠型养老服务和互助性养老，完善乡村社区化治理新模式。

> **案例** 贵州省绥阳县：推进金银花三产融合发展[①]

绥阳县位于贵州省遵义市中部，是"中国金银花之乡"，已有50余年种植历史。

积极推进金银花精深加工。全县围绕"龙头企业＋初加工企业＋合作社＋农

---

① 王婵娟、张昌红、朱淑雨：《遵义绥阳：持续推进山银花全产业链建设》，多彩贵州网，http://zy.gog.cn/system/2023/07/24/018419202.shtml。

户"的运营模式，以产业为主导，以订单为联结，以技术为支撑，通过国有平台公司与合作社或农户签订收购合同，实行保底收购，保障了农户利益，提高了农户种植积极性。全县拥有初加工厂51家，培育金银花企业20家，深加工企业6家，市级龙头企业6家，注册商标25个，包括缓阳金银花、黔阳、诗乡红、冠银针等，获得专利60余项。

多渠道扩大金银花产品销售。全县金银花系列产品通过"绥货入京""绥货入川"等方式，已在北京燕莎商城、成都维顶会连锁店等进行销售。同时，利用亚马逊、淘宝、抖音直播、一码贵州等电商平台，销售牙膏、花茶等金银花产品。

## 第二节　城乡融合的难点与挑战

近年来，我国城乡发展不平衡问题日益凸显，城市与农村之间的差距逐渐扩大，给社会经济稳定和人民生活带来了许多难题。实现城乡融合发展仍面临不少的难点与挑战，主要是以下几个方面。

### 一、城乡经济发展不平衡

城乡经济发展不平衡是城乡融合发展中的首要难点。由于历史原因和地理条件的限制，我国的经济发展主要集中在沿海地区和大中城市，而农村地区的经济相对滞后。这种不平衡的发展导致了城乡收入差距的扩大，农民的收入水平远远低于城市居民。国家统计局数据表明，2023年城镇居民人均可支配收入51821元，增长5.1%，扣除价格因素，实际增长4.8%；农村居民人均可支配收入21691元，增长7.7%，扣除价格因素，实际增长7.6%。从时间跨度看，农村居民收入实现了大幅度增长，且增长速度快于城镇居民收入。但从绝对数值看，差距仍然较大，接近2.5倍，在有些地区还有继续扩大的趋势。如何实现城乡经济的协调发展，是城乡融合发展中的重要挑战。

解决这一问题是一项很大的工程，需要加大对农村地区的投资力度，提高农村基础设施建设水平，改善农民的生产和生活条件；更重要的是，需要加强农村产业的发展，推动农村经济的转型升级。只有通过这些措施，才能实现城乡经济的协调发展，缩小城乡差距。

## 二、农村土地问题

农村土地问题是城乡融合发展中的另一个难点。由于我国农村土地制度的限制，农民的土地流转和使用权受到了一定的制约，这导致农村土地资源的浪费和不合理利用。同时，农村土地问题也影响着农民的收入增长和农村产业的发展。

发展乡村产业，当务之急是破解用地之难。例如，年轻人回村计划发展养殖鸽子产业，带动群众致富。但是因为缺少建设用地指标，养殖事业一直卡在建棚用地上。解决乡村产业用地问题，既要优化存量，也要做好必要的增量，同时，必须在坚持粮食安全、生态安全、规范用地的原则基础上，依法保障进城落户农民农村土地承包权、宅基地使用权、集体收益分配权，建立农村产权流转市场体系，健全农户"三权"市场化退出机制和配套政策。

改革农村土地制度，推动农村土地的流转和集约利用。一方面，可以通过土地托管、土地流转市场等方式，鼓励农民将闲置土地流转给专业农户或农业企业进行规模化经营。另一方面，还可以加强对农村土地的规划和管理，推动农村土地的集约利用，提高土地资源的利用效率。

国家层面高度重视优化农村土地制度改革的顶层设计，2024年中央一号文件对此有专门部署。2024年2月14日国务院新闻办公室举行的新闻发布会介绍，新时代新征程深化农村改革总的思路是，继续把住处理好农民和土地关系这条主线，把强化集体所有制根基、保障和实现农民集体成员权利同激活资源要素统一起来，搞好农村集体资源资产的权利分置和权能完善，让广大农民在改革中分享更多成果；同时也指出，深化农村土地制度改革方面，主要是统筹推进农村承包地、宅基地、集体经营性建设用地三块地的改革。

承包地方面，重点是稳步推进第二轮土地承包到期后再延长30年试点，逐步扩大试点范围，坚持大稳定小调整，确保大多数农户原有承包权保持稳定、顺利延包，有条件的地方可在农民自愿的前提下，结合农田集中连片整理探索解决细碎化的问题。

宅基地方面，重点是稳慎推进农村宅基地制度改革试点，聚焦保障居住、管住乱建、盘活闲置，在确权登记颁证基础上加强规范管理，探索完善集体所有权、农户资格权、宅基地使用权等权利内容及其配置的实现形式。

集体经营性建设用地方面，重点是深化农村集体经营性建设用地入市试点，要探索建立兼顾国家、农村集体经济和农民利益的土地增值收益有效调节机制。

各地也在积极探索农村土地制度改革的实践，例如，海南省根据新修订的《土地管理法实施条例》、《海南省自由贸易港土地管理条例》和国家有关文件对深化农村集体经营性建设用地入市工作的新要求，于2024年1月24日出台《海南省集体经营性建设用地入市试点办法》（修订），积极推动农村集体建设用地的改革创新，为城乡融合发展和乡村振兴提供要素保障。

### 三、社会保障问题

城乡融合发展中的另一个难点是社会保障问题。由于城乡之间的差距，农村地区的社会保障体系相对薄弱，农民的社会保障待遇较低。这导致农民的社会保障需求无法得到有效满足，也制约了农村地区的发展。更为棘手的是，随着城乡流动的加快，作为往返于城乡的进城务工人员群体如何得到健全的社会保障，是这一群体面临的现实问题，也是城乡融合的一大难点和挑战。

在城里打了大半辈子工的农民工或许会在留下与回乡之间摇摆。一边是熟悉但消费水平高、生活压力大的城市，另一边是基本生活有保障的老家和30多年没干过的农活，进城务工人员往往不知该何去何从。

2022年《政府工作报告》提出，健全常住地提供基本公共服务制度，加强县城基础设施建设。让农民工留得下城市、回得去乡村、就近能就业是全国上下热议的话题。《"十四五"推进农业农村现代化规划》提出，"十四五"期间，我国将健全农业转移人口市民化配套政策体系，完善财政转移支付与农业转移人口市民化挂钩的相关政策，为从根本上解决这一问题提供了制度保障。

除了社会保障，劳动权益保障也是农民工群体关注和需要各方合理解决的难题。近些年各级各有关部门在治理农民工工资拖欠问题上做了大量工作，取得了积极成效，但是也要看到，实现农民工工资基本无拖欠的目标依然任重道远。有人大代表建议，进一步强化劳动保障监察执法能力，全面推广农民工工资保证金制度，落实人工费用与其他工程款分账管理制度，避免因工程款拨付问题导致工资拖欠，同时，对拒不支付劳动报酬的犯罪行为坚决打击。

为解决农村居民和进城务工人员社会保障问题，需要统筹发力，一方面加大对农村地区社会保障的投入，提高农民的社会保障待遇；另一方面，还要在城乡融合发展理念指导下，综合考虑为城乡融合发展作出贡献的各类群体提供针对性强的社会保障措施和个性化保障方案。

### 四、人口流动问题

城乡融合发展中的另一个挑战是人口流动问题。由于城市的吸引力和农村的推动力，大量的农民涌向城市，导致城市人口过剩和农村人口减少。这不仅给城市带来了巨大的压力，也使农村地区的发展面临着严峻的挑战。当前，农村人才链条上的各个环节都还十分薄弱，无论是从事农业生产的农民，还是农技人员、村干部、致富带头人都严重短缺。同时，还存在人口老龄化、学历低，人才流动性大，留不住人等问题。

人才是乡村振兴的第一资源，实现农村地区发展，进而实现城乡融合发展，要汇聚各方力量，激励各类人才在农村广阔天地各施所能、大显身手，补齐乡村振兴人才短板。

江苏省靖江市德胜中心村90后女留学生从欧洲回来后，选择到村创业，她创办的儿童座椅企业收入已达上千万元。

解决人才问题关键在于产业，有产业才能聚拢人才，人才来了能进一步推动产业发展，实现村强民富。想要人才进得来、留得住、干得好，最核心的还是事业激励，只有让人才干事有奔头、创业有平台，资源才会主动向乡村集结，技术、资金、科研能量才会向一线汇聚。

客观来看，相比于城市，乡村的条件较差、待遇也较低，很难单单依靠市场调节人才供给，因此需要依靠好政策驱动，给予持续激励，让留乡的人留得安心。

对农民进行新型职业技能培训必不可少。目前，传统职业农民培训比较分散，未形成体系。农民培训的渠道主要是政府组织的线下培训、农技推广、农业相关的公众号和微信群等，更侧重对农业生产、种养管理的培训。新型职业培训的内容不只是第一产业，也要加入更多一二三产融合的内容。要按照乡村振兴的需求，适应乡村产业发展变化，构建新的农民教育培训体系，发展壮大爱农业、懂技术、善经营的高素质农民队伍，为现代乡村振兴注入源源不断的动力。

加快推进以县城为重要载体的城镇化建设，已上升为国家战略。根据国家统计局发布的数据，2021年，县域经济持续发展促进本地务工机会增多，本地农民工比2019年增长了3.7%。回乡务工，正在成为越来越多对故土心怀眷恋者的选择。

值得一提的是，来自农业农村部的数据显示，2021年，全国新创建50个国家现代农业产业园、50个优势特色产业集群、298个农业产业强镇，带动1560多万返乡农民工稳定就业。

因此，解决人口流动和人才短缺问题，需要加强对农村地区的人口流动管理，推动农民有序流动。一方面，可以通过改革户籍制度，放宽城市落户条件，鼓励农民进城就业和创业；另一方面，还可以加强农村地区的公共服务设施建设，提高农民的生活质量，减少农民进城的动力。

## 第三节 县域经济在城乡融合中的功能

县域作为我国经济社会发展的基本单元，在推动城乡融合发展中具有重要作用。

### 一、城乡融合关键在于构建新型工农城乡关系

城乡融合发展强调城乡互动，在实施乡村振兴战略的语境下，城乡融合通过科学的"点轴"规划、功能区规划和"多规合一"等优化城乡空间结构手段，以及对户籍制度、社会保障制度、农村土地制度等制度供给创新，促进城乡生产要素的合理流动和优化组合，激发乡村活力和内生动力，逐步建立全面融合、共同繁荣的新型工农城乡关系，实现城乡人地系统的优化，推动城乡互促共进、协同发展。

城乡融合是实现乡村振兴的必由之路。通过优化城乡空间布局，可以畅通城乡资源双向流动的渠道，培育和发展不同级别增长中心和发展轴线，逐渐形成城乡融合发展的空间网络，发挥城市向乡村的涓滴效应，从而推动乡村振兴的实现；通过创新制度供给，可以建立城乡资源要素双向流动的体制机制和政策体系，发挥市场在资源配置中起决定性作用与政府宏观调控作用，构建乡村振兴的人、地、钱、业等关键问题的创新机制和耦合发展机制，为乡村振兴提供核心发展动能；通过城乡经济、社会、环境融合可以直接拉动乡村的经济、社会和环境发展，从而实现乡村

振兴的任务。乡村振兴是推动城乡融合发展的最基本路径。

乡村振兴战略站在农村发展的视角来思考中国城乡发展问题，按照产业兴旺、生态宜居、乡风文明、治理有效、生活富裕的总要求，通过优化乡村地域系统、重构乡村经济、社会和空间、激发乡村发展的活力，可以补齐城乡融合发展的短板，推动乡村经济、社会和环境发展，逐步缩小城乡差距，系统推进城乡一体化和融合发展。因此，城乡融合和乡村振兴的过程，是城乡差距不断缩小的过程，是城乡社会、经济、生态等空间动态均衡的过程。随着城乡融合和乡村振兴的推进，城乡总体生活质量和生活品质有均等化的趋势，在对等意义和社会公平正义的视角构筑和形成新型工农关系。

## 二、城乡融合动力机制：要素集聚和产业融合

夯实乡村振兴的制度保障，创新乡村振兴的体制机制，建立健全城乡融合发展体制机制和政策体系，促进城乡融合发展和城乡要素双向流动。核心是解决人、地、钱等要素安排问题。

人即人力，是劳动力、技术、管理等生产要素的载体，应处理好农村劳动力流出与新生动力的培养之间的平衡，加强乡村人口结构和劳动力结构优化、乡村人力资本开发利用。

地即土地资源，是生产要素重要内容，是乡村建设与发展的空间载体。应处理好农民与土地、乡村振兴与土地供给的关系，重点加强农村土地"三权分置"改革、进城落户农民"三权"退出机制、乡村振兴用地保障机制等方面的研究。

钱即财力，乡村振兴需要资金，主要是解决拓宽资金来源，提高资本使用效率等问题，重点开展乡村振兴的金融服务路径、工商资本参与乡村振兴的机制、涉农资金统筹整合、农村土地增值收益分配等方面的研究。

业即产业，是乡村振兴的重点，是乡村可持续生计之根本，应重视农业的基础地位，发挥二三产业的龙头地位，促进三产融合发展。主要从质量兴农的政策体系构建、农产品品牌建设模式与路径、农村电商发展实现路径、乡村新产业类型及推进方式、小农户与现代农业的有机衔接等方面进行研究。另外，对"人—地—钱—业"的耦合互动机制展开研究。

> **案例** **湖北省远安县：城乡梯队转移与县域收缩的就地城镇化模式**[①]
>
> 远安县位于湖北省宜昌市东北部，是典型的山区农业大县，是中部地区国家级农产品主产区、省级重点生态县。以磷矿、军工和传统农业为基础，经济规模小，人口总量小并持续流失，发展动力严重不足。远安县积极探索精明收缩型城镇化路径。通过对县域人口分布与流动趋势的精细摸查，逐步引导人口向县城和重点地区梯次转移，以提升县城产业、设施和空间品质为抓手，实现县域收缩与县城壮大的就地城镇化模式。
>
> 探索从县域脱贫攻坚到全面振兴的综合发展路径。远安县根据自身面临的人口流动多元，城乡双栖常态，城乡格局面临新趋势；资源特色显著、价值挖掘不足，县域产业面临新重构；用地分散低效，空间矛盾凸显，用地整合难度大；服务总体不足，"重量不重质"，人口流失与设施低效；文化认同减弱，传统价值低估，城乡魅力亟待复兴等五个典型特征，聚焦县域发展的阶段特征，刻画人口需求"真实问题"，结合时代背景提炼痛点，建立了一套聚焦人产地居文五大要素的县域城乡融合与全面振兴的系统方案，并面向后续实施提供精准深入的行动指引。
>
> 通过精细推算城乡人口集聚度，以人定格局。全面激活城乡资产价值链，以产带活力。强化"地随人产走"空间策略，以类定管控。全要素多层次改善人居环境，以居塑品质。深挖乡土文化价值魅力，以文振精神。
>
> 远安县的"人口梯次转移模式"与"农房建设引导方案"模式，成为湖北省农村住房建设试点和各地参观学习的样板，为中国城乡融合的县域发展贡献样本。

## 三、提高县域综合承载力推进城乡融合

县域综合承载力的核心因素是产业，是否拥有高质量的本土特色产业，一定程度上决定了县域经济发展水平和潜力。大力推动县域产业发展，是提高县域综合承载能力的根本，也是以县域高质量发展推动城乡融合发展的根本。

农业是多数县域的基础产业，不断推进县域农业现代化发展，既是巩固县域经

---

[①] 《2021年度优秀城市规划设计奖 | 远安县城乡融合发展规划》，澎湃网，https://m.thepaper.cn/baijiahao_22821559。

济基础的需要，也有助于促进县域一二三产业融合发展。必须在保证国家粮食安全的前提下深化县域农业结构调整，优化种养结构、扩大规模效应，打造本地农业品牌。提高县域农业产业加工能力、延长产业链条，驱动经济结构转型。培育和引进一批地方特色农业龙头企业，带动农民就业增收。

大力发展富民产业，促进增收致富。缩小城乡居民收入差距，是培育扩大中等收入群体、促进共同富裕的重要内容。促进县域居民增收，应大力发展富民产业，吸纳更多农村剩余劳动力，让经济发展成果更多更好惠及城乡居民。可以结合不同地区的特色资源，鼓励发展休闲农业、乡村旅游、民宿经济等乡村经济新业态。以各地传统农产品加工业为基础，打造绿色生态农产品、乡村手工业产品、传统文化产品，拓宽县域农村居民增收渠道。

构建特色产业，增强品牌优势。经济发展基础较好的县域可以挑选具有比较优势的产业，不断做大、做强、做优，打造具有高度地域特色和辨识度的县域品牌产业。加强县域工业产业园区建设，形成产业集群，利用各种特色资源吸引资本、技术等各种生产要素，推动本地产业向集约化、规模化、园区化发展。

## 案例　山西省平遥县：古城文旅融合综合发展模式[①]

山西省平遥县是我国现存最完整的古代县级城池之一，有着2800余年历史，1997年联合国教科文组织确定平遥古城列入《世界遗产名录》。它界定的清单目录是"一城、两寺"，一城即平遥古城，两寺即平遥城外的双林寺和镇国寺。平遥古城的发展模式是一个以保护传统文化为核心、以旅游业为主要发展方向、以可持续发展为原则的综合发展模式。通过科学合理的发展模式，实现了对传统文化的保护与经济发展的双赢。

平遥古城注重对历史文化遗产的保护。在古城内，许多古老的建筑、街道和市井都得到了妥善的保护，不仅保留了古城的原始风貌，也使得古城的文化价值得到了提升。同时，平遥古城也积极推进文创产业的发展，通过对本地文化的深度挖掘和创新，打造了一系列具有地方特色的文创产品，为古城带来了可观的收益。

---

[①] 马晓洁：《平遥古城：古今交融绽放新活力》，光明网，https://e.gmw.cn/2023-08/07/content_36750342.htm。

平遥古城注重发展旅游业。古城通过加强基础设施建设、提高旅游服务质量、推出特色旅游线路等措施，吸引了大量游客前来观光旅游。旅游业的发展不仅带动了当地的经济发展，也为古城的保护提供了资金支持。同时，平遥古城还采取了一系列的可持续发展措施，如推广绿色出行、实施垃圾分类等，为游客提供了更好的旅游环境。

平遥古城还注重与周边地区的协同发展。通过加强与周边地区的合作，共同开发旅游资源、推广旅游线路，实现了资源共享和互利共赢。这种协同发展模式不仅有助于促进区域经济的发展，也有利于保护和传承地区的文化遗产。

## 四、县域经济与城乡产业融合

### （一）推动城乡结构优化

县域经济在优化城乡空间布局中发挥关键作用。县域具有相对完备的综合经济体系，其经济结构既包括城镇又包含乡村，涉及生产、分配、流通、消费各个环节。县城在其中发挥着重要的统筹性、引领性作用。率先在县域内破除城乡二元结构，实现县域高质量发展，应发挥好县城的统筹和引领作用。

科学把握不同县域的禀赋特色，分类制定县域发展策略。所有县域都有其独特优势，都有实现高质量发展的可能，重点是充分挖掘、开发、放大特色和有利因素，坚持宜农则农、宜工则工、宜商则商、宜游则游，合理确定不同类型县城的发展路径，不断壮大特色产业，增强发展活力。2022年5月《意见》的出台，为大城市周边县城、专业功能县城、农产品主产区县城、重点生态功能区县城、人口流失县城五类县城的发展提供方向性引导。

经济发展水平较高的县域，应着重于提升区域经济影响力，或积极融入邻近中心城市的经济发展体系，形成沟通中心城市与乡村的"卫星县城"，通过强化特色经济延长产业链，扩大产业集群，提升规模效应，成为在某些领域、产业具有较强竞争力的"特色县城"。

经济发展相对不够充分的县域，应积极发挥自身资源优势，利用数字化经济时代机遇，加强电商产业园、"互联网+"现代农业等的发展，探索电子商务与农业产业深度融合实现弯道超车的可能性。

存在较高返贫风险的县域，应建立健全防返贫监测和长效机制，采用数字化、信息化等现代手段开展易返贫人口常态化监测和响应机制，巩固"两不愁三保障"帮扶成果，并在产业园区建设、以工代赈等工作中，坚持引进外来企业和培育本土企业并重，实现本地产业提质增效。

生态重点县，则发挥绿水青山就是金山银山的优势，在保护良好生态环境基础上实现绿色发展。如浙江省丽水市所辖县通过实施"生态优先、绿色发展"战略，优化了城乡空间布局。该市通过保护生态环境，合理规划工业区和居住区，有效提升了土地使用效率和生活质量。

县域经济的发展还有利于基层治理结构优化。在区域层面，县域发挥着构建区域联动、上下协同、全面覆盖、精细管理的基层治理格局的重要作用。优化县城治理体系，加强基层治理社会化、法治化、智能化、专业化建设，优化行政流程，形成党组织统一领导、政府依法履责、各类组织积极协同、群众广泛参与的良好局面是县域发展和城乡融合发展的应有之义。例如有些县市通过深入推进数字县城建设，提升政务服务数字化水平，依托"智慧党建"等数字化平台，构建覆盖县域各乡村的立体化协同治理体系。加强干部队伍建设，提升了基层治理队伍工作能力，为城乡结构优化进而带动城乡融合发展提供了强大的保障。[①]

### （二）促进产业特色化发展

县域综合承载力的核心因素是产业，是否拥有高质量的本土特色产业，一定程度上决定了县域经济发展水平和潜力。大力推动县域产业发展，是提高县域综合承载能力的根本，也是以县域高质量发展推动城乡融合发展的根本。

推进农业现代化，夯实县域经济发展根基。农业是多数县域的基础产业，不断推进县域农业现代化发展，既是巩固县域经济基础的需要，也有助于促进县域一二三产业融合发展。必须在保证国家粮食安全的前提下深化县域农业结构调整，优化种养结构、扩大规模效应，打造本地农业品牌。提高县域农业产业加工能力、延长产业链条，驱动经济结构转型。培育和引进一批地方特色农业龙头企业，带动农民就业增收。

大力发展富民产业，促进增收致富。缩小城乡居民收入差距，是培育扩大中等

---

① 斯丽娟：《促进县域经济发展加快实现城乡融合》，《光明日报》2023年8月16日。

收入群体、促进共同富裕的重要内容。促进县域居民增收，应大力发展富民产业，吸纳更多农村剩余劳动力，让经济发展成果更多更好惠及城乡居民。可以结合不同地区的特色资源，鼓励发展休闲农业、乡村旅游、民宿经济等乡村经济新业态。以各地传统农产品加工业为基础，打造绿色生态农产品、乡村手工业产品、传统文化产品，拓宽县域农村居民增收渠道。

构建特色产业，增强品牌优势。经济发展基础较好的县域，可以挑选具有比较优势的产业，不断做大、做强、做优，打造具有高度地域特色和辨识度的县域品牌产业。加强县域工业产业园区建设，形成产业集群，利用各种特色资源吸引资本、技术等各种生产要素，推动本地产业向集约化、规模化、园区化发展。注重品牌宣传，增强品牌影响力。加强农产品仓储保鲜和冷链物流设施建设，紧密衔接供需两端，构建覆盖生产、加工、运输、储存、销售等环节的全程冷链物流体系。

### （三）完善基础设施建设

基础设施的完善是县域经济发展的基石。推进县城基础设施与公共服务向农村地区延伸。进一步优化政策设计，构建县城农村基础设施统一规划、统一建设、统一管护机制，加快义务教育优质均衡化发展和城乡一体化，提升乡村医疗服务能力，推进城乡公共文化服务体系一体建设，为加快实现县域内城乡融合发展提供保障。加快公共服务资源数字化发展，通过搭建线上教育平台、网上预约及诊疗平台等，实现城乡教育医疗等资源的共享。

湖南省的永州市通过投资改善道路和网络基础设施，有效促进了当地经济的快速发展。永州市的交通网络改善项目使得农产品的运输更加便捷，促进了农产品的市场销售。2019年永州市的农产品销售额增长了15%。

县域经济在城乡融合中发挥着重要作用。无论是推动空间布局的优化、促进产业融合发展，还是完善基础设施建设，县域经济都是实现城乡一体化发展的关键。同时，县域经济与城乡产业融合的实践表明，农业产业化、新型工业化、现代服务业的发展，以及生态产业化和数字经济的推动，是促进县域经济发展的有效途径。一些成功案例为其他地区提供了宝贵的经验和借鉴，对于推动中国县域经济和城乡融合发展具有重要意义。

> **案例**　　**四川省荥经县：三种主导模式助力乡村振兴**[①]

四川省荥经县地处雅安中部，森林覆盖率高达80.3%，拥有千年黑砂、大熊猫和鸽子花两大"国宝"、三座"名山"、四张文化名片。结合自身资源禀赋、产业特色，探索形成乡村旅游、特色产业、绿色发展三种主导模式。

一、乡村旅游新业态激活文旅经济新活力

培育"五游荥经"特色文旅品牌。一是自然教育游荥经：大熊猫＋森林探索主题研学，大熊猫国家公园自然教育基地。二是康养度假游荥经：打造康养休闲旅游区。三是文化体验游荥经，展示荥经严道、禅修和红色文化魅力。四是山地观光游荥经：开发山地环境体验、山野劳作体验、山地文化体验等各类体验产品。五是美食寻味游荥经：推出荥经非遗宴、黑砂宴、国宝宴和长街宴四种美食美景盛宴。

二、特色产业焕新生激发乡村振兴新动力

"黄金茶园＋"：荥经县牛背山镇实施"政府＋企业＋村组"，建成全国最大"黄金奶白茶"产业基地。"共享鱼池"：采取"村集体＋公司＋基地＋农户"的模式，推广"共享鱼池""共富鱼池""庭院鱼池"养殖模式，每户养殖户年收益可达10万元以上。"竹旅融合"：推动方竹、箭竹、白夹竹等食用竹笋抚育管护和精深加工，开展"赏竹、听竹、耍竹"主题活动。

三、绿色发展新台阶挖掘资源禀赋新潜力

建设大熊猫国家公园创新示范区，实现大熊猫国家公园与在地居民保护与发展共建共享共赢。该县"以国家公园建设引领经济绿色转型"案例入选生态环境部生物多样性保护助力乡村振兴的优秀实践案例。

## 五、县域经济与城乡要素流动

县域经济与城乡要素流动的关系与互动机制是指在县域范围内，人口、资金、劳动力、技术等要素在城乡之间的自由流动和优化配置。

### （一）要素流动推动城乡融合

随着城乡产业融合发展的推进，人口流动逐渐增加。农民工返乡创业、城市居

---

① 田惠敏：《县域经典案例之四川荥经县、甘肃临泽县、四川壤塘县、山西平遥县》，经济窗公众号。

民选择在农村购房养老等现象在增多。需要加强农村基础设施建设、提高农村公共服务水平，吸引更多城市人口流入农村，推动城乡人口平衡发展。

县域经济发展需要大量资金支持，而城乡资金流动则可以促进城乡产业的融合发展。政府可以加大对农村金融服务的支持力度，鼓励金融机构增加对农村地区的信贷投放。同时，加强农村金融市场建设，吸引社会资本进入农村，推动农村经济发展。

城乡劳动力的流动对于促进城乡产业融合发展至关重要。政府可以加大农村劳动力转移就业的支持力度，提供培训和技能提升机会，帮助农民工返乡创业或在城市就业。同时，也要加强农村基础设施建设和公共服务配套，提高农村就业和生活条件，吸引城市劳动力回流农村。

推动农村和城市的技术共享和交流，有利于提高农业和农村产业的竞争力。政府可以加大对农村科技创新的支持，鼓励科研机构和高校开展农村科技示范项目，并推广先进农业技术和管理经验。同时，在城市创新中心建设中，也可以重点关注农村产业和农业领域，促进技术创新和成果转化向农村的延伸。

### （二）推动要素流动的改革探索

#### 1. 城乡土地制度改革的方向和探索

江苏省苏州市在城乡土地制度改革方面进行了积极探索。苏州市实施了"农转非"政策，允许农村土地转换为城市用地，同时保障农民的土地权益。这一改革促进了土地资源的有效利用和城乡一体化发展。例如，在苏州市高新区，通过土地制度改革，多个农村地区成功转型为工业和商业用地，带动了地区经济的快速发展。

#### 2. 劳动力要素产权制度改革

浙江省杭州市在劳动力要素产权制度方面进行了创新。杭州市推出了一系列政策，如户籍制度改革和人才引进计划，以吸引和留住人才。这些政策不仅吸引了大量城市劳动力到农村地区，还促进了农村劳动力的技能提升和流动性增加。例如，杭州市的互联网企业吸引了大量农村青年，并提供了技术培训和就业机会。

#### 3. 工商资本下乡的实践探索

四川省成都市在工商资本下乡方面进行了有效探索。成都市政府鼓励城市资本投资农村，特别是在农业科技和乡村旅游方面。这些投资不仅提升了农村地区的经济活力,还促进了城乡经济的融合。例如,成都的一些乡村通过吸引城市投资,成功转型为生态旅游目的地,带动了当地经济发展。

4.技术要素在城乡间的高效流动

湖南省长沙市在技术要素流动方面取得了显著成效。长沙市通过建立农业科技园区和创新中心,促进了城市先进技术向农村地区的转移。这些技术的应用显著提高了农业生产效率和产品质量。例如,长沙市的一些农业科技园区成功引入了智能温室和精准农业技术,大幅提升了农产品的产量和质量。

5.数据要素在城乡间的有序流动

广东省深圳市在数据要素流动方面展示了良好的实践。深圳市利用其在信息技术领域的优势,建立了一系列数据共享平台,促进了城乡间的信息交流和资源共享。这些平台不仅提高了农村地区的信息化水平,还促进了城乡经济的协调发展。例如,深圳市的一些农村地区通过数据共享平台,有效提升了农产品的市场营销和供应链管理。

县域经济与城乡要素流动的实践表明,通过制度创新和政策支持,可以有效促进城乡之间要素的双向流动和优化配置。这不仅有助于提升农村地区的经济发展水平,还促进了城乡一体化和区域经济的均衡发展。通过上述案例,我们可以看到,土地制度改革、劳动力产权制度改革、工商资本下乡、技术和数据要素的高效流动是实现城乡融合发展的关键途径。

## 第四节 县域经济与城乡产业融合模式分析

城乡产业融合是指推动城乡间的人才、资本、技术等要素自由流动,推进城市与农村的优势互补,实现不同产业相互渗透、相互交叉、融为一体的动态发展过程,是促进城乡融合发展的关键,是加快转变农业发展方式和实现乡村振兴的重要抓手。

县域经济产业融合发展大致有以下几个模式。

### 一、延伸农业产业链融合发展模式

立足乡村特色优势产业,通过建立园区发展农产品加工和精深加工产业,把产业链主体留在县域，把价值链收益主要留给农民，促进城乡产业发展，形成"园区驱动产业融合"的发展路径。

以四川成都试验区金堂县为例。金堂县通过盘活集体建设用地和闲置宅基地，开展土地综合整治，推动集体经济组织与社会资本合作，打造成都（金堂）农产品精深加工园区，推动农村一二三产业融合发展。

1. 建设农产品精深加工园区

首先，引导农户自愿腾退土地。腾退出的闲置宅基地加入土地综合整治，通过股份经济合作社参与成立资产管理公司，依法开展集体建设用地整理，建设农民集中居住区、农产品精深加工园区。

其次，引进社会资本合作共建园区。在园区建设初期，由县国有平台公司投入修建标准化厂房，当园区达到一定规模后，再通过股份转让、租赁等方式引入社会资本，并移交给社会资本管理运作。

最后，按照股份分配收益。通过评估核算、协商核定，由股份经济合作社组建的资产管理公司以集体建设用地折价入股；园区其他关联农户以承包土地经营权、林权入股组建集体土地股份合作社入股；县国有平台公司以及引入的社会资本以新购的集体建设用地指标和厂房建设成本等入股；园区公司各类股东按照股份参与经营利润分红。利润主要来源是园区厂房的租金收入。农民和集体经济组织在园区建设中由"旁观者"变成"参与者"，解决了乡村产业发展用地不足的问题，加强了农民、集体经济组织与社会资本之间的利益联结关系。截至2020年底，园区建成区规模达到353亩，累计引进企业18家，产值达5.33亿元，实现利润1.1亿元，园区公司盈利3600余万元，农民人均分红2312元。

2. 发挥园区驱动作用，推进三产交叉融合

金堂县以农产品精深加工园区为核心，推进"农商文体旅"业态深度叠加、有机融合，推动产业跨界构建现代农业生态圈。建立集育种栽植、加工销售、科研观光于一体的食用菌全产业链。一方面，打造农产品原料基地，建立"市场主体＋原料基地＋当地农户"的订单合作模式。以竹篙镇猫儿沟羊肚菌标准化种植基地、万亩食用菌基地、中试基地为载体的食用菌原料基地，带动了红观音社区、凉水井社区等6个村（社区）农户种植羊肚菌8037亩（菌稻、菌菜6000余亩），促进了产业发展和农民增收。另一方面，打造"生态菌乡""天府橄榄谷"等三产融合品

牌。推出"春进樱花源、夏亲资水河、秋望多彩林、冬品羊肚菌"特色生态旅游。建设油橄榄城市公园、观音湖商业度假街区等农业园区11个,提升打造"万亩果蔬""自在风岭"等农业主题公园6个,提档升级花熳天下等赏花基地5000亩,年均吸引游客20万余人,带动群众户均增收500元。

3. 增强园区带动能力,促进人才返乡入乡

依托园区企业生产车间、高校实训基地、农业示范园区、大户家庭农场等,建立返乡入乡创业就业孵化平台,为创业者提供创业场地、技术对接、市场拓展、经营管理等服务,帮助他们了解创业、提升技能、落地创意,增强就业创业意愿。目前,园区吸引返乡入乡创业就业近200人次,解决当地用工1000余人。

## 二、功能拓展多业态复合融合发展模式

推进农业与商贸、旅游、教育、文化、健康养生等产业深度融合,拓展农业多样化功能。以浙江丽水缙云舒洪黄龙示范园为例,建立"生态循环种植养殖+农业休闲旅游+中小学生学农基地"三位一体发展模式,通过植入旅游、研习等功能,成倍放大农田和农产品价值。①

生态循环农业、农产品加工、农家乐、农事体验、民俗文化展示、农产品电子商务、特色小镇等多业态相互融合,推动乡村产业兴旺。

以浙江德清县三林示范园为例,通过引进不同主体,将乡村多样化功能发挥出来,渔业养殖与数字技术结合,丝绸加工与乡村民俗旅游业结合,建设乡村创业平台,2019年乡村一二三产业比例从2018年的24.4∶73.2∶2.4变为28.6∶57.1∶14.3,整体结构更趋丰富合理。

## 三、数字化等高技术赋能融合发展模式

应用数字农业技术、农业高新技术等培育现代农业生产新模式,实现农产品线上线下交易与农业信息深度融合。以浙江台州仙居县仙台示范园为例,建有院士团队,入驻的市级以上研发平台和产业基地有13个,示范园科技成果转化推广超过百万亩;电子商务带动的农产品销售占比超过40%。

---

① 《县域内城乡产业融合发展模式实践探索》,农业农村部网站,http://www.zcggs.moa.gov.cn/zcygggw/202112/t20211223_6385387.htm。

## 四、"文旅城人产"融合发展模式

新地理逻辑——"安居带动乐业"已经成为世界城市吸引人才和发展产业的共识逻辑。"地区生活质量""城市魅力"成为科技创新人才和产业聚集的磁石。因此,区域发展逻辑也从"城-人-产"转变为"文-旅-城-人-产"。发展文旅可以让一个城市变得好玩、有趣,从而变得更有吸引力,还可以改善一座城市的商务形象与招商环境,树立城市品牌,帮助城市引人促产,发展经济。

云南的丽江、大理,海南的保亭等通过挖掘文化底蕴和特色旅游资源,营造环境、吸引人才、发展特色产业,实现城乡融合发展。

# 第十章 科技创新

县域科技创新体系是区域科技创新体系的重要组成，县域科技创新和区域科技创新体系一起构成了国家创新体系的基础和重要保障。建设县域科技创新体系，不仅是构建区域创新体系和国家创新体系的迫切需要，更是提升我国经济发展的质量，推动我国县域实现可持续发展的内在要求。提升县域科技创新能力，对实施创新驱动发展战略和乡村振兴战略，加快建设科技强国、构建新发展格局具有重要作用。2024年中央一号文件对强化科技和改革双轮驱动作出了系统部署。其中提到，"要协同推进科技创新和制度创新，激发农村各类要素潜能和主体活力，为推进乡村全面振兴注入强劲动能"。这对推动县域经济在科技创新领域发展意义重大。

## 第一节　第四次科技革命下的县域经济

县域是国家发展与社会治理的基本单元，其承上启下连接城乡，涵盖城镇与乡村的同时，也是农村人口城镇化的重要承接者。城镇化以县域为载体，明确了由以城市建设为中心转向以农村建设为中心的发展趋势。当前，我们正处于第四次科技革命的时代，以数字技术和人工智能为代表的第四次科技革命，深刻影响着当前人类在政治、经济、军事、世界格局等的方方面面。数字计划和人工智能蓬勃发展，赋予县域城镇化以新的理念。实现新型县域城镇化的总体目标，需运用新兴科技手段，对县域进行空间综合整治、功能布局优化和人居环境改善。通过智慧规划、建设与治理的导入，以科技赋能，通过数字化和智能化为县域城镇化高质量发展提供智慧化端口。我国县域城镇化已进入快速发展阶段，县域政府高度重视、提前布局，运用数字化、智能化前沿技术，在数字化升级等方面已然取得了初步成效。[①]

### 一、第四次科技革命

自18世纪70年代至今，世界已经历了四次科技革命。第一次科技革命以蒸汽机发明为显著标志，由此积累了一定的生产技术，使资本主义社会的大机器生产成为工业生产的主要方式，为资本主义生产方式奠定了物质基础。第二次科技革命以电力取代蒸汽机成为新的动力为标志，人类进入电气化时代，使得社会生产力又一次得到迅猛发展。第三次科技革命以原子能的利用、电子计算机和空间技术的发展为主要标志，使得科学技术密切结合，相互促进，各个领域相互渗透。第四次科技革命以信息技术、新材料新能源等高科技的出现为标志，推动了人类社会向信息社会与知识经济形态的全方位产业方向发展。

纵观四次科技革命，主要的特点有：一是颠覆性，颠覆了以前的技术；二是广泛性，能够与社会各行业产生广泛的联系；三是高效率，能够促进生产和社会的高效发展；四是极大促进经济发展，对各行各业都有极大的促进作用。新能源与人工

---

① 李勇、李乾川、周益：《消弥城乡"数字鸿沟"助力农业强国战略——兼评国家数据局成立》，《农业大数据学报》2023年第1期。

智能符合科技革命的四个特点，也是第四次科技革命下的主要发展点。①

**二、数字化、智能化为县域经济带来的机遇**

大型文献专题片《我们走在大路上》中有这么一段内容，"铜关村——贵州大山深处的小村庄，这里的人和侗族大歌，因为互联网而名声外在。2023年的'大歌节'很特别，将使用5G技术来直播。5G，第五代移动通信技术，其强大数据传输速率，将给人们带来极大的便利。手机、电脑、医疗、智能汽车等各方面的应用，将深刻地影响社会的面貌。5G信号穿越大山的阻隔，让侗族大歌飞出了大山"。由此看出，第四次科技革命给贵州大山深处的铜关村带来了巨变，深刻影响着这里人们的生产和生活。以数字化、智能化为代表的第四次科技革命，也必将对我国县域城镇化的人们的生产和生活产生深刻的影响。②

随着我国乡村振兴战略的不断推进，以物联网、通信技术、智能设备等应用为标志的现代前沿信息技术，如今已与乡村的生产生活各方面深度融合，进一步夯实了乡村发展所需的信息化、数字化基础。与此同时也为推进县域城乡数字化、智能化融合发展，提升县域城乡数字化治理能力等方面奠定了重要的科技基础。近年来，国家先后出台一系列促进数字经济发展的相关政策及相应配套措施，借力政策红利促进数字化、智能化发展是县域城镇化发展的重要途径。③2023年中央一号文件强调了在全面推进乡村振兴背景下持续加强县域乡村基础设施建设、推动数字化应用场景研发推广、推进县域城乡融合发展的要求。2023年4月，中央网信办等五个部门印发《2023年数字乡村发展工作要点》，部署了10个方面26项重点任务，包含夯实乡村数字化发展基础、强化粮食安全数字化保障、提升网络帮扶成色成效、因地制宜发展智慧农业、多措并举发展县域数字经济、创新发展乡村数字文化、提升乡村治理数字化水平、深化乡村数字普惠服务、加快建设智慧绿色乡村、保障数字乡村高质量发展等各方面。数字技术为保障国家粮食安全和巩固拓展脱贫

---

① 《第四次科技革命是什么？》，个人图书馆网，http://www.360doc.com/content/22/0525/02/75591611_1033010498.shtml。
② 《大型文献专题片〈我们走在大路上〉| 第二十三集：辉煌新时代》，搜狐网，https://www.sohu.com/a/343871349_115239。
③ 魏明振：《县域产业数字化：实现共同富裕的重要路径》，载于第十二届公共政策智库论坛暨《"新时代、新征程、新发展"国际学术研讨会会议论文集》，第296—300页。

攻坚成果提供更加有力支撑，整体带动农业农村现代化发展，促进农村农民共同富裕，推动农业强国建设取得新进展。

当前，县域数字化、智能化发展对县域经济发展影响巨大，主要体现在以下两个方面。

### （一）数字化、智能化对农业产业链的影响

数字化、智能化在传统农业各方面产生了巨大的改变，包括农业产业链中涉及的农业生产、运输、销售等。在农业生产方面，应用数字监控技术设置农业传感器，可以智能设置肥料投入等，实现节水、节肥，改善土壤环境，提高作物品质的目的；应用大数据技术可以为农业生产提供全方位的信息支持，通过农业生产环境的实时监测和数据分析，县域内农民可以准确判断种植的适宜条件，从而更好地掌握农业生产的节奏和效益，同时促进农业产业升级，推动第一产业的升级转型。在农业运输与销售等方面，应用区块链技术于有机农产品中，可结合物联网、AI技术等构建以区块链技术为基础的农产品溯源体系，以实现对有机农产品产业链各环节的追溯。借助农产品追溯体系，区块链技术能够建立生产者、经营者和消费者之间的桥梁，使信息传输更加真实可信，也有利于政府对农业生产产出做更好的监管；以电商信息平台为代表的新商业模式的快速发展，加速了县域物流、仓储、加工及设计等供应链资源的数字化整合。加快建设数字化、智能化发展新模式新业态，是县域实现经济转型升级、实现跨越式城镇化发展的重要突破口。①

县域经济发展，实现农村产业兴旺与一二三产业融合发展有密切的联系，这也是六次产业理论提出的背景。从名字意义上来说，六次产业理论不仅有一二三产业的融合、叠加因素，更有着一二三产业的乘数效应因素，其基本内涵是：以鼓励农户多种经营为发展方式，以发展第一产业为基础，同时将第二产业中的农产品加工、第三产业中的农产品销售与农产品服务赋能相结合，获得相比于传统农业更多的价值。六次产业理论属于创新驱动发展的产业经济学，其提到的产业创新升级有着不同于传统产业经济学的新思路、新理论、新途径，标志是数字化时代下兴起的以互联网产业为代表的诸多新产业。理论研究和实践表明，一二三产业的融合乘数发展业已成为现代农业发展的重要趋势。数字化、智能化发展在县域城镇化发展中

---

① 江琳莉、史磊：《从梁平柚到梅州柚——区块链技术助力农产品溯源》，《农业大数据学报》2020年第2期。

发挥着重要作用，是实现农业产业升级和农业产业链延伸的核心动力。当前，我国农业资源丰富，挖掘利用潜力巨大，乡村产业亟待与农村产业结合发展。因此，县域在城镇化的过程中要强化科技创新引领，不断推进农业价值链提升，加强创新链与产业链的融合互促，更要依托乡村自身特色优势资源，不断促进农业全面提升。[①]

### （二）数字化、智能化对县域居民生活的影响

数字化、智能化在县域城镇化背景下的居民各方面生活中均产生重大的影响。一方面，随着互联网平台的发展与电子商务的兴起，网络交流使得城镇与县域之间的信息差距越来越小，同时居民购物也变得越来越便利。数字化、智能化发展通过运用互联网、大数据、人工智能、云计算、物联网等数字技术，打造数字平台以优化配置各种资源，打造城乡居民互动的数字生活场景，为居民提供安全舒适便捷的现代数字生活服务。另一方面，VR技术的发展与普及使得居民的娱乐生活变得丰富多彩。当前社会新媒体技术快速发展，新媒体新形态也不断涌现，从初期的图文纸质类媒体到后期的短视频直播，再到现在前沿的虚拟现实（VR）、增强现实（AR）与混合现实（MR）等新兴技术，新媒体传播的发展不断改变着县域数字化、智能化进程，其背后也包含一二三产业链的不断发展与进步。与此同时，县域城镇化下居民的娱乐生活也面向城市与乡村双向发展。城镇数字化进程为城镇县域带来更优质的生活产品与服务，加快县域生活性服务水平的提升；县域通过电子商务、农业产品副产品的短视频及VR带货，让城镇及更多县域生活得到展现，由此进一步缩小城乡发展差距，促进区域均衡发展。

总之，适应中国县域经济正在出现的"农业生产（一产）智能化、农产品加工（二产）智力化、农业服务（三产）智慧化"趋势，建议在县域农业生产者、农产品加工者和农业服务者中，建立相关"技能技术评价制度"，以打造中国的"大国农匠"和"农民技师"。[②]

---

[①] 李华：《对"第六产业"与中国农业现代化的思考》，《中国农村科技》2015年第3期；郭苏建：《六次产业与社会治理关系研究》，《人民论坛·学术前沿》2022年第10期；张晓颖、王小林：《六次产业视角下我国农村产业融合的路径与发展——兼论日本六次产业化的启示》，《贵州社会科学》2023年第1期。

[②] 常修泽：《打造中国县域"要素聚宝盆"的十条建议》，《钱江晚报》2023年7月7日。

## 第二节　以科技创新驱动县域特色产业集群发展[①]

县域特色产业集群是在结合各地资源禀赋、产业优势逐渐形成的，具有显著区域特征、一定竞争优势、特定消费市场的产业。在我国经济转向高质量发展的背景下，要想保持全省县域特色产业集群的竞争力，提升经济增长后劲，需要在产品创新、材料创新、生产方法创新、组织创新、商业模式创新的过程中，突出科技创新的核心地位，推动县域特色产业集群高质量发展，实现产业结构战略性转型。

### 一、完善以企业为主体的科技创新主体网络

要实现县域特色产业集群的高质量发展，需要创新主体围绕科技创新开展相应工作。要突出县域特色产业集群中的企业在创新主体中的首要地位，借助企业最接近市场以及企业作为科技创新投入重要主体的优势，通过企业对市场需求的敏感性，最大程度、最高效率地转化创新成果，实现对于创新投入产出的风险控制。要发挥政府、金融机构、中介机构等创新主体对整个科技创新体系的稳定作用。发挥政府在引导企业科技创新、政策支持等方面的作用。围绕企业等核心科技创新主体，构建相对完善的科技创新主体网络，增加创新螺旋的核心要素，夯实县域特色产业集群高质量发展的基础。

### 二、加强跨区域协同科技创新

科技创新体系中各要素作为县域特色产业集群高质量发展的基础，其在空间上的集聚往往并不均衡，一般是围绕一些特殊的要素点进行集聚。比如一流院校、领军型的科技企业、较为特殊的生态环境、基础设施、科技领军人才、创新平台、金融资本支撑度等，这些要素都能够带来大量的创新资源。要在优化县域科技创新环境的基础上，不断做大做强科技领军企业，继续支持特色产业龙头企业创新发展，培育专精特新"小巨人"企业，加大特色产业集群科技特派团派驻力度、推动科技金融融合发展。鉴于县域特色产业集群的地理空间限制，要加强科技创新的跨区域

---

[①] 李莹：《以科技创新驱动县域特色产业集群高质量发展》，《共产党员（河北）》2022年第20期。

协同创新。探索科技创新体制机制改革，破除阻碍科技创新发展的障碍，加强知识产权保护，更好地服务科技创新。

### 三、突出科技创新特色，发挥比较优势

以科技创新驱动县域特色产业集群高质量发展，不是要在全范围、各领域开展科技创新，而是要突出区域、产业集群内部特色，有针对性地开展科技创新，融合创新链与产业链，发挥比较优势做强特色产业集群。第一，县域特色产业集群科技创新需要结合地域特色。第二，产业集群内部要注重突出企业间的分工合作。第三，要增强科技创新链与产业链之间的融合。此外，要通过突出区域科技创新优势，依据创新链对产业链进行完善和补充，实现产业链的稳定安全。

> **案例** 浙江省德清县：打造全国首个新一代人工智能应用县[①]
>
> 浙江省湖州市德清县积极响应国务院人工智能规划，于2017年编制了全国县域首个《新一代人工智能应用县建设发展规划》和三年行动计划，引进了一批人工智能领域跨界融合产业项目和科研院所，并将"支持德清加快推进智能生态城建设，争创国家人工智能创新应用试点示范县"写入《浙江省新一代人工智能发展规划》。德清县从应用落地、促进研发、产业发展等方面谋篇布局，全力推动人工智能与实体经济深度融合。德清县大力推动校地合作，成效显著。2020年，德清县与中国科学技术大学先进技术研究院签订《中国科大-德清Alpha创新研究院合作共建协议》，聚焦人工智能创新技术研究、院企联合研发、科技产业孵化和高端人才培养业务。如今，"未来黑科技"已成德清美丽乡村风景线，为德清县绿色发展增添"人工智能"的底色。

---

① 《德清：打造全国首个新一代人工智能应用县》，湖州市人民政府网，http://www.huzhou.gov.cn/art/2018/12/18/art_1229213487_55105068.html。

## 第三节　县域经济与科技创新的双向互动

通过引入新技术、改进生产流程和提高效率，科技创新为县域经济发展提供了巨大发展机遇。分析科技创新支持县域经济发展的主要做法与经验，可以为科技创新更好地支持县域经济高质量发展，提供可借鉴的解决方案和实施策略。

### 一、双向互动发展关系

科技创新对县域经济具有重要推动作用，县域经济发展为科技创新提供必要支持条件，两者之间相互依存、相互促进的双向互动关系，始终是县域可持续发展和经济繁荣的重要因素。

科技创新推动了县域经济增长和转型。一是提升产业竞争力。科技创新可以提高企业生产效率和产品质量，增强企业竞争力，进而推动整个县域经济发展。二是促进新兴产业崛起。科技创新推动新兴产业兴起和发展，为县域经济带来新的增长点和就业机会。三是促进经济结构调整。科技创新可以引领经济结构调整与升级，推动传统产业转型和新兴产业发展，提升整个县域经济竞争力。[1]

县域经济发展为科技创新提供市场需求和资源保障。一是提供市场需求。县域经济发展为科技创新提供广阔市场需求，为科技创新应用和产业化提供发展空间。二是提供资源保障。县域经济发展带来丰富的资源和基础设施，为科技创新提供人才、资金、技术等必要支持条件。三是建立合作网络。县域经济发展推动企业、科研机构和政府之间的合作与交流，可以促进科技创新、合作创新和知识共享。

县域经济和科技创新之间存在着双向互动发展关系，科技创新在带动县域经济发展的基础上形成了国家区域经济之间创新驱动发展的新格局，同时县域经济发展也为科技创新提供支持，创造了良好的创新环境和氛围。因此，为实现县域经济可持续发展和繁荣，制定实施并协同推进有关科技创新、产业调整、区域规划等政策措施极为重要。[2]

---

[1] 薛珍妮：《科技创新驱动区域经济高质量发展的影响机制研究——基于产业结构升级中介效应的省级面板数据实证分析》，《现代商业》2023年第16期。

[2] 张力、张明春：《区域经济发展与科技创新的互动关系研究》，《科研管理》2019第10期。

## 二、双向互动发展成效受多种因素影响

科技创新对于不同发展阶段的县域经济具有不同影响。处于初始发展阶段的县域经济，科技创新能够带来新的发展机遇和增长点，政策支持和创新氛围的营造对于科技创新和县域经济发展有着重要影响；处于成熟发展阶段的县域经济，科技创新则需要通过产业结构调整来推动经济发展，推动传统产业升级和新兴产业兴起以改变县域经济产业结构。

同时，县域经济对科技创新的支持方式和效果，也会因地区和时间的不同而存在差异。县域经济发展要为科技创新提供人才、资金、技术和市场需求等资源，而不同地区的资源禀赋会对科技创新产生不同影响。县域经济发展进程中需要形成一定的创新生态系统，才能更好地促进企业、科研机构和政府之间的合作与交流，从而加速科技创新发展。县域经济的市场需求状况也是推动科技创新的重要动力之一，科技创新需要通过科技创新产品应用和产业化转化为县域经济发展服务。

因此，需要针对不同县域经济发展阶段，深入研究和分析县域经济与科技创新之间的主要关联因素，采取相应政策措施促进两者良性互动发展。

## 三、多措并举支持双向互动发展

目前，主要有四种偏重于不同政策倾向的双向互动支持措施。一是偏重于采取研发投资、制度建设和高等教育等支持政策措施，二是偏重于采用多样化的产业合作支持政策，三是偏重于采用科技园区和技术孵化器等建设政策措施，四是偏重于创新驱动战略实施政策措施。归纳分析，加强科技创新生态建设、促进科技创新交流合作是当前推动县域经济发展的两项重要政策措施。

### （一）加强科技创新生态建设推动县域经济发展

科技创新生态系统是通过提供科技人才、资本和市场支持等，培育新兴企业和推动科技成果转化的一系列系统性措施。为了促进县域经济发展和科技创新能力提升，可以采取不同的路径和措施积极探索科技创新生态系统建设。

一是注重高等教育和私人投资，优先支持高等教育机构进行县域科技人才培养，同时注重通过税收、补贴和投资等方式吸引私人投资促进县域科技创新企业发展，制定完善的知识产权保护法律和交易制度保障创新成果的权益应用。

二是注重产学研合作和政策激励,提出县域创新驱动发展战略,实施科技创新为核心的发展模式,鼓励县域企业、高校和科研机构之间的产学研合作,提供各种政策激励和资金支持鼓励县域企业进行科技创新和技术转化。

三是注重企业之间的合作和创业文化,通过产业联盟和企业网络等方式促进县域企业之间合作,实现创新资源共享和协同创新。

四是注重科技成果的市场应用和青年创业支持,通过建立科技成果市场促进科技成果应用和商业转化,致力于为县域青年创业者提供各种资金和服务支持,为基础型研究提供高水平的研发平台。

### (二)促进科技创新交流合作推动县域经济发展

一是在建立科技创新合作机制方面,注重建立合作项目和联合创新中心,通过共同研发和共享科技成果,推动县域技术进步和经济发展。

二是在知识产权保护与分享方面,注重健全知识产权法律制度和知识产权分享与许可机制,在保护创新成果知识产权基础上鼓励科技创新和投资,在促进技术交流与合作的同时降低科技创新的门槛,推动技术的快速转移与应用。

三是在人才流动与合作方面,注重采取吸引高层次人才和专业技术人才的政策,鼓励人才到所在县域进行科技创新和创业,并改善人才流动的环境和待遇,同时通过开展高端人才培养与交流项目,为科技创新人才提供交流和合作机会,促进创新资源整合。

四是在创新资源整合方面,注重建立资金支持与创投机制,通过建立创新创业基金和风险投资机制为创新项目和科技企业提供资金支持,推动创新资源的整合和技术成果的转化,建立县域创新资源平台集聚国内外创新资源,提供合作机会和技术咨询,推动技术交流和合作创新。

### 四、理论研究和探索实践

在理论研究方面,近年来主要强调了科技创新在县域经济发展中的重要性,指出科技创新是推动县域经济发展的关键动力,对于提升县域经济创新能力和竞争力至关重要;分析了县域经济发展存在的如技术落后、创新意识不强、科技资源不足等问题和挑战,同时着重强调了科技创新在解决这些问题上的作用;提出了具体支持和促进科技创新的建议,针对县域经济发展中科技创新的问题提出加强科研机构与企业合作、增加科技研发投入、鼓励创新创业等政策措施；结合实际案例进行了论证，引用一些具体县域经济科技创新成功案例，说明科技创新对于县域经济的积极影响和潜力。总的来说，通过论证和实例给出了科技创新支持中国县域经济高质量发展的观点和建议，呼吁政府和相关利益方加大对科技创新的重视和支持，为县域经济发展提供更好的创新环境和条件。①

在实践探索方面，近年来通过加大对县域经济的科技创新投入，促进不同县域之间技术合作与转移，强化县域经济创新孵化平台建设等政策和措施，科技创新对中国县域经济发展作出了积极贡献。

一是科技创新带来的新技术、新产品和新模式提高了县域经济产业竞争力。通过技术创新，县域经济可以开发出具有核心竞争力的产品或服务，并进一步扩大市场份额。例如，一些科技创新先进县市采取了推动企业科技创新、引进高技术企业等措施，积极培育具备竞争力的产业集群。

二是科技创新推动了县域经济产业升级。通过技术创新，传统农业、制造业等实现转型升级，不仅拓宽了产业链条而且提升了附加值，同时科技创新还催生新兴产业，创造了县域经济新的增长点。例如，一些县域经济通过加大科技创新投入，成功引进了新能源、高端装备制造等新兴产业。

三是科技创新优化了县域经济的产业结构。通过技术创新县域经济减少对传统资源密集型产业的依赖，提升绿色环保产业比重，带来节能减排、环境保护等效益，促进一些县域经济开始向绿色低碳发展转型。

### 五、国家层面创新驱动县域科技创新

在政策导向上，《国家高新技术产业发展纲要》《创新型国家建设中长期规划纲要》《中国制造2025》等重要文件明确了国家对科技创新和县域经济的发展方向和目标，提出了一系列发展任务和政策措施，政策导向的明确性和稳定性为科技创新和县域经济发展提供了政策支持基础。

在资源投入上，对科技创新和县域经济发展提供了大量资源投入，其中财政方面通过设立专项资金、税收优惠和财政补贴等方式，加大了对科技创新和县域经济

---

① 李彦博：《基于新发展理念的中国县域经济发展研究》，《经济与管理科学》2020年第6期。

的资金支持；人才方面加大了对高层次人才的引进和培养力度，科研机构、大学等研究机构也在相关政策支持下积极参与科技创新驱动型县域经济发展。

在培育县域经济科技创新主体上，通过完善创新主体的培育机制和支持政策，加大了对高新技术企业、科技创新型中小企业和创新创业团队的支持力度，鼓励县域经济与高校、科研院所、企业等形成紧密合作关系促进科技成果的转化和产业化，激发了科技创新支持县域经济发展的活力和创新能力。

在营造县域经济创新环境上，政府通过简化审批程序、优化营商环境等措施，实施创新团队和企业可以享受知识产权保护、科技成果转化等方面的扶持政策，激励创新者更加积极地参与科技创新和县域经济发展。

需要指出的是，虽然中国国家层面对科技创新和县域经济发展的政策支持起到了积极的作用，然而政策支持也面临着产业发展不均衡、创新资源配置不平衡等挑战，需要进一步加强政策协调性和可持续性，不断完善政策支持体系，提高政策实施效果，为科技创新和县域经济协同发展提供更加有力的支持。

### 六、地方层面推动县域创新驱动发展[①]

实施创新驱动发展战略，基础在县域，活力在县域，难点也在县域。以科技创新引领县域经济高质量发展，是创新驱动发展战略的重要内容，也是推动市县共同富裕的重要支撑。如何破解县域资源不足、区位不足、动力不足等发展难题？浙江聚焦创新深化和"315"科技创新体系建设工程，坚持把提升县域科技创新能力作为打造高水平创新型省份的重要基石，全力打造全域创新体系，推动地方走出各具特色的县域创新驱动发展路径。

强化顶层设计形成政策支持合力。2018年以来，浙江先后印发《关于促进县域创新驱动发展的实施意见》《科技赋能26县跨越式高质量发展实施方案》《聚焦山区26县"一县一业"高质量发展实施科技特派团试点工作方案》等政策文件，立足县域经济发展需求和科技创新基础，建立省市县三级联动财政科技投入稳定增长机制，不断加大县域创新支持力度。

加强创新主体培育夯实县域创新基础。强化企业科技创新主体地位，夯实县域

---

[①] 吕悦：《厚植创新发展动能推进县域科技创新能力跃升》，《今日科技》2023年第10期。

经济高质量发展基础，正是浙江推进县域科技创新的关键一招。近年来，省科技厅深入实施科技企业"双倍增"行动计划，构建完善"微成长、小升高、高壮大、大变强"的梯次培育机制，加快培育科技型中小企业、高新技术企业、科技"小巨人"企业、科技领军企业，县域科技企业占比逐年提高。截至2022年底，全省已累计培育认定的科技型中小企业9.87万家、高新技术企业3.56万家、科技领军企业74家。

深化科技体制改革激发县域创新活力。近年来，浙江不断深化科技体制改革，通过省市县联动，充分发挥县（市、区）科技部门在大型科研仪器开放共享、科技成果"先用后转"、共同富裕、创新深化、"315"科技创新体系建设工程等改革试点中的主体作用，激发县域创新活力。

**案例** 　　**浙江省新昌县：县域科技创新的"新昌模式"**[①]

新昌县隶属浙江省绍兴市，是我国轴承之乡、冷配大县和汽车零部件生产基地，是全国科技进步示范县。形成了资源不足科技补、区位不足服务补、动力不足改革补的科技创新"新昌模式"。

加大研发投入经费。近15年来，新昌县科技创新成果在全省乃至全国均位居前列。2021年，新昌县R&D经费20.74亿元，占GDP比重4.77%，远高于国内和省内平均水平。持续的研发投入模式，增强了新昌县科技创新的动力，带来了县域经济的发展和腾飞。

创新产学研合作体制。新昌县探索了与国内大学、研究机构共同创建产学研结合的模式。建立健全"企业出题、院所解题、政府助题"的产学研合作创新长效机制，促进企业需求与高校院所科研成果有机对接、创新链和产业链无缝衔接。

全方位"引才""留才""用才"。实施"天姥英才"计划，让研究人员以科研成果形式入股，为设立博士后和院士工作站的科研院所提供资金支持等。为解决企业人才的"后顾之忧"，县政府出台企业自建人才房、购房补助、家属落户、子女就学、医疗体检等"特殊"政策。

打造数字化综合服务平台。谋划科技创新服务数字化新模式，探索政府、企

---

① 《浙江：县域科创的"新昌模式"》，中华人民共和国科学技术部网，https://www.safea.gov.cn/dfkj/zj/zxdt/202304/t20230413_185546.html。

业、高校、中介等众创共享的高质量创新路子，整合各种资源，精心打造了"众创共享科创云平台"。

此外，新昌县积极发挥科技创新专家服务团作用，开展"一对一""保姆式""全程化"服务，精准帮扶企业减负降本、纾困解难、创新发展。①

## 第四节  双向互动发展的关键融合点和发展之路

面对县域经济发展中传统产业结构单一、科技创新水平相对较低、缺乏新的增长点和核心竞争力等现状与问题，需要探讨县域经济发展与科学技术创新的关键融合点。面对县域经济发展中传统产业结构单一、科技创新水平相对较低、缺乏新的增长点和核心竞争力等现状与问题，需要探讨县域经济发展与科学技术创新的关键融合点。

### 一、以科技创新发现县域经济自然禀赋价值

县域经济发展大多数依赖于耕地、林地、水域等土地资源支持，同时各县区气候条件各不相同，县域经济首当其冲的要凭借自然条件优势加以发展。自然保护区内的动植物资源具有极高的生态价值，可以吸引大量旅游者从而带动当地县域经济发展。各县区丰富多样的特产可以带动当地经济并增加就业机会，提高当地人民生活水平。各县区人口数量、文化程度、技能背景等因素对其县域经济发展具有至关重要的作用。同时，自然禀赋价值可以在合理估值基础上开发利用。例如，在有自然保护区的情况下，可以采用旅游业收入、生态补偿金等经济指标来评估其自然禀赋的经济价值；可以考虑到生态系统的生态功能，如水源涵养、空气净化、土壤保持等，采用影子价格法等非市场价格来进行估算。通过对自然禀赋价值进行估值，可以更全面地认识和改善资源的利用和管理，引导决策者和社会各界更加合理地利用资源，平衡发展经济与保护环境的关系以实现可持续发展。

---

① 商文芳：《县域科技创新的"新昌模式"》，城市怎么办网，http://www.urbanchina.org/content/content_8291049.html。

科技创新可以用于合理估值和开发利用县域经济自然禀赋价值。一是可以利用先进科技手段对自然禀赋价值进行估值,利用遥感、地理信息系统等高科技手段快速准确地获取生态系统和资源的信息,并采用实时数据和建模分析技术,对自然禀赋价值进行估值。二是可以利用科技创新提升县域经济发展,利用高技术手段提高旅游、农业、渔业等行业的产值和增值效益,增加经济价值和社会效益,并通过数字化、智能化、信息化等方式实现产业升级和智能化。

## 二、以科技创新提升县域经济产业附加值

实现县域经济的转型升级关键是要采取多种方式抓住机遇以科技创新挖掘县域经济高附加值产业,注重引领县域经济发展的特色和优势,研发更适合和更具有市场竞争力的产品,提高县域内产业链水平,使之成为区域、全国甚至全球产业链的重要组成部分,更好地适应快速变化的市场环境并实现县域经济高质量发展。

一是以科技创新支持县域经济转型升级为现代高附加值经济。科技创新可以推动县域经济从传统的农业、制造业向高新技术产业转型升级,从而提高产业的附加值。例如,引进新的生产技术和设备,推动传统农业向现代农业转变,以推行智能制造提高制造业效率和质量。科技创新可以培育创新企业,引进高新技术企业和创新型企业入驻县域,推动创新创业活动,从而带动县域经济的转型升级。政府也可以提供相应的政策扶持和创业培训,激发创业者和科技人才的创新激情。科技创新需要高素质的科技人才支撑,因此县域经济还需要加大对科技人才的引进和培养力度,通过设立研发机构、科研团队和科技人才培训基地等方式,吸引和培养科技人才,提升县域的科技创新能力。科技创新可以促进技术转移和合作,通过引进和吸收先进的技术、信息和经验,提高县域经济的创新能力,政府要推动企业之间的技术合作和技术转让,打破信息壁垒,促进科技、资本和人才的流动。

中国电商扶贫项目是通过科技创新获得技术和管理优势促进城乡经济共同发展的典型例子。该项目通过运用电子商务平台和物流网络,将农产品从贫困县域直接连接到城市市场,帮助贫困地区的农民增加收入,推动县域经济融入城市经济圈。通过电商扶贫农产品的线上销售拓宽销售渠道,加快农产品流通速度,减少了中间环节和运输成本,提高了农产品的市场竞争力。同时,电子商务平台还提供市场信息、营销支持和金融服务,帮助农民更好地了解市场需求,提高产品质量和品牌

形象。

二是以科技创新支持县域经济吸引高附加值产业并鼓励和支持其整体搬迁。县域经济发展需要利用数字化基础设施、人工智能制造技术、大数据应用、生物技术等科技创新,支持和吸引高附加值产业搬迁到县域发展。要加速网络、云计算、物联网等县域数字化基础设施建设,提升县域经济数字化水平;利用人工智能技术提高生产效率和产品质量并降低生产成本,为吸引高附加值产业提供技术支持;利用大数据技术分析县域经济的需求和特点,为吸引高附加值产业提供市场分析和决策支持;利用生物技术来培育本地独特的产业,吸引生物制药、生物医学科技等高附加值产业到县域经济。

同时,为了鼓励和支持高附加值产业整体搬迁到县域经济,要制定并实施税收、土地、人才等方面系列鼓励政策,建立专门的招商引资平台宣传本地的资源、环境等优势,加强对当地从业人员的培训和服务支持,为吸引高附加值产业到县域经济发展提供支持。中国电子信息产业的发展进程,就是通过科技创新和政策激励支持县域经济吸引高附加值产业的典型案例。过去,大部分电子信息产业都集中在一线城市,如北京、上海和深圳,然而随着中国中西部地区经济快速发展和政府支持,一些高附加值电子信息产业开始向县域地区搬迁。

三是以科技创新支持县域经济更好地融入城市经济圈发展。科技创新可以在推动数字化转型、发展新型城镇化等方面,支持中国县域经济更好地融入城市经济圈。首先,随着信息技术和互联网的发展,县域经济可以通过数字化转型更好地融入城市经济圈。数字化转型可以帮助企业和政府实现信息化管理、智能化生产、数字化运营等目标,提高生产效率、降低成本,从而更好地融入城市经济圈。数据显示,2019年中国县域互联网经济规模达到1.5万亿元,增长率达27.3%。[①] 其次,中国县域可以通过发展新型城镇化更好地融入城市经济圈。新型城镇化是以人为本、生态优先、高质量、集约型的城镇化发展模式,旨在充分利用智慧城市建设、数字化规划设计、智能交通系统等现代化技术手段,推进城乡一体化和城市可持续发展。2019年中国城镇化率达到60.6%,其中县域城镇化率达到45.8%。数据显示,2019年中国县域科技服务业增加值达到1.8万亿元,同比增长19.5%。

---

① 胡学英:《区域一体化视角下的城市群融合案例分析》,《生产力研究》2019年第4期。

四是以科技创新支持县域经济快速发展优势行业的龙头企业。中国县域经济发展可以借助科技创新加快步伐，特别是可以通过重点支持县域优势行业的龙头企业发展壮大带动整个县域经济发展。要通过引进新技术、新设备提高龙头企业的生产效率、降低能耗和排放，并有效降低生产成本，提高产品质量和竞争力；要通过数字化管理和智能化生产实现流程优化、压缩生产周期和提高产品的一致性和品质稳定性，从而提高龙头企业的生产能力和市场竞争力；要通过加强研发和创新能力提高龙头企业的产品技术含量和附加值，增强品牌影响力和市场竞争力，为其进一步拓展新市场和维持领先地位提供支撑；要通过建立产业生态圈和产业链促进优势产业协同发展和龙头企业持续扩大经济规模，从而提高行业和企业的利润率和增长速度；要通过加强人才培育和引进提高龙头企业的人才素质和专业技能，支撑企业进一步加速产业升级和转型。

### 三、以科技创新拓展县域经济发展成果转化空间

以科技创新拓展经济成果转化空间的政策措施同样适用于县域经济发展。比如，建立科学特色产业园区，将科技成果与产业园区相结合，培育科技企业，可以提升科技成果的市场化、产业化转化效果；创新科技成果的商业模式，探索新的商业模式，如"科技+金融""科技+文化"等，拓展科技成果的转化渠道；加强与企业的合作，建立科技成果转移机制，跨越产学研难题，集聚农业科技专家为企业提供技术服务和技术支持；完善科技成果转化政策，为科技人员提供更多的创新创业机会；加强知识产权保护，建立科技成果的知识产权保护机制，有效保护科技成果的商业价值；提高科技成果转化的效率，建立科技成果评价和审批机制，降低转化成本，加快科技成果落地等。具体针对县域经济发展，支持农业科技企业设立研发中心或分支机构，致力于智能化种植系统、农业无人机等开发新型农业技术产品和服务，以农业科技创新提高农业生产效率和质量。通过科技创新拓展农业领域经济成果转化增长空间的效果更为显著。

科技创新可以拓展多种县域经济行业和领域的经济发展空间。许多县区拥有独特的文化、历史和自然资源，如古镇、风景区、山地、湖泊、森林等，通过积极开发旅游资源、提升服务质量，可以吸引更多游客前来旅游，带动当地经济发展。许多县区有纺织、制鞋、木材加工等传统产业基础，通过科技创新提升产业技术含量

和附加值可以带动产业升级和转型，为当地经济注入活力。随着信息技术和互联网的发展，许多县区在教育、研究和创新方面拥有优质资源和优势条件，通过积极培育知识产业并促进科技创新和人才发展，可以提高县域经济的竞争力。许多县区拥有珍稀的植物和动物物种，也有许多非常重要的湿地、河流、森林等生态系统，通过加强生态保护，发展生态旅游和生态农业，可以实现经济效益和生态环境的双赢。总之，县域经济需要根据当地的资源、产业优势以及市场需求，制定适合自己的发展战略，只有在发挥自身优势中积极开发和利用各种既有资源，不断完善基础设施建设和服务体系，才能达到可持续发展的目的。[1]

### 四、找准科技创新支持县域经济发展的着力点

首先，要加强科技创新以提升产品质量和品牌效应。加强科技创新是提升产品质量和品牌效应的关键，可通过在技术研发、高端制造和智能制造等方面发挥优势，推广新材料、新能源等新兴技术，提升产品竞争力。其次，要将"互联网+"县域经济发展作为新趋势，县域企业应该抓住这个机遇推进[2]"互联网+"，打造"智能县域"，推广中国智能城市建设模式，将传统产业数字化、智能化，提升产业创新力和核心竞争力。再次，要培育新兴产业以提升县域经济竞争力。我国县域经济发展面临着经济重心北移、人口老龄化等多重挑战，新兴产业培育是加快县域经济发展的有效途径，如推动县域经济与现代服务业、高新技术产业等新兴产业的深度融合，鼓励高新技术企业入驻，培育本土高新技术企业，以此提升县域经济的核心竞争力。最后，要促进青年创新创业以推动县域经济发展。青年是县域经济发展的重要动力，要促进青年创新创业并营造良好的创业环境，加强思想引导和政策支持，培养青年创新创业意识，通过举办创业比赛、设立创业基金等方式，激励青年投身县域经济发展，推动县域经济从传统到现代的转型升级。

具体分析找准科技创新着力点的方式方法，一是要深入分析掌握县域经济行业市场规模、优势和劣势等特点，对于选择科技创新的方向具有指导意义；二是要分析包括科技人才、研发机构、技术水平等在内的县域科技创新现状，为找准着力点

---

[1] 李文：《科技创新对县域经济的影响及其作用研究》，《中国科技经济论坛》2018年第4期。
[2] 赵培红、任慧：《从"单向行政式管理"到"多维内涵式调整"：县域编制资源优化配置——以H省T市Q县为例》，《领导科学论坛》2023年第11期。

提供基础；三是要调研市场需求，进一步了解当地市场需求和发展趋势，寻找符合市场需求的科技创新领域；四是要关注国家和地方政府的相关政策及对县域经济发展的政策导向，寻找对应政策支持的科技创新方向；五是要积极与当地企业、研究机构、高校等合作交流，共同探讨科技创新着力点；六是要在找准着力点过程中，坚持创新思维和意识，敢于挑战和尝试新领域，不断寻求创新突破。

### 五、激发支持县域经济科技创新活力①

科技创新活力是县域经济可持续发展的源泉，需要政府、科研机构、高校和企业等多方面的支持和合作。科研机构是科技创新的重要基石，其通过各种研究项目和实验室提供科学和技术方面的专业知识和技术支持，进而推动了科技创新的发展。高校培养了大量的科研人才，他们在课堂上学到的知识和实践经验，为科技创新提供了基础。企业是科技创新的关键推动力量，在市场竞争中需要不断创新来提高产品和服务的竞争力，推动科技创新的需求。政府在科技创新方面发挥重要作用，通过政策、法规和资金等方面的支持，激发科技创新的活力。优秀的科技人才是科技创新的核心，他们的知识和创造力推动了科技的突破和进步。

要遵循适地适用的原则激发县域经济的科技创新活力。一要尊重地域差异。不同地方的发展条件、资源、产业特点和文化背景不同，必须针对各自的情况制定相应的科技创新政策和措施。二要发挥产业优势。在制定科技创新政策时应充分发挥本地产业优势，结合当地特殊资源和需求培育符合当地产业特点和需求的技术创新，推动产业升级和转型。三要建立创新生态系统。鼓励创新企业、科研机构、高等院校、投资机构、社会组织等各类创新主体互动，共同创造良好的创新生态系统。四要提供创新环境。在政策支持的基础上加强创新环境建设，包括人才引进、知识产权保护、资金支持、基础设施建设等方面的投入和保障。五要推进公共服务。加强公共服务的建设和运行，完善资源共享、技术平台、创新孵化等公共服务体系，为科技创新提供全方位保障和服务。

要注重从多维度激发县域经济科技创新活力。一是要建立创新体系。县域经济要立足本地发展，加快构建科技创新体系，出台激励政策和创新研发计划，积极

---

① 明健：《"破四唯""立新标"充分激发科技创新活力》，《创新世界周刊》2022年第12期。

引进高端科技人才和资源,加强创新园区建设等。二是要加强科技创新基础设施建设。建立完善的技术创新服务生态体系,加强科技人才培养,提升科技创新水平,促进技术产业转型升级,推动县域经济由技术创新型向产业创新型转变。三是要加强政策引导和金融支持。制定完善的科技创新奖励、税收优惠、产权保护等政策,鼓励企业投入创新研发,加大金融支持力度,引入风投、创投等资本,推动资金和科技的有机融合。四是要扶持县域经济特色产业。在县域经济特色产业中,胜任科技创新领域的企业和科研机构应优先扶持,提高其创新能力和核心竞争力,促进企业提升科技含量和附加值。五是要引导产业优化升级。不断推动传统产业技术升级,对传统企业提供技术改造和升级的扶持,同时在新兴领域大力培育科技企业,推动县域经济转型升级。

## 案例 甘肃省临泽县:提升科技成果就地转化效率[①]

甘肃省临泽县一是在优、专、特、精上下功夫,在模、效、质、档上做文章,以科技成果转化实现产业发展提档升级。先后与兰州大学、西北师范大学等30多家高校院所开展战略合作,研发生产的饲料添加剂、日用化妆品系列等30多个产品上市销售。建立科技示范点63个,引进、试验、示范新品种300多个、新技术80多项,登记省级科技成果38项,转化科技成果52项,专利授权量达2260件,发明专利累计达59件,每万人口有效发明专利拥有量达5.16件。二是通过狠抓科技成果引进培育,不断增强龙头企业引培带动能力,构建贯通种养基地、生产加工、冷储物流等现代产供加和储运销体系,发展全产业链模式,推进一产往后延、二产两头连、三产走高端,延伸业态链条,加快三产融合发展,促进了农旅、城乡、农工在科技成果转化中深度融合。现拥有国家级"绿色工厂"1家、省级"绿色工厂"4家、专精特新中小企业5家、省市重点产业链"链主"企业3家、省级科技企业孵化器1家、众创空间2家、技术转移示范机构1家、国家知识产权优势企业3家。

---

① 顾兴业:《临泽县:探索"党建+N"模式 书写乡村振兴新篇章》,临泽县人民政府网,http://www.gslz.gov.cn/dzdt/zxdt/xndt/202312/t20231219_1158084.html。

## 第五节 "双碳"战略下县域城镇化

县域是我国经济发展和社会治理的基本依托，县域经济发展质量是决定地区碳排放的主导因素。县域是新型城镇化发展的"主阵地"，其碳排放总量占全国50%以上，落实县域城镇减碳增汇是实现"双碳"目标的关键任务，坚决守护山清水秀的生态环境是县域高质量发展的题中应有之义。实现碳达峰碳中和是新时代推进县域经济绿色转型高质量发展的必然要求，是县域迈步社会主义现代化的必由之路。[①]

### 一、"双碳"战略为县域经济发展带来的新机遇

#### （一）"双碳"战略促进县域经济产业转型

我国是一个农业大国，大多数人口来自县域，当前更快的城市化进程给县域经济建设带来新的重大挑战，县域经济发展不仅是国民经济建设的重要内容，也是国家经济建设的一大难题。原因在于，与城市相比，县域经济发展在人才、技术和资金等方面具有天然劣势，传统行业的发展速度较为落后。

绿色发展道路能够转变当前我国县域经济发展困难的局面，县域通常拥有优于城市的自然资源与自然风光，传统文化习俗保存得较为完整。因此，可以通过对县域资源的整合配置助其发展特色产业，以特色产业为基础，将农业、旅游业等多个产业联系起来形成完整产业链，实现多产业融合，合力助推县域产业转型。例如，广东信宜充分利用县域内的资源禀赋，助力农文旅深度融合发展，构建品控溯源体系。根据"重点培育、示范引领"的建设思路，充分挖掘钱排镇双合村的资源禀赋，建立"中国李乡·山水双合"乡村振兴示范带；创新融入"高速服务区景区化"的理念，建立高速服务区转型示范地——信宜三华李度假区。通过积极打造信宜高质量建设生态发展区，串珠成链、连线成片，实现共享共赢，是成功将美丽资源转化为美丽经济的典范。[②]

---

[①] 于婷婷、冷红、袁青：《"双碳"目标下县域城镇空间低碳规划技术研究》，《城市规划》2023年第6期。

[②] 张玉荣、陈飞虎、高干：《广东县域高质量发展！信宜：农文旅融合"美丽资源"变"美丽经济"》，中国小康网，https://news.chinaxiaokang.com/dujiazhuanggao/2023/0310/1410941.html。

### (二)"双碳"战略增强县域综合经济实力

保护生态环境就是保护生产力,改善生态环境就是改善生产力。在县域范围内,绿色发展道路使得经济发展具有可持续的基础,对经济增长具有极大推动作用。此外,县域经济产业转型中形成的特色产品具有较大的竞争优势,能够以点带面地促进县域各个产业的综合发展,在提高县域的综合经济实力方面发挥重要作用。例如,河北省张北县利用其丰富的风能和太阳能资源优势,展开了"追风""逐光"运动,在张家口市建设国家级可再生能源示范区活动中表现突出,积极推动可再生能源开发应用,把资源优势转换为产业发展优势,探索出一条欠发达地区赶超、超越、崛起的新道路。2021年,张北县实现GDP130亿元,财政收入增长至19.3亿元,一般公共预算收入初次超10亿元,城乡居民人均可支配收入连年位居全市前列,从国家级贫困县摇身跨入中国县域综合实力百强县,县域经济综合实力得到大幅提升。2022年,张北县实现脱贫人口人均纯收入13656.57元、同比增长11.06%,地区生产总值增速达到7.8%、位居全市第一,5倍于全市平均水平,2倍于全国、全省平均水平。[①]

### (三)"双碳"战略有助于优化县域环境、改善县域人民的生活质量

"双碳"战略的提出与落实再次促使人们意识到绿色发展理念的重要性,在发展经济的同时关注资源的整合协调,以及生态环境的保护与可持续发展。当前我国县域经济的发展实践中,城乡一体化对县域经济发展起到重要作用,同时也对县域环境的改善和优化具有重要作用。例如,现代化交通设施的建设、县域的绿化建设等不仅对县域环境的优化起到促进作用,还改善了人们的生活环境,有助于提高人民的健康水平和幸福指数。

此外,绿色发展理念下的产业转型与经济发展可以有效提高当地人民的可支配收入。县域经济发展也可以让更多资金流入地区财政,从而获得更多资金可投入基础设施建设或社会福利当中,完善当地教育、医疗及社会保障,有效提升人民生活质量,对促进我国共同富裕的发展目标具有重要意义。

### (四)"双碳"目标倒逼技术创新

绿色发展道路要求经济主体摒弃过去的高耗能高污染的粗放式发展路线,"双

---

① 郭煦:《张北县绿色产业裂变发展》,中国小康网,https://news.chinaxiaokang.com/dujiazhuangao/2023/0321/1413722.html。

碳"目标促使企业为达到耗能和排放标准而改进生产方式与发展路径。那么，利用先进的科学技术实现低成本的设备更新和产业转型或许是新一轮的大众创新和技术进步的起点。

县域经济发展的核心是创新，而数字经济则是创新的重要驱动力。数字技术就是县域经济转型过程中的一大发力点，打造绿色低碳发展数字新场景或许是县域经济顺应"双碳"战略的突破口。[1] 长久以来，乡村是县域的主体，数字乡村建设是乡村振兴的重要内容。"数字鸿沟"似乎是城乡之间难以忽视的隔阂，而数字乡村发展可以大大缩窄这道沟壑，为乡村产业提供所需支持。数字技术的基础设施建设有助于提升农业农村生产力，例如以人工智能、物联网、5G 等高新技术为依托的智慧农场逐渐兴起，大大提高了农业生产效能，电商为各地农户出售农产品提供了全新渠道，这些新鲜技术产品都为农户增收助力。此外，数字经济还能够推动农业产业系统重组，优化区域要素流动和配置，从而提高生产效率。因此，县域和乡村地区积极加强数字建设，能够切实推动当地产业的运营能力和营收能力进一步提升。通过多措并举、多管齐下的方式促进农村地区数字经济发展，打造"数字乡村"信息平台[2]、支持涉农数字经济产业、推广国家数字乡村建设试点等，有助于我国农业生产力和农民收入水平很大幅度地提升，也将数字技术普及至较为偏僻落后的县域农村地区，从而缩小"数字鸿沟"，创造"数字红利"。

## 二、"双碳"战略为县域经济发展带来的新挑战

绿色经济和"双碳"目标要求经济增长与社会发展、生态环境的和谐统一，经济的增长不能以破坏生态为前提，而是通过产业创新和技术创新，提高效率、减少浪费、降低污染，从而实现发展的可持续性。实现"双碳"目标，要求我们以前所未有的力度进行经济结构的低碳转型。在这一过程中，除了高能耗高排放的传统产业将面临产能下降、固定资产投资减少、短期内的经济发展压力等问题，县域主体还会面临一系列的挑战和难题。

---

[1] 袁帅：《数字经济：县域经济发展的核心驱动力》，中国小康网，https://news.chinaxiaokang.com/dujiazhuangao/2023/0323/1414537.html。

[2] 李学林：《"下沉"数字技术助力乡村振兴》，中国小康网，https://news.chinaxiaokang.com/dujiazhuangao/2021/0415/1154197.html。

### （一）人才储备缺失，引才留才能力差

绿色发展和产业转型需要相关人才作后盾，但与城市相比，县域地区在引才和留才等方面具有天然劣势。主要体现在三个方面：一是引才渠道窄，高精尖人才匮乏，人才结构不合理，缺乏能够带动群众致富的专业化、经验足、实力强的人才。二是人才激励机制不完善，存在人才管理粗放、管理制度有漏洞的问题。此外，县域相较城市来说，工作生活条件相对艰苦、交通便利度较差，尤其对于面临两地分居、子女入学困难等问题的工作人员来说则更加难以协调。三是人才外流严重，城镇化的快速发展很大程度上制约了县域的留才能力，和城市相比，县域经济发展能效较低，使得县域人才逐年减少，极大程度上制约了县域经济绿色转型人才储备数量和质量，也制约了绿色发展道路的落实力度。[①]

### （二）居民绿色发展理念薄弱，贯彻落实存在困难

思想与理念的转变是一个长期的过程，需要政府有关部门和媒体加以引导。因此，尽管绿色发展的理念具有得天独厚的理论优势和现实优势，但考虑到我们的实际情况，即我国县域数量众多，经济发展状况参差不齐，县域居民受教育水平和认知能力也有所差距，距离绿色发展理念真正地深入人心并得到贯彻还有一定的距离。深挖背后原因，包含了我国实际国情因素，也存在着政府的宣传教育工作力度不够的问题。部分县域政府、企业和居民在实际生产生活中仍然存在"短视"心理，未意识到生态环境的重要性，过分关心短期利益而忽视长期利益。

### （三）体制机制不完整，法律法规不健全

缺少健全法律制度的规范和约束也是"双碳"战略下的县域发展面临的主要问题之一。我国社会主义法治体系从无到有地发展至今已取得举世瞩目的成就，但随着社会的进步和时代的变革，法律永远滞后于现实，难免存在一些"灰色地带"。县域经济是近年随着时代和经济社会发展而兴起的一种区域经济发展新概念，绿色发展也是一种较为崭新的观念，在立法立规中缺少能够借鉴的经验，因此存在较多不完善之处，无法较好地起到规范人们行为的作用，部分行为暂时无法可依或执法司法不当，从而严重影响"双碳"战略在县域的落实。

---

① 霍昕浩、郝儒杰：《从左权实践看县域"双碳"绿色转型发展》，《当代县域经济》2022年第11期。

### （四）发展路径模糊，创新和产业化能力有限

绿色发展是一种理念、一个方向、一条道路，而不是现成的可直接套用的模板。因此，很多县域地区对于其发展路径仍然在摸索探索之中。部分地区领导和企业主管的创新能力较差，这也制约着他们无法快速找到一条合适的发展路径。此外，产业化是促进县域经济最为有效的发展模式，但是很大一部分县域地理区位、地形地势等先天条件存在劣势，大型企业不愿根植于此，而本土的中小企业规模小、抗风险能力差，且处于产业发展的初级阶段，产业化面临较大难题。较低的产业化程度不仅导致先进技术设备难以引进，还会增加生产资源的消耗量，与绿色发展的理念背道而驰。

### （五）缺乏资金支持

"双碳"战略的经济发展转型要求企业从高能耗生产转向低污染低排放，从而促使县域经济从过往的资源、劳动、资本密集型产业向技术、知识密集型发展，在前期的设备更新换代时期需要大量投资。然而，县域企业多以中小微企业为主，资金实力薄弱、可抵押资产有限、融资能力差，这导致大量企业难以迈出绿色转型的第一步，严重制约"双碳"目标的实现。

## 三、"双碳"战略下的县域发展对策与建议

要实现县域高质量发展，首先要从生态环境入手，营造良好的生活环境和生产环境，保护和发展同行，让绿水青山产生巨大生态效益、经济效益和社会效益，进而促进县域高质量发展。

### （一）完善政策机制，加强人才培育

现代社会，高质量的专业人才是行业持续健康发展的基础和根基。县域是我国经济社会发展的基础构成元素，县域经济的发展同样需要高质量人才，县域经济的绿色发展更需要高质量人才。因为，现代科学技术水平不断提高的背景下，绿色发展理念有了更为进步和领先的建设要求。在将绿色发展的理念应用到县域经济发展中时，缺少专业人才成为阻碍先进技术落实和应用的主要困境。

因此，若要实现县域经济的高质量发展，县级政府必须组织建设高质量专业人才队伍，加快完善相关政策机制，加强人才培育力度。一方面，加大人才的引进力度，例如通过改善工作待遇、提供优惠政策来加大对专业人才的吸引；另一方面，

完善人才管理工作，建立更为科学合理的激励和考核机制，激发高质量人才发挥更大的能力和价值。①

### （二）增强绿色发展意识，提高居民环境保护意识

思想意识是引导人类行为的动力，各项政策都需要思想意识的指引才能顺利落实。党的十八届五中全会确立"创新、协调、绿色、开放、共享"五大发展理念，为我国新时代经济社会发展提供了根本遵循。党的二十大报告提出"统筹产业结构调整、污染治理、生态保护、应对气候变化，协同推进降碳、减污、扩绿、增长，推进生态优先、节约集约、绿色低碳发展"，为我国绿色发展指明了方向。

推动县域经济高质量发展必须全面完整准确贯彻新发展理念，坚决避免割裂五大发展理念之间的联系，同步推动县域经济的创新、协调、绿色、开放和共享发展。此外，要切实发挥创新在县域经济发展中的第一动力功能，通过制度创新、技术创新等一系列行动激发县域经济发展保持持续的活力与动能。县级政府应以此为导向，健全宣传教育渠道，充分借助网络电视、微博、公众号等现代化的媒体形式，充分发挥学校以及社会团体的教育功能，依托系统观念，持续弘扬"绿水青山就是金山银山"的绿色发展理念。②此外，要积极倡导绿色低碳生活方式，实施塑料污染治理计划，加强阶梯水价、阶梯电价、阶梯气价的落实。引导居民自觉避免资源浪费，倡导绿色低碳出行方式，推动能源清洁低碳高效利用，推进工业、建筑、交通等领域清洁低碳转型。最终使环境保护、节能减排、低碳绿色的思想意识深入人心，成为经济发展和衣食住行的基本遵循。

### （三）健全环境保护法规，完善监测监督体制

法律法规和制度的规定是能够有效的对人们的行为进行规范和约束的重要依据。将绿色发展应用于县域经济发展，要综合考虑不同县域的特征，不仅将绿色发展理念融入法律法规的条文中，还要融入法律法规的实施中。要健全完善现有体制，监管部门要选择合适的监管方式和监管力度，防止在县域经济的发展过程中，经济主体违背绿色发展理念，对当地环境造成污染和破坏。

此外，全面落实绿色新发展理念，积极倡导绿色制造，需要建立县域绿色经济发展监测考评体系，完善能源消耗总量和强度调控，力争实现规上绿色工厂全覆

---

① 沈蕾：《县域经济绿色发展的现实研究》，《中国集体经济》2022 第 19 期。
② 张凤林：《全面推进乡村振兴背景下县域经济高质量发展研究》，《理论探讨》2022 第 3 期。

盖。全面节约集约利用资源，提高土地、水资源利用整体效益，建立能源总量和强度"双控"制度，开展县域二氧化碳排放达峰预测研究，探索开展多层级近零碳排放试点体系建设工程。完善碳排放统计核算制度，健全碳排放权市场交易制度，将碳排放权交易尽快在县域推广普及。①

**（四）创新县域特色产业，发展县域经济**

在推动县域经济高质量开放发展中，各县域要综合考虑城市群以及国内外形势变化，在新发展格局的构建过程中找准定位。绿色发展道路是方向、是原则，而绝非教条，绿色经济也非一成不变的模板，各县需结合自身的实际资源和特色优势发展优质产业，注重创新发展，打造特色鲜明的经济项目，促使县域经济从过往的资源、劳动、资本密集型产业向技术、知识密集型发展，实现资源利用最大化。此外，要注重县域经济发展与生态环境保护的均衡性。推动县域经济高质量发展必须秉承以人民为中心的核心和共享的理念，坚持县域经济发展为了人民、发展依靠人民、发展成果由人民共享的根本原则和遵循。

例如，湖南省绥宁县依托其独特的山水风光与苗族文化大力发展文化旅游业，打造出极具内涵与活力的文化名片"四把姑娘节"，不仅大力弘扬了非遗文化和民族精神，也是绥宁旅游产业高质量发展的难得机会。②广西壮族自治区隆林各族自治县同样立足独特区位优势和产业特点，具有丰富的矿产资源。该县聚焦新型生态铝、林业、新能源、新材料等"四大主导产业"招商引资，紧扣特色产业发展方向，大力引进金融、农业、新能源等行业的高新技术企业、国家专精特新"小巨人"企业等技术含量高、产出效益好、环境影响小的优质项目。③

**（五）发展数字金融和绿色金融，拓宽县域主体融资渠道**

首先，数字金融能够通过降低信息不对称、提升融资效率等多种路径降低企业的融资成本、拓展企业的融资渠道。因此，大力发展数字金融是提高县域企业融资能力的有力方法。其次，健全绿色金融的普及程度能够有针对性地将资金投放给绿色企业，建立企业绿色经济发展监测考评体系，通过对企业产业的低碳化、绿色化

---

① 盛世豪等：《县域治理与县域发展样本与启示》，浙江大学出版社2022年版，第226页。
② 苏枫：《湖南绥宁：畅享苗族文化盛宴》，中国小康网，https://news.chinaxiaokang.com/dujiazhuangao/2023/0623/1438948.html。
③ 王际娣：《县域大招商！广西隆林：锚定四大主导产业招新引优》，中国小康网，https://news.chinaxiaokang.com/dujiazhuangao/2023/0508/1426648.html。

资质和能力进行审查,从而确定企业可获融资的档次,不仅大大拓宽了绿色企业的资金来源,解决绿色转型的燃眉之急,还能促使更多企业加入绿色低碳发展的队伍中来。最后,政府和有关部门要加大对县域产业的投资力度,完善当地基础设施和环境治理为县域经济发展奠定基础,同时要注意协调好银行和企业之间的关系,进而促进县域地区经济发展。

浙江省安吉县创新地将传统银行业与生态资源结合起来,"两山银行"不仅实现了让生态资源成功变现,也重塑了人们对生态资源及其价值的认知。居民可以将农房、竹林、茶园等名下用不上的生态资源存入银行,实现了数字赋能生态产品价值的高效转化,而乡镇也可以凭借生态资源管理库和数据可视化平台实现资源管理和项目管控。2020年12月28日,安吉县"两山"竹林碳汇收储交易中心成立,并发放首批碳汇收储交易金和碳汇生产性贷款,这标志着全国首个县级竹林碳汇收储的数字化交易平台落地运营。通过将生态资源明码标价,生动诠释了"绿水青山就是金山银山"的内涵。[①]

---

① 周宇、周雪妮:《县域数字生态!安吉:以数为"媒"绿水青山变"活钱"》,中国小康网,https://news.chinaxiaokang.com/dujiazhuangao/2022/0323/1299613.html。

# 第十一章

# 数字经济

随着全球数字经济的繁荣发展,中国作为世界第二大经济体正在深化数字化转型。作为国家治理的基础单元,县域加快数字经济发展对国家的经济社会发展也至关重要。

## 第一节 宏观政策

### 一、数字经济发展总体目标

数据作为新型生产要素,是数字化、网络化、智能化的基础,已快速融入生产、分配、流通、消费和社会服务管理等各环节,深刻改变着生产方式、生活方式和社会治理方式。

数据要素是指那些以电子形式存在的、通过计算的方式参与生产经营活动并发挥重要价值的数据资源。党的十九届四中全会首次提出将数据作为生产要素参与分配。数据要素与劳动力、资本、土地和管理相提并论,并显示出越来越重要的作用。当前,新一轮科技革命和产业变革深入发展,我国数字经济发展在国民经济生活中起到了越发重要的作用。

数字经济,作为一个内涵比较宽泛的概念,凡是直接或间接利用数据来引导资源发挥作用,推动生产力发展的经济形态都可以纳入其范畴。在技术层面,包括大数据、云计算、物联网、区块链、人工智能、5G通信等新兴技术。在应用层面,"新零售""新制造"等都是其典型代表。见表11–1。

表11–1 "十四五"数字经济发展主要指标[①]

| 指标 | 2020年 | 2025年 | 属性 |
| --- | --- | --- | --- |
| 数字经济核心产业增加值占GDP比重(%) | 7.8 | 10 | 预期性 |
| IPv6活跃用户数(亿户) | 4.6 | 8 | 预期性 |
| 千兆宽带用户数(万户) | 640 | 6000 | 预期性 |
| 软件和信息技术服务业规模(万亿元) | 8.16 | 14 | 预期性 |
| 工业互联网平台应用普及率(%) | 14.7 | 45 | 预期性 |
| 全国网上零售额(万亿元) | 11.76 | 17 | 预期性 |
| 电子商务交易规模(万亿元) | 37.21 | 46 | 预期性 |
| 在线政务服务实名用户规模(亿) | 4 | 8 | 预期性 |

---

① 参见《"十四五"数字经济发展规划》。

## 二、数字经济对县域发展的要求

### （一）对县域发展基础设施的要求

数字基础设施的优化升级。县域数字经济的发展需要以数字基础设施为支撑。包括推动新一代信息技术基础设施建设、提升网络安全保障能力等。这将为县域数字经济发展提供坚实的保障。

农业、工业数字化转型。在农业领域，推动农林牧渔业基础设施和生产装备的智能化改造，提升农业生产、加工、销售、物流等环节的数字化水平；在工业领域，加快推动研发设计、生产制造、经营管理、市场服务等全生命周期的数字化转型。这将为县域经济实现高质量发展提供有力支撑。

### （二）数据要素在县域发展中的作用

数据要素的统筹开发利用。建立健全国家公共数据资源体系，统筹公共数据资源开发利用，构建统一的国家公共数据开放平台和开发利用端口，释放公共数据红利。这将为县域数字经济发展提供丰富的数据资源支持。

数据要素市场的培育和发展。加快构建数据要素市场规则，培育市场主体、完善治理体系，促进数据要素市场流通。鼓励市场主体探索数据资产定价机制，推动形成数据资产目录，逐步完善数据定价体系。这将有助于释放数据要素的价值潜力，为县域数字经济发展注入新的动力。

### （三）对县域发展的要求

产业数字化转型的整体推进。县域应引导各类产业园区加快数字基础设施建设，提升园区管理和服务能力。同时要建立市场化服务与公共服务双轮驱动，技术、资本、人才、数据等多要素支撑的数字化转型服务生态，解决企业"不会转""不能转""不敢转"的难题。这将有助于县域产业实现优化升级和高质量发展。

新业态新模式的培育和发展。加快培育新业态新模式，引导支持平台企业加强数据产品内容等资源整合共享，加快优化智能化产品和服务运营。培育智慧销售、无人配送、智能制造、反向定制等新增长点。这将有助于县域经济实现创新发展和转型升级。

### （四）对县域公共服务数字化提升的要求

全面提升全国一体化政务服务平台功能。加快推进政务服务标准化、规范化、便利化，实现利企便民高频服务事项"一网通办"。建立健全政务数据共享协调机制，推进发票电子化改革，促进政务数据共享、流程优化和业务协同。这将为县域居民提供更加便捷高效的公共服务数字化体验。

**（五）对县域发展数字化普惠服务的要求**

加快推动社会服务数字化普惠。县域应充分运用新型数字技术，强化就业、养老、儿童福利、托育、家政等民生领域供需对接，进一步优化资源配置。同时要发展智慧广电网络，加快推进全国有线电视网络整合和升级改造，深入开展电信普遍服务试点，提升农村及偏远地区网络覆盖水平。这将有助于解决城乡数字鸿沟问题，提升县域居民的生活质量和社会福祉。

推动数字城乡融合发展。完善农村地区信息化服务供给，推进城乡要素双向自由流动，合理配置公共资源，形成以城带乡、共建共享的数字城乡融合发展格局。构建城乡常住人口动态统计发布机制，利用数字化手段助力提升城乡基本公共服务水平。这将有助于缩小城乡差距，推动县域经济实现均衡发展。

**（六）对县域发展的新型人才培养的要求**

培养数字经济新型人才。县域应加强与高校和职业学校的合作，培养一批既懂数字技术又懂经济发展的复合型人才，这将为县域数字经济的发展提供强有力的人才支撑。

促进数字创新与技能培训。加强技能培训和技能认证在数字经济领域的应用，促进数字创新与技能培训的融合发展。这将有助于提升县域劳动力的数字技能水平，适应数字经济时代的发展需求。

**（七）对县域发展的安全与风险防控的要求**

县域应建立健全网络安全管理体系，加强网络安全监测预警和应急响应能力，建设保障重要信息系统和数据资源的安全可控，这将为县域数字经济的发展提供坚实的网络安全保障。

强化风险评估与防控。加强对数字经济风险的评估和防控，建立完善的风险评估预警机制和应对体系。防范网络安全攻击、数据泄露等风险的发生。这将有助于保障县域数字经济的健康发展。

## 第二节　数字经济对县域发展的影响

### 一、数字经济对县域经济影响的方面

数字经济对县域经济的影响包括新产业、新业态、新模式的产生，产业结构优化，传统产业升级，基础设施智能化水平的提升，以及返乡创业者的新创业就业机会。

#### （一）催生新产业、新业态、新模式

数字经济通过技术创新和数据驱动，催生了许多新产业、新业态、新模式。这些新兴产业和业态为县域经济发展注入了新的活力，推动了县域经济的快速发展。例如，互联网＋农业、互联网＋赶集、互联网＋文博馆、互联网＋旅游、互联网＋村庄、互联网＋非遗、农村电商、智能制造、大数据等新兴产业在县域地区得到了快速发展。这些产业的发展不仅带动了县域经济的增长，也提高了当地居民的生活水平。

#### （二）优化产业结构

数字经济通过技术手段对县域的传统产业进行改造和升级，优化了产业结构。一方面，数字经济的发展加速了传统产业的转型升级，使得传统产业能够更好地适应市场需求的变化。另一方面，数字经济的发展也推动了新兴产业的发展。这些新兴产业具有更高的附加值和更大的市场潜力。

#### （三）推动传统产业升级

传统产业如农业、手工业、制造业等普遍存在生产效率低下、产品质量不高等问题。数字经济的发展使得这些传统产业能够借助数字化技术实现生产过程的自动化和智能化，提高生产效率和产品质量。同时，数字经济的发展也拓宽了传统产业的市场空间和发展前景。

> **案例**　**华为与岫岩县合作推动农业数字化转型**[①]
>
> 岫岩县位于辽宁省南部，是以农业为主的县。其面临着落后的生产方式、低

---

[①]《岫岩满族自治县人民政府办公室关于印发岫岩县国家电子商务进农村综合示范工作实施方案的通知》，岫岩满族自治县人民政府网，http://www.xiuyan.gov.cn/html/XYXZF/202106/0162442903144080.html。

效的资源利用、农业信息不对称等问题。为了推动农业现代化，提高农业生产效率和农民收入，岫岩县政府积极寻求与科技企业的合作。经过多方考察和洽谈，最终于2019年选择与华为合作，启动了农业数字化转型项目。华为向岫岩县投资了5亿元，共同推进农业数字化转型。具体内容包括：一是农业物联网建设。华为协助岫岩县建设了农业物联网平台，实现了对农田的实时监测和管理。通过物联网技术，平台可以实时收集农田的气象数据、土壤数据、作物生长状况等，为农民提供精准的种植决策和服务。实施农业物联网建设后，岫岩县的粮食产量提高了30%，同时降低了化肥和农药的使用量，降低了对环境的污染。二是智能化养殖管理。华为还帮助岫岩县实现智能化养殖管理。通过智能传感器和监控设备对养殖场的温度、湿度、空气质量等进行实时监测和调控。此外，系统还可以对养殖动物的健康状况进行监测和管理，及时发现疾病和疫情，有效控制了疾病的传播。实施智能化养殖管理后，岫岩县的养殖业效益提高了20%。三是农业大数据应用。华为为岫岩县建立了农业大数据平台，将农业数据整合和分析，为农民提供更加精准的种植和养殖决策服务。该平台可以通过数据挖掘和分析，预测未来的气候变化、市场需求和价格走势等，帮助农民作出更加科学和有效的生产决策。实施农业大数据应用后，岫岩县农民的收益提高了40%。

### （四）提升基础设施智能化水平

全国很多县市，基础设施普遍较为薄弱，智能化水平较低。数字经济的发展使得这些基础设施能够借助数字化技术实现智能化管理和运营，提高基础设施的使用效率和服务质量。

### （五）为返乡创业者提供新的创业就业机会

一些县市经济发展水平较低，很多有志于创业的返乡人员受制于缺乏合适的创业项目而无法实现创业梦想。数字经济的兴起为他们提供了新的创业机会，很多返乡人员利用数字经济的契机，将线上与线下相结合开办农家乐，发展民宿、定制农产品、农业研学等乡村旅游项目，或者利用电子商务平台开展特色农产品销售等创业项目，实现了成功创业并带动了当地经济发展。另外，数字经济的兴起也催生了许多新的就业岗位，很多返乡人员利用自身的技能和经验在数字经济领域找到了适合自己的工作，实现了顺利就业。

### （六）助力县域脱贫攻坚

首先，数字经济有助于拓宽农产品的销售渠道，增加农民收入，改善其生活条件；其次，数字经济有助于提高农业生产效率，降低生产成本，增加企业利润，从而带动县域经济的发展；最后，数字经济有助于提供新的就业岗位，增加就业机会，帮助贫困人口脱贫致富。此外，数字经济的发展还有助于推动贫困地区的旅游业等特色产业的发展。

### （七）数字经济推动城乡融合发展

首先，数字经济有助于打破城乡之间的信息壁垒，促进城乡之间的信息交流与共享，从而推动城乡一体化发展；其次，数字技术的应用有助于提高农村基础设施的智能化水平，改善农民的生产生活条件，从而缩小城乡差距；最后，数字经济的发展有助于推动乡村振兴一二三产业的融合发展。

> **案例**　山东省曹县："数实融合"推动县域经济发展[①]

曹县，属于山东菏泽市管辖。曾经是商朝时期的都城，被誉为"华夏第一都"。被国务院授予"全国十大电商发展典型激励县"、被商务部授予"国家级电子商务进农村综合示范县"及"全国全网销售百强县"等称号。多年位列"全国淘宝村百强县"第二名。

2009年以来，电子商务在曹县农村地区兴起，产业逐渐兴旺，乡村得到振兴。特别是销售端数实融合在培育、发展曹县产业集群上具有显著成就，促进了县域经济蓬勃发展。然而，数实融合在生产端的缺位也将制约产业集群竞争力的提升。

县域乡村发展的关键是人才，吸引人才、留住人才的关键在产业。曹县这样一个相对偏僻的地方，在良好的传统产业基础上实现数字经济和实体经济融合发展，农村电商走到了全国前列。2016—2020年，曹县吸引了8.6万人返乡创业就业，创办各类经济实体2万家，带动50.3万人就业。

"北上广曹""宇宙中心"，2021年曹县一举成名，从脱贫县变成网红县。年轻人发现，淘宝上卖的汉服每三件就有一件产自曹县。此外，曹县还是全国唯一的木制品跨境电商产业带，建有7个海外仓。

---

[①] 夏杰长、田野：《数字经济与实体经济融合发展推动产旺村兴》，《中国经济时报》2023年12月11日。

巨变发生在短短5年间，2016—2020年，曹县新增13个"淘宝镇"、117个"淘宝村"，使"淘宝镇"达到17个、"淘宝村"达到151个，分别占山东全省的1/7和1/4，多年位列"全国淘宝村百强县"第二名，产业发展和人气兴旺互为因果，形成良性循环。

数字经济是年轻人的经济，数字经济与实体经济融合发展的趋势下，县域乡村会有不少新发展机遇。

## 二、县域数字经济发展的现状

### （一）发展呈现不平衡

我国东部地区尤其是沿海发达地区的县域数字经济更发达，而中西部地区的县域数字经济相对滞后。这主要是由于东部地区在政策、资金、技术等方面具有较大优势，而中西部地区则相对缺乏这些优势。

数字百强县有79个位于东部地区，数字百强区有69个位于东部地区。2022年数字百强县中，有65个位于长江三角洲城市群，7个位于山东半岛城市群，6个位于海峡西岸城市群，4个位于长江中游城市群，4个位于中原城市群，2个位于粤港澳大湾区城市群，12个位于其他城市群。数字百强区中，有38个位于长江三角洲城市群，8个位于山东半岛城市群，4个位于海峡西岸城市群，5个位于长江中游城市群，3个位于中原城市群，21个位于粤港澳大湾区城市群，21个位于其他城市群。[①]

尽管数字经济在县域地区的发展存在区域不平衡的问题，但是一些县域已经在数字经济发展方面取得了显著成果。这些县域通常具备较好的产业基础、资源禀赋和区位优势，同时积极推动数字化转型和升级，使得数字经济成为推动当地经济发展的重要力量。

### （二）重视传统基础设施数字化改造

传统基础设施的数字化改造是提升县域数字化水平的重要途径。一些县域通过引进先进的数字化技术，对传统基础设施进行智能化改造，提高了基础设施的利用效率和公共服务水平。

---

① 数据来源：中国信息通信研究院根据公开资料整理。

例如，通过数字化技术手段对农村电网进行了智能化改造。改造后的电网系统能够实现电力供应的智能化管理和调度，提高了电力供应的可靠性和效率。同时，通过智能电表等设备的安装，实现了用电信息的实时采集和远程监控，为电力部门提供了更加准确及时的用电数据。

此外，一些县域还通过数字化技术手段对农村公路进行了智能化改造。通过安装智能交通系统，实现了交通信号的智能化控制和车辆的智能调度，提高了交通运行效率和安全性。同时，通过数字化技术手段对农村水利设施进行了智能化改造，提高了水利设施的利用效率和防洪抗旱能力。

### （三）建设新型基础设施打造智慧县城

建设新型基础设施是打造智慧县城的重要手段。一些县域通过引进先进的云计算、大数据、物联网等技术手段建设了智慧政务、智慧教育、智慧医疗等新型基础设施，提升了县城的数字化水平。

例如，江苏如皋市，2022年上半年共建设5G基站1849个，同时加快部署全市感知终端，建设城市大数据平台，智慧城市建设进程加快。长沙市聚焦新型基础设施建设，打造端、网、云全面先进的城市数字基础设施，确保新型智慧城市建设行稳致远。[①]

### （四）催生出的县域数字产业新业态

随着数字经济的快速发展，一些县域已经形成了具有特色的数字产业新业态。这些新业态既包括传统的电子商务也包括新兴的大数据产业、人工智能产业等。

培育数字化发展新模式新业态，是县域实现经济转型升级，实现跨越式发展的重要突破口。以电子商务为代表的新商业模式加速了县域金融、物流、仓储、加工及设计等供应链资源的数字化整合。2022年数字百强县拥有电子商务企业13.9万家，数字百强区拥有电子商务企业27.7万家，为电商驱动产业数字化转型提供了重要支点。[②]

### （五）新模式驱动县域产业数字化转型的案例参考

新模式驱动县域产业数字化转型是数字经济的重要趋势之一。一些县域通过创新管理模式、创新商业模式等手段推动了产业的数字化转型和发展。

---

① 数据来源：中国信息通信研究院根据公开资料整理。
② 数据来源：中国信息通信研究院根据公开资料整理。

| 案例 | 河南省息县：推动农业数字化转型[①] |

息县位于河南省南部，是一个传统的农业县。近年来，息县通过创新管理模式，推动了农业的数字化转型，取得了显著成效。一是数字化种植管理。息县引入了数字化种植管理系统，通过物联网技术对农田进行实时监测和管理。该系统可以实时收集农田的气象数据、土壤数据、作物生长状况等，为农民提供精准的种植决策和服务。实施数字化种植管理后，息县的粮食产量提高了20%，同时减少了化肥和农药的使用量，降低了对环境的污染。二是智能化养殖管理。息县还引入了智能化养殖管理系统，提高了养殖业的效率和品质。该系统通过智能传感器和监控设备对养殖场的温度、湿度、空气质量等进行实时监测和调控。此外，该系统还可以对养殖动物的健康状况进行监测和管理，及时发现疾病和疫情，有效控制了疾病的传播。实施智能化养殖管理后，息县的养殖业效益提高了15%。三是农业大数据应用。息县还建立了农业大数据平台，将农业数据整合和分析，为农民提供更加精准的种植和养殖决策服务。该平台可以通过数据挖掘和分析，预测未来的气候变化、市场需求和价格走势等，帮助农民作出更加科学和有效的生产决策。实施农业大数据应用后，息县农民的收益提高了30%。

### （六）创新提供数字化发展机遇催生集聚了大量的数字资产

2022年数字百强县共有科技型中小企业3.4万家，数字百强区共有科技型中小企业11.4万家。同时，大学大院大所加快落地县域，建立起分支机构、联合实验室、院士工作站、产业技术研究院等研发平台，开展共建科技成果转化中心、设立中试基地、创办企业等科技成果转化活动，推动了传统产业转型升级和新兴产业培育。

数字百强县（市）集聚了县域最强劲的创新力量和产出成果。ICT专利数量是反映地区数字核心产业发展质量的重要标志。2022年数字百强县共有ICT专利数量19.8万件，ICT发明专利授权量3.2万件，其中昆山市ICT专利数量2.7万件，ICT发明专利授权量0.5万件，均位居全国县（市）第一位。数字百强区共有ICT专利

---

[①] 胡译丹、范亚旭：《息县："乡村直播间"赋能农产品上行》，河南省农业农村厅网，https://nynct.henan.gov.cn/2023/09-08/2812221.html。

数量129.2万件，ICT发明专利授权量49.3万件，其中宝安区ICT专利数量8.9万件，龙岗区ICT发明专利授权量4.4万件。[①]

### 三、县域数字经济发展的难点

#### （一）基础设施投资资金缺乏

县域数字经济发展需要大量的基础设施支持，如互联网、物联网、大数据中心等。然而，这些基础设施的建设需要大量的资金投入，且投资回报周期较长。对于许多县域而言，缺乏足够的资金投入成为制约数字经济发展的重要因素。

解决这一问题，可以通过政府引导、企业投资、社会资本参与等方式，推动基础设施建设。同时，政府可以出台相关政策，如税收优惠、财政补贴等，鼓励企业加大对基础设施建设的投入。此外，可以通过PPP等模式引入社会资本，降低基础设施建设成本，提高资金使用效率。

#### （二）基础人才缺少

县域数字经济发展需要大量的人才支持，包括技术人才、内容创作人才、包装设计人才、运营人才等。然而，由于县域地区的教育水平、经济发展水平较低等原因，人才流失严重，基础人才的缺少成为制约县域数字经济发展的重要因素。

解决这一问题，可以采取以下措施：一是加强本地人才培养。政府可以支持企业与本地高校、职业学校等合作，开展人才培训和技能提升计划，提高本地人才的素质和技能水平。二是出台优惠政策吸引人才。政府可以出台相关政策，如住房补贴、子女教育优惠等，吸引人才到县域地区工作和生活。三是建设人才孵化器。政府可以在县域地区建设人才孵化器，为创业者和创新者提供良好的工作环境和资源支持，吸引更多的人才来到县域地区发展。

#### （三）创新能力不足

创新能力是数字经济发展的重要驱动力。然而，县域地区往往存在创新能力不足的问题，缺乏创新意识和创新氛围。这使得县域数字经济的发展缺乏持续的动力和支持。

解决这一问题，可以采取以下措施：一是加强创新平台建设。政府可以支持企业与高校、科研机构等合作，建立创新平台，为创新提供良好的环境和资源支持。

---

① 数据来源：中国信息通信研究院根据公开资料整理。

二是鼓励企业加大研发投入。政府可以出台相关政策，鼓励企业加大对技术研发的投入，提高企业的技术水平和创新能力。三是培养创新文化。政府可以在县域地区推广创新文化，鼓励企业和个人积极参与创新活动，营造良好的创新氛围。

### （四）国家级平台普及推广不足，功能不完善

国家政务服务平台等国家级平台是促进县域数字经济发展的重要平台。然而，这些平台在普及推广和功能完善方面存在较大的不足，使得县域数字经济的发展缺乏有效的支撑和引导。

解决这一问题，可以采取以下措施：一是加强宣传推广力度。政府可以加强对国家级平台的宣传推广力度，提高平台的知名度和影响力。二是加强平台功能优化。政府可以支持平台加强功能优化，提高平台的可用性和用户体验。三是推广平台应用场景。政府可以推广平台的应用场景，鼓励企业和个人使用平台进行业务办理和信息查询等操作，提高平台的实际使用率和效果。

### （五）闲置的传统资产、产业，急需优化升级

县域地区往往存在大量的闲置传统资产和产业，这些资产和产业需要优化升级才能适应数字经济的发展需求。然而，由于人才、资金、技术等方面的限制，许多县域缺乏对这些资产和产业进行优化升级的能力和资源。

解决这一问题，可以采取以下措施：支持传统产业数字化转型。政府可以出台相关政策，如通过PPP模式的ROT模式，鼓励传统企业参与进行数字化转型，提高企业的生产效率和竞争力。同时可以支持企业引进先进的数字化技术和管理模式对传统产业进行优化升级，提高传统产业的附加值和效益。

## 第三节　区域流量变现：县域发展新起点

### 一、互联网流量

截至2023年6月，我国网民规模已达10.79亿人，互联网普及率达到71.3%。同时，信息无障碍能力持续增强，互联网应用适老化改造深入推进，1735家主流常用网站和手机App完成适老化改造，一批优秀改造案例在全国推广应用，持续温暖"快时代"中的"慢人群"。

### （一）互联网流量的推动下，农村电商消费特点

农村电商消费额连续多年高速增长。2023年上半年，农村网络零售额达到1.12万亿元，同比增长12.5%。农村电商的快速发展不仅带动了农村经济的发展，也为农民提供了更多的创业机会。

网购占消费比重稳步提升，跨境电商等业态模式保持较快增长。2023年上半年，全国网上零售额达到7.16万亿元，同比增长13.1%。其中，实物商品网上零售额为6.06万亿元，增长10.8%，占社会消费品零售总额的比重为26.6%。这意味着越来越多的消费者选择在网上购物，进一步推动了电商行业的发展。

农村电商的物流体系不断完善。这为畅通城乡商贸循环提供了有力支撑，同时也带动了工业品下乡和农产品上行。直播带货、产地直采、"电商＋旅游＋采摘"等各类新模式也为农村电商发展提供了源源不断的动能。

在互联网流量的推动下，视频平台取得了积极进展。截至2023年6月，我国网络视频（含短视频）用户规模已经达到了10.44亿人，使用率为96.8%，继续保持在高位的增长态势。各大视频平台不断加强优质内容供给，构建良好内容生态圈，通过多元化的节目类型和高品质的节目内容吸引用户。

### （二）购物习惯和主要购买商品

县域消费者在网购时更注重性价比，对品质和价格的权衡更加敏感。同时，消费者也更加注重购物的便捷性和时效性，更倾向于选择快递配送等便捷购物方式。

县域消费者在网购时主要购买日常生活用品、农副产品、数码电器等商品。其中，女性消费者更喜欢购买服装、美妆等商品，男性消费者则更倾向于购买数码电器等商品。此外，县域消费者也越来越注重购买进口商品，尤其是来自日、韩、法、美等全球各地的进口商品。

### （三）农村人均年消费额

农村人均年消费额因地区经济发展水平和消费习惯的差异而有所不同。一般来说，东部沿海地区的农村人均年消费额较高，而中西部地区的农村人均年消费额相对较低。但是随着农村电商的普及和推广，越来越多的农村消费者开始通过网络购物来满足自己的消费需求，农村人均年消费额也有望逐步提高。[①]

---

① 信息来源：根据中国互联网络信息中心发布的第52次《中国互联网络发展状况统计报告》整理。

## 二、区域流量：一笔丰厚的数字资产

随着互联网的快速发展，流量已经成为商业竞争的重要因素。在县域数字经济发展中，区域流量也成为助力县域发展的重要资产。

### （一）区域流量的定义和来源

区域流量区别于传统纯线上的公域流量、私域流量，是指来自本地实体消费者和商户的流量。这些消费者和商户通常在本地实体场所进行消费或经营，如景区、商超、集市、公共场所等。区域流量的来源主要包括本地居民、游客、商户等。

### （二）区域流量的重要价值

真实性高：区域流量来自本地实体场所，具有较高的真实性和可信度。这种真实性可以增强消费者和商户之间的信任和忠诚度，从而促进消费和经营。

体验感强：区域流量可以让消费者和商户更好地体验本地文化和特色，增加消费和经营的乐趣和价值。

入口集中并易于获取：区域流量通常集中在政府主导的点位，如景区、集市、公共场所等。政府可以通过搭建区域流量平台，通过逆向引导消费者和商户进入平台进行消费和经营，从而促进本地数字经济的发展。

以传统电商的获客成本为例，京东、阿里、美团、拼多多等公域电商平台平均获客成本正不断升高。2022年，阿里的获客成本已达1302元，4家主流公域电商平台的平均获客成本均值在800元左右。公域电商获客成本日益高涨，私域电商目前正成为零售企业数字化转型的重要落地手段。（注：获客成本=当期销售费用÷新增买家数）[①]

区域流量的价值换算：以北方某旅游大县（简称A县）为例，该县位于京津冀核心腹地，拥有优越的地理位置和丰富的自然资源，每年吸引近2800万人次的游客访问。尽管该县是国家级的全域旅游示范区和"绿水青山就是金山银山"实践创新基地，但2019年旅游人均消费额仅为117.85元，消费总金额约为33亿元，表明其旅游业发展仍有巨大的提升空间。

为了更好地理解区域流量的价值，我们可以通过以下公式进行计算：

---

① 《四家主流电商平台获客成本速览：均值800元，阿里去年已达1302元》，钛媒体快报公众号。

区域流量价值=（导入平台的游客数量 × 人均传播及消费预期增长值）- 导入成本

其中，新导入的区域流量平台游客数量可以根据历史数据和市场调研进行估算；人均消费预期增长值可以根据旅游业的发展趋势和竞争对手的情况进行预测；导入成本包括搭建平台、推广等所有相关费用。

以 A 县为例，假设政府牵头通过搭建区域流量平台，一年内成功导入1000万游客资源进入平台，提供传播、政务、二次销售服务，计算公式如下：

区域流量平台价值=（1000万游客 × 1302元）- 导入成本（忽略不计）

=130.2亿元（根据前文所述的公式计算得出）

区域流量平台资产的商业估值假设：

估值是一个复杂的过程，需要对公司的财务状况、市场情况、竞争优势、发展前景等进行全面的评估。以下是一种简单、粗略的估值方法，具体的估值需要考虑更多的因素。

还是以 A 县为例，首先，需要估算平台的年收入。假设每个消费者成为会员，每年消费2000元，那么1000万会员的年收入就是2000元乘以1000万会员，即200亿元。

其次，需要考虑平台的成本和利润。假设平台的运营成本为年收入的40%（包括员工工资、运营成本、市场营销等），那么平台的年利润就是年收入减去运营成本，即200亿元减去80亿元，为120亿元。

最后，我们可以用利润乘以适当的市盈率（PE）来估算平台的估值。假设市盈率为10倍，那么平台的估值就是120亿元乘以10，即1200亿元。

### （三）如何把资源变成资产、激活区域流量

搭建区域流量平台：每个县的政府部门（尤其是有大量游客资源的旅游强县）都可以通过导入第三方服务商合作搭建一个区域流量平台并负责日常运维，将本地居民、游客、商户等流量聚集在一起。这个平台可以包括本地旅游、文化、特产等方面的介绍和推广，以吸引更多的消费者和商户。

引导消费者和商户进行消费和经营：政府可以通过各种方式引导消费者和商户在平台上进行消费和经营。例如，可以提供优惠券、打折活动等吸引消费者进行消费；可以为商户提供线上经营的指导和支持，帮助他们更好地进行线上经营。

**加强内容传播**：政府可以通过平台加强本地文化和特色的宣传和推广，吸引更多的游客和消费者前来旅游和消费。同时，也可以通过平台为消费者提供更好的旅游攻略和消费指南，提高他们的满意度和忠诚度。

**盘活闲置资产**：政府可以通过平台将本地的闲置资产盘活，如文博场馆、疗养院、民宿、农庄等。通过与平台合作，可以为游客提供更多的住宿选择和旅游体验，同时也可以为当地居民增加收入来源。

**促进二次销售**：政府可以通过平台为商户提供线上销售渠道，促进二次销售。例如，可以在平台上销售本地的特色产品、手工艺品等，为商户增加销售额和利润。

### 三、一纵三横：区域流量的1+3模式创新

区域流量对县域发展至关重要。它不仅是吸引人才和投资的关键手段，还是激活闲置资产的有效工具。同时，区域流量也是政策信息传播的重要渠道，能够加强政策影响力和落实程度。此外，对于企业来说，区域流量是增加销售收入的关键路径。通过建立志愿服务机制，将县域内的"集市景区""农村社区""老乡群体"三大流量板块联系起来，为县域数字经济发展提供了新的契机。

#### （一）一纵：以发展县域志愿者服务贯穿三个区域流量板块（政府＋志愿者组织）

1. 国家对志愿者的政策支持

联合国将志愿者精神定义为"奉献、友爱、互助、进步"，并倡导将其作为全人类共同的价值观。为了促进志愿者事业的发展，我国出台了一系列政策予以支持，明确了志愿者的定位和志愿服务组织应遵循的原则，不仅要求县级以上政府应当将志愿服务事业纳入国民经济和社会发展规划，还规定了具体的促进措施，如提供场所和其他便利条件、将学生参与志愿服务活动纳入实践学分管理，按国家有关规定予以表彰、奖励，公务员考录、事业单位招聘可以将志愿服务情况纳入考察内容，县级以上政府应当通过广播、电视、报刊、网络等媒体积极开展志愿服务宣传活动等。此外，国家还通过向社会公开购买服务、依法享受税收优惠、按国家有关规定予以表彰和奖励等方式，鼓励志愿者事业的快速发展。[①]

---

① 参见2017年8月22日国务院发布的《志愿服务条例》。

### 2. 志愿者群体的三大特点

更富有：活跃志愿者的家庭年收入均值显著高于非活跃志愿者。这表明志愿者群体相对更加富裕，具备更高的经济实力。

更年轻：活跃志愿者中，"00后"的占比最高，其次是"90后"和"80后"。这表明随着年龄的增长，成为活跃志愿者的比例逐渐下降。年轻一代更有可能参与志愿服务活动。

更可信：活跃志愿者的平均人际信任水平得分显著高于非活跃志愿者。这表明志愿者群体相对更加信任他人，具备良好的社交能力和诚信品质。①

### 3. 发展双线（线上社群+线下场景）志愿者事业的建议

为了推动县域数字经济发展创新，提高县域人文、消费软实力，建议采取以下措施。

加强线上宣传：通过社交媒体、官方网站和微信公众号等渠道，宣传志愿者事业的重要性和意义，吸引更多人关注和参与。同时，开展线上招募活动，吸引更多人加入志愿者团队。

开展线下活动：结合当地实际情况和资源，组织各类线下志愿服务活动，如环保行动、文化交流活动、关爱弱势群体等。通过实际参与，让更多人了解志愿者的价值和社会贡献。

加强培训和管理：为新加入的志愿者提供系统的培训和管理，帮助他们了解志愿服务的意义、宗旨和技能要求等。同时，对表现优秀的志愿者进行表彰和奖励，激励更多人积极参与。

整合资源：与当地企业、学校和社会组织等合作，共同开展志愿服务活动。通过资源整合，实现优势互补和协同发展。

创新服务模式：针对不同群体和需求，创新志愿者活动项目和志愿服务模式。例如，开展"互联网+志愿服务"线上线下结合的"双线志愿服务"模式，利用互联网技术提高志愿服务的便捷性和效率；开展"一对一"志愿服务模式，为特定群体提供更加精准的服务。

加强国际合作：与国际志愿者组织开展合作交流，引进先进的志愿服务理

---

① 参见《社会蓝皮书：2022年中国社会形势分析与预测》，社会科学文献出版社2022年版。

念和技术手段。同时，积极参与国际志愿服务活动，展示我国的志愿服务水平和实力。

4. 借鉴固安县"志愿之城"模式：无用之用，方为大用

河北固安县以其独特的打造"志愿之城"定位引起了广泛关注。自2018年6月27日启动"志愿之城"建设以来，该县已登记注册的志愿者人数达到了100268人，占总人口的比例高达18.13%。全县共有683个志愿服务组织，这些组织涵盖了各行各业和不同群体，实现了志愿服务人员的"行业全覆盖"和"群体全覆盖"。经过五年的实践检验取得了丰硕的成果。固安"志愿之城"模式符合顶层设计的三个基本要素，即顶层决定性、整体关联性和落地实操性。

顶层决定性：固安的志愿者模式在顶层设计上明确了打造全国县域唯一的"志愿之城"的定位。这一独特的定位不仅使得固安在1866个县中脱颖而出，更为后续的发展制定了清晰的方向。这也正是"无用之用，方为大用"的最好体现：看似与经济无关，却为固安带来了全国范围内的声誉和关注。

整体关联性：固安的志愿者模式强调整体关联性。志愿者平台成为连接各产业、经济、健康、科技等领域的桥梁和纽带。通过与外部的紧密连接，固安吸引了众多的专家学者为其出谋划策，使得这个模式从一开始就站在了全国的高度。而针对儿童、青工、原住民、老人四大重点人群的志愿服务，更是将社区服务做到了极致，形成了民众互联的强大网络。

落地实操性：固安模式在落地实操性上展现出了强大的实力，各种志愿活动层出不穷，成绩斐然。从理论宣讲到文化服务，从科技与科普到健康推进与体育服务，固安的志愿者们通过实际行动将"志愿之城"的理念传播到了每一个角落。

## （二）"三横"之一：以赶集活动为场景搭建平台，导入流量（政府＋创业者）

1. 县域乡镇集市的痛点

当前，农村集市存在一些痛点，如假冒产品和"三无"产品问题发生率较高，消费者反映虚假宣传、过期产品、"三无"产品等占比均超过三成。此外，农村集市缺乏统一的管理和运营标准，导致市场秩序混乱，商品质量参差不齐。因此，搭建一个规范化、标准化的赶集活动平台，整合县域乡镇农村的资源，提高商品质量和服务水平，是当前农村市场的迫切需求。

2. 农村集市的相关数据

首先，中国拥有大量的乡镇行政单位，共有41636个。据不完全统计，有赶集活动的县级市和县的数量分别为238个和1607个，赶集地点36571个。按照每5天赶集一次的频率估算，全国农村每年大约有300万场次的赶集活动。

每次赶集的参与人数约为2000人，人均单次消费为50元。据此推算，每年全国农村集市的消费交易总金额约为3000亿元。此外，由于乡村旅游的游客数量正在快速增长，许多外来游客也将参与赶集活动作为一项重要的旅游购物体验。

由此可见，农村集市具有广阔的市场空间和巨大的发展潜力。然而，由于该领域的资源主要集中在县域乡镇、农村地区，呈现碎片化分布，且客单价较低，目前国内尚缺乏针对农村赶集购物和消费体验的线上线下一体化平台模式。

3. 政务服务保障

为了提高平台的公信力和吸引力，每个乡镇政府可与志愿者身份的创业者合作，引入日常志愿服务机制和政务服务保障机制。比如，每期赶集的公益志愿宣传讲解、导购服务。运营活动平台可以获得政府的授权，作为官方指定的赶集活动平台，为消费者提供权益保障、质量监督等服务。这样既能保障消费者的权益，也能提升平台的信誉度。

4. 新增创业就业岗位，创造新业态、新模式

地方政府本着志愿者优先的原则招募专业运营团队，通过赶集活动平台的运营和发展，可以带来一系列新增的创业就业岗位。比如，平台需要专业的运营团队进行日常管理和维护，同时也可以为创业者提供技术支持、营销推广等配套服务。这些岗位的设立既能解决当地部分人的就业问题，也能为平台带来更多的活力和创新。志愿者创业团队可提供以下服务内容。

短视频传播内容。短视频作为一种高效的信息传播方式，已经成为现代人获取娱乐和信息的重要渠道。在农村市场，短视频平台如抖音、快手等也拥有广泛的用户群体。因此，赶集活动平台可以利用短视频平台进行品牌推广和营销活动，如拍摄创意广告、分享赶集故事等，吸引更多用户关注和参与平台活动。

农产品品牌化定制。农村地区拥有丰富的农产品资源，但大多数农产品缺乏规模化、品牌化和标准化。为此，赶集活动平台可以与当地农民合作，提供农产品品牌化定制服务，帮助农民提高产品附加值和市场竞争力。同时，平台还可以通过线

上销售和线下体验的方式,将优质农产品推向更广泛的市场。对农产品品牌定制化建议采用个人+产地+数量的"金三角"组合模式。

包装设计。农产品的包装设计对于提高产品附加值和市场竞争力具有重要作用。为此,赶集活动平台可以提供包装设计和包材供给服务,根据市场需求和消费者偏好,结合当地的非物质文化遗产为农民提供具有创意和实用性的包装设计方案,提升农产品整体形象和市场竞争力。

年度会员服务。为了提高用户黏性和忠诚度,赶集活动平台可以推出为外来旅游消费者提供的年度会员服务。会员可以通过一次体验即申请成为年度消费会员,享受更多优惠和专属服务,如免费参加线下活动、优先购买特定商品等。同时,平台可以通过会员制度的设计,鼓励用户进行更多的消费和参与活动。

远程导购。由于农村市场存在信息不对称和消费观念落后等问题,很多外地消费者在购买商品时存在困惑和疑虑。对此,赶集活动平台可以提供远程导购服务,通过在线咨询、电话等方式为消费者解答疑问并提供专业建议。这样可以有效提高消费者的购买体验和满意度。

"赶集代购小哥"的模式和业态创新。在赶集活动平台中,可以引入志愿者成为"赶集代购小哥"的角色。他们是平台的线下服务团队,负责在赶集现场为外来的旅游消费者提供咨询、导购、售后服务等一站式服务。这种模式结合了线上线下的优势,既能满足消费者的个性化需求,又能提高平台的运营效率。

新增创业就业岗位。通过搭建并运营全国县域乡镇农村的赶集活动平台,可以创造大量的返乡创业就业名额。首先,该平台需要一支专业的运营团队进行日常管理和维护,这本身就会带来一定的就业机会。其次,该平台可以与当地的农业合作社、农产品加工企业等合作,为它们提供线上销售、品牌推广等服务,从而带来更多的就业机会。

根据互联网发展"去中心化""线上线下一体化""品牌人格化"的趋势,建议采用"以县为矩阵、以集为平台、以人为品牌"的运营模式。

具体的数据需要根据实际情况进行统计和计算。以一个乡镇的赶集平台运营假设,平台运营初期,运营团队共有10人,每人每年的工资待遇为6万元,那么直接创造的返乡创业就业名额为10个。如果平台与当地5家农业合作社和农产品加工企业合作,每家企业平均创造10个就业机会,那么总共可以创造50个就业机会。因此，该赶集平台总共可以创造60个返乡创业就业名额。

人均创造营业额：人均创造营业额是指每个员工平均创造的销售额。根据公开数据，电商行业的人均创造营业额大约为100万元。如果按照这个标准来计算，一个10人的运营团队可以创造1000万元的营业额。如果再加上与当地农业合作社、农产品加工企业等合作的收益，人均创造营业额可能会更高。

以上数据和计算公式仅供参考，实际情况可能存在较大的差异。此外，返乡创业就业名额和人均创造营业额之间并没有直接的关系，前者主要取决于平台的运营情况和当地的就业环境，后者则主要取决于平台的业务类型和市场规模。

5. 构建县域数字化生态系统

通过搭建赶集活动平台，可重新构建一个数字化的生态系统。这个系统可以包括以下几个方面：一是数字化供应链。通过数字化的方式，整合县域内的商品资源，形成一个数字化的供应链。这样可以更好地掌握市场动态，预测需求，以及优化库存管理。二是数字化营销。利用大数据和人工智能技术，对消费者进行精准的营销推广。例如，根据消费者的购买历史和浏览行为，推送个性化的商品推荐和优惠信息。三是数字化支付。通过与金融机构合作，引入数字化的支付方式，如移动支付、电子钱包等。这样可以方便消费者进行交易，同时也能降低交易成本。四是数字化物流。利用现有的物流网络，或者与第三方物流公司合作，构建一个数字化的物流系统。这样可以保证商品及时送达，提高消费者的满意度。五是数字化服务。通过在线客服、电话热线等方式，提供数字化的售后服务。这样可以及时解决消费者的问题，提升用户满意度。

综上所述，搭建并运营全国县域乡镇农村的赶集活动平台，由政府、志愿者、创业者共同参与，具有巨大的发展潜力和广阔的市场前景。通过解决农村市场的痛点，创新商业模式和服务方式，并与当地政府和农民合作共赢，可以实现县域乡镇农村经济的数字化转型和升级，同时也能为消费者提供更优质、更便捷的购物体验和服务。

（三）"三横"之二：以村庄（街道）的用户为流量平台，提供多元化服务（政府＋村庄＋创业者）

1. 县域流量基本情况概述

截至2022年7月28日，我国县和县级市数量共计1866个。《2020中国人口普查分县资料》数据显示，我国县域常住人口约为7.48亿人，其中33.8%的人口集中在县城或县级市城区。这意味着平均每个县域的常住人口规模为39.92万人。此外，中国行政村总数约为691510个，长期在农村生活的人口约为5亿人，平均每村常住人口约为700人。

按照50%的县域人口进入微信社群交流计算，至少有3.74亿人每天通过乡村或小区的微信社群获取实时信息并进行交流互动。这表明微信社群已成为县域内重要的信息交流平台，为人们提供便捷的信息获取和交流渠道。

2. 农村微信社群的特点

农村微信社群主要由本村常住人口组成，他们彼此熟悉。

在农村社群中，大约1/3的人口已经加入微信群。（未入群者主要是年龄原因）

农村社群的日常主要内容可以分为三大类：通知传达类（如低保户、合作医疗保险、意外险的缴纳等），商业广告类（本村的柴米油盐、杀猪宰羊、闲置物转让等民生类产品的销售等），互动反馈类（燃气、用电、丢失财物、咨询问题等）。

3. 主要问题和痛点

缺乏有效的管理和维护：一些村庄微信群存在缺乏有效管理和维护的问题，群内信息混乱，垃圾信息较多，甚至存在一些不良言论和虚假信息。这不仅影响了村民的正常交流，也损害了村庄的形象和信誉。

参与度不高：一些村民对微信群的内容不感兴趣或者不知道如何参与，导致微信群的参与度不高。同时，一些村庄社群缺乏活跃度和互动性，群内信息单调、缺乏吸引力，无法激发村民的参与热情。

信息传播不准确：由于微信群的信息传播缺乏有效的审核和管理，一些不准确或者虚假的信息容易在群内传播，影响村庄的正常秩序和社会稳定。

服务功能不足：一些村庄微信群缺乏实际的服务功能，无法满足村民的实际需求。例如，一些村民需要在线咨询医生、寻求法律援助等时无法得到及时有效的回复。

文化素质和信息化水平不高：一些村民的文化素质和信息化水平不高，缺乏对微信群的基本了解和使用能力，这也限制了村庄微信群的进一步发展和应用。

4. 引入志愿者团队：建立精细化内容发布机制

为了提升农村微信社群的运营效果，每村引入一支志愿者团队（或由大学生村官、党务工作者操作），并建立精细化内容发布运营机制就显得尤为重要。

（1）每天的运营内容。政策新闻：本地新闻、国家针对农村地区的最新政策，让村民及时了解政策动态。安全宣传：发布有关生活安全、交通安全、防骗防诈等的安全提示，增强村民的安全意识。健康资讯：分享季节性常见疾病的预防措施、健康饮食和生活习惯的建议，提高村民的健康素养。环保科普：宣传环保知识，引导村民养成良好的环保习惯，共同维护农村环境。

（2）志愿活动签到、签退：培养村民志愿服务意识和习惯，提高农村微信社群的活跃度。CSM 全国网数据显示，2023 年 8 月《新闻联播》的平均收视率仅为 2.3%，创历史新低。一些县域融媒体中心运营的官方微信公众号也存在过于注重地方政策宣传，而忽视了本地民生新闻的报道，缺乏推广手段、互动性不足等问题导致点击率很低。建议在农村微信社群每天发布的新闻和政策通知等内容采用无外链的短视频和图片形式单向传播，可避免不必要的跳转。因微信社群信息为刚需，故信息打开率较高。

（3）每周的运营内容。志愿者发布：本地志愿活动介绍、优秀星级志愿者介绍。政务服务宣传：发布政务服务相关信息，如证件办理、政策补贴等，方便村民办理事务。法律援助：普及法律知识，解答村民的法律咨询，增强村民的法律意识。抽奖活动：凭志愿者证参加抽奖活动，增加群的活跃度和互动性。公益广告：为志愿服务企业发送广告，促进企业品牌宣传和产品、服务推广销售。

（4）每月的运营内容。农业技术推广：发布农业新技术、新品种等信息，推动农业科技创新。文化活动：组织线上文化活动，如读书分享会、手工艺品展示等，丰富村民的文化生活。志愿者发布：本地志愿活动，优秀星级志愿者评选、推介。

（5）每季度的运营内容。季度总结：对本季度社群运营情况进行总结，梳理成就和不足，为下一季度提供参考。下季度计划：公布下一季度社群运营计划，增强村民对社群发展的期待和参与度。志愿者发布：本地志愿活动，优秀星级志愿者评选、推介。

（6）每年的运营内容。年度总结：对全年社群运营进行总结，回顾一年的重要事件和成就，为下一年提供经验教训。农业展望：结合当年的农业生产和市场趋势，发布对未来农业发展的展望和建议，引导村民对农业生产的关注和参与。志愿者表彰：表彰年度优秀志愿者，鼓励更多的村民参与到社群运营中来，共同为农村微信社群的发展贡献力量。

通过建立精细化内容发布机制，农村微信社群不仅可以提高信息传播的效率和质量，还可以更好地服务村民，促进农村的发展和进步。同时，引入志愿者团队可以激发村民的参与热情和创造力，进一步推动社群的发展和成长。

### （四）"三横"之三：搭建县域"老乡志愿者"平台，实施志愿振兴家乡计划（政府+创业团队）

互联网的普及和迅速发展，可以连接全国乃至世界各地的人们，共享信息，交流想法，共同创造价值。一种可行方案——通过招募老乡志愿者，利用线上+线下的模式进行运营，推动家乡的发展。

（1）招募老乡志愿者。目标是招募在外地生活或工作，但心系家乡的人们。他们可以是已经成功的创业者，也可以是热心的群众，甚至是曾经在乡村生活过、对乡村有深厚感情的群体。邀请他们利用自己的经验、知识和资源，为家乡的发展提供帮助。

可以通过多种渠道发布招募令，如农村微信社群、社交媒体、地方媒体、学校、社区中心等。同时，也可以借助已经在外的老乡网络，通过内容分享与口碑传播的方式，让更多的人知道这个活动。定期举办线下+线上活动，增强他们对家乡的归属感和认同感。

（2）社群运营模式。以老乡志愿者定位社群运营是整个计划的核心。通过创建老乡志愿者交流平台，让老乡志愿者可以在平台上交流、分享、学习、碰撞创新思维。在社群中，可以发布各种信息，如家乡的发展情况、政策优惠、旅游景点、农产品等。也可以邀请专业的老师、企业家、政府官员等来给老乡志愿者们培训、讲座。还可以定期组织线上或线下的活动，如家乡观摩、参观企业、非遗项目、走访村落等。

（3）常态化运营机制。为了保持社群的活跃度和持续为家乡的发展作贡献，需要建立一个常态化的运营机制。这包括定期发布新的信息、定期组织线上或线下的活动、定期邀请专家举办讲座等。同时，也需要建立反馈机制，及时收集老乡志愿者的意见和建议，不断提升服务质量。

（4）政府与企业的参与。政府和企业在这个计划中扮演着重要的角色。政府需要提供政策支持，如为创业者提供优惠的政策、为志愿者提供必要的保障等。同时，政府还需要通过这个平台，向外界展示家乡的发展情况、政策优惠等，吸引更多的投资和人才，为家乡招商引资、招才引智作贡献。

企业则可以通过这个平台，展示自己的产品和服务，吸引更多的消费者。同时，企业也可以通过这个平台，寻找合作伙伴，共同推动家乡的发展。

## 第四节　建立县域发展志愿服务平台

### 一、工作目标和主要任务

为了推动县域的数字化转型和升级，建立数字经济县域发展的志愿服务平台和常设运营机构。

（一）工作目标

推动数字经济成为县域经济发展的新引擎；提高县域经济的数字化水平，提升县域经济的竞争力；促进数字技术在县域经济中的应用和创新；推动县域经济的可持续发展，提高人民生活水平。

（二）主要任务

组织编制和发布数字经济县域发展报告，为政府和企业提供决策参考；解读国家相关县域发展政策，为企业提供政策指导和支持；建立人才智库，为县域经济发展提供人才支持；连接大专院校、科研单位、相关政府部门、部委等资源，推动县域经济发展；定期举办线上会议和年度县域发展志愿者大会，促进经验交流和资源共享；表彰全国县域发展先进县，树立榜样，推动全国县域经济的发展；推动"三新"经济的新产业、新业态、新模式的交流和发展；组织新闻、视频内容的信源类产出，宣传县域经济发展的成果和经验；发起全国性志愿活动的倡议，推动志愿服务在县域经济发展中的作用；组织数字资产评估，为投资机构提供参考依据；举办线上线下路演活动，吸引更多投资机构关注县域经济发展；发布各地县域发展快讯，及时传递县域经济发展的动态信息；创建和发布各种志愿者活动，鼓励志愿公益组织捐赠和实施落实；组织实施县域文化场馆的数字化平台建设，整合打通在线观展流量资源。

## 二、组织架构和运营管理措施

### （一）组织架构

数字经济县域发展志愿服务平台和常设运营机构可设立全国大会常设机构作为最高领导机构，负责制定平台和机构的总体战略和发展规划。常设机构下设办公室、财务部、人力资源部、市场部、技术部等部门，负责具体执行各项任务。此外，根据每个县的实际情况，设立一县一定位的合作发展模式，每个县设立分支机构，负责当地数字经济县域发展的组织推进工作。

### （二）管理运营

授权各地分支机构负责当地资源整合、项目开发及落地执行等工作；指导各分支机构开展数字经济县域发展的相关工作；根据各分支机构的实际情况，进行资源导入方式和原则的制定；加强志愿者管理，建立健全志愿者招募、培训和管理机制；制定明确的全国大会常设机构管理办法和人员编制规定；建立完善的财务管理制度和监督机制，确保资金使用的透明度和合法性。

### （三）采取措施

在县域数字人才不足的问题上，数字经济县域发展志愿服务平台和常设运营机构将采取以下措施：

#### 1. 人才引进

通过制定优惠政策，吸引外部数字人才到县域内工作和创新。加强与高校、科研机构的合作，建立数字人才实训基地，培养本土数字人才。

#### 2. 培训提升

针对现有数字人才，制订培训计划，提高他们的数字化技能和素养。与专业培训机构合作，开展线上和线下培训课程，提升县域内数字人才的综合能力。建立县域数字人才库，整合县域内的数字人才资源。通过人才库的共享，为县域内的企业和组织提供人才支持，促进数字经济的发展。

#### 3. 人才交流平台

搭建县域内数字人才交流平台，促进人才之间的互动和合作。定期举办线上和线下人才交流活动，让数字人才在平台上分享经验、互相学习。

4. 校企合作

推动大专院校与县域内企业的合作，共同培养具有实践经验的数字人才。通过校企合作，为学生提供实习和就业机会，为县域企业引入新鲜的血液。

5. 建立激励机制

设立数字人才奖励机制，表彰在数字经济领域取得突出成绩的优秀人才。同时，为数字人才提供晋升和发展的机会，激发他们的工作热情和创新能力。

6. 强化政策引导

制定有利于数字人才发展的政策，引导和鼓励更多的人才投身于县域数字经济的发展。加大对数字人才创新创业的支持力度，推动数字经济产业的发展。

通过以上措施的实施，数字经济县域发展志愿服务平台和常设运营机构将有效缓解县域数字人才不足的问题，为县域数字经济的发展提供强有力的人才保障。

（四）合作机制和融资方式的建立

在区域流量平台搭建和数字经济发展中，建立政府、村镇、企业、志愿者和投资人等多方参与的多元一体合作融资与合作模式是非常重要的。促进这种多元一体的合作机制和融资方式的建立要做到以下几点：

1. 建立合作伙伴关系

首先，政府、村镇、企业、志愿者和投资人之间需要建立合作伙伴关系。政府可以发挥引导作用，制定相关政策，提供资金支持，并协调各方资源。村镇可以提供土地、人力资源和地方市场等资源，企业可以提供技术、经验和市场渠道等资源，志愿者可以提供人力资源和公益服务，投资人可以提供资金支持。

2. 制订合作计划

在建立合作伙伴关系的基础上，各方需要共同制订合作计划。该计划应明确合作目标、合作方式、资源投入、利益分配和风险承担等内容。在制订合作计划时，需要充分考虑各方的利益诉求和实际需求，确保计划的可行性和可持续性。

3. 设立合作企业

为了实现合作目标，可以设立合作企业。该企业可以由政府、村镇、企业和投资人共同出资成立，也可以由政府或村镇作为主体发起设立。合作企业的设立应遵循相关法律法规，并按照约定明确各方的权利和义务。

4. 搭建融资平台

为了解决融资问题,可以搭建一个多元化的融资平台。该平台可以包括政府债券、企业债券、股权融资、项目融资等多种融资方式。通过该平台,可以实现资金的流入流出管理,为数字经济的发展提供持续的资金支持。

5. 创新融资方式

为了吸引更多的投资,可以创新融资方式。例如,可以采用众筹、P2P、资产证券化等新型融资方式。同时,可以积极争取国家和地方政府的专项资金和政策性贷款等支持。

6. 建立监督机制

为了保障合作计划的执行和融资资金的使用,需要建立监督机制。监督机制应包括内部监督和外部监督两部分。内部监督由合作企业内部执行,应建立完善的内部控制制度。外部监督由政府、社会组织和公众等外部力量执行,应建立信息公开披露制度和社会监督机制。

7. 强化风险管理

在合作过程中,应强化风险管理。要明确风险识别、评估和应对措施,建立风险管理制度。对于可能出现的政策风险、市场风险、技术风险等要制定相应的应对措施,保障合作计划的顺利实施。

8. 推动可持续发展

在数字经济发展过程中,应注重推动可持续发展。不仅要关注经济效益的实现,还要关注社会效益和生态效益的实现。在合作过程中,要注重环保和资源的节约利用,推动绿色发展和可持续发展。

### (五)建立县域流量矩阵和区域流量平台

建立县域流量矩阵和区域流量平台,主要的盈利方式、估值方式和出让股权多少需要根据具体情况而定。

1. 盈利方式

区域流量平台的盈利方式可以采取广告收入、平台手续费、电商佣金等多种方式。例如,可以在平台上引入本地商家和品牌,收取一定的广告费用;可以提供平台交易服务,收取一定的手续费;可以开展电商业务,收取一定的佣金。

### 2. 估值方式

区域流量平台的估值方式可以根据平台的用户规模、活跃度、交易额等因素进行评估。同时，需要考虑平台所处的阶段、市场环境、竞争情况等因素。一般来说，平台用户规模越大、活跃度越高、交易额越多，估值就越高。

### 3. 出让股权多少

在确定出让股权多少时，需要考虑平台的发展战略、资金需求和投资人的要求等因素。一般来说，为了保障平台的稳定发展，不宜出让过多的股权，以免失去对平台的控制权。同时，为了吸引更多的投资，可以适当出让一部分股权，以获得更多的资金支持。

总之，建立区域流量平台需要综合考虑多种因素，包括盈利方式、估值方式和出让股权多少等；需要根据具体情况进行评估和决策，以保障平台的顺利发展和实现盈利。

# 第十二章 县域财政

根据《中华人民共和国预算法》，中国实行一级政府一级预算（财政）制度，全国预算分为中央预算和地方预算；对应地方行政区，地方预算分为省、自治区、直辖市，设区市、自治州、盟、地区，县、自治县、不设区市、旗、市辖区，乡、民族乡、镇四级预算。县域财政是以县级政府为主体，出于县域公共事务管理的需要而进行的资金筹措、管理与支出活动，包括县级预算、乡级预算两个层次。由于县域经济包括乡村经济和城镇经济，因此，县域财政部分属于乡村财政、部分属于城镇财政。

县域财政就是县域预算，由预算收入和预算支出两部分组成，包括一般公共预算、政府性基金预算、国有资本经营预算、社会保险基金预算四个方面内容，县域预算支出主要用于维护县乡两级政府运行、开办城乡公共事业、兴建农林水利、发展县域重点产业、推动乡村振兴。到2022年底，中国大陆共有县级市394个、县（含自治县）1418个，合计县市1812个，这些县市构成了中国县域经济发展的主体。但在1812个县市中，只有微乎其微的县市做到了县域自身财政收支平衡和收支盈余，绝大部分县市需要依靠上级政府转移支付维持县域财政收支平衡。

在出口、投资、消费预期减弱导致税源不足，房地产业暴利时代终结导致地方政府土地出让金锐减，人口老龄化导致养老保险、医疗保险等地方政府刚性支出增加情况下，选择不同县域经济发展模式决定了不同县域财政收支状况。

# 第一节　中国县级财政的基本情况

县域财政与单纯的城市财政的不同之处在于县域财政较大程度上承担了农村财政即县乡财政职能，涉及农村财政事权、支出责任和收入权的划分、农村财政收支、县乡两级政府债务。

## 一、县级农村财政的概念与特征

中国一般把县级农村财政作为专门的研究领域加以研究，这大概与城乡一体化程度较低，甚至还存在众多法规制度政策障碍有关。中国"三农"（农村、农业、农民）法律法规政策、社会经济结构，与城市法律法规政策、社会经济结构差距较大，加上农村社会经济发展水平总体上还落后于城市，因此，在乡村振兴和推进农业农村现代化方面，县级农村财政发挥着不可或缺的作用。

在中国绝大部分县市中，县乡两级政府最大的财政支出是教育支出、农林水支出、社会保障和就业支出、一般公共服务支出、卫生健康支出。除一般公共服务支出和农林水支出外，其他主要支出都可视为民生支出，农林水支出则属于支援农业农村的生产性支出。由于县乡两级政府对县域民生支出和支援农业的生产性支出责任过大，2021年国家通过《中华人民共和国乡村振兴促进法》，把其中一些乡村振兴支出责任项所对应的财政事权从模糊的多级政府财政事权或县乡两级政府财政事权提升为共同财政事权，从而规定了中央和有关各级地方政府共同承担相应的支出责任。也就是说，乡村振兴战略不再仅仅是县乡两级政府财政支出责任，而是各级政府共同的财政支出责任。

根据《中华人民共和国乡村振兴促进法》，为了全面实施乡村振兴战略，促进农业全面升级、农村全面进步、农民全面发展，加快农业农村现代化，实现农业农村优先发展目标，县级以上人民政府应当优先保障用于乡村振兴的财政投入，确保投入力度不断增强、总量持续增加、与乡村振兴目标任务相适应；省级（省、自治区、直辖市）人民政府可以依法发行政府债券，用于现代农业设施建设和乡村建设；各级人民政府应当完善涉农资金统筹整合长效机制，强化财政资金监督管理，全面实施预算绩效管理，提高财政资金使用效益。

## 二、县级农村财政管理体制

县级农村财政管理体制即县级政府财政管理体制，是国家公共财政体制的重要组成部分，涉及划分和落实国家规定的各级政府及主管部门农村财政事权、收入权和支出责任体制，包括农村财政体系、管理体制、管理形式和方法、管理流程。农村财政管理体制的主要内容包括建立县乡两级财政管理体制与管理制度，明确上级政府和县乡两级政府在管理县乡公共事务中的财政事权、收入权和支出责任，确立县乡两级财政管理形式和方法、管理流程。建立和维持农村财政管理体制的目的在于从财政上维护县乡两级政府权力的稳定运行，保障政府对县乡两级公共事务的有效管理，推动农村公共事业发展和农村经济建设。

鉴于中国属于单一制国家，在对下级政府财政管理体制的管理方面，中国采取"下管一级"（由上一级政府来管理下一级政府）的做法。1994年中国推行分税制财政管理体制改革，主要是对省级政府实行分税制财政管理体制，规定各省（自治区、直辖市）自行规定对省级以下辖区的分税制财政管理体制。以此类推，省级政府对地市级政府、地市级政府对县市政府、县市政府对乡镇政府实行分税制财政管理体制。随着省管县（海南省）、省财政直管县（浙江省）、省直管部分县市（河北省直管辛集市、定州市，湖北省直管仙桃市、潜江市、天门市和神农架林区，新疆维吾尔自治区/新疆生产建设兵团直管石河子市、阿拉尔市、图木舒克市、五家渠市、北屯市、铁门关市、双河市、可克达拉市、昆玉市、胡杨河市、新星市、白杨市）、省财政直管规定县市（河南省对部分县市财政进行直管）、计划单列市直管县市（大连市、青岛市、宁波市）等财政管理体制的推行，多级分税制财政管理体制经过了多次调整，这些"下管一级"的财政管理体制出现了明显的松动，总体上呈现为行政权力集中体制前提下的分权模式（或称放权模式）。

中国对县财政管理体制模式的基本特点：一是根据《中华人民共和国预算法》，中央预算与地方预算有关收入和支出项目的划分、地方向中央上解收入、中央对地方税收返还或者转移支付等具体办法，由国务院规定，报全国人民代表大会常务委员会备案，也就是说，中央在这些事项上有主导权。二是在收入划分方面，虽然上级政府主导上下级政府间一般公共预算收入划分，但下级政府（包括县市政府）在总体上接受上级政府决定的同时，也会采取一些战略性对策行为，通常会在谋求其他收入，比如灰色收入、债务收入或收入替代（如摊派修路任务等）等方面留有余地；或者提出各种理由与上级政府讨价还价，比如通过强调地方需要而申请一些重点项目或强调财政困难寻求上级政府的一般或者专项转移支付。也就是说，上级政府虽然在决定收入划分上有主导权，但在作出决定前仍然需要考虑下级政府的诉求。三是中央政府主导确立部分财政事权为共同财政事权，并确定对行使共同财政事权的各级政府（包括县级政府）的支出责任划分，同时上级政府仍然有改变财政事权或支出责任的主导权。四是中央划走属于县市的财政收入部分，而这些县市在向中央贡献一部分财政收入的同时，也获得大量上级的财政转移支付尤其是中央的财政转移支付。根据《中国统计摘要2023》，2022年中央本级一般预算收入占全国一般预算收入的46.58%，但中央本级一般预算支出只占全国一般预算支出的13.65%，大部分中央本级一般公共预算收入用于对全国各地的转移支付。五是对于县乡两级财政事权，县乡两级政府承担了多数的财政支出责任。六是绝大多数县市政府负债较为严重，而且除纳入上报上级财政部门的债务余额外，一般还存在进一步的隐性负债和或有债务。

根据"下管一级"体制，由县市政府确定乡镇财政体制，包括划定收入、明确履行支出责任、确定其他资金来源。根据财政部的统一要求，除财政收支规模大，并且具有一定管理水平的乡镇外，原则上推行"乡财县管"。多数县级政府已推行"乡财县管"，实行预算共编、账户统设、集中收付、采购统办、票据统管和县乡联网。在推行"乡财县管"的乡镇，乡镇政府管理财政的法律主体地位不变，财政资金的所有权和使用权不变，乡镇政府享有的债权和承担的债务不变。

### 三、县级财政权责划分

县域财政涉及各级政府，尤其是县乡两级政府涉农地区公共事务事权、收入权和支出责任。涉农地区公共事务事权即执行权，是指具体公共事务权力，是狭义的事权，实际上是一种政府的履职责任；广义的事权，除执行权外，还包括决策权，即决定执行权、收入权和支出责任归属哪一级政府的权力。收入权是根据国家的法律法规政策获得一级政府收入以保障该级政府能够履行其事权和承担相应支出责任的权力。支出责任是指一级政府为了履行其事权而承担相应支出的责任。区别于事权、收入权和支出责任概念，还存在"财政事权"的概念。所谓财政事权，就是一级政府应承担运用财政资金提供基本公共服务或管理其他公共事务的任务和职责，财政事权还可分为共享财政事权和其他财政事权。其他财政事权往往是沿袭下来的本级政府其他财政事权，它们可能是未明确的共享财政事权，也可能是未明确的专有财政事权。

在多级财政体制中，不同公共产品与公共服务的提供责任（财政事权）和支出责任是在各级政府之间按照法律法规划分，或者正式通过讨价还价协议划分，或者根据沿袭下来的行政惯例划分，或者根据历史性因素非正式划定。大多数地方公共产品与公共服务提供和支出责任落在地方政府层面，农村地区公共产品与公共服务提供或支出责任主要落在县乡两级政府层面。在一般情况下，县乡两级政府更贴近辖区内的居民和企业，更能了解县域经济发展状况，更适合于提供县域公共产品与公共服务，也更有能力了解和满足辖区居民和企业对地方公共产品和公共服务的偏好与需求。

中央政府财政主要承担本级公共资源配置、中央财政收入再分配（转移支付）、规制和促进全国总体经济发展的经济职能，以及基本独立承担维护宏观经济稳定的经济职能；地方政府财政主要履行地方公共资源配置职能、地方收入再分配、规制和促进地方经济发展的经济职能，一般不承担维护宏观经济稳定的经济职能。县乡两级政府财政主要履行县域内地方公共资源配置职能、地方收入再分配、规制和促进县域经济发展的经济职能，一般也不承担维护宏观经济稳定的经济职能。中央政府在主要由地方承担再分配职能和促进经济发展的职能的过程中，承担一些共同财政事权。

中国财政收入权总体上高度集中在中央政府，但是县乡两级政府实际上集中承担了大部分公共事务管理职能或事权（管理责任）。这是因为大部分的政府公共事务属于地方事务，或者需要地方配合完成；与此对应，地方本级支出责任较大，收支缺口也较大，导致中国大陆99%的县市均要依靠中央财政转移支付才能做到财政收支平衡。在这种情况下，中央从各省（包括其中的各地市和各县市区）获得了较大的税收分成，但其本级支出比重并不大，更大部分的中央收入需要用于财政转移支付，维持地方财政收支平衡。经历三年（2020—2022年）新冠疫情，县乡两级政府财政情况可谓雪上加霜，债务更是达到了历史最高点，并且存在债务管理不规范等问题，许多县乡两级政府公务员、事业单位员工的薪金支付已到了举债维持的地步。见表12-1。

表 12-1 中国各级政府主要涉农事权和支出责任

| 级别 | 分类 | | 主要事权划分 | 主要支出责任划分 |
|---|---|---|---|---|
| 全国 | 中央 | | 1.9项基本公共服务（共同财政事权）<br>2.支援农业农村生产（共同财政事权部分） | 国家基础标准由中央制定和调整，中央与地方按比例分担；<br>部分财政事权的支出责任由中央独立承担，部分由中央和地方分担 |
| 省级 | 省<br>自治区<br>直辖市<br>新疆生产建设兵团 | | 1.9项基本公共服务（共同财政事权）<br>2.支援农业农村生产（共同财政事权部分） | 国家基础标准由中央制定和调整，中央与地方按比例分担；<br>由中央和地方分担 |
| 地级 | 地区 | | 1.9项基本公共服务（共同财政事权）<br>2.支援农业农村生产（共同财政事权） | 国家基础标准由中央制定和调整，中央与地方按比例分担；<br>由中央和地方分担 |
| | 地市 | 辖县<br>不辖县 | 1.失业和救济<br>2.9项基本公共服务（共同财政事权）<br>3.支援农业农村生产（共同财政事权） | 市与区县共同负责；<br>国家基础标准由中央制定和调整，中央与地方按比例分担；<br>由中央和地方分担 |
| 县级 | 县 | | 1.本级政权运转<br>2.教育和医疗卫生<br>3.支援农业农村生产<br>（部分属于共同事权，部分属于本级事权）<br>4.区内基础建设和城镇建设<br>5.计划生育<br>6.失业和救济<br>7.9项基本公共服务（共同财政事权）<br>8.支援农业农村生产（共同财政事权）<br>9.支援农业农村生产（其他财政事权）<br>10.指导和支持村庄治理 | 县级；<br>县级主要负责，其他各级政府配合支持；<br>县级主要负责，其他各级政府配合支持；<br>县级主要负责，其他各级政府配合支持；<br>县级主要负责，其他各级政府配合支持；<br>国家基础标准由中央制定和调整，中央与地方按比例分担；<br>由中央和地方各级政府分担；<br>县级主要负责，其他各级政府配合支持；<br>县级主要负责，其他各级政府配合支持 |
| | 县级市 | | 1.本级政权运转<br>2.教育和医疗卫生<br>3.城市建设和区内建设<br>4.计划生育<br>5.失业和救济<br>6.9项基本公共服务（共同财政事权）<br>7.支援农业农村生产（共同财政事权）<br>8.支援农业农村生产（其他财政事权）<br>9.指导和支持村庄治理 | 县级；<br>县级主要负责，其他各级政府配合支持；<br>县级主要负责，其他各级政府配合支持；<br>县级主要负责，其他各级政府配合支持；<br>县级主要负责，其他各级政府配合支持；<br>国家基础标准由中央制定和调整，中央与地方按比例分担；<br>由中央和地方各级政府分担；<br>县级主要负责，其他各级政府配合支持；<br>县级主要负责，其他各级政府配合支持 |

续表

| 级别 | 分类 | 主要事权划分 | 主要支出责任划分 |
|---|---|---|---|
| 乡级 | 乡镇 | 1. 本级政权运转<br>2. 农村教育<br>3. 计划生育<br>4. 协助县级政府处理农业农村事务，包括协助指导和支持村庄治理 | 县乡共同负责；<br>县级主要负责，其他各级政府配合支持；<br>县级主要负责，其他各级政府配合支持；<br>本级政府配合支持县级政府 |

注：1. 根据国务院办公厅2018年1月27日印发的《基本公共服务领域中央与地方共同财政事权和支出责任划分改革方案》，9项基本公共服务作为中央和地方的共同事权，包括义务教育公用经费保障、免费提供教科书、家庭经济困难学生生活补助、贫困地区学生营养膳食补助、中等职业教育国家助学金、城乡居民基本养老保险补助、城乡居民基本医疗保险补助、基本公共卫生服务、计划生育扶助保障。2. 支援农业农村生产共同事权，主要参照财政部网站《2020年中央对地方转移支付决算表》。

中国属于单一制国家，县乡两级政府与上级政府的事权划分主要依据上级政府的行政规定，并遵循历年沿袭下来的一些惯例。上级政府通过划分税收收入、允许县乡两级政府获得一些收费、行使一些经营权和根据财政部要求举债，并提供各种转移支付来确保县乡两级政府能够履行本级事权和支出责任。对县乡两级政府支出压力较大的支出项，中央政府将相关事权确定为各级政府共同财政事权，以分担部分支出。

### 四、县级财政收支

县级政府财政预算包括一般公共预算、政府性基金预算、国有资本经营预算、社会保险基金预算四个方面。其中，一般公共预算收入以税收为主体，主要安排保障和改善民生、推动经济社会发展、维护国家安全、维持国家机构正常运转等支出。实际上，县乡两级政府运作和公共事务管理支出，有赖于大量上级政府的税收返还、转移支付和政府性债务支撑，经济薄弱县市的税收来源远不足以应付财政支出需要。

由于县乡两级政府收入权总体上非常有限，决定了其预算收入也相应有限。县乡两级政府预算收入主要特点：一是在一般公共预算收入划分方面，中央政府首先决定了中央与地方的分税制财政管理体制。在中央与各省的分税当中，包含了对各地县市的主要税种收入的划分；省再决定对地市级政府和县级政府确立的划分收入方案，主要是确定对省的分成上解额；地市级政府再决定对县级政府确立的收入划分方案（实行省直管县体制和财政上的"扩权强县"体制的县市，主要与省级政府确定收入划分方案)。二是省和省以下地方政府没有税收立法权,政府性基金实行中央一级审批制度,收费的立项权也由中央、省及一些较大的市确定,重要收费项目的立项均要求由中央审批或者在中央备案,所以,县乡两级政府没有根据自己的需要在本地筹集收费的权力。三是政府性基金预算收入是另一个重要的政府收入来源,其中的国有土地使用权出让收入被视为县级政府的"第二财政",但随着"房住不炒"政策推行和房地产业暴利时代终结,县级政府"第二财政"缺少了稳定收入来源,一些经济薄弱县市和人口外流县市更是迎来了"第二财政"的寒冬。四是县域国有资本经营预算,一方面县域国有资本经营规模小、收入有限,另一方面县域国有资本经营预算按照收支平衡原则编制,只有小部分国有资本经营收入纳入一般公共预算收入。五是随着城乡融合的推进,社会保险预算收入越来越重要,但是资金属于专款专用,不足部分需要县级政府一般公共预算补足。六是根据《中华人民共和国预算法》,地方各级预算按照量入为出、收支平衡的原则编制,不列赤字;若出现收少于支,则在一般公共预算年度执行中通过调入预算稳定调节基金、减少支出等方式实现收支平衡;若采取各种方法,仍然不能实现收支平衡,则可以按程序增列赤字,例如,新冠疫情三年(2020—2022年)大部分县市财政预算收支不平衡。

在县乡两级政府收入划分方面,通常做法:一是对于一些种类的较主要的收入,确定乡级政府的分成比例;二是另一些种类的收入划归县级政府,还有少数种类的较次要收入则划归乡级政府;三是划定乡级收入基数并保障乡级政府获得基数收入,超过基数部分则对乡级政府实行新的分成甚至奖补,或收归县级政府,同时由后者对乡级政府实行奖补;四是县级政府对经济薄弱乡镇提供转移支付。

在一般的地方财政研究中,往往主要讨论一般公共预算收支情况,但不深入讨论其他预算。这也反映了在各种统计年鉴/统计报告中只有一般公共预算,没有政府性基金预算、国有资本经营预算、社会保险基金预算。这使得县域财政研究往往不全面、不系统。一是县市政府不管家底薄还是厚,都不希望家底"透明":穷的可以继续装穷,"会哭的孩子有奶吃",以便能够多申请转移支付;富的不愿显富,"小金库"钱不愿外露,留着应急使用和机动使用。二是政府性基金预算收入、国有资本经营预算收入、社会保险基金预算收入要么每年数额波动大,要么数额小,存在不可持续因素。三是法律法规没有强制要求政府性基金预算、国有资本经营预算、社会保险基金预算向社会公开。

从《中国县域统计年鉴2021》可以看到，2020年所有不同财力组别的县域行政区地方一般公共预算收入均远远低于一般公共预算支出，不能体现《中华人民共和国预算法》所要求的地方各级政府预算编制必须坚持"量入为出、收支平衡"原则。究其原因，大部分县域财政一般公共预算支出严重依赖上级税收返还、财政转移支付和一部分增列赤字，尤其是中央的财政转移支付。

浙江省温岭市、安徽省涡阳县和四川省安岳县分别代表了中国东部、中部、西部三种不同县市，其中，温岭为全国百强县市、浙江十强县市，制造业发达。2020年温岭、涡阳、安岳三县市中央及省级补助收入占一般公共预算收入比重分别为22.26%、63.09%、68.31%。可见，工业越发达，对上级政府财政转移支付依赖越小，反之，对上级政府财政转移支付依赖越大。增强地方财力的主要路径是依靠发展经济，招商引资和培育本土优势产业/企业是县域经济发展的主要手段。见表12-2和表12-3。

表12-2　2020年全国县级行政区一般公共预算收支情况

|  |  |  |  |  | 合计 |
|---|---|---|---|---|---|
| 县级行政区划单位数（个） | 120 | 639 | 498 | 830 | 2087 |
| 一般公共预算收入（亿元） | 63.40 | 1889.70 | 3620.74 | 25917.82 | 31491.66 |
| 一般公共预算支出（亿元） | 1869.37 | 18448.03 | 19089.58 | 54465.24 | 93872.22 |
| 收支差额（亿元） | -1805.97 | -16558.33 | -15468.84 | -28547.42 | -62380.56 |
| 收支差额占一般公共预算收入的百分比（%） | -2848.6 | -876.2 | -427.2 | -110.1 | -198.1 |

注：县级行政区划单位包括全部县、县级市和上报完整统计数字的区，其中一般公共预算收支包括县乡两级政府一般公共预算收支。资料来源：《中国县域统计年鉴2021》。

表12-3　2020年温岭市、涡阳县与安岳县本级合并预算收支决算

| 收入项目 | 收入决算数（万元） | | | 支出项目 | 支出决算数（万元） | | |
|---|---|---|---|---|---|---|---|
|  | 温岭市 | 涡阳县 | 安岳县 |  | 温岭市 | 涡阳县 | 安岳县 |
| 地方一般公共预算收入 | 721157 | 182161 | 110213 | 地方一般公共预算支出 | 1074370 | 703153 | 612062 |
| 中央及省级补助收入 | 320999 | 504297 | 466815 | 体制结算上解支出 | 202926 | 6298 | 27901 |
| 一般公共预算收入总计 | 1442259 | 799381 | 683371 | 一般公共预算支出总计 | 1442259 | 799381 | 683371 |

续表

| 收入项目 | 收入决算数（万元） | | | 支出项目 | 支出决算数（万元） | | |
|---|---|---|---|---|---|---|---|
| 政府性基金预算收入合计 | 1141166 | 597772 | 201117 | 政府性基金预算支出合计 | 1145648 | 897387 | 246444 |
| 政府性基金收入总计 | 1451489 | 977209 | 317244 | 政府性基金支出总计 | 1451489 | — | 317244 |
| 国有资本经营收入合计 | 3368 | 3000 | 51 | 国有资本经营支出合计 | 1173 | — | — |
| 国有资本经营收入总计 | 3368 | 3000 | — | 国有资本经营支出总计 | 3368 | 3000 | — |
| 社会保险基金收入合计 | 889098 | 285036 | 54441 | 社会保险基金支出合计 | 1147167 | 310934 | 35991 |

资料来源：温岭市、涡阳县与安岳县人民政府网站。

县级财政第一个预算是一般公共预算。在一般公共预算收入的划分方面，根据中央对省、省对地市、地市对县的分税制财政体制，一方面需要从县级政府上划或上解属于中央、省和地市的税收份额，另一方面中央、省和地市对县级政府要税收返还和转移支付。省直管县市和推行财政上"扩权强县"改革的县市在财政关系上省去了与地市一级的体制和支付关联。虽然县级政府从一般预算收入中上解体制结算占了较大份额，但也能从上级政府获得较大一笔补助收入（包括税收返还和转移支付收入），从而弥补地方一般公共预算收入不足。2020年浙江省温岭市、安徽省涡阳县和四川省安岳县来自中央及省级补助收入分别为32.1亿元、50.43亿元、46.68亿元，体制结算上解支出分别为20.3亿元、0.63亿元、2.79亿元，三县市来自中央及省级的补助收入均大于体制结算上解支出。四川安岳2020年地方一般公共预算收入合计11.02亿元，中央及省级补助收入46.68亿元，为前者的4.2倍；安徽省涡阳县2020年地方一般公共预算收入合计18.22亿元，中央及省级补助收入50.43亿元，为前者的2.77倍。

县级财政第二个预算是政府性基金预算。政府性基金是依照法律法规在一定期限内向特定对象征收、收取或者以其他方式筹集的资金，专项用于特定公共事业的发展。这与税收收入不一样。税收收入是指政府为了维持运转和管理公共事务的需要，按照法律的规定强制、无偿取得财政收入的一种规范形式，除受益税外的税收收入一般也不规定用于特定的公共事业。县市政府的政府性基金预算收入规模可以十分庞大，在一些县市可以超出其地方一般公共预算收入总计，其中国有土地使用权出让收入因其规模庞大、重要性突出，习惯性被称为"第二财政"。比如，浙江省温岭市2020年国有土地使用权出让收入高达93.1亿元，为地方一般公共预算收入合计金额的1.29倍；2021年浙江省义乌市土地出让收入创历史纪录，达到626.5亿元，而一般公共预算收入为127.49亿元，土地出让收入是一般公共预算收入的4.9倍。

县市政府的第三个预算是国有资本经营预算，它是对国有资本收益作出支出安排的收支预算。国有资本经营预算收入是指各级人民政府及其部门、机构履行出资人职责的企业（一级企业）上交政府的国有资本收益。国有资本经营预算支出范围依据国家宏观经济政策以及不同时期国有企业改革和发展任务，统筹安排确定。

县市政府的第四个预算是社会保险基金预算。社会保险基金预算是对社会保险缴款、一般公共预算安排和其他方式筹集的资金，专项用于社会保险的收支预算。

## 第二节　中国县域财政和债务情况

### 一、全国县域财政情况

1979年美国城市地理学家纳瑟姆（Ray.M.Northam）提出了一个城镇化定律，即一个国家城镇化过程分为三个阶段：第一个阶段为城镇化缓慢阶段，城镇化水平低于30%，基本处于前工业化阶段；第二个阶段为城镇化快速阶段，城镇化水平在30%~65%/70%，处于工业化阶段；第三个阶段为城镇化平稳阶段，城镇化水平超过65%/70%，处于后工业化阶段。1996年中国跨过纳瑟姆定律第一个拐点（30%）后，经历了工业化、城镇化快速发展的25年（1996—2021年），2022年中国又进入了纳瑟姆定律第二个拐点（65%）。与此对应的是，中国进入城市群、都市圈为主导的城镇化3.0阶段。

2022年全国有54个县市地区生产总值（GDP）超过了1000亿元，20个县市一般公共预算收入超过了100亿元。其中，全国百强县市排名第一的江苏省昆山市实现了地区生产总值（GDP）5006.7亿元、一般公共预算收入430.18亿元，第一产业增加值比重仅为0.6%，"第二产业+第三产业"比重合计达到了99.4%。

尽管传统意义上的县域经济还是以农村经济为主，但处于城市群、都市圈中的县域经济，尤其进入全国百强的县市，县域经济已经以城市经济为主，越来越多的经济发达县市开启了全域城镇化、全域工业化或全域后工业化模式，乡镇也以非农产业为主，长三角发达县市的乡镇很多是"镇政府＋开发区/产业园管委会"镇区合一模式，即"一套人马、两块牌子"，俨然是"城"的概念。

当县域经济进入全域工业化/后工业化、全域城镇化阶段时，县域经济越发达，县乡两级政府的工作重心越要以城镇为主、乡村为辅，把发展城镇社会经济放在重中之重的位置。虽然农业支出绝对值增加，但县域财政支出中城镇建设支出、城镇教育支出、公共安全支出、产业发展支出、科学技术支出比重也逐步加大。

以全国百强县市连续30年排名前三的江苏省张家港市为例，2022年江苏省张家港市实现地区生产总值（GDP）3302.39亿元、一般公共预算收入219.07亿元。根据2023年江苏省张家港市"两会"中财政局汇报本年度本级预算支出：农林水支出绝对值达到88700万元，但所占本级预算支出比重仅为7%；排在农林水支出前面的分别是教育支出（13%）、社会保障和就业支出（13%）、公共安全及国防支出（10%）、住房保障支出（9%）、一般公共服务支出（9%）、科学技术支出（8%）、卫生健康支出（8%）。可见，县域经济越发达，城镇化、工业化程度越高，县域财政用于提升城市品质、居民素质、民生保障、科技创新等预算支出的比重越大。见表12-4。

表12-4 2023年江苏省张家港市本级合并预算支出

| 序号 | 市本级支出项目 | 金额（万元） | 比重 |
| --- | --- | --- | --- |
| 1 | 一般公共服务支出 | 108800 | 9% |
| 2 | 公共安全及国防支出 | 129400 | 10% |
| 3 | 教育支出 | 163500 | 13% |
| 4 | 科学技术支出 | 99200 | 8% |
| 5 | 文化旅游体育与传媒支出 | 32100 | 3% |
| 6 | 社会保障和就业支出 | 160500 | 13% |
| 7 | 卫生健康支出 | 96400 | 8% |
| 8 | 节能环保支出 | 62000 | 5% |
| 9 | 城乡社区支出 | 53400 | 4% |
| 10 | 农林水支出 | 88700 | 7% |
| 11 | 交通运输支出 | 44500 | 4% |

续表

| 序号 | 市本级支出项目 | 金额（万元） | 比重 |
|---|---|---|---|
| 12 | 住房保障支出 | 112400 | 9% |
| 13 | 灾害防治和应急管理支出 | 16200 | 1% |
| 14 | 工商金融自然资源等支出 | 36500 | 3% |
| 15 | 援助经费及其他支出 | 46400 | 4% |
| 16 | 预备费 | 20000 | 2% |
| | 总计 | 1270000 | 100% |

资料来源：2023年1月3日江苏省张家港市十五届人大二次会议材料。

## 二、县域政府债务

农村基层政府债务即县乡政府债务，分为直接债务和或有债务，显性债务和隐性债务。农村基层政府债务有着多种多样的成因，包括体制原因和管理原因。

### （一）县域政府债务的概念与类型

县乡两级政府所属部门、事业单位需要根据法规政策获得财政收入，履行法规政策所规定的、根据已有的惯例所沿袭下来的事权，承担因法规政策、合同义务、公众预期和政治道义等原因形成的多种支出责任。县乡两级政府在履行上述事权和支出责任过程中形成的各类负债则共同构成了县域（县乡两级）政府债务。但实际情况是，中国地方政府都是竞争性经营主体，县乡两级政府均把发展经济作为重中之重的工作来看待，于是县乡两级政府负债经营、负债发展成为常态。

如果根据债务的确定性标准来划分，县乡两级政府债务可以划分为直接债务和或有债务。直接债务是指不依附任何事件，在任何条件下都必然发生的、可预先确定的债务，如县市政府所属城市投资公司从银行获得的贷款，就是直接债务；或有债务是在一定条件被触发下才有可能产生的债务，其发生具有不确定性，如县市政府所属城市投资公司对某家公司或某个项目贷款所提供的担保，就属于政府有担保责任的或有债务。

如果根据法律规制标准来划分，县乡两级政府债务可以分为显性债务和隐性债务。显性债务是指县乡两级政府负有法律责任、按照约定需还本付息的债务，主要通过法律或合同形式确认，如县市政府所属城市投资公司对银行的贷款债务就是显性债务；隐性债务是指由公众预期、政治压力和政府道义责任等因素造成的地方政府需要承担的负债，也就是县乡两级政府承担的非法律或非合同义务的债务，如一个县域范围内社保资金缴纳不足所形成的养老支出、医疗花费等方面的债务，是县市政府有救助责任的债务，另外，县市政府所属国有企业的债务清偿或财务紧急援助等也是县市政府的隐性债务。

中国区分狭义和广义的县乡两级政府债务。狭义的县乡两级政府债务涉及县乡政府负有偿还责任的直接债务，广义的县乡两级政府债务包含直接债务、或有债务和隐性债务在内的政府债务。根据举债主体和举债方式的不同，可以对县乡两级政府负有偿还责任的债务进一步细分：（1）地方政府债券、国债转贷、外债转贷、农业综合开发借款、其他财政转贷债务中确定由财政资金偿还的债务；（2）政府所属投融资平台公司、政府部门和机构、经费补助事业单位、公用事业单位及其他单位举借、拖欠或以回购等方式形成的债务中，确定由财政资金（不含车辆通行费、学费等收入）偿还的债务；（3）政府粮食企业和供销企业政策性挂账。

### （二）县域政府债务范围与成因

从2015年1月1日起，县乡两级政府债务范围包括：（1）依法发行的地方政府债券；（2）清理甄别认定的2014年末非政府债券形式的存量政府债务。根据2014年新修订的《中华人民共和国预算法》，除发行地方政府债券外，包括县乡两级政府在内的所有各级地方政府及其所属部门不得以任何方式举借债务，而此前形成的以非政府债券形式存在的存量政府债务则以2014年末清理甄别认定的数据为准；各省级政府在国务院确定的限额内，通过发行地方政府债券举借债务的方式筹措，且举借的债务应当有偿还计划和稳定的偿还资金来源，只能用于公益性资本支出，不得用于经常性支出。

县域政府债务的形成原因多种多样，可分为体制原因和管理原因，具体包括：（1）权责不对称原因。农村基层政府的实际管理事权（责任）多，支出责任大，相对于实际管理事权和支出责任，其收入权有限，随着实施新农村建设与乡村振兴战略和加快农业农村现代化，县乡两级政府的财政事权在加大，支出责任在加重。（2）职能"越位"原因。直接或间接地参与本地经济活动，或者承担所属企业的债务偿还责任，造成经济损失而形成负债，如江苏省如皋市在2008—2023年的15年时间里，因本地企业经营不善（熔盛重工）、资金链断裂（南通六建）、政府招商引资受骗（赛麟汽车）等导致政府背负大量直接负债、间接负债或或有负债。

（3）政绩考核原因。政绩考核和任命制需要县乡政府官员作出政绩，通过负债来支撑相应的政绩工程，或者努力完成上级的各项指令和任务，包括大量达标任务和法定支出任务。（4）问责制不到位原因。第一，政府及政府官员问责制度不健全，民众民主参与基层公共事务决策、管理和监督不足，县乡政府可以不负责任地举债（目前有债务限额和债券形式限制，但是隐性债务和或有债务难以控制），债务问题对政府官员离任约束不大；第二，政府间事权不明晰与事权错位，导致地方政府预算软约束，认为上级政府最终会为下级政府负债兜底买单，举债不慎重、偿债意识淡薄；第三，县乡政府通过为政府项目或其所属企事业单位提供隐性的担保等间接支持形式，来回避和取代政府的直接财政支出，构成或有债务，一旦出现风险，即成显性直接债务；第四，一些县市的社会保险基金收入还不充实，存在空转，部分资金被挪用，需要用政府性债务来充实社保基金专户，维持社保运转。（5）历史包袱原因。一部分债务与2005年及之前的农村税费改革有关。农村税费改革导致县乡政府收入减少，包括作为农业税附加征收的一些非税收入（过去称为预算外收入）减少，而政府职能没有多大变化，而且很多地方政府所获得的中央政府补偿性转移支付不足以补偿县乡税费损失。这导致县乡两级政府债务增加，这部分债务也通过新债还旧债的形式事实上沉积下来。

以浙江省温岭市、安徽省涡阳县和四川省安岳县为例，可以非常清楚地看到中国县级政府的公开负债情况。据统计，截至2020年底，温岭市、涡阳县和安岳县政府公布的政府债务余额分别为176.2387亿元、138.41亿元和95.2186亿元，分别是其地方一般公共预算收入的2.4倍、7.6倍和8.6倍。且这些公开债务不包括隐性负债。县市政府隐性负债最主要的是地方投融资平台公司的负债。因为地方投融资平台公司承担了地方政府主要职能，尽管债务方不是直接的地方政府，但依然属于地方政府隐性债务或或有债务。据中诚信统计，温岭市2020年隐性负债达到155.26亿元，其中多数属于该市地方投融资平台公司的负债。见表12-5。

政府债务收支分为一般债务收支和专项债务收支。一般债务收支纳入一般公共预算管理，用于弥补赤字，主要以一般公共预算收入偿还；专项债务收支纳入政府性基金预算管理，主要是为公益性项目建设筹集资金，通过政府性基金收入、项目收益形成的专项收入偿还。

表 12-5　2020 年温岭市、涡阳县与安岳县地方政府债务决算表（单位：亿元）

| 项目 | 温岭市 | 涡阳县 | 安岳县 |
| --- | --- | --- | --- |
| 2020年末地方政府债务余额决算数 | 176.2387 | 138.41 | 95.2186 |
| 一般债务 | 111.4853 | 38 | 40.577 |
| 专项债务 | 64.7534 | 100.41 | 54.6416 |
| 2020年地方政府债务限额 | 177.25 | 151.599 | 110.2406 |
| 一般债务 | 111.63 | 38 | 41.8817 |
| 专项债务 | 65.62 | 100.407 | 68.3589 |

资料来源：温岭市、涡阳县与安岳县人民政府网站。

## 第三节　具有财政自主功能的县域经济发展模式

衡量县域经济是否真正具有财政自主功能，是处于自主"造血"状态还是处于"输血"（依靠上级政府不断"输血"，维持县乡两级政府运转）状态，站在国家财政角度，可以这样认为：地方财政自主/处于自主"造血"状态＝地方政府上解收入－（上级政府税收返还＋转移支付）>0。反之，地方财政不能自主/处于"输血"状态＝地方政府上解收入－（上级政府税收返还＋转移支付）<0。很显然，中国1812个县市只有屈指可数的县市财政能够自主或处于"造血"状态。许多全国百强县市，也需要依靠中央政府、省市政府的税收返还和转移支付维持一般公共预算收支平衡。以2023年全国百强县市湖南省邵东市为例，2022年邵东市一般预算收入23.37亿元，但一般预算支出79.36亿元，其差额主要依靠上级政府转移支付，金额高达51.16亿元。

当然，中国不可能做到每个县市都处于财政自主或达到自主"造血"状态，一些县市肩负生态保护责任、一些县市肩负保国守边责任、一些县市肩负粮食生产责任，因此，不能让所有县市都以追求经济效益为主要目标，一味强调自主"造血"功能。但中国绝大部分县市必须经历工业化和后工业化阶段，以经济效益为核心，力求县市政府地方财力收支平衡或尽量减少上级政府转移支付，从而在财政上自力更生乃至为国家财政作出应有贡献。

他山之石，可以攻玉。全国百强县市发展模式多种多样，有省会附郭型县市、资源开发型县市、产业集群型县市、区域中心型县市等，但真正具有地方自主"造血"型发展模式的主要有"本土企业+外来企业"发展模式（江阴市、张家港市、常熟市）、外来资本推动发展模式（昆山市、太仓市）、"质量立市+品牌强市+资本上市"融合发展模式（晋江市）、商贸经济发展模式（义乌市）。

### 一、"本土企业+外来企业"发展模式

位居中国经济实力头部县市的江苏省江阴、张家港、常熟三市，属于"本土企业+外来企业"发展模式，主要特点：交通区位共同点是相邻、沿江，由南沿江高速铁路和沪武高速公路串成一线；经济发展共同点是发展路径相同，产业结构大同小异，传统产业为主，新兴产业快速发展；本土传统企业为主导，新兴科技型企业成为新生力量。

#### （一）江阴市

江阴市，一座因处长江之南而命名，真正靠江发展起来的滨江城市，也是一座历史悠久的城市。自古以来，江阴市纺织业发达，丝纺织和棉纺织曾为明清和民国时期乡镇重要产业，至今纺织服装、化纤是江阴市重要产业；便捷的长江航运使得江阴市很早就发展起了临港产业，钢铁、造船、装备制造成为主导产业。20世纪90年代的乡镇企业改制，江阴市不是化整为零，让管理者收购，一放了事，而是力求规范，按照现代企业制度要求，促成企业上市，成为由资本市场监管的上市公司。

截至2022年末，江阴市拥有上市公司59家，包括境外上市公司21家、境内上市公司38家（上海主板16家、深圳主板13家、创业板9家）。江阴市不仅成为中国上市公司排名第一的县市，而且是中国企业500强最多的县市（2023年9家企业入选中国企业500强）。其中，长电科技、远景能源分别成为芯片封测行业和新能源行业的头部企业。2022年江阴实现地区生产总值（GDP）4754.2亿元、一般公共预算收入226.8亿元。

#### （二）张家港市

张家港市前身是沙洲县，1962年由常熟、江阴"边角料"和长江滩涂生成的陆地而成的县市，因"经济底子薄、陆上交通末端"，长期被誉为"苏南的江北"，但张家港市成功逆袭，跻身头部县市。

20世纪80年代初，沙洲县依靠乡镇集体力量，办起了纺织、冶金、机械、汽

车改装等劳动密集型企业，在市场大浪淘沙的优胜劣汰竞争中，一些企业不仅活了下来，而且发展了起来。1992年随着沿江开发战略推进，撤县改市后的张家港市借助国家级开发区——张家港保税区的设立，一方面推进本土企业做强、做大，另一方面积极引进外来投资企业，走上以冶金、化工、粮油等资本密集型企业为核心的临港产业道路。

2022年张家港市五大行业（冶金、机电、化工、纺织、粮油）产值占规模以上工业总产值比重达90%以上，以传统产业为主业的沙钢集团、永钢集团、国泰集团、华芳集团、攀华集团等进入中国民营企业500强行列。其中，沙钢集团连续10年以上入选世界500强企业；外来投资企业主要集中在化工、冶金、粮油、机电等领域，主要有韩国浦项不锈钢、美国陶氏化工等。2022年张家港市实现地区生产总值（GDP）3302.4亿元、一般公共预算收入219.1亿元。

### （三）常熟市

常熟市，吴文化发祥地之一，国务院批准的第二批历史文化名城。1985年投入运营的全国规模最大的服装批发市场——常熟服装城，带动了常熟城乡纺织服装业的发展，涌现了以波司登为代表的一批纺织服装企业；汽车产业以设计研发、整车及其关键零部件为核心，拥有丰田汽车研发中心、奇瑞捷豹路虎、德国大陆、通润汽车等企业；此外，沿江临港区域还分布着电力、化工、造纸、钢铁等企业。

常熟市产业结构鲜明，纺织服装、汽车及零部件、装备制造为三大地标性产业（千亿级产业），产业分布主要以依托常熟港的常熟经济开发区和依托主城区的常熟高新区为载体。2022年常熟市实现地区生产总值（GDP）2773.97亿元、一般公共预算收入220亿元。

## 二、外来资本推动发展模式

### （一）昆山市

20世纪80年代上半叶，不管在苏州地区八县中，还是苏州市六县市中，昆山市因为经济发展一直垫底，从没有存在感的县市到全国百强县市第一，昆山市用了20年时间，其发展可用奇迹来形容。

1984年，穷则思变的昆山决策者，冒着政治风险，抓住机会自设开发区，从内地城市招引"三线企业"进入开发区投资，"三线企业"利用昆山市靠近上海的有利条件，把投资民品生产部门放到了昆山经济技术开发区；另外，成立各类企业，代工生产当时市场畅销的电视机（上海电视厂昆山分厂"金星"）、冰箱（航天工业部贵州风华机器厂昆山分厂"风华"）和自行车（昆山自行车厂"凤凰"）。

1992年，随着中国对外开放扩大到全国、浦东开发开放推进、台海关系缓和，昆山经济技术开发区被国家认可，昆山成为继东莞后第二个台湾企业集聚的城市。1992年、1993年全球最大的自行车生产企业捷安特和统一食品相继入驻昆山市，捷安特和统一食品成了20世纪90年代昆山市台湾企业的代表。

1999年9月21日台湾发生7.6级强烈地震，严重影响了台湾消费类电子代工企业的稳定生产，寻找稳定生产基地成为台湾电子企业的第一选择，靠近上海市的昆山市成为台湾消费类电子代工企业的最佳投资选择。2000年仁宝电子进入昆山市，使得昆山市迅速成为全球最大笔记本电脑生产基地；与此同时，昆山市产业也转为以电子信息产业为重点。

2022年昆山市地区生产总值（GDP）达到了5006.7亿元，成为中国第一个GDP超5000亿元县市、一般公共预算收入430.18亿元，上市企业累计达46家，拥有1个超1000亿元产业集群、3个500亿~1000亿元产业集群、9个100亿~500亿元产业集群，连续20年（2003—2023年）成为中国百强县市第一。

## （二）太仓市

太仓市2022年实现地区生产总值（GDP）1653.57亿元、一般预算收入177.82亿元。这两个主要经济指标放在其他省份，绝对遥遥领先。太仓市尽管紧邻上海市，但太仓市与上海市产业分工更多体现为互补关系，而不是一种简单的垂直分工关系。

第一，优越的自然条件造就了特有的区域文化。太仓市东部地势较高的、由长江冲积而成的沿江平原，所占比重为85%左右，旱地宜植棉、水地宜种粮；太仓市西部为地势较低的太湖平原低洼圩区，适宜种粮（水稻），面积只占15%。太仓市数条平行通往长江的河流，保证了旱引江水灌田、涝排积水入江，使得太仓市长期无旱涝之忧，也形成了太仓人独有的安逸生活状态：在国家没有出台人口管制政策甚至提倡"人多力量大"时代，太仓人自我节制，家庭以生育2个子女为主，很少有3个以上子女家庭；在经济发展上表现为不冒进、不冒险，因而也一直缺乏本土大企业。

清雍正二年（1724年），太仓升为直隶州，辖镇洋（现太仓）、嘉定、宝山、崇明四县，因而太仓不同于苏州其他区域，具有不受苏州影响的独立文化；加上浏河镇为元明清长江第一港，不仅是明朝郑和下西洋出海港，而且还有"六国码头"之称，是元明通往"六国"（大琉球、小琉球、日本、高丽、安南、暹罗）指定港口。与苏州其他区域相比，太仓市不同时期的不同定位，造就了太仓市注重外向交流和内向文化自觉，这也使总人口不多的太仓市能够人才辈出。太仓市作为一个小县市，走出了2位诺贝尔奖级科学巨匠（吴健雄、朱棣文），这在全国绝无仅有。

第二，把交通优势转化为产业优势。太仓市相对于昆山市、常熟市、张家港市，经济起步较晚，昆山市于1984年自建开发区招商引资，常熟市于1985年建立服装城，张家港市于1982年港口对外开放、1986年撤县建市、1992年建立保税区。太仓市经济真正发力始于1992年后：1992年太仓港随着沿江开放开发被列为江苏省重点开发建设港口，1993年太仓撤县为市、太仓港港口开发区被列为江苏省省级开发区，1996年太仓港被批准为国家一类对外开放口岸，1999年太仓港被列为集装箱中转港，2001年太仓港被列为上海国际航运中心集装箱运输干线港，2011年太仓港经济开发区升格为国家级开发区。

开发开放较晚的太仓港经济开发区，抓住了后发优势，精准定位"大港口+大物流+大产业"，以港口功能开发和临港产业发展为重点，迅速建成中国最大的润滑油生产基地、长三角石化原料中转基地、江苏省最大的PVC生产基地、世界第二大集装箱生产基地、长三角重要电力能源基地。

第三，把特殊区域文化上升为营商环境优势。跳过劳动密集型产业阶段的太仓市一方面直接进入"大进大出"的资本密集型产业（重化工业），另一方面直接进入技术密集型产业。

1993年作为上海大众汽车公司配套企业的克恩-里伯斯（太仓）有限公司入驻太仓，成为第一家入驻太仓市的德国企业。当时，克恩-里伯斯公司考察太仓市，一眼就看中了太仓人的性格和做事风格。太仓人不急不躁的性格、注重计划安排的特点和重视职业教育的社会氛围，与德国人的性格和德国社会氛围有着异曲同工之妙。截至中德建交50周年（1972年10月11日—2022年10月11日），一个小县市太仓累计引进德国企业463家，成为中国德资企业最为密集区域。其中，早期入驻太仓市的德资企业90%实现了增资扩股，太仓市也成为中国最像德国的城市。

第四，补上海市所需作为产业发展方向。随着规划建设"4+1"轨道交通（沪苏通铁路、南沿江高速铁路、北沿江高速铁路、苏锡常城际铁路、上海嘉闵线延伸段）在太仓市交汇，太仓市不仅成了长三角水陆交通枢纽，而且成为苏浙两省环沪县市中交通区位最为优越县市。

航空航天是上海市明确需要发展的未来产业，但上海市高校缺乏航空航天重点学科，为此，太仓市出巨资引进了西北工业大学、西交利物浦大学。以航空航天为专长的西北工业大学入驻太仓市，不仅带来科教资源，更为重要的是给太仓市带来了发展航空航天等未来产业的筹码。现太仓市全方位对接上海市大飞机项目和上海市航天八院，航空航天产业已成为太仓市的主导产业。太仓市不仅成为上海大都市圈航空航天科技创新策源地，而且还是人才培养基地。

太仓市近期发展重点：一是由招商引资向招商引智转变，把人才尤其创新创业人才作为引进主要方向；二是强化高铁枢纽功能，以高铁站为中心布局各种平台，使高铁枢纽成为人才、资金、技术、商务、信息中心；三是外来产业根植化，拉长做精主导产业；四是太仓市主城区强化功能，使其发展成为功能完善、产城融合、用地集约、生态良好的节点城市，承接上海市、苏州市非核心功能外溢。

## 三、"质量立市+品牌强市+资本上市"融合发展模式

晋江市是福建最强县市，多年位居全国百强县市前十位置。福建省晋江市是"晋江经验"诞生地，拥有安踏、恒安等著名企业。依靠"质量立市+品牌强市+资本上市"融合发展，2022年晋江市实现地区生产总值（GDP）3207.43亿元、一般预算收入150.88亿元，主要产业有体育及户外用品、纺织服装、休闲食品和装备制造四大产业。晋江市县域经济发展经历了四个阶段。

第一阶段（1981—1985年）依托侨乡"三闲"（闲人、闲资、闲房）资源，依靠乡镇农民联户成立企业。1981—1985年晋江联户企业总收入增长近24倍，1985年联户企业总收入占乡镇企业总收入的64%、参与联户企业家庭达3.46万户，占全县总户数的16%。

第二阶段（20世纪80年代后期到90年代初），晋江充分发挥侨乡海外华侨多优势，积极发展外向型经济。1991年福埔、安平、深沪东海埭三块土地成片开发，同时启动建设一批镇村工业小区，由此，晋江三资企业数量呈现了井喷发展趋势，

数量从1981年的1家，发展到1991年的518家，再发展到2001年的2850家。与此同时，1989年晋江财政收入首次突破1亿元。

第三阶段（20世纪90年代），通过大力发展市场经济，着力构建市场体系、重塑运行机制，晋江经济发展进入快速道。趁着1992年晋江撤县建市之机，1994年晋江成为福建十强县市之首，延续至今有30年之久（1994—2023年）；"八五"规划期间（1991—1995年）地区生产总值（GDP）年均增长58%，财政总收入年均增长30%，工业总产值年均增长66%。

第四阶段（进入21世纪后），通过"质量立市＋品牌强市＋资本上市"，晋江市实现了"三提高"（提高经济质量、提高全民素质、提高城市品位）、"四创新"（制度创新、技术创新、管理创新、市场创新）。晋江市不仅于2001年进入全国县市十强，并一直延续至今，而且也是中国上市公司最多的县市之一。

### 四、商贸经济发展模式

浙江省义乌市是全球最大的小商品集散中心，是被联合国、世界银行等国际权威机构确定的世界第一大市场。进入21世纪，义乌市商贸经济一骑绝尘，成为中国县域商贸经济成功发展的典型。2022年义乌市实现地区生产总值（GDP）1835.54亿元、一般公共预算收入132.9亿元。

1. 把交通区位优势转化为物流比较优势

在区位方面，义乌市地处浙江省陆地中心，浙江省陆地中心点坐落于义乌市赤岸镇松瀑山风景区，到浙江省任何一地直线距离不超过250公里。在交通方面，义乌市地处金衢盆地（金华－衢州）东部，自古就是长三角通往中南、西南、华南的陆上要冲。

义乌市把交通区位优势转化为经济优势，目前形成了以高速公路和轨道交通为支撑、航空为补充的现代交通网络体系。国际货运，通过义甬舟大通道和义新欧班列，可达200多个国家和地区；国内货运，以公路运输为主，航空、铁路运输为辅，可达所有地市，2022年快递业务量为93亿单，在中国所有城市中排名第二。

2. 把经商文化转变为重商社会氛围

区域文化源自独特的区域环境。"人多地少＋交通要道"造就了居住在金衢盆地的百姓自古以来就有的经商文化基因。"富人子弟耕读传承、穷人子弟手艺经商"

成了金衢盆地多数家庭的必然选择，由此，金衢盆地既出文人和艺人，也出商人和匠人。在文人方面，仅义乌市的红色文人就有陈望道、吴晗、冯雪峰等，与义乌市相邻的东阳市则以"院士之乡"著称。

明清时期十大商帮之一的"龙游商帮"，为金衢盆地商人的总称，源远流长的经商文化成为当今义乌市商贸经济发展的内在基因；有"百工之乡"之称的金华市，下辖县市区的匠人把火腿、五金、木雕、红木家具、古法制糖等做到了极致。其中，义乌市最初的民间易货贸易——鸡毛换糖，就是源自义乌人独有的古法制糖。"商人的富贵险中求+匠人的精益求精"构成了义乌独特的区域文化，形成了义乌市发展"小商品+商贸经济"的社会氛围。

3. 容纳异地客商，给予主场地位

20世纪80年代，长江以南最重要的东西走向陆上通道就是沪昆铁路（上海—昆明）和G320（上海—瑞丽），受地形地貌影响，沪昆铁路和G320在义乌处形成了最大转弯，义乌市到杭州市段为南北走向，义乌市往江西省方向为东西走向，义乌市实际上成为沪昆铁路和G320的一个拐点。在浙江省温州市、台州市没有铁路、高速公路、机场的时代，温州、台州两地商人把货运到全国各地，都到铁路义乌站办理货物托运和乘车去往全国各地，义乌成了温台商人的中转站。

起初，温州、台州两地的商人以铁路金华站为中转站，但无奈金华站周边为金华主城区，没有拓展场地，加上城市管理，没能成为货物集散地。市场选择的最终结果是，温台商人把中转站由金华移到了义乌，于是，义乌稠城湖清门、廿三里等地自发形成了温台商人的货物集散地。由此，在全国经商的温台商人不需要从义乌站下火车后再转乘长途汽车到温台工厂进货，可以直接在义乌货物集散地货比三家直接进货，既节省时间，又加快货物中转；温台生产厂家则可以直接把生产货物运到义乌，不需要到全国各地派出营销人员，也节省了销售费用，加速了货物中转。1982年义乌政府因势利导，不仅认可了以温台商人为主导的湖清门自发形成市场，而且政府专门投资规划建设了固定经营场所——义乌小商品市场，并把商贸经济作为义乌长远发展方向。义乌地方政府与温台商人双向奔赴的结果：义乌地方政府给了温台商人主场感觉，温台商人也把义乌作为商品买卖的主场。

如今，随着中国高速公路网、高速铁路网建成和机场、港口不断增多，温台商人外出经商已不再以义乌市为中转站，但义乌市以中国一流的营商环境依然吸引着温台商人，而且还吸引了全国其他各地区的商人以及国外商人。

4. 顺应国家战略推进贸易创新

如果说深圳是以科技创新为驱动的城市，义乌则是以贸易创新为驱动的城市。回顾义乌商贸经济发展史，义乌以10年为周期，顺应国家战略，突破自我，主动寻求贸易转型升级。

1982年，义乌顺应发展需求，确立商贸立县（市）战略，认可自发形成市场，并投资建设固定场所市场，以定额征税方式招引各地经销商；1992年，政企分开，政府用国有投资公司建设市场，并推进贸工联动，1994年义乌专业市场交易额突破百亿；2001—2002年，义乌抓住中国加入WTO的时机，建立面向国际市场的小商品城，成立金华海关义乌办事处，实现义乌小商品城A股上市，被联合国、世界银行等权威机构评为"全球最大小商品批发市场"；2012—2014年，发展国内电商和跨境电商，推进线上线下一体化和全域商贸一体化，试行市场采购贸易，开通义新欧班列；2021—2024年，义乌综合保税区封关运作，成为陆上"丝绸之路"（义新欧班列）和海上"丝绸之路"（义甬舟陆海通道）交汇点。

目前，中国的对外贸易形式有易货贸易、一般贸易、加工贸易、跨境电商、市场采购贸易、边境贸易等。其中，义乌拥有电商产业园32个、电商村222个，跨境电商排名中国县市第一，据不完全统计，每年义乌发出国际邮包超过10亿单；市场采购贸易不仅排名全国第一，而且是全国首创。跨境电商、市场采购贸易等对外贸易新业态，义乌也走在了全国前列。

5. 多种途径开拓国际市场

2022年义乌实现进出口总额4788亿元，排名全国第14位，超过19个省级行政区进出口总额。其中，出口4316.4亿元，进口471.6亿元；进出口额：非洲840.1亿元、东盟510.9亿元、欧盟556.2亿元、美国562.1亿元、印度244亿元、墨西哥143.6亿元、荷兰141.9亿元、阿联酋133.5亿元。

义乌开拓国际市场主要路径：一是完善国际货运通道。通过义新欧班列，开通19条国际铁路线，最长线路（义乌—马德里）1.3万公里；通过义甬舟陆海通道，通达美洲、欧洲、非洲、中东、澳洲、东南亚、日韩等国家和地区。二是依托对外贸易新业态（跨境电商贸易、市场采购贸易），再造了一个义乌实体市场，2022年跨境电商交易达到1083.5亿元。三是通过会展形式，推行"引进来"（吸引外商参加义乌各类会展）和"走出去"（组织义乌企业参加国外会展）并举，开拓国际市场。四是在区域中心城市和交通枢纽城市，如迪拜、鹿特丹、法兰克福、孟买等国际城市，建设海外仓和义乌分市场，大大缩短义乌商品流通时间，提高义乌商品国外影响力。

6. 营造生态群落，推进贸工融合

市场不仅是商品买卖的场所，更是以商品买卖为核心形成的生态群落。与其说义乌是世界最大的小商品市场，不如说它是实现内外贸一体化、进出口一体化、线上线下一体化、贸工技一体化、全域商贸一体化多种业态共融、共生的生态群落。

义乌围绕市场发展，2019年成立了包含市场、电商、物流、会展、口岸在内的市场发展委员会，把与市场高度关联、互为支撑的职能部门合并为一个机构统筹协调，为义乌市场发展发挥了重要作用，也强化了对义乌商贸群落发展的指导作用。义乌市场的商品1/3来自义乌、1/3来自浙江其他城市、1/3来自浙江以外的地区。义乌利用市场信息和销售网络，引发了商业资本向工业资本渗透，推动了义乌由小商品集散中心向小商品制造中心、研发设计中心发展，增强了客户对义乌的黏度，提高了义乌商贸经济可持续发展能力。

## 第四节 增强县域财政自主能力策略

中国县域经济主体，除了极少数头部县市能够依靠自身经济发展，实现县域财政自主平衡，其余部分均靠上级政府转移支付，实现财政收支平衡，这也成为中央财政支出的重要部分或中央财政的重要负担。增强县域财政自主能力，也就成为当前县域经济发展的重要目的。增强县域财政自主能力，其路径概括起来主要有三个方面：一是大力发展县域经济，培育产业集群和本土企业，厚植税源，增加财政收入；二是精简机构，降低人头支出和"三公"经费，减少财政支出；三是优化财政收支结构。

### 一、增加财政收入

一般而言，县域地方一般公共预算收入占地区生产总值（GDP）的5%~10%，地区生产总值（GDP）越高，地方一般公共预算收入越高，因此，增加县域财政收入的最根本方法就是发展县域经济。由于县域一般公共预算收入主要为税收，且税收是地方一般公共预算收入中比重最高（通常在80%以上）、最为稳定的收入来源，因此，发展经济、培植税源成为县乡两级政府重中之重的经济工作。

发展县域经济，核心是发展县域产业。从全国经济发展头部县市情况看，发展县域产业关键在于构建现代产业体系，也就是县域产业体系不仅要有处于成熟状态的支柱产业，还要有处于成长阶段的新兴产业和处于萌芽状态的未来产业。例如，江苏省昆山市构建了"2+6+X"现代产业体系，其中，"2"代表新一代电子信息、高端装备制造两大支柱产业，"6"代表新显示、新智造、新医疗、新能源、新材料、新数字的新兴产业，"X"代表先进计算、航空航天、人工智能、元宇宙等未来产业；2022年昆山拥有销售收入超过5000亿元的产业集群1个、500亿~1000亿元的产业集群3个、100亿~500亿元的产业集群9个。如果只有支柱产业，缺乏成长性产业、未来产业，县域经济发展缺乏稳定性，也就势必影响税收的稳定性。

除了发展产业集群，发展县域经济还要重点发展企业，因为企业是纳税主体，企业上缴税收与企业规模大小相关。许多县市不缺全国乃至全球著名的产业集群。例如，河北省高阳县毛巾产业集群、河南省长垣市起重装备产业集群、江苏省灌云县情趣内衣产业集群和泰兴市小提琴产业集群、湖南省邵东市打火机产业集群、江西省新干县箱包产业集群等，但这些产业集群以众多小微企业为主，企业数量多、规模小、纳税少，势必导致"百姓有钱政府穷"的状况。

要改变"百姓有钱政府穷"的状况，一方面在大力发展产业集群基础上，做大做强企业。例如，福建省晋江市大力推进体育用品、服装、食品等特色优势产业集群走"质量立市+品牌强市+资本上市"融合发展道路，做大做强企业；江苏省昆山市在培育特色优势产业集群的同时，大力培育企业，2022年销售收入超亿元企业1083家、超10亿元企业138家、超100亿元企业13家。另一方面以特色优势产业集群为基础，改善营商环境，提升城市品质，实现城市土地升值。如，全球小商品之都的浙江省义乌市，就是通过营造良好营商环境，依靠经营城市战略，推进城市升级，实现土地升值，从而增加政府土地出让收入，进而增加政府财政收入。

## 二、减少财政支出

强化县域财政自主收支平衡，除了依靠发展经济、积极"开源"外，"节流"、减少财政支出也是重要途径。减少财政支出，有两条路径：一方面减少政府支出，包括加强财经纪律，减少"三公"经费，缩减编制，减少人员支出，从而实现行政经费减少，尤其一些人口和面积较小的县市，应该大力"精兵简政"，提升县域治理效能；另一方面，减少县乡两级政府事权，或把县乡两级政府事权变为各级政府共同事权，从而减少县乡两级政府财政支出。

根据《中国县域统计年鉴2021（县市卷）》，在纳入统计的2075个县域单位中，户籍人口少于50万人口的县市有1257个，所占比重61.14个。其中，户籍人口少于5万人口的县市90个，5万~10万人口的县市有116个，10万~20万人口的县市有228个，20万~50万人口的县市有823个。这些人口较小县市，除了少数的边境县市和面积较大县市外，大部分面积较小、经济欠发达，同时也是人口流出县市，财政支出主要依靠上级政府转移支付。当前中国县市体制改革，不妨以这些人口较小县市为突破口：一方面，精简机构，核减编制，减少行政支出。例如，山西省河曲县将36个党政机构精简为22个、135个领导职数精简为114个、186个涉改事业单位整合为40个，山西省娄烦县将9个县委机关减少为6个、26个政府部门降为16个、133个事业单位减少为29个。另一方面，推进人口较少、面积较小的相邻县市进行合并，大幅度减少县市数量。减少县市数量是中国县域经济改革的突破口，不妨以河北省为改革先行区，因特殊历史原因，位于华北平原的河北省拥有一大批人口少、面积小的县市，例如，人口1000万的保定市拥有县级行政区20个，有必要减少县市数量。

通过减少县乡两级政府事权，从而降低县乡两级财政支出压力。一方面，随着城镇化推进，交通建设支出、社会保障支出、城乡社区支出、乡村振兴支出、新兴产业和未来产业培育发展支出、社会医疗支出、教育支出等应作为各级政府共同事权，从而降低县乡两级财政支出压力；另一方面，鼓励县乡两级政府积极谋划项目，申请上级政府各种项目资金，通过"强化资源统筹、加强项目谋划"，适应新的转移支付方式。

### 三、优化财政收支结构

加快推进"大财政、大预算、大资产"管理体制。一是盘活国有股权、国有土地、行政事业单位资产等,提高资产周转效率,形成国有资产有偿使用和市场化变现的长效机制;二是增强财政资金统筹,打破部门管理资金条块分割;三是增强预算安排的系统性、前瞻性,提高"事"与"钱"的匹配度、发展规划与预算安排的融合度;四是强化预算约束机制,提高预算管理的信息化水平,提高财政资金绩效水平。

# 第十三章

# 县域治理

县域治理是推进国家治理体系和治理能力现代化的重要一环。推进县域综合基层治理是应对社会问题的基本要求,是优化国家治理体系的重要基础。

## 第一节　推动县域综合治理

创新推动县域综合治理需要不断加强县域社会治理核心引领的党建工作，厘清主体关系，构建多元主体协同共治新格局，创新体制机制，完善"三治融合"制度保障体系。

### 一、推进县域社会治理体制机制创新的必要性

社会治理是以实现和维护群众权利为核心，发挥多元治理主体的作用，针对国家治理中的社会问题，完善社会福利，保障改善民生，化解社会矛盾，促进社会公平，推动社会有序和谐发展的过程。[①] 县域基层既是社会和谐稳定的根基，同时，又是各种利益关系的交汇点、各种社会问题主要的集中地和社会矛盾最重要的触发点，从而对社会治理提出了更高的要求。

#### （一）应对基层社会问题的基本要求

推动县域综合改革是由县域问题基本特征所决定的，具体来说有以下几个方面。

问题的草根性。县域社会问题与民众日常生活密切关联，需要重心下沉进行"微治理"，真正深入社会机理、下沉至社会治理的"最后一公里"，嵌入基层群众生活的每个角落，以民生关怀为出发点，从细微之处入手，着力解决群众生活中的实际问题。

领域的多样性和复杂性。这一特征要求进行综合系统治理，从根本上理顺政府组织内部"条与条""条与块"以及政府与社会的关系，形成社会治理的整体合力。

主体的多元性和多维性。这一特征需要进行多中心治理，在继续强调制度规范、理念价值、行政组织体制等宏大结构性条件的吸纳和整合作用基础上，创造性地建构多元主体之间的关系，实现社会协同治理。

过程的动态变化性。这一特征要求进行全过程治理，尤其是源头治理，既要治已外显激化的"标"，更要治深层潜藏的"本"，真正将社会问题解决在基层、解

---

① 姜晓萍：《国家治理现代化进程中的社会治理体制创新》，《中国行政管理》2014年第2期。

决在萌芽状态。①

### （二）优化国家治理体系的重要基础

十二届全国人大二次会议强调指出："社会治理的核心是人，重心在基层，关键是体制机制。"党的十八大以来，党和国家注重推进社会管理体制机制创新，着力构建起党委领导、政府负责、社会协同、公众参与的社会管理格局。县（市、区）作为基层社会管理创新的实践探索，在治理单元、组织架构、制度安排、运行再造、技术运用和保障体系建设方面都取得了积极的进展，并大致形成了"两级政府、三级管理"、强化街道办行政管理权限的"上海模式"，社区自治、议行分离的"沈阳模式"，撤销街道办、激活社区自治的"铜陵模式"，居站分离、议行分设的"深圳模式"等。县域治理是国家治理体系的支撑和基础。县域治理是全面推进乡村振兴的一项重点工作，县域治理现代化的成果成效也逐渐成为衡量国家治理现代化水平的重要指标。

## 二、基本原则

古语曰：郡县治则天下安。自古以来，县域治理就是国家治理的基础，是国家长治久安的基石。县域虽小，但"五脏俱全"。作为一个小社会，它有自己的运行规律和特点，在县域社会治理过程中，必须准确把握其关键点。

### （一）加强党建是县域社会治理的核心引领

县级作为国家治理的基本单元，党的建设在县域治理中的重要性尤其凸显。因此，必须把加强党建作为县域社会治理的核心引领。县域社会治理的实践也充分证明了这一点：党建工作成效好的县域，其各个方面的治理效果也相应地不断强化和提升；反之，党建工作出问题多的县域，社会治理也不能取得良好成效。

### （二）群众工作是县域社会治理的坚实基础

群众工作是我们党的重要法宝，是整个国家建设的基础性部分，也是县域社会治理的基础。县域是做好群众工作的主战场，必须要以群众工作为切入点、突破口，深入扎实细致地开展群众工作，通过抓住民心赢得群众支持，通过先进的治理理念与现代技术相结合，抓牢群众工作这个社会治理的根本，以更好地推进县域社会治理。

---

① 李荣娟：《中国县域治理史（现代卷）》，长江出版社2019年版，第301页。

### (三) 良性互动是县域社会治理的内在要求

从"管理"到"治理",一字之差,显示出新时期县域社会治理要改变党委政府施政、群众被动接受的单轨社会治理模式的特点。它要求必须尊重群众的主体地位,让群众等各方主体更广泛地参与基层治理,基层党委、政府必须要加强与群众之间的双向良性互动,通过各种形式畅通群众参政议政的渠道,提高决策的民主性、科学性;通过加强对各项工作的公开,并采取行之有效的办法,以扩大群众对党委、政府决策实施、工作开展的监督权、评判权,实现党委、政府与群众在县域社会治理上的同心同德同向。

## 三、推动县域治理现代化的有效路径

### (一) 坚持党的领导,提升县域治理能力

党的二十大报告提出,要增强党组织政治功能和组织功能,坚持大抓基层的鲜明导向,抓党建促乡村振兴。新时代条件下,推进乡村治理现代化,实现乡村振兴,在实践中必须将坚持党的领导放在首要位置。在价值引领方面,在推进县域治理现代化的工作中,要加强对党的路线、方针和政策等理论的宣讲,做好县域群众的思想政治工作。同时,基层党组织要加强乡风文明建设,充分利用县域文化资源,促进基层"三治"的有机融合。在基层党组织建设方面,应促进基层党建工作规范化并实行工作责任制,要进一步扩大基层党组织的组织覆盖和工作覆盖,加强党组织对于县域治理的集中统一领导。同时,要注意提升基层党组织干部的工作务实能力,避免因治理的规范化、指标化而出现形式主义问题。在队伍建设方面,应着手从致富能手、大学毕业生、经商返乡者中选拔一批党性强、作风优良并愿意投身为人民服务事业的党员干部,优化基层党组织领导班子。同时,在日常工作中加强教育培训,提高党员工作的带动力,提升党员干部在村民中的威信力和影响力。

### (二) 构建多元主体协同共治新格局

新时代条件下,社会治理的主体不仅包括党和政府,还包含各类社会力量的协同和公民参与。县域存在的基层社会问题具有主体多元性和面向多维性的特点,[①] 推动县域治理现代化首先要从构建多元主体协同共治格局入手。唯有理顺各主体之间

---

① 王敬尧、黄祥祥:《县域治理:中国之治的"接点"存在》,《行政论坛》2022年第4期。

的关系,才能更好地激发各主体间的协同能力,形成政府主导、社会和居民广泛参与的模式,充分发挥各自的作用和优势,为社会治理体制创新提供良好的基础,实现社会协同治理。

**1. 基层党组织是县域治理的核心力量**

县级是国家治理的基本单元,党的建设在县域治理中的作用尤为凸显,[①]党建工作的质效与其他方面的治理效果联系紧密。农村基层党组织是党在农村的"神经末梢",是贯彻落实党中央决策部署的"最后一公里"。

新科技是丰富县域治理的重要手段。县域政府通过信息网络、云平台、"互联网+"、大数据、人工智能等新技术,提高协调沟通能力,构建功能全面、高效便捷的综合信息平台,实现信息传递共享,保持信息通畅,不断提升县域治理体制机制创新。

**2. 群众参与是县域社会治理的坚实基础**

要充分激发民众和县域社会组织参与治理的积极性和主动性,培养其参与民主共治的意识和能力,拓展多元共治的外部供给。群众工作是县域治理的坚实基础,[②]县域治理工作要抓住群众工作这个社会治理根本,充分尊重人民群众的主体地位,让群众更广泛地参加基层治理。建立和拓宽民众参与渠道、完善信息公开机制、增强政策的解读和培训工作,引导县域居民摒弃私利纷争,充分发挥治理主体的积极作用。

### (三)完善"三治融合"制度保障体系

**1. 以自治为治理基础,提升县域治理活力**

村民自治是伴随着新中国成立后的发展而成长起来的基层群众自治制度的重要内容,是基层群众在基层党组织的带领下进行自治实践的制度体现。在实施县域自治过程中,一切以维护人民的利益为根本,充分尊重村民作为主体的意志,突出村民的主体地位。完善民主选举、民主管理、民主决策、民主监督机制,建设更加广泛、更加充分、更加健全的人民民主,保障公民参与社会事务的权力,促进群众自我管理、自我服务,确保县域自治的最终结果确实起到保障广大村民的利益的作用。同时,还要以充分激发自治组织活力为目标,大力支持和培育县域基层的各类

---

[①] 刘贤军:《县域社会治理的关键点》,《中国党政干部论坛》2016年第3期。
[②] 姜晓萍:《国家治理现代化进程中的社会治理体制创新》,《中国行政管理》2014年第2期。

自治组织建设，构建县域社会和谐团结的美好景象。

2. 用法治形成制度保障，维护县域治理秩序

法治是一种强制约束，是县域治理的底线保障。"缺乏民主的法治，容易走向集权与专制，而没有法治的民主，则容易走向混乱和无序。"[①] 强化法治保障，一方面要强化基层治理的法治思维。政府要做到有法可依、有法必依、执法必严、违法必究，不可以以言代法、以权压法、徇私枉法。同时要健全县域法律相关的公共服务体系，建设县域法律服务平台，以帮助县域居民维护自身合法权益。另一方面，还要通过开展例如建设法治文化墙、开设法律课堂等多样化的普法活动，提升村民法治意识，培养县域群众利用法律途径解决矛盾争端、维护自身合法权益的意识和习惯，以此夯实县域治理的法治基础。

3. 以德治为伦理建构，重塑乡村社会文化

德治是县域治理的灵魂，其侧重点是通过道德教化启迪人们向善。实现县域治理现代化，需要充分发挥德治浸润人心的无形力量。要把传统德治文化和时代紧密结合，在社会主义核心价值观的引领下，培育新型县域伦理道德，不断推动其创新与发展。在此基础上，还应立足县域实际情况，有效整合县域中传统的非正式制度中的合理成分与新时代县域伦理道德的核心理念，构建新型县域伦理道德体系。应在县域范围内树立正确的舆论导向，为县域道德模范设立相应的道德表彰活动及奖项，充分发挥榜样的道德示范和引领作用，进而培育县域居民对县域共同体的认同、对公共利益的维护。

## 第二节 县域发展：政府与市场

市场与政府的关系，是现代经济社会发展中最为基本的一个问题。对于区县而言，正确处理两者之间的关系同样重要。政府在县域经济中担当引导和规划的关键角色，市场则具备释放创造力和资源配置的潜力。处理好政府与市场的关系，形成市场主导、政府支持的管理运营体制。本节聚焦政府引导与市场活力释放的平衡，审视政策支持与监管之间的和谐，借助经典案例与现实问题，总结宝贵经验教训，

---

① 民进南京市委课题组：《统一战线在社会管理中的知与行》，《江苏省社会主义学院学报》2013年第2期。

以期为县域发展的繁荣提供深刻见解,助推中国县域经济高质量发展。

## 一、政府引导与市场活力释放

自改革开放以来,中国的市场经济体制不断完善,市场在资源配置过程中发挥着越来越重要的作用,政商关系也随之发生巨大的变化。权力和资本作为影响社会长期发展的两股力量,如何处理这两者之间的关系是每个社会亟待解决的问题。2016年习近平总书记在全国政协十二届四次会议期间,将中国的新型政商关系总结为"清""亲"二字。[①]"亲清论"提倡纯洁公正的政商关系,弘扬正义的社会风气,帮扶有志的企业家实现理想,同时收紧领导干部的紧箍咒,倡导廉政作风建设。

构建"亲清"的政商关系,关键在于界定好权力和资本什么时候该"亲",什么时候又该"清"。[②]地方政府在扶持本地企业发展的同时,要充分尊重市场在资源配置中的决定性作用,并且在此基础上把握"亲"的时间段,以确保被扶持企业可以实现自我生存和自我发展,进而实现县域的长期可持续发展。"亲清论"有助于克服权力和资本的异化,有助于克服怠政懒政的现象,有助于发挥资本的最大效益。

政府在县域发展中扮演了引导和规划的重要角色。政府需要制定有效的产业政策,引导资金、技术和人才流向县域,促进产业升级。在制定产业政策方面,政府应该根据县域自由特点,制定与之相适应的产业政策,同时政策应该具有前瞻性,对于潜在发展领域有明确的支持,鼓励创新和可持续发展;在优化资源配置方面,政府在县域发展中扮演资源配置者的角色,政府可以通过投资基础设施建设、建立科技创新中心、提供土地政策等方式,优化资源的配置,促进资金、技术和人才的流入以提高区域内企业的竞争力;在激发创业活力方面,政府可以通过创业扶持计划和创新政策,鼓励本地企业家和创新者,包括提供创业培训、风险投资支持以及减税和补贴政策。

然而,政府的引导必须避免干预市场自由竞争,[③]以免出现产能过剩和资源浪费。政府需要坚持市场导向,鼓励企业创新,避免政策过度干预。

---

[①] 王帅:《法治、善治与规制——亲清政商关系的三个面向》,《中国行政管理》2019年第8期。
[②] 张国清:《习近平"亲清论"与建构新型政商关系》,《中共中央党校学报》2016年第5期。
[③] 梅德平、洪霞:《论"亲""清"新型政商关系的构建》,《江汉论坛》2018年第8期。

首先，政府的引导应该是市场导向的，而不是行政命令，政府应鼓励企业自主决策和创新，而不是过度指导和规定。

其次，政府应确保市场中的企业享有公平竞争的机会，不应偏袒某些企业或行业，而应鼓励多样性和竞争。

最后，政府应密切监测县域经济的发展，及时调整政策和措施，应具备灵活性和反应速度，以适应市场的需求和变化。

综上所述，政府的引导作用对于县域发展至关重要。政府应制定明智的产业政策、优化资源配置、激发创业活力、引导投资流入，并确保引导作用是市场导向的、公平竞争的、具备监测和调整的能力。政府与市场协同合作将有助于县域发展迈向更加繁荣和可持续的未来。

### 二、处理政府与市场关系面临的挑战

在现实生活中，政府与市场关系存在一些挑战。

首先，政府在制定政策和引导资金时可能存在不足或过度的情况，导致市场资源配置不够合理。

其次，政府的监管和服务体系可能不够健全，导致市场主体的不正当竞争行为难以有效监管；再者，政府的行政效能可能较低，导致对市场资源的无效占用，影响市场活力；此外，市场主体可能存在信息不对称、融资困难等问题，需要政府提供更多支持和服务。

最后，政府和市场之间的沟通机制可能不够完善，导致政策落实不到位，影响县域经济的持续健康发展。这些问题需要政府和市场主体共同努力，加强合作，促进政府与市场之间的良性互动，推动县域经济的可持续发展。

政府与市场在县域发展中的关系是相互联系、相互作用的。政府应以市场为导向，通过制定政策、规划和引导资金等方式，为市场创造公平竞争、可持续发展的环境，从而发挥政府在提供公共服务、基础设施建设、环境保护等方面不可替代的作用。但是，政府也应加强对市场的监管，保障市场秩序的公平和透明，注重优化职能以提高行政效能，减少对市场资源的无效占用，激发市场活力。

市场在县域发展中扮演着资源配置的决定性角色，①应该充分发挥市场机制在资源配置中的作用，激发市场主体的活力和创造力。政府应当鼓励民间资本和社会力量参与县域经济建设，通过市场化的方式推动资源配置的有效性和效率性。②此外，政府还应当促进科技创新和人才培养，为市场提供更多的支持和服务，增强市场主体的创新能力和竞争力。③

总体而言，县域发展需要政府与市场的有机结合，政府发挥引导作用，市场释放活力，在提供政策支持的同时，应该保持监管平衡。处理好政府和市场的关系是实现县域繁荣的关键，也是中国经济持续增长的重要动力之一。政府与市场的良性互动将为县域经济的蓬勃发展提供有力支持，推动县域经济由传统向现代转型，实现经济高质量发展和乡村振兴。

## 案例　浙江乌镇模式④

乌镇模式是指中国浙江省桐乡市乌镇地区发展的一种成功的新型县域政商合作模式。该模式以乌镇为核心，积极引导民营企业参与旅游业和文化创意产业的发展，取得了显著成果。整个模式主要分为三步：首先，以茅盾故居为推广热点打造旅游小镇，在保护原有建筑的基础上建立东栅观光景区，聚集人气，提升乌镇的知名度；其次，开发西栅景区重构江南古镇，利用丰富的夜生活和美景使游客住下来，建设休闲度假产业，形成观光+度假的一条链景区服务；最后，戏剧节、互联网大会的举办为乌镇的发展注入新的生机，不断丰富其原有的文化内涵，转型成为文化互联网小镇。通过推出每月一节的传统民俗活动，成功打造乌镇戏剧节、当代艺术邀请展等文化活动。

乌镇模式的成功离不开当地政府的积极推动和支持。乌镇在发展过程中采用了创新的整体产权开发模式。政府投入大量资金，将西栅地区的所有商铺和住宅的产权全部收购，并重新邀请原居民作为景区房东，在协调景区与原居民之间的关系方面起到了重要作用。通过这种方式，乌镇实现了整个景区开发的主体一元化，避免

---

① 林毅夫：《深化经济体制改革与加快转变政府职能》，《中国高校社会科学》2014年第1期。
② 洪银兴：《市场化导向的政府和市场关系改革40年》，《政治经济学评论》2018年第6期。
③ 陈寿灿、徐越倩：《浙江省新型政商关系"亲清指数"研究》，《浙江工商大学学报》2019年第2期。
④ 《打造"诗画浙江"桐乡样板全方位推进全域旅游高质量发展》，嘉兴市人民政府网，https://www.jiaxing.gov.cn/art/2020/6/22/art_1578787_48448275.html。

了多个主体参与开发所带来的许多问题，这种创新的合作模式为政商合作提供了新的思路和范例。

除此以外，政府出台了一系列扶持政策，提供了土地、税收、金融等方面的优惠政策，吸引了大量民营资本和企业进驻乌镇。政府还积极整合资源，改善基础设施，提升公共服务水平，为企业提供良好的发展环境。

## 第三节　县域土地制度综合改革

县域经济是我国国民经济中的重要组成部分，土地制度在县域经济发展中对促进土地资源优化配置发挥关键作用。在贯彻落实党中央与国务院关于推动县城城镇化决策的背景下，针对促进土地制度改革、发展新型县城、构建新型城乡关系等问题展开研究具有实际意义。中共中央办公厅和国务院办公厅2015年初联合印发了《关于农村土地征收、集体经营性建设用地入市、宅基地制度改革试点工作的意见》，新一轮的农村土地制度改革由此拉开了帷幕。2022年5月，中共中央办公厅与国务院办公厅印发《意见》，为促进新型城乡关系发展，推动县城建设提供若干指导意见。城乡一体化和城乡统筹发展进展迅速，随着形势的变化，如何实现土地红利最大化，推动农村经济持续快速发展，成为县域土地改革极为紧迫的课题。

### 一、县域土地改革发展现状

#### （一）强调"三权"分离

农村土地所有权、承包权和经营权的分离是我国县域土地改革的重要内容。实现"三权"分离有助于确保农民的土地承包经营权得到有效保护，对于促进农村经济发展、增加农民收入、提高农业生产效率和保障农民权益具有重要意义。

土地所有权、承包权和经营权的分离是我国县域土地改革的核心内容之一。传统上，农村土地的所有权、承包权和经营权被集中在农民个体身上，这种集体经济的组织方式在一定程度上制约了土地的规模经营和发展。通过实现三者的分离，可以鼓励土地流转和规模经营，推动农业现代化进程。[①] 逐步采取明确土地承包经营权的归属、延长土地承包期限、加强土地流转市场建设等措施，可以保障农民的土地权益及其他合法权益，助力土地利用与管理的高效率改革。

实现土地所有权、承包权和经营权的分离可以促进农业生产效率的提高。通过推动土地流转和规模经营，可以实现农业资源的集约化利用和高效管理，提高土地利用效率和农业生产水平。同时，利用土地资源开展农业现代化经营，引进先进的技术和管理模式，有助于提升农业生产效率。县域农村产业的发展和壮大，带动就业和农民收入的提高。农民作为土地的承包者和经营者，可以通过土地经营获得相应的收益，提高农民收入，改善生活条件。

### （二）保护土地资源

我国在推动县域城镇化发展的过程中牢牢坚持可持续发展的原则。在农业方面，收紧土地利用管控政策，通过土地利用总体规划、耕地保护政策等手段，保障国家粮食安全和农业可持续发展。加强对农田土壤的保护和改良，推广有机农业和绿色种植方式，提高土地的生产力和质量。推动农田水利基础设施建设，通过改善灌溉条件、提高耕地水分利用效率，提升土地资源的生产力和可持续利用水平。加强对耕地、林地、草地等各类土地资源的保护，制定相关法律法规，严格禁止违法占用耕地和毁坏耕地行为，确保土地资源的可持续利用。

在发展中积极推动土地资源的节约利用和集约利用，鼓励农业现代化和规模经营，提高土地利用效率。优化农业结构、发展高效农业生产方式，有效利用有限的土地资源。倡导绿色发展理念，在城乡建设和工业化进程中注重环境保护和生态恢复，努力减少土地资源的过度开发和污染，促进土地资源的可持续利用。通过生态补偿机制、生态保护红线划定等措施，加强对生态脆弱区域和重要生态功能区的保护，保障土地资源的生态安全。

### （三）促进产业结构调整与多元化发展

城乡协调发展与优化资源配置是我国县域经济发展的重要内容。在一些农村改革试点地区，部分农村土地通过流转或整合用于发展特色产业或建设工业园区。通

---

[①] 陈磊、姜海、田双清：《县域城乡融合发展与农村土地制度改革：理论逻辑与实现路径》，《中国土地科学》2022年第9期。

过城乡协调发展，可以促进城市和乡村之间的互动与协作，实现资源的优化配置。[①] 将农村闲置土地流转给工业企业或建设工业园区，促进土地资源高效利用，推动工业服务业发展，减少资源配置失衡和浪费问题。农村土地流转和整合也有助于推动城乡要素流动和人口流动，促进农民就业和创业。

传统上，农村地区农业生产为主要经济来源。随着经济发展和人口流动，农村也面临产业结构单一、就业机会相对不足等问题。在推动多元化发展的实践中，部分地区探索农村土地向工业产业转移的方式，鼓励农民参与工业项目或发展乡村企业等。通过发展农村特色产业或乡村企业，促进农民增收，丰富县域经济的发展和内涵。

## 二、县域土地改革发展存在的问题

县域土地改革发展在推动农村经济多元化、促进资源优化配置方面起到重要作用，但仍面临着一些问题和挑战。

### （一）土地流转市场机制亟待完善

完善土地流转机制可以促进土地资源的有效配置和利用，在推动农业产业化、多元化经营和市场化经营、提高农民收入等方面起到了重要作用。目前我国土地流转市场仍然存在活跃度不高的问题，主要原因在于土地流转市场机制不够完善，缺乏有效的交易平台和规范的流转程序。具体表现为：（1）信息不对称。土地流转的信息来源和传递方式不够透明，导致土地资源的供需信息难以及时准确地传递给农民和流转方。流转方面临较大的信息风险，影响土地流转市场的活跃度。（2）交易成本高。土地流转的手续烦琐、流转登记不便、流转审批不透明等问题，使土地流转的交易成本变高，很多农民因为手续麻烦、费用高昂而不愿意将自己的土地流转出去，影响了土地资源的流动性和市场化程度。（3）流转标准不统一。不同地区对于土地流转的标准和要求不太一样，一些地区缺乏相应的流转规范和标准，导致流转程序不统一，流转难度增加。

### （二）区域发展不平衡

县域土地改革发展中存在发展不平衡问题。不同县域地理位置的差异会导致资

---

[①] 刘志芹：《县域土地制度综合改革的探索和实践——以江苏省睢宁县为例》，《山西农经》2023年第2期。

源禀赋的差异，进而影响土地改革的发展。相比沿海地区的县域更易吸引外来投资和资源，内陆地区的县域往往面临较大的发展压力。县域之间的经济发展水平差异影响土地改革水平。一些经济发达的县域在土地改革中具备更多的资源和条件，能够更好地推动改革发展，而部分经济欠发达的县域则可能面临资源短缺、资金匮乏的制约。农民收入不均衡的问题受限于资源禀赋差异与配套政策的实施不到位。一些农民缺乏相关技能、资金或者市场信息等，无法充分分享到土地改革发展带来的收益。

### （三）县域基层集体经济组织低效

县域基层集体经济组织在土地管理和产业发展方面发挥重要作用。[①] 部分地区的基层集体经济组织建设存在不健全的情况，导致组织治理能力较弱，进而影响到土地流转和产业发展的推进。部分基层集体经济组织的决策机制存在缺陷，领导层决策过于集中、民主程序不够完善或者决策过程缺乏透明度，导致决策结果缺乏广泛的民意基础。管理人员受限于自身水平导致管理体制不健全，内部监督机制不完善，组织运转效率低下，难以有效推动土地流转和产业发展。[②] 基层经济组织可能缺乏长远的发展规划和战略，短期行为导致长远发展受到制约，无法有效推动当地土地资源的合理配置和产业结构的优化升级。

## 三、县域发展的土地改革建议

当前，中国的基础设施建设正稳步发展，城镇化率仍相对较低。在农村县域发展中，土地制度改革仍是支撑中国经济社会发展的重要基础。针对发展中的问题，可以考虑采取以下措施。

### （一）有序推进农村集体经营性建设用地入市

#### 1. 整合农村建设用地

在坚守耕地保护红线的基础上，合理利用土地整理复垦开发、城乡建设用地增减挂钩等政策，重点整治"空心村"宅基地、工矿废弃地等闲置土地，探索农村

---

[①] 梁伟：《土地细碎化县域治理：体系构建与实践机制》，《西北农林科技大学学报》（社会科学版）2022年第2期。

[②] 徐伍达：《西藏农村土地制度改革的实践与探索——以曲水县农村改革试验区为例》，《中国藏学》2019年第4期。

集体经营性建设用地就地入市、异地调整入市、综合整治入市模式，创新出让、租赁、作价入股入市方式，科学分配个人、集体、政府土地入市增值收益，不断完善农村集体建设用地入市及价格弹性增长机制，优化农村土地资源配置。

2. 保障农民土地出让收益

对于入市土地增值收益部分，除去确定入市增值收益调节金征收比例后，应当按照征地和入市过程中农民个人分享收益大体相当的原则合理进行内部分配。

3. 完善省级公共资源交易平台

保证土地指标在全省范围内自由、公平、公开地进行交易，积极争取和国家公共资源交易平台联网对接，寻求在全国范围内的土地指标交易。

（二）完善土地承包流转制度，优化农村土地利用效率

1. 深化农村宅基地所有权、资格权、使用权"三权分置"改革

建立健全土地承包权、承包期限、流转等制度，确保农民的土地承包权益不受侵犯，同时加强对土地流转市场的监管。实践宅基地"三权"实现形式，并按照对增量宅基地实行集约有奖和超标有偿使用、对存量宅基地实行退出有偿的原则，加快探索户有所居的多种实现形式，支持县城规划区外的宅基地使用权在县域范围内的村民之间转让。在具体实施过程中，在宅基地面积、有偿使用等具体标准上不搞"一刀切"，应充分考虑农村人口大幅缩减的趋势，借鉴家庭联产承包中"增人不增地、减人不减地"的做法，适时探索对新增农业人口不分配宅基地，通过定额补贴、宅基地流转等形式来提高宅基地利用效率。

2. 通过推进集体土地入股、土地流转等方式，实现土地资源的集约化利用，提高土地利用效率，促进农村产业发展

完善土地流转机制，建立健全流转程序和流转标准，降低流转成本和流转风险，使得农民能够更好地分享土地流转带来的收益。推进农业产业化联合体、农旅一体化综合体建设，加强农民利益与农业产业链的联结，创新保底分红、股份合作、利润返还等模式，进一步促进农民增收。

（三）加强土地管理和监督，推动基层集体经济组织建设

建立健全土地管理和监督机制，加强对土地利用情况的监督和评估，防止土地资源闲置、浪费、乱占等问题的发生。深入开展村级集体资金、资产、资源治理，提高经营管理水平。促进民主决策和透明治理，建立健全村民自治机制，推动决策

程序的民主化和透明化，确保决策更具代表性和公正性。提高基层组织的管理水平，加强对村干部的培训和选拔，引进专业化管理人才，建立科学的组织管理体系和内部监督机制，提高组织的运转效率和治理水平。推动村庄集体经济组织建立长远的发展规划和战略，注重生态保护和可持续发展，引导村庄经济朝着更加健康、稳定和可持续的方向发展。

### （四）加快推进农村产权交易市场建设

建设完善县、镇、村三级土地产权交易平台，推广农户承包土地经营权、荒山荒沟荒丘荒滩"四荒"使用权、农村集体经营性资产、农业生产设施设备、小型水利设施使用权、农业类知识产权以及合法宅基地使用权等交易，发展第三方提供的抵押融资、担保以及资产评估等服务，确保土地在更大范围内优化配置和发挥作用。

## 案例　浙江省海盐县：土地改革[①]

### 海盐县土地改革发展现状

海盐县位于嘉兴市东南部、浙江省北部杭嘉湖平原，地处长三角的东南域，于1985年被国务院列为沿海经济开发区，是长三角的中心腹地、杭州湾的湾区前沿。近年来，海盐县依靠建设特色产业、推动土地制度改革等措施，县域发展收获初步成效。

海盐县锚定"农业农村现代化"目标，大力推动乡村振兴，促进农业更强、农村更美、农民更富，打造均衡富庶的"和美海盐"。在农业发展改革方面，鼓励农业市场参与者实施商标品牌战略，发展农产品区域公共品牌，提高农产品品牌影响力和竞争力。在发展优质农村产业方面，海盐县始终把确保粮食安全作为重中之重，防止耕地"非农化"和基本农田"非粮化"，积极新建、改造高标准农田和绿色农田。在助力农民增收方面，鼓励发展市场化经营模式，加强"飞地抱团"项目合作，推广"农民共富十法"，持续完善生产、供销、信用"三位一体"服务，在乡村振兴方面取得了显著成效。

在"十三五"期间，海盐县积极贯彻乡村振兴战略和"千万工程"，不断加强

---

① 《2023年政府工作报告》，海盐县人民政府网，http://www.haiyan.gov.cn/art/2023/2/13/art_1512808_59411686.html。

美丽乡村建设，获评浙江省新时代美丽乡村建设优胜县。①在"十四五"发展规划中，海盐县提出"实施产业振兴战略"，"以产业基础高级化、产业链现代化为重点，加快构建以数字经济为引领、先进制造业为支撑、战略性新兴产业为突破，现代农业与现代服务业全面跃升的现代产业体系"。围绕嘉兴市现代产业体系加快构建战略性新兴产业，重点打造核技术应用、显示生产、文化旅游等产业现代化发展，全力推动海盐县域经济发展。

### 海盐县土地改革发展实践

海盐县在农村产权交易方面取得了一定的成绩。2009年，海盐县在嘉兴市率先设立了县级农村土地流转和产权交易服务中心，在浙江省内开创了"三个率先"：率先建立了县、镇、村三级土地流转服务平台；率先核发土地流转经营权证；率先开展土地流转经营权抵押贷款。近年来，海盐县采取了多项措施，全面推进乡村振兴。在促进闲置农房的有效利用方面，海盐县深入推进农村土地制度改革，积极探索宅基地所有权、资格权、使用权"三权分置"，发布了《海盐县农村宅基地管理办法》，有效保障农户的宅基地资格权。

海盐县作为浙江省基本公共服务均等化改革试点县，率先采取标准化推进公共服务均等化的方式，为全国起到一定的示范作用。海盐县以优化农村生态、生产和生活空间布局为目标，致力于构建美丽宜居的新型村镇，计划完成镇级国土空间规划编制，并调整村庄规划，优化村镇规划布局，促进土地资源的合理利用和村庄空间的优化布局。在嘉兴成为国家城乡融合发展试验区的背景下，海盐县将继续发挥其示范效应，加快新型城镇化建设、乡村振兴等方面的进程。通过加强城乡之间的交流和合作，推动城市和农村的互动，促进城乡经济的互补发展，实现城乡共同繁荣。海盐县不断探索城乡融合发展的新模式，进一步加强基础设施建设，完善公共服务体系，提高环城农村地区居民的生活质量。

海盐县积极深入探索建立农民土地承包权、宅基地使用权、集体收益分配权自愿有偿转让机制。②海盐县还大力推进"强村计划"，并积极推动农村普惠金融和农

---

① 《海盐县国民经济和社会发展第十四个五年规划和二〇三五年远景目标纲要》，海盐县人民政府网，http://www.haiyan.gov.cn/art/2021/11/19/art_1229575950_4808282.html。

② 《2022年政府工作报告》，海盐县人民政府网，http://www.haiyan.gov.cn/art/2022/3/18/art_1512808_59376126.html。

业保险发展，巩固提升美丽城镇建设成果，促进农村综合发展。稳步推进文明村镇建设，培育新时代新型农民，通过开办学院、生产指导等方式提高农民综合素质，完善农村人口帮扶机制。

## 第四节　县域发展与财税金融体制改革

近年来，我国县域经济得到了快速发展，县域经济高质量发展有利于乡村振兴、新型城镇化等战略的有效落实，也是实现区域一体化的重要支撑。而财税金融体制改革对于县域经济的发展起到了重要的推动作用。本节从财税金融体制改革的角度出发，探讨其对县域经济发展的影响及未来发展趋势，最后分析财税金融体制改革在县域经济中面临的挑战及应对措施。

### 一、财税金融体制改革对县域经济发展的影响

#### （一）优化财政政策助力县域经济发展

从县域经济整体发展上来说，政府可以通过财政投入来提升县域基础设施的质量、优化县域空间结构、调整县域经济结构来促进县域经济发展。从特定产业来说，政府还可以通过增加农业补贴来扶持特色农产品产业，或设立奖金发展特色旅游风景区等措施，因地制宜培育县域的特色产业，找到县域经济独特的增长点，完善财政转移支付体系，加大对粮食主产县、生态功能县等县（区）的财政转移力度，多渠道强化农村发展资金供给。

首先，为了实现城乡一体化和新型城镇化，需要政府提升县域基础设施的水平，改善县域人民生活，从而促进县域经济高质量发展。县域城区作为人口集聚地，其基础设施和公共服务的水平提高必然吸引更多农民进城，从而促进其消费增长，促进经济发展。

其次，县作为附近城乡居民的集聚地，其周边村落的空间布局往往存在不平衡的问题。通过财政政策加大对交通、水电等基础设施的投入，优化各县城和县城周围的空间布局，可以更好实现城乡公共服务的协同发展。

最后，调整经济结构，增强县域经济发展活力已成必然。在县城建设过程中，

需要注重发展第三产业,以促进当地经济增长。尽管农业行业收入普遍不高,但通过优化产业结构、增加农业附加值等途径,可以提升农民收入水平。[①]

在培育特色产业方面,有很多县域经济发展的生动案例。

安徽省天长市为光纤光缆产业专门设立了招商小组,并且制定了光纤光缆产业链图谱,立足光纤光缆这一先进赛道,顺利孵化了江苏省扬州市的一例5G数据线缆项目,总投资10亿元、年产20万千米,进一步推动了传统产业向先进制造的升级。

浙江省德清县立足自身特点发展休闲度假村、农家乐等现代服务业,将环境优势转化为经济增长,并以旅游业推动生态环境保护。仅2021年,全县旅游总收入就达到了356.66亿元,较2022年增长了12.4%。

广东省吴川市被誉为"鱼米之乡"和"粤西明珠",通过推动烤鱼和预制菜业务,成功增加了农民的收入。他们还深入发展优质黄牛产业,建立了声誉卓著的金字品牌。同时,立足鱼米之乡的特色打造"吴川烤鱼"这一招牌,推动了农业产业链一体化发展,促进县域食品加工行业与旅游业、养殖业融合,创造了县域经济发展的美好篇章。

**(二)转移支付制度促进县域经济平衡发展**

转移支付可用于均衡区域间基本财力配置,尤其是向革命老区、民族地区、边疆地区、欠发达地区,以及担负国家安全、生态保护、粮食和重要农产品生产等职责的重要功能区域倾斜。

我国县域经济的发展程度存在不平衡的问题,因此需要各省通过转移支付制度推动县域经济发展,转移支付对于县域经济主要具有如下作用。

增加地方财力。通过加大转移支付力度,特别是对经济欠发达地区和困难地区的支持,可以为地方政府提供更多的财政资源,有助于提高地方政府的财政保障能力,缓解地方财政压力,进而促进县域经济的发展。

引导经济发展。通过专项资金和配套办法等转移支付手段,可以加大对地方特色产业、中小企业、扶贫开发等领域的支持力度,引导地方产业结构调整和经济转型升级。

---

① 吴芸、欧向军、秦乃馨等:《苏北县域经济发展地域类型和动力机制分析》,《经营与管理》2023年第6期。

缩小地区差距。通过对欠发达地区的倾斜性支持，可以增加欠发达地区的财政收入，提高公共服务和社会保障水平，改善当地民生，同时也有利于缩小不同地区之间的经济发展差距。

### （三）税收政策改革推动县域经济发展

财税金融体制改革对于县域经济的发展，首先体现在税收优惠政策方面。政府通过降低企业所得税税率、免征增值税、留抵退税等措施降低了企业的交易成本，鼓励企业投资发展。这些政策的实施不仅降低了企业的经营成本，也提高了企业的盈利水平，尤其是对于小微企业的税收优惠政策降低了小微企业的税收负担，为小微企业的发展减负，从而推动了县域经济的发展。

从税收体系改革来说，可以进一步推动留抵退税政策的落实，释放增量资金，增强小微企业的现金流。对于重点贫困、边远地区的县城采取优惠的税收政策。优化地方和中央的税收分享机制，优化地方和中央的税收权力，进一步明确各类税种的征管权力，从而促进征管效率的提高。

通过财税金融联动，构建全国性的由各级财政、税务、金融机构支持的融资机构及融资担保体系。通过设立具有一定规模的融资担保基金，切实解决县域实体经济融资难、融资慢、融资成本高的问题。[1]

### （四）金融服务升级助力县域经济发展

县域经济一般面临资金短缺、金融服务缺乏的问题。各类金融机构可以通过加大对企业贷款的支持力度，帮助企业解决融资难的问题。此外，政府还推动建立新型金融机构，如村镇银行、小额贷款公司等，以满足县域经济发展的金融需求。同时，合理运用债务进行基础建设可以增加居民收入，缩小城乡居民收入差距。[2]这些措施不仅促进了县域经济的增长，也提高了金融服务的水平和效率。

新型金融机构的优势在于更加灵活、创新和适应市场需求。它们通常可以提供更加便捷的金融服务，例如小额贷款、信用贷款和农村金融服务等。新型金融机构还可以通过使用现代科技手段，例如移动支付、大数据、互联网金融服务等方式，提高服务效率、降低服务成本，使得县域金融服务更加普惠，服务县域实体经济发展。

---

[1] 刘玲娅、黄晓平：《基于县域经济稳定发展视角的财税政策研究》，《金融与经济》2019年第3期。

[2] 盛大宸、王禹男：《县域地方融资对经济发展及居民收入的影响研究》，《商展经济》2023年第2期。

以供应链金融为例。供应链金融作为新兴金融业态，能有效解决县域经济主体的融资难融资贵问题，赋能县域重点产业链发展。针对当前县域层面供应链金融发展的问题，应优化营商环境、强化产业链支撑、提升经济主体积极性，着力推动供应链金融健康发展，更好地服务县域经济发展。①

## 二、县域经济发展与财税金融体制改革发展趋势

### （一）省财政直管县财政管理改革将进一步深化

省直管县财政管理制度改革的核心是优化县、市、省级的财政事权、财权、支出责任的分配。根据2022年印发的《国务院办公厅关于进一步推进省以下财政体制改革工作的指导意见》，省直管县财政管理改革的主要内容如下。

合理划分财政权益：根据基本公共服务的受益范围和信息管理难度等属性，清晰定义省以下各级政府的财政权益，强化省级财政权益，并将直接服务基层并由基层政府提供的社会治安等基本公共服务划定为市县级的财政权益。

明确财政支出职责：根据政府间财政权益划分，合理确定省以下各级政府的支出职责，省级政府负责支出省级财政权益，市县级的支出职责根据其履行的财政权益确定，必要时将上级财政权益委托给下级，并提供足够的资金支持。

调整税收分配关系：将适宜下划的省级税收按照地方原则下放至市县，取消按收入项目分成的政策，适当优化增值税和个人所得税的分成比例，在年终调整其他的相关财政收入，增强市县的财政收入能力。

完善转移支付制度：增强一般性转移支付促进均衡发展，保障基本财政支出的功能，促进县域经济协调发展，保障县域经济基础设施建设支出、教育卫生医疗养老等基本公共服务支出。继续优化财政共同权益转移支付的办法，使支出职责分担更加合理规范。同时强调专项转移支付在鼓励县域经济特定领域的发展和帮扶财政困难市县等方面的职能。

创新财政激励机制：建立健全财税激励政策，优先支持关键领域高新产业发展，落实和完善增值税留抵退税政策，进一步规范债务限额机制，增强县域财政债务筹资能力，支持并引导县域基础设施项目建设，增强县域财政资金保障力度。

---

① 代贝：《供应链金融推动县域经济发展策略》，《当代县域经济》2023年第2期。

### (二)进一步增强财政投入力度和质量

未来,政府将继续加强财政投入力度,推动县域基础设施建设。政府将加大对农村地区、贫困地区的财政支持力度,推动城乡一体化发展。由于县域经济中通常农业占比较高、企业多为小微企业。因此针对县域经济的情况,政府将进一步降低财税政策扶持门槛,提高奖励和补贴力度,加大财税政策对服务"三农"和小微企业的扶持力度。对村镇银行和小额贷款公司等在财政性存款、税收减免和财政补贴上给予优惠和倾斜,提高其支持"三农"和小微企业发展的积极性,从而支持县域经济发展。①

### (三)深化税收优惠政策

我国的税收优惠政策将不断深化,税收优惠政策的普惠性、精准性和可持续性将不断提高,税收优惠政策的执行和运用也变得越来越灵活,税收优惠政策的透明度和社会参与度也将不断提高。

首先,税收优惠政策的普惠性、精准性和可持续性逐渐得到重视。为了更好地促进经济公平和发展,同时满足不同市场和行业的实际需求,政府在制定税收优惠政策时越来越注重普遍惠及所有企业和个人,以及更加精准地向目标群体提供必要的支持,使得税收政策在促进经济高质量发展、科技创新、节能环保等方面发挥重要作用。税收政策将进一步优化,采取各种优惠政策支持县域经济中的关键产业,例如旅游业、农业的发展。

其次,税收优惠政策的执行和运用也变得越来越灵活。政府在制定税收优惠政策时将更加注重灵活性,根据县域经济的实际情况制定相应的政策措施,以更好地适应县域经济结构和发展趋势的变化。同时,政府也更加注重政策宣传和培训工作,帮助企业和个人更好地了解和掌握相关政策,提高政策的有效性和普及率。

最后,为了增加税收优惠政策的透明度和社会参与度,政府还积极开展宣传和培训活动,建立健全监督和评估机制,对税收优惠政策进行定期评估和审查,并针对存在的问题及时进行调整和完善。对于纳税主体进行更多的培训,帮助其提高纳税意识。这些措施有利于提高税收优惠政策的社会认知度和透明度,促进社会公平和公正。

---

① 刘居照:《降低实体经济融资成本中的财税与金融对策探究》,《金融与经济》2013年第4期。

### (四)提升金融服务水平

未来,金融机构将进一步加大对县域经济的支持力度,提升金融服务水平。金融机构应推出更多具有创新性、普惠性、支持性、可持续性的金融产品和服务。创新性是指金融产品和服务应基于县域经济的实际需求和市场状况而创新。普惠性是指为县域经济中的弱势群体提供成本适当的金融服务。支持性是指产品和服务能够对县域经济的发展提供有效的支持和推动,例如提供贷款、保险、投资等金融服务。可持续性是指这些产品和服务具有可持续性,能够长期地为县域经济提供稳定的支持和推动,促进县域经济的可持续发展。

同时,大数据、5G、区块链、数字人民币等技术也将为县域金融注入更多活力。采用更科学的金融风险管理技术和更先进的检测手段,新兴数字金融机构将为更多县域经济中的弱势群体和长尾人群提供更加普惠高效的金融服务。

### (五)激活县域资本要素

一是针对社会上对资本的不正确舆论,建议在理论上确立"资本中性论",对资本的逐利性这样一个中性范畴,不应该作为一个负面的经济范畴加以贬损。二是建议在实践中为推动资本市场的发展作新的探索,例如可尝试在县域搞知识产权证券化试点,如广州"中新知识城",以进一步发展"标准资本市场",并寻求与境外如新加坡等国家和地区的知识产权证券双向互认。三是除标准的资本市场外,应注重建立县域的非标资本市场,包括建立健全农村土地等产权市场和县域碳排放权市场等。海南省临高县和陵水县组织农民植树养树,保护生态,有效减碳,并与一些需要减碳指标的电厂钢厂进行区域内碳汇交易;浙江省发布全国首部省级GEP核算标准《生态系统生产总值(GEP)核算技术规范陆域生态系统》,实现了对生态产品的价值量化,都做得有声有色。县域内非标资本市场大有可为。

## 三、财税体制改革在县域经济中的挑战与应对方法

为了有效提高财政投入的质量,需要制定科学的规划、加强资金管理、提高使用效率,并加强监督和评估。同时,也需要加强政策宣传和培训,提高企业和个人的财政意识和合规意识。

## （一）财税制度改革在县域经济中的挑战

### 1. 产业综合实力较弱，财政收入不足

在许多县域地区，财政收入不足是一个普遍性的问题。这一挑战的出现部分源于县域内产业的特点。通常情况下，这些地区的产业以小型企业为主，生产方式相对粗放，能源消耗较高，同时也面临着严重的环境污染问题，将带来严重的被监管风险。由于企业规模较小，很难实现规模经济效益，也缺乏高科技产业的驱动。这导致税收增长受限，难以提供足够的财政收入支持地方的基本服务和发展需求。

从产业结构角度来看，许多县域存在产业结构单一的问题。这种单一性使这些地区的经济更加脆弱，一旦主导产业出现问题，财政面临的风险就会增加。具体表现如下：在第一产业方面，农业产业化水平较低，生产较为粗放，龙头企业相对较少，规模小，竞争力有限，与外部大型企业竞争时处于不利地位。在第二产业方面，产品附加值较低，在产业链中往往处于不利地位，缺少高新技术产业的推动。这使得县域工业难以应对宏观经济和市场波动，抗压能力较低。在第三产业方面，服务业内部结构不够合理，酒店、餐饮、客运等传统行业比例偏高，现代服务业发展相对滞后。例如旅游、物流、金融、IT技术、咨询等服务业规模有限，高度知识密集型的高端服务业相对薄弱。

县域经济非税收入占财政收入的比重高，财政收入质量不高。例如贵州县域非税收入占公共财政收入比重自2012年以来有所下降，但仍然过高（2016年为26.2%），影响财政收入质量。建设性财政支出过分依赖债务收入，财政发展面临潜在威胁。[1]

### 2. 市县层级间财政收入分配不均，事权与财权不匹配

在县市之间的财政收入分配上，有时会出现市刮县、市卡县等现象，导致县域财政收入分配不足。另外，由于工商、质监、国税、地税等事权上收，地方政府把控经济的能力下降，但相关支出费用仍由县级政府承担，进一步加剧了县域财政的困境。

同时，县域内财权与事权不匹配。"营改增"改革导致县域失去了主体财源，财权变动并未同时对原来事权和支出范围作相应调整，从而导致县级财权与事权不

---

[1] 龚斌磊、张启正、袁菱苒：《财政分权、定向激励与农业增长——以"省直管县"财政体制改革为例》，《管理世界》2023年第7期。

对称，支出能力与权力的不匹配导致了县级财政陷入"有心无力"与"有力无心"的困境。地方政府完成其事权的资金缺口较大，履行职能力受影响，只能通过举债方式维持财政平衡。然而债务利息的累积可能带来进一步的偿债风险，单纯依靠债务补充财政收入不可取。

3. 各县财政收入差异较大

同一地区各县之间的发展水平存在差异，例如姜月等学者的研究结果认为，成德绵地区的发展水平差异在空间上是不均衡的，成都市周围的县发展水平较高，①将进一步导致各县的财政收入存在差异，从而导致各县的财政支出水平不同。因此各县之间进行基础设施建设、提供公共服务、招商引资的能力不同。

4. 财税监管不力，税收征管困难

县域税务部门对于经济主体纳税的监管主要集中于事后稽查，缺少对于经济主体纳税前的引导和鼓励，这不但可能导致税源的流失，也不利于县域经济的健康发展。同时，县域经济主体缺少纳税意识，或对于税收的相关政策缺乏了解，有可能影响其享受税收优惠的程度，不利于其自身进一步的发展与创新。

同时在县域层面，税收征管面临较大困难。一方面是由于县域经济构成多为农业或小规模工商业，因此税源分散、变动较大，小税种的征收管理难度较大；另一方面，由于相关税收征管配套措施不完善，缺少相关税收方面的人才，进一步加大了税收征管的难度。

### （二）财税制度改革在县域经济中的挑战和应对方法

1. 培育特色产业，优化营商环境

要改善县域经济产业结构，鼓励县内创新企业、主导产业优先发展，扩大财政收入的来源。要完善省对市县转移支付制度：强化一般性转移支付"促均衡、保基本"功能，提高市县财政保障能力，帮助市县兜牢"三保"底线，促进县域协调发展。改进并逐步形成与省以下各级财力格局相适应的共同财政事权转移支付办法。

在选择确定全县的主导产业方面，要从本地自然资源和传统产业优势出发，选择一两个或两三个主导产业，集中力量予以发展，不断延长产业链，提高技术水平、产品质量和在国内外市场的占有率。要围绕主导产品引进人才和技术，办好培

---

① 姜月、翟有龙、李谦：《成德绵地区县域高质量发展水平及其空间特征研究》，《西华师范大学学报》（自然科学版）2023年第6期。

养相关技能型人才的学校，发展专业化分工，努力降低生产成本，创造出世界名牌产品。发展县域经济切忌追求产业门类齐全，要突出特色，形成具有国际竞争力的产业集群和规模优势。

例如江苏常熟在优化营商环境方面采取了一系列措施。借助自身产业优势，该地区科学规划了产业链的发展方向，吸引了汽车、新能源和声学产业等领域的龙头企业入驻，创造了一种新的招商模式。同时，常熟充分利用其独特的地理位置和产业特点，灵活调整了招商工作的节奏，始终保持积极进取的态度。他们积极协调市内的招商活动，精心组织市级招商活动，指导各产业板块有针对性地进行招商工作，为本地经济的发展作出了积极贡献。

2. 推进"省直管县"改革，推进财权事权匹配

需要推进"省直管县"改革，调整优化市县财政收入的分配政策，调整优化省与市县收入分配关系：将适合下划的省级固定税收收入全部按照属地原则下划到市县。同时，推进县域财权与事权的匹配，调整优化省与市县的收入分配与支出责任的关系。建议各类转移支付、债券资金由省层面经合理程序对接县（市）财政，赋予地方财政更大的自由度。财政结算、资金调拨等事项也可由省与地方直接接洽，提高县级财政与省级财政的沟通与协调。

3. 完善转移支付，明确各类公共财政支出责任

需要进一步完善省对县的财政支出力度，加大财权的下沉效果。根据实际情况加强转移支付对各县财政能力的调节作用，支持边疆、贫困县发展。明确省、市、县在基础设施、公共服务、教育卫生等领域的支出责任。此外，跨区域项目以及共同投资产生的财政支出与收入，应由有关各方平等协商确定。

同时，也需要各县因地制宜，结合自身情况推动资源的优化配置，培育特色产业，深刻认识短板，合理利用优势来进行财政支出，从而推动当地的县域经济高质量发展。

4. 加强税收事前引导，提高税收征管效率

应加强对于纳税主体的事前引导，规范纳税程序，加强税收基础设施建设，完善数字化税收平台。做好各类税收优惠政策的培训，加强纳税主体的纳税意识。同时做好事后稽查，减少税源损失。改革税收征管制度，明确各类税收主体责任。

针对县域税务人才稀缺的问题，应提高税务人员待遇，引进更多优质税务人

才,优化税务人员结构,增强对税务人员的考核与监督。

针对税源分散的问题,强化税收征管的数字化转型,以数字化作为县域税收征管困难的突破口。建立适应县域经济特点的税收征管体系,提高征管效率和质量。

### 四、金融体制改革在县域经济中的挑战与应对方法

#### (一) 县域金融在县域经济中面临的挑战

1. 县域金融机构提供金融服务不足

县域经济中占据主导地位的传统金融机构更偏好概率分布的中间人群,使得县域金融机构往往难为县域经济中的小微企业和农户这类长尾人群提供充足的资金支持。同时,县域中金融机构覆盖范围不足也会导致县域经济中的经济主体无法获得足够的金融服务,最终导致县域金融的普惠性不足。要发展县域经济离不开金融的助力和加持,而传统的金融服务方式难以有效满足其融资需求。

2. 地方政府债信用风险累积

县域地方财政往往面临财政收入不足的问题,因此需要利用发行债券的方式筹集财政资金支持财政支出。一般来说,投资者对于城投债存在过度信任的情况,这导致了投资者的盲目投资,出现风险和收益错配的情况。因此,即使有研究者发现:合理运用债务进行基础建设可以增加居民收入,缩小城乡居民收入差距,但是,一定程度的限制地方政府和政府平台公司举债避免过高债务对于金融市场稳定发展有益。[1]

3. 地方金融消费者保护力度较差

金融体制改革的一项重要内容是加强金融消费者保护,而县域层面对于金融机构的监管不足,加之县域金融的消费者通常不具备相应的金融知识,缺乏自我保护能力,因此很容易发生金融机构侵害金融消费者的事件,一般来说其社会影响极差且涉及金额较大。

金融消费者是特殊的消费者群体,具有较强专业性,众多金融消费者由于对金融产品了解不足导致错误决策甚至遭受欺骗。虽然多部门均设立金融消费者保护机构,但其职责不清、相互推诿,反而使金融消费者权益得不到有效保护。[2]

---

[1] 盛大宸、王禹男:《县域地方融资对经济发展及居民收入的影响研究》,《商展经济》2023年第2期。
[2] 方平:《我国金融体制改革研究》,《企业经济》2023年第9期。

## （二）县域金融在县域经济中的挑战的应对方法

### 1. 优化县域金融服务的提供主体，增强县域金融普惠性

可适时推动符合改制条件的小贷公司转为村镇银行，这样一方面可以破解小贷公司发展瓶颈，解决县域"三农"和小微企业的金融服务不足问题。同时出台财政资金的引导政策，鼓励小贷公司成为民间资金的补充者。①

除此之外，数字金融有可能为县域农业主体提供新的融资解决方案，助力加快建设县域新型农业。可鼓励数字金融企业利用先进数字技术为县域经济中的长尾人群提供更包容普惠的金融服务，增强县域金融的普惠性。例如网商银行的"大山雀"金融产品，利用先进的卫星技术，可以为农户提供可得性更强的金融服务，同时利用大数据风控系统严格管控风险。

### 2. 厘清地方债务责任，优化政府债券信用评级制度，防范化解地方政府债务风险

应当进一步厘清地方债及地方政府平台的发债责任和偿还方式，使地方政府债收益与风险相匹配，使政府融资的金融市场稳定发展。同时，应鼓励对地方政府融资平台发行的债券进行评级，为投资者提供更多信息进行决策，进一步提升投资者对县域融资平台的信任，从而有效促进县域经济发展。

### 3. 加强县域金融消费者保护，构建事前风险预警机制

加强对县域金融消费者的保护，设立专门的金融监管机构负责。对于影响范围较广的金融产品，应加强金融产品资金监管与信息披露，构建金融风险预警机制，降低金融风险事件中人民群众财产的损失。通过严格的监管和处罚手段使县域金融消费者树立起对金融的信心，更好地实现金融服务实体经济的目标。

## 第五节　县域发展与农民市民化

我国是一个农业大国，在农业大国向农业强国转变的过程中，农民的市民化是一个关键的举措，这不仅是城镇化、工业化发展的必然要求，也是提高农民生活水平、让农民共享发展的必然要求。县域是连接农村和城市的重要枢纽，也是未来城

---

① 刘居照：《降低实体经济融资成本中的财税与金融对策探究》，《金融与经济》2013年第4期。

镇化的重要载体。随着新型城镇化和乡村振兴战略的纵深推进，主要劳务输出地农民工回流趋势明显，本地农民工就业半径从"乡镇"延伸到"县域"。抓住县域农民市民化的关键要素，实现县域农民市民化，是推动县域高质量发展的重要方面。

**一、县域农民市民化现状**

从狭义的角度看，农民市民化主要指进入城市的农民工、农民等在身份上获得与城市居民相同的合法身份和社会权利的过程，例如选举权、居留权、受教育权、劳动和社会保障权等。从广义的角度来看，农民市民化是指在我国现代化过程中，以工业化和城镇化为推动力，促进现有的传统农民在身份、职业、社会地位、社会权利及生产生活方式等各个方面向城市市民转化并融入城市文明的社会变迁过程，即人的城镇化。农民市民化不单纯是将农业户口改为城镇户口，而是从农村转移到城镇的人口，在经历城乡迁移和职业转变的同时，平等享受城镇居民各项社会福利和政治权利，成为城镇居民并完全融入城镇社会的过程。①

七普显示，全国农村户籍人口7.6亿人，常住人口4.98亿人。其中多数在县域，只有一小部分在市辖区。城镇化的实质在于人的城镇化，即农民市民化。农民市民化是县域发展过程中需要面对的一个重要问题，县域经济是吸收农村转移劳动力的主力军，县域经济的发展可以加速农民市民化的进程，农民市民化也会推进县域经济的不断发展。然而农民市民化并非易事，农民市民化是一个包含个人转变、经济转变、社会转变的兼具空间和时间的动态渐进过程，②不仅仅是农民社会身份和职业的转变，也不仅仅是居住的空间区域上的转移，而是关乎思想观念、社会权利、行为模式等方面的改变。

中国自20世纪80年代开始城镇化，克服重重困难，取得了重大的成就。当前我国城镇化迈入了新的发展阶段，农业转移人口市民化成为新时代城镇化的重点，③也面临着许多新的问题：第一，城乡之间的差距有进一步扩大的趋势。第二，农业劳动力供给趋于紧缩。第三，大城市承载不了进一步的人口城市化，普遍产生交通

---

① 魏后凯、苏红键：《中国农业转移人口市民化进程研究》，《中国人口科学》2013年第5期。
② 吕炜、谢佳慧：《农业转移人口市民化：重新认知与理论思维》，《财经问题研究》2015年第11期。
③ 洪银兴、杨玉珍：《城镇化新阶段：农业转移人口和农民市民化》，《经济理论与经济管理》2021年第1期。

拥堵、人口拥挤、环境污染、房价高昂等现象。这时农业中劳动力剩余问题不再突出，需要非农业部门支持农业技术进步的转折点。"十四五"规划提出"推进以县城为重要载体的城镇化建设"。2022年5月，中共中央办公厅、国务院办公厅印发了《意见》，明确了以县城为重要载体的城镇化建设的发展目标和具体任务。

推进城镇化要求深化户籍制度改革，进而实现农民市民化。[①]据统计，中国按常住人口计算的城镇化率为64.72%（截至2021年底），而按户籍人口计算的城镇化率只有46.7%，两者相差18个百分点。这一数字背后是2.5亿多的农民工群体，他们虽然进了城镇（包括县城和建制镇），但是并未共享城镇（包括县城和建制镇）的文明，如医疗、子女教育等。这涉及几项重大的制度性改革，建议通过加快推进户籍制度改革以及相关配套制度改革来解决。自改革开放以来，"从乡到城"的单向要素流动窘境从未根本改变，尽管我国城乡二元结构在逐步消除，但要素的双向流动仍受到较大阻碍，"从乡到城"与"从城到乡"要素双向流动的良性循环有待进一步形成。[②]由于城乡户籍制度改革步伐较慢，而城市的公共服务主要针对本地户籍居民提供，这使得城乡二元户籍制度和社会公共服务制度成为农民工融入城市的主要障碍。虽然国家已经推出了一系列政策来放宽城市户籍限制，但一些城市的户籍改革对于进城的农民工来说仍然没有放宽，或者设置了较高门槛，这使得农民工的入户变得困难。目前，大部分没有城市户籍的农业转移人口主要以居住证的形式在城市中生活，尽管他们也能部分享受城市居民的待遇，但居住证与户籍在诸如身份、政治地位、经济地位、社会认同等方面存在很大的差异。

## 二、县域农民市民化存在的问题

虽然县域流动户籍限制取消，农民工落户意愿却并未显著增强。究其原因，县域产业聚集力弱、县域基础设施和公共服务滞后、城乡改革进度缓慢等因素，都影响了农民工落户意愿。在县域稳定就业的农民工随迁家属尚未真正平等享有住房保障、养老保险、子女入学等"同城化"待遇，也导致农民工"举家城镇化"可及性不高。因此，进一步提升县域农民工市民化质量，关键是破解"稳定就业难、体面居住难、安心落户难"三大难题。

---

① 蔡昉：《以农民工市民化推进城镇化》，《经济研究》2013年第3期。
② 赵为：《县域就地市民化推动城乡融合发展》，《中国劳动保障报》2021年8月26日。

2021年，山东省临沂市组织所辖县区就县域就业农民工市民化展开了专题调研，通过书面调研与实地走访相结合的方式，发现县域就业农民工市民化仍存在住房需求压力大、农村权益难放弃、从业方向有局限性等问题。[①]城乡二元户籍制度不仅将全国的劳动力市场划分为城市和农村两个独立的部分，还进一步将城市劳动力市场分割为首属劳动力市场和次属劳动力市场。由于农民工的教育水平和职业技能较低，他们的就业机会受到了极大的限制，大量的农民工被迫进入次级劳动力市场从事非正规的工作，他们缺乏必要的社会保险，收入低，也无法获得与城市工人相同的就业环境和劳动保护，农民工被拖欠工资的情况时有发生。另外，由于城乡差异、地区差异的"二元结构"教育体制、城乡二元分割的土地所有权、高昂的房价和较差的居住环境，都已经成为农民工融入城市的障碍。

除了上述的制度性因素外，农民的个人素质是否能得到提高，以及如何利用自身的能力、素质、文化和心理适应城市生活，也是影响他们城市化进程的重要因素。中国的农民深受传统文化的熏陶，他们通常比较保守，缺乏创新意识，并且不太愿意冒险。他们坚持着重农轻商的传统观念，认为生死有命、富贵在天。他们重视血缘和地域关系，对于创业和开办实业持排斥态度。在消费观念上，他们更偏向于自给自足，习惯于节俭和积攒财富。他们对土地有强烈的依赖性，不愿意轻易放弃土地承包权。这些思想观念束缚着农民，使他们难以融入现代城市生活，阻碍了农民工的城市化转变，同时也加大了农民工与城市政府之间的隔阂。

农民市民化的关键要素在于解决进城农民的户籍问题、就业问题，以及为农民提供健全的社会保障体系，并且需要引导农民适应城市生活，转变农民落后保守的思想观念，提高农民的社会认同感和社会身份地位，实现人的城镇化。这其中不仅农民需要提高自身能力与水平，政府也需要以法律法规形式确保农民工群体的生存与发展，并为农民工群体提供公共政策支持。

## 三、县域农民市民化的政策建议

### （一）政府应积极发挥主导作用

由政府主导推进户籍制度改革，注重系统的顶层设计，统筹推进土地、财政、

---

① 王金川、张茂祥：《山东省临沂市县域就业农民工市民化调查与思考》，《中国县域经济报》2021年9月2日。

教育、就业、医疗、养老、住房保障等配套改革，确保相关改革协同推进、形成合力。逐步打破城乡二元户籍制度，进而实现进城农民身份的转变。

2023年1月，人社部等九部门联合印发《关于开展县域农民工市民化质量提升行动的通知》，部署开展县域农民工市民化质量提升行动。通知指出，要以提升县域农民工市民化质量为重点，进一步落实落细农民工市民化相关政策，着力做好农民工就业创业、技能培训、权益维护、公共服务供给、服务能力提升等工作，推进县城稳定就业农民工及其随迁家属平等享有基本公共服务和在城镇无障碍落户，增强县域农民工享有基本公共服务的可及性和便利性。

### （二）完善土地制度

目前的土地制度仍然带有计划经济时代社会保障的功能，这既不利于粮食安全的保障，也在事实上制约了农民的城镇化转移和从土地上释放出来。因此，必须加大农村"三权"分置改革的力度，需要建立县、镇、村三级农村土地流转和产权交易服务平台，提供便捷的土地流转和产权交易服务，让农民工能够自由买卖土地产权和经营权，将农村居民的土地资产转化为活资本。让农民带着土地进城，从而消除农民市民化的土地制度羁绊，把农民工从土地上真正解放出来，推动其彻底实现市民化。

### （三）完善养老制度

我国现行的农村养老制度保障能力低、保障范围窄、保障水平不足。为此，要加大农民养老制度的统筹，设计合理的、切实可行的农民工养老保险制度，包括参保范围、养老保险费等；加大国家对农民基础性养老金的负担比例。从而减轻土地制度的养老功能，为农民市民化创造养老条件。

### （四）加强教育、医疗等公共服务均等化

要让农民进城成为真正的新市民，应该让农民无差别化地享受到城市居民所能享受到的教育、医疗等公共服务，享受基本公共服务是公民的基本权利，提高基本公共服务水平是推进以人为核心的新型城镇化的具体体现，政府应推动城市基本公共服务向常住人口覆盖，确保新落户人口与县城居民享有同等公共服务，逐步提高非户籍常住人口基本公共服务水平，为农民市民化提供便利。为此，政府的投入力度要与农民市民化的速度成比例。

### （五）加大国家对县域经济的投入力度

事实上，县域是农民市民化的最理想的场所，一是不离故土，二是成本较低，三是亦工亦农。但由于缺少投入，事实上很多县城难以提供足够的就业岗位给农民，北上广留不住他们，县城也留不住他们。这事实上让他们成为候鸟，在农村和城镇之间迁徙。因此，需要加大对县域经济的投入力度，为农民创造更多的就业岗位，让更多的农民可以在县域实现市民化。

### （六）构建多层次、全方位的农民职业技能培训体系

进一步完善职业教育和技能培训的体制机制，整合职业教育和培训资源。聚焦用工矛盾突出的行业，瞄准产业发展需求，以吸纳农民工较多的企业为培训主体，培养新生代农民工，提高农业转移人口就业竞争力。举办丰富多彩的城市文化活动，吸引农民工参与，让他们感受到城市的独特魅力和多元化，进一步推动他们融入城市社会。使他们适应现代城市社会和市场经济，摆脱封建迷信、家族式、封闭保守的思维模式，成为现代化的市民，实现人的城镇化。

**案例　　　　　　　　　　晋江农民市民化**[①]

在政府如何引导农民市民化方面，福建晋江政府给出了令人满意的答卷。晋江在20年前就注意引导本地农村富余劳动力向非农领域转移，开始了农民市民化的进程。2002年，晋江推出"镇改街、村改居，农民改居民、市区作全面调整"的城市管理体制改革；此后历届市政府不断推进农业人口市民化工作，高度重视城市化过程中农民的就业和社会保障问题，开始探索建立相关就业援助制度和农村人口的社会保障制度。晋江政府通过提出"三个一部分"来推进农业转移人口再就业，缓解了广大农业转移人口在就业方面的问题，并且建立了覆盖城乡的养老保障制度，不断完善居民的最低社会保障。此外，在农民市民化过程中的户籍问题方面，晋江政府也提供了解决方案。晋江不断深化户籍制度改革，2012年探索实施"两分两换"：将宅基地与承包地分开，将搬迁与土地流转分开，以承包地换股、换租、换保障，推进土地集约经营，转换农民生产方式；以宅基地换钱、换房、换地方，推进小区集中居住，转换农民生活方式。之后，晋江进一步探索农业转移人口市民化

---

① 王春光：《晋江经验——中国式现代化道路的县域探索》，福建人民出版社2022年版，第138—144页。

的成本分担机制，更稳妥和可持续地推动"同城同待遇"，全力推动农业转移人口市民化，不断加快农民市民化和人的城镇化。

通过晋江的案例可以看到，在推进本地农民市民化方面，晋江并不是简简单单地把农民赶进城，而是引导和培养农民形成新的生活方式，与城市生活接轨。一方面推动"就地就近城镇化"，晋江在全省率先取消二元制户籍，近年来又通过城中村、棚户区改造等，先后推动15万名农民就地转为市民；另一方面推动"生活生产全融入"，无论是社会保障、教育机会、医疗服务还是公共文化，晋江的城乡差别已基本消除，社保、低保、新农合医保、治安综合保全面实现城乡一体化，城乡一体的交通、通信、能源、环卫和安全网络也已基本建成，践行了"城市反哺农村"的承诺。

# 后　记

呈现在读者面前的这部《中国县域经济发展报告》，是由中国县域经济发展大会组委会和天道产业研究院共同组织专家撰写的。

2023年3月22日，中国县域经济发展大会以"产业融合·要素聚集"为主题，在海口举办。来自政商学界逾千名与会嘉宾，从多角度解析县域经济发展面临的挑战和机遇，科学诠释县域经济高质量发展的内涵和新方略，探讨如何聚合各种要素推动中国县域经济健康、稳定、高质量发展。此次会议取得了很大成功。

在此次会议基础上，2023年4月，中国县域经济发展大会组委会在北京就筹划出版一部能够全面反映中国县域经济发展，既有学术水平，同时还有丰富实践内容的《中国县域经济发展报告》形成共识。陈剑拟定了全书大纲，并作了各章分工。各章书稿完成后，陈剑对全书各章进行了通稿，一些章节进行了修改和再创作，田惠敏配合陈剑参与了全书通稿工作。

参与本书写作的20多位作者，很多都是在县域经济领域耕耘多年且有影响力的专家。他们是：中国社会科学院学部委员田雪原，中国社会科学院金融研究所研究员周茂清，中国社会科学院农村发展研究所研究员冯兴元、胡祎博士，国务院发展研究中心公共管理与人力资源研究所所长李佐军，中国改革杂志原主编、中制智库理事长焦新望博士，湖北省社会科学院原院长、现三亚国际消费研究院理事长宋亚平，国家开发银行规划研究院田惠敏博士，中国农科院研究员曹汝华，河海大学区域和城市高质量发展智库首席专家刘奇洪，中国优质农产品开发服务协会党组织书记、秘书长张平，海南经贸职业技术学院继续教育学院院长刘纬华博士，天津蓟州区中医农业协会会长张宝东，中国国际经济技术合作促进会宿三丰等。有诸多长期耕耘县域经济的专家加盟，确保了本书的整体质量和水平。

# 后记

本书出版过程中得到了全国政协原副主席辜胜阻，全国工商联原党组书记胡德平，中国县域经济发展组委会主任、中国国际交流中心原常务副主任郑新立，中国县域经济发展首席专家、中国社会科学院首届学部委员田雪原，中国社会科学院农村发展研究所党委书记杜志雄等领导的大力支持，在此一并表示感谢。

也要感谢新世纪发展集团有限公司、广东观音山国家森林公园为本书出版提供经费支持。

各章分工如下：序言，田雪原；绪论，宋亚平；第一章、第二章，陈剑；第三章，田惠敏、陈剑、崔成、张一浩（赵可、曹天然、杨晨祎协助）；第四章，张平、陈剑、王娜；第五章，焦新望；第六章，周茂清、傅晓骏；第七章，胡祎；第八章，李佐军、曹婕；第九章，刘纬华；第十章，宿三丰、田惠敏；第十一章，张宝东；第十二章，刘奇洪、冯兴元；第十三章，田惠敏、曹汝华、崔成（白阳、赵阳、张一浩、梅译尹、曹洪瑤、李衍、胡宸瑜协助）。

本书因出版时间仓促，无疑存在诸多不足。内容引用也难免遗漏，对中央政策的理解和未来发展趋势的把握或许底蕴不足，对县域经济发展进行系统总结还需要实践展示更丰富的内容。如果本书内容能够给对中国县域经济发展有兴趣或从事县域经济工作的读者提供一些有价值的信息或引发一些思考，也就达到了本书的写作目的。

本书书稿成行后，编委会主任田雪原学部委员，中国农业大学中国县域经济研究中心主任张正河对书稿提出了修改意见；国家行政学院出版社社长胡敏研究员、第二编辑室主任王莹为本书顺利出版付出了诸多努力；北京改革和发展研究会毛雪峰为本书出版做了一些辅助性工作。正因大家的共同努力，本书才能够顺利到达读者手中。在此一并表示感谢。

陈剑

2024年2月29日